高等职业教育土建专业系列教材

建筑法规与案例分析

主　审　孙玉琢

主　编　赵　崇　宋　敏　吴　俊

副主编　董　波

扫一扫申请
教师教学资源

扫一扫查看
学生学习资源

南京大学出版社

图书在版编目(CIP)数据

建筑法规与案例分析 / 赵崇,宋敏,吴俊主编. — 南京：
南京大学出版社,2017.8(2022.1重印)
ISBN 978 - 7 - 305 - 19129 - 9

Ⅰ. ①建… Ⅱ. ①赵… ②宋… ③吴… Ⅲ. ①建筑法
—中国—高等学校—教材 Ⅳ. ①D922.297

中国版本图书馆 CIP 数据核字(2017)第 189226 号

出版发行　南京大学出版社
社　　址　南京市汉口路22号　　　　邮　编　210093
出 版 人　金鑫荣
书　　名　**建筑法规与案例分析**
作　　者　赵　崇　宋　敏　吴　俊
责任编辑　陈兰兰　蔡文彬　　　　　编辑热线　025 - 83597482
照　　排　南京南琳图文制作有限公司
印　　刷　常州市武进第三印刷有限公司
开　　本　787×1092　1/16　印张18　字数456千
版　　次　2022 年 1 月第 1 版第 5 次印刷
ISBN 978 - 7 - 305 - 19129 - 9
定　　价　48.00 元

网址：http://www.njupco.com
官方微博：http://weibo.com/njupco
微信服务号：njutumu
销售咨询热线：(025) 83594756

前　言

本书以我国工程建设行业的法律法规为基本依据,围绕近几年工程建设行业飞速发展和建筑法制建设的实际情况,结合高等职业院校工程类专业的人才培养特点,以工程建设全过程为主线,将最新颁布和修正的建筑领域法律、法规和规章的内容编入本书,力求建设过程全覆盖,重点阐述工程建设各阶段所涉及的法律、法规,注重实用性。编写过程中,加入了案例分析内容,既方便教学,又能激发学生的学习兴趣,提高教学效果。此次修订,依据《民法典》颁布后产生的重大变化进行修改完善,使教材做到与时俱进。

本书共分为12章,分别为建设法规概述、工程建设程序法规、土地管理法律制度、建筑法法律制度、工程发承包与招投标法律制度、建设工程合同法规、工程建设执业资格法规、城市房地产管理法律制度、工程建设标准法律制度、建设工程环境保护法律法规、劳动合同法、建设工程安全生产管理法律法规。

本书由山东水利职业学院赵崇、宋敏,江西环境工程职业学院吴俊担任主编;滁州职业技术学院董波任副主编。山东水利职业学院孙玉琢任主审。

在本书的编写过程中,编者进行了大量的调查研究,同时参考了近年来许多专家、学者的论著,吸收了其中重要的论断和材料,也引用了一些典型案例,在此谨向相关人员表示衷心的感谢。

由于编者水平有限,书中难免存在疏漏和不足之处,敬请读者批评指正。

编　者

2021 年 4 月

目　录

第一章 建设法规概述

第一节 概　述

一、建设法规的概念和调整对象

建设法规是指国家立法机关或其授权的行政机关制定的旨在调整国家及其有关机构、企事业单位、社会团体、公民之间在建设活动中或建设行政管理活动中发生的各种社会关系的法律、法规的统称。

建设法规的调整对象，是在建设活动中发生的各种社会关系。它包括建设活动中发生的行政管理关系、经济协作关系及其相关的民事关系。

1. 建设活动中的行政管理关系

建设活动与国家经济发展、人们的生命财产安全、社会的文明进步息息相关，国家对之必须进行全面的严格管理。当国家及其建设行政主管部门对建设活动进行管理时，就会与建设单位（业主）、设计单位、施工单位、建筑材料和设备的生产供应单位及建设监理等中介服务单位产生管理与被管理关系。在法制社会里，这种关系当然要由相应的建设法规来规范、调整。

2. 建设活动中的经济协作关系

工程建设是非常复杂的活动，要有许多单位和人员参与，共同协作完成。因此，在建设活动中存在着大量的寻求合作伙伴和相互协作的问题，在这些协作过程中产生的权利、义务关系，也应由建设法规来加以规范、调整。

3. 建设活动中的民事关系

在建设活动中，会涉及土地征用、房屋拆迁、从业人员及相关人员的人身与财产的伤害、财产及相关权利的转让等涉及公民个人权利的问题，由之而产生的国家、单位和公民之间的民事权利与义务关系，应由建设法规中有关法律规定及民法等相关法律来予以规范、调整。

二、建设法规的基本原则

工程建设活动通常具有周期长、涉及面广、人员流动性大、技术要求高等特点，因此在建设活动的整个过程中，必须贯彻以下基本原则，才能保证建设活动的顺利进行，工程建设法规的基本原则有以下几点：

1. 工程建设活动应确保工程建设质量与安全原则

工程建设质量与安全是整个工程建设活动的核心，是关系到人民生命、财产安全的重大问题。工程建设质量是指国家规定和合同约定的对工程建设的适用、安全、经济、美观等一系列指标的要求。工程建设活动确保工程建设质量就是确保工程建设符合适用、安全、经济、美观等各项指标的要求。工程建设的安全是指工程建设对人身的安全和对财产的安全;确保工程建设的安全就是确保工程建设不能引起人身伤亡和财产损失。

2. 工程建设活动应当符合国家的工程建设安全标准原则

国家的建设安全标准是指国家标准和行业标准。国家标准是指由国务院行政主管部门制定的在全国范围内适用的统一的技术要求;行业标准是指由国务院有关行政主管部门制定并报国务院标准化行政主管部门备案的,而又需要在全国范围内适用的统一技术要求。工程建设安全标准是对工程建设的设计、施工方法和安全所做的统一要求。工程建设活动符合工程建设安全标准对保证技术进步,提高工程建设质量与安全,发挥社会效益与经济效益,维护国家利益和人民利益具有重要作用。

3. 从事工程建设活动应当遵守法律、法规原则

社会主义市场经济是法制经济,工程建设活动应当依法行事。法律是全国人大及其常委会审议通过并发布,在全国有效的规范性文件;行政法规是国务院制定与发布,在全国有效的规范性文件;地方法规是由地方人大及其常委会制定与发布,在本区域有效的规范性文件。作为工程建设活动的参与者,从事工程建设勘察、设计的单位、个人,从事工程建设监理的单位、个人,从事工程建设施工的单位、个人,从事建设活动监督和管理的单位、个人,以及建设单位等,都必须遵守法律、法规的强制性规定。

4. 不得损害社会公共利益和他人的合法权益原则

社会公共利益是全体社会成员的整体利益,保护社会公共利益是法律的基本出发点,从事工程建设活动不得损害社会公共利益也是维护建设市场秩序的保障。

5. 合法权利受法律保护原则

宪法和法律保护每一个市场主体的合法权益不受侵犯,任何单位和个人都不得妨碍和阻挠依法进行的建设活动,这也是维护建设市场秩序的必然要求。

三、建设法规的特征与作用

1. 工程建设法规的特征

工程建设法规作为调整工程建设管理和协作所发生的社会关系的法律规范,除具备一般法律基本特征外,还具有不同于其他法律的特征。

(1) 行政隶属性

这是工程建设法规的主要特征,也是区别于其他法律的主要特征。这一特征决定了工程建设法规必然要采用直接体现行政命令的调整方法,即以行政指令为主的方法调整工程建设法律关系。调整方式包括以下内容:

① 授权。国家通过工程建设法律规范,授予国家工程建设管理机关某种管理权限或具体的权利,对工程建设进行监督管理。如规定设计文件的审批权限、工程建设质量监督、工程建设合同的鉴证等。

② 命令。国家通过工程建设法律规范赋予工程建设法律关系主体某种作为的义务。如限期拆迁房屋、进行企业资质认定、领取开工许可证等。

③ 禁止。国家通过工程建设法律规范赋予工程建设法律关系主体某种不作为的义务,即禁止主体某种行为。如严禁利用工程建设承发包索贿受贿,严禁无证设计、无证施工,严禁工程建设转包、肢解发包、挂靠等行为。

④ 许可。国家通过工程建设法律规范,允许特别的主体在法律允许范围内有某种作为的权利。如房屋建筑工程施工总承包企业资质等级,特级企业可承担各类房屋建筑工程的施工;一级企业可承担 40 层以下、各类跨度的房屋建筑工程的施工;二级企业可承担 30 层以下、单跨跨度 36 m 以下的房屋建筑工程的施工;三级企业可承担 14 层以下、单跨跨度 24 m 以下的房屋建筑工程的施工。

⑤ 免除。国家通过工程建设法律规范,对主体依法应履行的义务在特定情况下予以免除。如用炉渣、粉煤灰等废渣作为主要原料生产建筑材料的可享有减、免税的优惠等。

⑥ 确认。国家通过工程建设法律规范,授权工程建设管理机关依法对争议的法律事实和法律关系进行认定,并确定其是否存在,是否有效。如各级工程建设质量监督站检查受监工程的勘察、设计、施工单位和建筑构件厂的资质等级和营业范围,监督勘察、设计、施工单位和建筑构件厂是否严格执行技术标准,并检查其工程(产品)质量等。

⑦ 计划。国家通过工程建设法律规范,对工程建设进行计划调节。计划可分为两种:一种是指令性计划,一种是指导性计划。指令性计划具有法律约束力,具有强制性,当事人必须严格执行,违反指令性计划的行为,要承担法律责任。指令性计划本身就是行政管理。指导性计划一般不具有约束力,是可以变动的,但是在条件可能的情况下也是应该遵守的。工程建设必须执行国家的固定资产投资计划。

⑧ 撤销。国家通过工程建设法律规范,授予工程建设行政管理机关,运用行政权力对某些权利能力或法律资格予以撤销或消灭。如没有落实工程建设投资计划的项目必须停建、缓建。对无证设计、无证施工、转包和挂靠予以坚决取缔等。

（2）经济性

工程建设法是经济法规的重要组成部分。经济性是工程建设法规的又一重要特征。工程建设活动直接为社会创造财富,为国家增加积累。工程建设法的经济性既包括财产性,也包括其与生产、分配、交换、消费的联系性。如工程建设勘察设计、施工安装等都直接为社会创造财富,随着工程建设的发展,其在国民经济中的地位日益突出。邓小平同志早在 1980 年 4 月就明确指出:建筑业是可以为国家增加积累的一个重要产业部门。许多国家把建筑业看作是国民经济的强大支柱之一,不是没有道理的。可见,作为调整建筑等行业的工程建设法的经济性是非常明显的。

（3）政策性

工程建设法律规范体现着国家的工程建设政策。它一方面是实现国家工程建设政策的工具,另一方面也把国家工程建设政策规范化。国家工程建设形势总是处于不断发展变化之中,工程建设法要随着工程建设政策的变化而变化,灵活而机敏地适应变化了的工程建设形势的客观需要。如国家人力、财力、物力紧张时,基建投资就要压缩,通过法律规范加以限制。国力储备充足时,就可以适当增加基建投资,同时以法律规范予以扶植、鼓励。可见,工程建设法的政策性比较强,相对比较灵活。

（4）技术性

技术性是工程建设法律规范一个十分重要的特征。工程建设的发展与人类的生存、进步息息相关。工程建设产品的质量与人民的生命财产紧紧连在一起。为保证工程建设产品的质量和人民生命财产的安全,大量的工程建设法规是以技术规范形式出现的,直接、具体、严密、系统,便于广大工程技术人员及管理机构遵守和执行。如各种设计规范、施工规范、验收规范、产品质量监测规范等。有些非技术规范的工程建设法律规范中也带有技术性的规定。如城市规划法就含有计量、质量、规划技术、规划编制内容等技术性规范。

2. 工程建设法的作用

工程建筑业是与社会进步、国家强盛、民族兴衰紧密相连的一个行业。它所从事的生产活动,不仅为人类自身的生存发展提供一个最基本的物质环境,而且反映各个历史时期的社会面貌,反映各个地区、各个民族科学技术、社会经济和文化艺术的综合发展水平。工程建设产品是人类精神文明发展史的一个重要标志。工程建设管理是自然科学与社会科学交叉的一个独立学科,它由工程技术、经济、管理、法律四条腿支撑。工程建设法律、法规是工程建设管理的依据。

在国民经济中,工程建筑业是一个重要的物质生产部门,工程建设法的作用就是保护、巩固和发展社会主义的经济基础,最大限度地满足人们日益增长的物质和文化生活的需要,保障工程建筑业健康有序地发展。国家要发展,人类要生存,国家建设必不可少。工程建筑业要最大限度地满足各行各业最基本的需求,为人们创造良好的工作环境、生活环境、教学研究环境和生产环境。为此,工程建设法通过各种法律规范规定工程建设业的基本任务、基本原则、基本方针,加强工程建设业的管理,充分发挥其效能,为国民经济各部门提供必需的物质基础,为国家增加积累,为社会创造财富,推动社会主义各项事业的发展,促进社会主义现代化建设。

四、建设法律关系

1. 建设法律关系的概念

法律关系是指由法律规范调整一定社会关系而形成的权利与义务关系。建设法律关系是指由建设法律规范所确认和调整的,在建设管理和建设协作过程中所产生的权利、义务关系。建设法律关系是由建设法律关系主体、建设法律关系客体、建设法律关系内容三要素构成。建设活动面广、内容繁杂,建设法律关系具有综合性、复杂性等特点。

2. 建设法律关系的三要素

建设法律关系是由建设法律关系主体、建设法律关系客体、建设法律关系内容三要素构成。

建设法律关系主体,是指建设法律关系中一定权利的享有者和义务的承担者,主要有国家机关、社会组织、自然人。全国人民代表大会及其常务委员会是建设法律的制定机关;地方人民代表大会及其常务委员会是地方建设法规的制定机关;国务院是建设法规的制定机关;建设部是建设规章的制定机关和建设活动的执法机关;水利部、交通部、铁道部等是相关建设活动规章的制定机关和相关建设活动的执法机关;财政部、中国人民银行、国家统计局、国家审计局是建设活动的监督机关。社会组织主要是工程建设的投资者和工程建设的承担者。工程建设的投资者就是建设单位,工程建设的承担者包括城市规划编制单位、建设工程勘察设计企业、建筑业企业、房地产开发企业、工程监理企业、工程造价咨询单位等。自然人也是建设法律关系的主体之一。

建设法律关系客体,是指建设法律关系主体享有的权利和义务所共同指向的事物,一般是行为、财、物、智力成果。行为是法律关系主体为达到一定目的所进行的活动,建设法律关系客体的行为包括建设执法、勘察设计、建筑安装、工程监理等活动;财包括货币和有价证券,建设法律关系客体的财主要是建设资金;物是指可以被人们控制和支配的以物质形态表现出来具有一定价值的物体,建设法律关系客体的物是建设材料、建设设备、建设产品等;智力成果是人们脑力劳动产生的成果,建设法律关系客体的智力成果如设计图纸等。

建设法律关系的内容,即建设法律主体之间的权利和义务。

建设法律关系的内容是建设法律关系主体的具体要求,决定着建设法律关系的性质。建设权利是指建设法律关系主体根据建设法的要求和自身业务活动的需要有权进行各种建设活动的资格。权利主体可要求其他主体做出一定行为或抑制一定行为,以实现自己的权利。建设义务是指建设法律关系主体必须按法律规定或约定承担应负的责任,义务主体如果不履行或不适当履行就要受到制裁。

3. 建设法律关系的产生、变更和消灭

建设法律关系的产生,是指建设法律关系的主体之间形成了一定的权利和义务关系。

建设法律关系的变更是指建设法律关系的三个要素发生变化。主体变更可以是建设法律关系主体数目增多或减少,也可以是主体本身的改变。客体变更是指建设法律关系中权利义务所指向的事物发生变化,包括法律关系范围和性质的变更。建设法律关系主体与客体的变更,必然导致相应的权利和义务的变更,即内容的变更。

建设法律关系的消灭是指建设法律关系主体之间的权利义务不复存在,彼此丧失了约束力。包括自然消灭、协议消灭、违约消灭。建设法律关系的产生、变更和消灭是由法律事实引起的。法律事实是指能够引起建设法律关系产生、变更和消灭的客观现象和事实。建设法律事实按是否包含当事人的意志分为两类,即事件和行为。事件是指不以当事人意志为转移而产生的自然现象,如地震、台风、水灾、火灾等自然现象和战争、暴乱、政府禁令等社会现象,都可成为建设法律关系产生、变更或消灭的原因。行为是指人有意识的活动,包括积极的作为或消极的不作为,两者都会引起建设法律关系的产生、变更或消灭;行为有合法行为和违法行为。建设活动中的民事法律行为、行政行为、立法行为、司法行为及违法行为都可成为建设法律关系产生、变更或消灭的原因。

五、建设法规的法律地位

这里所指的法律地位,是指建设法规在整个法律体系中所处的位置,建设法规应属于哪一个部门法及其所处的层次。

建设法规调整的三种社会关系中,对于建设活动中的行政管理关系,主要用行政手段加以调整;对于建设活动中的经济协作关系,则采用行政、经济、民事各种手段相结合的方式加以调整;对于建设活动中的民事关系,则主要采用民事手段来加以调整。这表明,建设法规调整的社会关系是多方面的,而其运用的调整手段也是综合的,很难将其明确划归某一法律部门。但就其主要法律规范的性质来看,它主要还是应属于行政法和经济法的范畴。

需要指出的是,建设活动还会涉及许许多多的事物与相关的社会关系。如工程建设与环境保护、文物保护、自然风景保护的关系,工程建设与土地、水源、矿产、森林等自然资源的关系,工程建设与地震、洪涝等自然灾害的关系,工程建设与招投标活动、标准化设计的关系等。在我国,已颁布了大量有关环境和自然资源保护、自然灾害的防御等方面的法律、法规。它们所调整的范围很广,当然不属于建设法规,但它们又都与工程建设有关,人们在从事工程建设活动时都必须严格遵守它们的相关规定,所以称之为与工程建设相关的法律。这些相关的法律所属的法律部门则更是多种多样的。

第二节 建设法规立法

一、建设法规立法的主体

立法有广义、狭义两种理解。广义上的立法概念与法律制定的涵义是相同的,泛指一切有权的国家机关依法制定各种规范性法律文件的活动,既包括国家最高权力机关及其常设机关制定宪法和法律的活动,也包括地方权力机关制定其他规范性法律文件的活动,还包括国务院和地方行政机关制定行政法规和其他规范性法律文件的活动。狭义上的立法是国家立法权意义上的概念,仅指享有国家立法权的国家机关的立法活动,即国家的最高权力机关及其常设机关依法制定、修改和废止宪法和法律的活动。根据 1999 年 3 月 15 日第九届全国人民代表大会第二次会议修订的《宪法》和 2000 年 3 月 15 日第九届全国人民代表大会第三次会议通过的《中华人民共和国立法法》的规定,建设法规按立法权限可分 5 个层次:全国人民代表大会和全国人民代表大会常务委员会制定的建设法律;国务院制定的建设法规;建设部或国务院有关部门制定的建设规章;省、自治区、直辖市人大及其常委会制定的地方建设法规;省、自治区、直辖市和较大的市的人民政府制定的地方建设规章。

二、建设法规立法的基本原则

建设法规立法的基本原则,是指建设立法时必须遵循的基本准则及要求。现阶段,我国建设法规立法时必须遵循的基本原则如下。

1. 遵循市场经济规律原则

市场经济,是指市场对资源配置起基础性作用的经济体制。社会主义市场经济,是指与社会主义基本制度相结合的,市场在国家宏观调控下对资源配置起基础性作用的经济体制。第八届全国人大第一次会议通过的《中华人民共和国宪法修正案》规定"国家实行社会主义市场经济",这不仅是宪法的基本原则,也是建设法规的立法原则。

遵循市场经济规律,反映在建设法规立法中,就是要建立健全以市场为主体的法律体系。建设法规要规定各种建设市场主体的法律地位,对他们在建设活动中的权利和义务作出明确的规定。这些主体包括建设行政主管部门、勘察规划设计单位、建设监理单位、建设施工单位、房地产开发经营部门、土地管理部门、标准化部门、城市市政公用事业单位、环境保护部门、建设材料供应部门及其他从事建设活动的相关人员等。

遵循市场经济规律,要求建设法规的立法确立建设市场体系具有统一性和开放性。建设法规立法应当确立规划与设计市场、建设监理市场、工程承包的招投标市场、建设资金市场等多元化的建设活动大市场。同时,建设工程管理、房地产管理、市政公用事业管理等应当能够保障建设市场健康、有序、协调、统一地发展。

遵循市场经济规律,要求建设法规的立法确立以间接手段为主的宏观调控体系。建设法规主要运用行政手段实现对建设行为的调整,这种调整不应当是直接干预性的。建设主体在具体的建设行为中都享有独立性和自主性,国家对其行为实施的调控只是间接性的。

遵循市场经济规律,要求建设法规立法本身具有完备性。要把建设行为纳入法制轨道,必须要先使建设法自身完备。只有如此,才能有效地规范建设市场主体行为,维护建设市场活动秩序。

2. 法制统一原则

所有法律有着内在统一的联系,并在此基础上构成一国法律体系。建设法规体系是我国法律体系中的一个组成部分。组成本体系的每一个法律都必须符合宪法的精神与要求。该法律体系与其他体系也不应冲突。对于基本法的有关规定,建设行政法规和部门规章及地方性建设法规、规章都必须遵循,而且与地位同等的法律、法规所确立的有关内容应相互协调。建设法规系统内部高层次的法律、法规对低层次的法规、规章具有制约性和指导性。地位相等的建设法规和规章在内容规定上不应相互矛盾。这就是建设法规的立法所必须遵循的法制统一原则。

建设法规的立法坚持法制统一原则的基本要求,不仅是对立法本身应提出的规范化、科学化的要求,更主要的是便于实际操作,不致因法律制度自相矛盾而导致建设法规无所适用。

3. 责权利相一致的原则

责权利相一致是对建设行为主体的权利和义务或责任在建设立法上提出的一项基本要求。具体表现为两个方面。

(1)建设法规主体享有的权利和履行的义务是统一的。任何一个主体享有建设法规规定的权利,同时必须履行法规规定的义务。

(2)建设行政主管部门行使行政管理权既是其权利,也是其责任或义务。权利和义务彼此结合。

4. 遵循科学技术规律,确保建设工程安全与质量的原则

建设工程安全与质量是整个建设活动的核心,是关系到生命安全、财产安全的重大问题。建设工程的安全是指建设工程对人身的安全和对财产的安全。建设工程质量是指国家规定和合同约定的对建设工程的适用、安全、经济、美观等一系列指标的要求。建设工程的质量与安全管理必须纳入法制化的轨道,建立健全建设技术法规,确保建设活动符合建设技术法规有关安全、质量等各项指标的要求,确保建设工程不能引起人身伤亡和财产损失。

建设法规的立法应大力推动建设领域的科学技术研究,提倡采用先进技术、先进设备、先进工艺、新型建筑材料和现代管理方式,努力提高建设活动的精细度和劳动生产率,鼓励节约能源和环境保护,走可持续发展的建设之路。

5. 民主立法原则

民主立法原则是指行政机关依照法律规定进行建设立法时,通过各种方式听取各方面的意见,保证民众广泛地参与行政立法。民主立法原则要求:立法草案应提前公布,以便于广泛征求广大民众对特定行政立法事项的意见,并将听取意见作为立法的必经环节和法定程序;要及时向人民群众公布对立法意见的处理结果;应设置专门的立法咨询机关和咨询程序,对特别重要的行政立法进行专门咨询,并作为必经程序;对违反民主立法原则的立法应视为无效,例如,2003年6月8日国务院颁布的《物业管理条例》,在出台前就向全社会征求意见,体现民意,体现立法的民主。

第三节 建设法规体系

一、建设法规体系的概念

建设法规体系,是指把已经制定和需要制定的建设法律、建设行政法规和建设部门规章衔接起来,形成一个相互联系、相互补充、相互协调的完整统一的框架结构。

就广义的建设法规体系而言,体系中还包括地方性建设法规和建设规章。

二、建设法规体系的构成

所谓法规体系的构成,就是指法规体系采取的结构形式。建设法规体系是由很多不同层次的法规组成的,它的结构形式一般有宝塔型和梯型两种。

我国建设法规体系采用的是梯型结构。

目前,根据《中华人民共和国立法法》有关立法权限的规定,我国建设法规体系由5个层次组成。

1. 建设法律

指由全国人民代表大会及其常委会制定颁行的属于国务院建设行政主管部门主管业务范围的各项法律。主要内容是建设领域的基本方针、政策,涉及建设领域的根本性、长远性的重大问题,是建设领域法律体系的最高层次,它们是建设法规体系的核心和基础。

例如,《中华人民共和国建筑法》、《中华人民共和国招标投标法》《中华人民共和国民法典》《中华人民共和国城市规划法》和《中华人民共和国房地产管理法》。

2. 建设行政法规

建设行政法规是指国务院依法制定并颁布的建设领域行政法规的总称。建设行政法规是建设法律制度中的第二层次,一般是对建设法律条款的进一步细化,以便于法律的实施。例如,2003年11月24日国务院颁布了《建设工程安全生产管理条例》,2003年6月8日国务院颁布了《物业管理条例》,2002年3月24日国务院修改了《住房公积金管理条例》,2001年6月13日国务院颁布了《城市房屋拆迁管理条例》,2000年9月25日国务院颁布了《建设工程勘察设计管理条例》,2000年1月30日国务院颁布了《建设工程质量管理条例》等。

3. 建设部门规章

建设部门规章,是指建设部或国务院有关部门根据国务院规定的职责范围,依法制定并颁布的建设领域的各项规章。规章一方面将法律、行政法规的规定进一步具体化,以便其更好地贯彻执行;另一方面作为法律、法规的补充,为有关政府部门的行为提供依据。部门规章对全国有关行政管理部门具有约束力,但其效力低于行政法规。2003年3月8日七部委联合发布了《工程建设项目施工招标投标办法》,2003年2月13日建设部和对外贸易经济合作部联合颁布了《外商投资城市规划服务企业管理规定》,2002年12月4日建设部颁布了《建设工程勘察质量管理办法》等。

4. 地方性建设法规

指由省、自治区、直辖市人民代表大会及其常委会制定颁行的或经其批准颁行的由下级人大或常委会制定的建设方面的法规。地方性法规在其所管辖的行政区内具有法律效力，如山东省实施《〈中华人民共和国土地管理法〉办法》《山东省水污染防治条例》《泰山风景名胜区保护管理条例》《山东省城市房地产交易管理条例》《山东省城市房地产开发经营管理条例》《山东省城市房屋拆迁管理条例》《山东省建设工程招标投标管理条例》等。

5. 地方建设规章

指由省、自治区、直辖市人民政府制定颁行的或经其批准颁行的由其所辖城市人民政府制定的建设方面的规章。如《山东省关于提高建筑工程质量的若干规定》《山东省建设工程设计招标投标暂行规定》《山东省建设工程施工招标投标暂行规定》《山东省关于外国建筑企业承包建设工程施工管理的暂行规定》。

其中，建设法律的法律效力最高，层次越往下的法规的法律效力越低。法律效力低的建设法规不得与比其法律效力高的建设法规相抵触；否则，其相应规定将被视为无效。

三、我国建设法规体系的现状与规划

新中国成立初期，建设立法基本上是个空白，为了适应经济建设和发展的需要，国务院(初期为政务院)及其相关行政主管部门制定颁行了许多有关建设程序、设计、施工及成本管理等方面的规定，但未形成完整的体系，更无一部建设法律。改革开放以来，尤其是中央确立经济体制由计划经济向社会主义市场经济转变的发展战略以后，随着国家法制建设的加强，建设法规逐步成为国家整个法律体系的重要组成部分，其立法的系统性、迫切性也成为国家法制建设中必须解决的重大问题。1989年建设部组织了建设法规体系的研究、论证工作，并于1991年制定出《建设法律体系规划方案》，使我国建设立法走上了系统化、科学化的健康发展之路。我国建设法规体系采用了梯型结构形式，所以在我国没有一部《中华人民共和国建设法》这样的基本法律，而由城市规划法、市政公用事业法、村镇建设法、风景名胜区法、工程勘察设计法、建筑法、城市房地产管理法、住宅法等8部关于专项业务的法律构成我国建设法规体系的顶层，并由城市规划法实施条例等38部行政法规对这些法律加以细化和补充。

需要指出的是，与建设活动关系密切的相关法律、行政法规和部门规章，虽不属于建设法规体系，但其有些规定对调整相关的建设活动有着十分重要的作用，对此，我们必须予以密切关注。

第四节 建设法规的实施

建设法规的实施，指国家机关及其公务员、社会团体、公民实践建设法律规范的活动，包括建设法规的执法、司法和守法三个方面。建设法规的司法又包括行政司法和专门机关司法两方面。

一、建设行政执法

建设行政执法，指建设行政主管部门和被授权或被委托的单位，依法对各项建设活动和建设行为进行检查监督，并对违法行为执行行政处罚的行为。具体包括以下内容：

① 建设行政决定。指执法者依法对相对人的权利和义务作出单方面的处理。包括行政

许可、行政命令和行政奖励。

② 建设行政检查。指建设行政执法者依法对相对人是否守法的事实进行单方面的强制性了解。主要包括实地检查和书面检查两种。

③ 建设行政处罚。指建设行政主管部门或其他权力机关对相对人实行惩戒或制裁的行为。主要包括财产处罚、行为处罚和告诫处罚三种。

④ 建设行政强制执行。指在相对人不履行行政机关规定的义务时,特定的行政机关依法对其采取强制手段,迫使其履行义务。

二、建设行政司法

建设行政司法,指建设行政机关依据法定的权限和法定的程序进行行政调解、行政复议和行政仲裁,以解决相应争议的行政行为。

① 行政调解。指在行政机关的主持下,以法律为依据,以自愿为原则,通过说服、教育等方法,促使双方当事人通过协商互谅达成协议。

② 行政复议。指在相对人不服行政执法决定时,依法向指定的部门提出重新处理申请。

③ 行政仲裁。指国家行政机关以第三者身份对特定的民事、经济的劳动争议进行调解并作出判断和裁决。

三、专门机关司法

指国家司法机关,主要指人民法院依照诉讼程序对建设活动中的争议与违法建设行为作出的审理判决活动。

四、建设法规的遵守

指从事建设活动的所有单位和个人,必须按照建设法规的要求实施建设行为,不得违反。

第五节　案例分析

案例一

上诉人(原审被告):四川省某县某建筑工程公司。

被上诉人(原审原告):四川省某县某镇砖厂。

被上诉人(原审被告):四川省某县某建筑工程队。

一、基本案情

1989 年建筑队与某县邮电局联系承建邮电楼工程,该队是四级建筑队无资格建设。1989 年 12 月 23 日建筑公司同邮电局签订了承建该邮电楼工程合同,合同约定"不得转让搞第二次承包",签约后建筑公司在该县建设银行开设了账户收拨管理承包费用。1990 年 1 月 15 日、22 日,建筑公司同建筑队签订了"联营协议和实施细则",细则中规定"由建筑公司对某县邮电局总承包,将该工程交给建筑队全面组织实施";"建筑公司与建设单位进行有关事项的洽谈,对建设单位办理工程款的拨收手续,并按工程进度和建筑队购买材料情况分拨给建筑队";"建筑队负责材料的采购、提运、保管使用"等职责。该工程动工后,建筑公司向建设单位出具了

"委托杨某为我公司派驻邮电楼工程工地负责人"的委托书。在杨某组织施工期间,于1990年1月4日建筑队派在该工地的管理人员雷某代表工地同原告签订了购机砖《合同书》,盖了建筑队的公章。原告从1990年3月起先后供给工地机砖222 500块,计22 200元,被告尚欠18 924.50元。邮电楼工程完工交付使用后,所欠贷款仍未付,原告多次找杨某付款,杨某称应找建筑公司给付或者待邮电楼工程承包合同纠纷解决后再付,原告未找建筑公司给付。1993年3月原告起诉建筑公司。一审法院审理中追加建筑队为被告参加诉讼。

原告认为:邮电楼工程承包合同是建筑公司与某县邮电局签订的,建筑队队长只是工地负责人,建筑队不是该工程承包方。原告请求依法判决由建筑公司承担所欠货款及逾期利息,并承担原告追收款的差旅费损失300元和本案诉讼费用。

被告建筑公司辩称:邮电楼工程虽是我公司与某县邮电局签订的承建合同,实际是我公司与建筑队协作型联营修建,根据所签《建筑安装工程联营协议书》和《邮电楼工程联营施工实施细则》(下称联营协议和实施细则)规定,由建筑队对工程具体实施。在具体实施中是建筑队与原告产生购销关系所形成的债务纠纷。从购销关系形成至今原告都在找建筑队,现在原告起诉我公司承担该债务是完全没有道理的,此债务应由建筑队承担。

被告建筑队辩称:所欠原告货款18 924.50元属实。邮电楼工程是建筑公司承包修建,经费也是建筑公司管理,建筑队是建筑公司委托的工地负责人和施工单位,帮助建筑公司履行承包合同。所购材料已全部用于该工程,建筑队向建筑公司上交了管理费,"联营协议和施工细则"是建筑队同建筑公司的问题,与原告无关,本案债务应由建筑公司承担。

二、案件审理

一审人民法院基于上述事实认为:原告供给邮电楼工程工地的砖系承包方建筑公司委派的工地负责人联系购买,且已用于该工地,所欠货款属实,故原告要求建筑公司承担给付的主张合法,予以支持;由于原告对该欠款未及时找建筑公司清结,所以要求建筑公司承担逾期付款利息的主张不予支持;建筑公司是邮电楼工程的承包修建方,同建筑队所签订的"联营协议和实施细则"是承包方的内部民事行为,是建筑公司为履行承包合同采取的方法,建筑队是建筑公司为履行承包合同所委托的实施者,不是建筑公司承包权利、义务的转移或免除。因此"联营协议和实施细则"对外不产生法律效力,建筑公司提出不是本案的被告和不承担给付责任的主张不符合法律规定,不予支持。建筑队是购买原告货物的行为人,负有实际责任,且是受建筑公司委托承建工程的实施者,因此所提出不承担责任的主张不符合实际,不予支持。

根据《中华人民共和国民法通则》第八十四条第二款、第一百〇六条第一款、第六十三条第一款、第六十五条第三款之规定,某县人民法院于1993年5月7日作出判决:

1. 由建筑公司承担给付所欠原告的砖款18 924.50元,建筑队承担连带责任;

2. 案件受理费750元,其他诉讼费300元,由建筑公司承担,建筑队承担连带责任。

一审判决后,被告建筑公司不服,以该公司"不是本案责任人"为由,向四川省某地区中级人民法院提出上诉。

上诉人诉称:一审判决认定的事实不清,责任不明,是非不分,适用法律针对对象错误,导致错判,请求撤销原判。理由是:"我公司是在建筑队负责经济为主,我公司以技术为主,在各自独立经营、各自承担债务前提下,针对邮电楼工程与建筑队签订的'联营协议和实施细则'。施工期间,我公司已按约定如数将工程款拨给了建筑队,并未出具过委托书委托建筑队购机砖,且工程竣工后杨某已与某县邮电局结算,建筑队已取得价款,双方联营已结束。与原告签订机砖购销合同是建筑队的行为,理应由建筑队承担民事责任,与我公司无关。"

被上诉人建筑队辩称:建筑队是工地负责人,没有享受承包人的权利,不该承担连带责任,应由上诉人清偿债务。

被上诉人砖厂未作答辩。

二审法院认为,原审人民法院对本案事实的认定和债务人主体的确认错误,应予改判。其理由是:建筑队与建筑公司均是独立的企业法人,签订联营协议后协作型联营,各自的民事行为应各自负责。本案系购销关系,它与建筑公司的工程建设承包合同是两个不同的法律关系;购买机砖的行为是建筑队所为,因购砖合同书是砖厂与建筑队签订,合同上的购方虽标明"邮电工地",但盖的印章则是建筑队的公章和法定代表人杨某的私章,而"工地"应是标的物送达地,不能作为诉讼主体,更不能作为债务主体;同时建筑队已付了部分货款,所欠货款该队出具了欠据;卷内出现的委托书是在诉讼中由杨某从邮电局复制而来,该委托书只适用于建筑公司、邮电局和杨某之间因邮电工程所产生的民事行为,对砖厂不发生法律效力。砖厂在与建筑队签订购砖合同时未见有建筑公司给建筑队的购砖委托书,杨某也未以建筑公司授权人名义签订合同。故本案的债务主体应是建筑队,纠纷的责任应由建筑队负责,所欠机砖款应由建筑队偿付,与建筑公司无关。

二审法院根据上述事实和理由,依照《中华人民共和国民事诉讼法》第一百五十三条第三项的规定判决如下:

1. 撤销某县人民法院(1993)某法经初字第 09 号民事判决。

2. 由建筑队给付砖厂所欠砖款 18 924.50 元,此款在接到本判决书次日起 30 日内交付。逾期不付,从逾期支付之日起计算利息,并加 20% 罚息予以偿付。

3. 一审和二审诉讼费各 1 050 元,由建筑队负担。

三、案例评析

本案的实质在于确认购方主体,以确定债务承担人。由于在签订和履行购销机砖合同期间,建筑队与建筑公司签有承建邮电楼工程(使用机砖工程)联营协议,杨某既是建筑队法定代表人又是建筑公司委托上述工程工地的负责人,致使普通购砖合同中购方主体复杂化。本案判决认为购砖合同属于购销合同,与建筑工程承包合同是两个法律关系,对于购销合同建筑队应当独立承担法律责任。

对于建筑工程承包合同,如果建设单位某县邮电局与建筑队有纠纷,由于建筑队不具有合同主体资格(因其不具有相应的资质等级),因此不能独立承担责任,这时某县邮电局应当起诉建筑公司。

必须指出的是,《建筑法》第二十六条第二款规定:"禁止建筑施工企业以任何形式允许其他单位或者个人使用本企业的资质证书、营业执照,以本企业的名义承揽工程。"本案中某建筑公司与某建筑工程队签订所谓"联营协议和实施细则",允许某建筑工程队以其名义承揽工程的行为,违反法律禁止性规定,依法应当承担法律责任。

《建筑法》第六十六条规定:"建筑施工企业转让、出借资质证书或者以其他方式允许他人以本企业的名义承揽工程的,责令改正,没收违法所得,并处罚款,可以责令停业整顿,降低资质等级;情节严重的,吊销资质证书。对因该项承揽工程不符合规定的质量标准造成的损失,建筑施工企业与使用本企业名义的单位或者个人承担连带赔偿责任。"

《建设工程质量管理条例》第六十一条规定:"违反本条例规定,勘察、设计、施工、工程监理单位允许其他单位或者个人以本单位名义承揽工程的,责令改正,没收违法所得,对勘察、设计单位和工程监理单位处合同约定的勘察费、设计费和监理酬金1倍以上2倍以下的罚款;对施工单位处工程合同价款2%以上4%以下的罚款;可以责令停业整顿,降低资质等级;情节严重的,吊销资质证书。"

案例二

原告:某房地产开发有限公司(以下简称甲方)

被告:某建筑集团第六分公司(以下简称乙方)

一、基本案情

1998年4月,甲方与自称是某建筑集团第六分公司的乙方签订《建设工程施工合同》,约定:经甲方同意,技措费及赶工费用按实际发生进入结算价款。1999年1月双方又签订《终止协议》,该协议约定:技措费及赶工费另行协商,如不能达成协议,此纠纷交由某仲裁委员会仲裁。2001年5月乙方根据《终止协议》中的仲裁条款就技措费、赶工费问题向协议约定的仲裁委员会申请仲裁。甲方则在仲裁庭首次开庭前向法院申请确认该仲裁条款无效。甲方认为:乙方在签订《建设工程施工合同》及《终止协议》时并未依法注册成立,因此根本不具有签订仲裁条款的主体资格。乙方辩称:1999年9月某建筑集团申请成立了第六分公司;而且早在1994年,某建筑集团就为乙方出具了授权其在该地区承揽工程的委托书,因此上述《建设工程施工合同》及《终止协议》有效,仲裁条款当然有效。

二、案件审理

法院认为,仲裁条款应由具有民事行为能力的民事主体签订。乙方与甲方签订仲裁条款时,尚未取得工商管理部门的工商登记,无缔约的民事行为能力,故法院裁定乙方与甲方签订的仲裁条款应属无效。

三、案例评析

本案的争议焦点为未依法注册登记的公司分支机构签订的仲裁条款是否产生法律效力。根据《仲裁法》第十七条的规定,无民事行为能力人或限制民事行为能力人订立的仲裁协议无效。在本案中,被告在签订《建设工程施工合同》及《终止协议》时尚未依法注册登记。根据《公司登记管理条例》第四十条的规定:"公司设立分公司的,应当向分公司所在地的市、县公司登记机关申请登记;核准登记的,发给营业执照。"因此,依法办理工商登记是公司分支机构取得民事主体资格的必要条件;未注册登记的公司分支机构,不具有合法的民事主体资格,即不具有民事权利能力及民事行为能力,其签订的仲裁条款当属无效。

此外,尽管某建筑集团曾为乙方出具授权委托书,但由于当时被告并未注册登记,不具有民事主体资格,因此这种代理行为不具有法律效力。

思 考 题

1. 什么是建设法规? 建设法规调整的社会关系有哪些?
2. 建设法律关系的三要素是什么?
3. 何谓建设法规体系? 我国建设法规体系是如何构成的?

4. 什么是与工程建设相关的法律？当前我国与工程建设相关的法律都有哪些？

5. 现阶段我国建设立法的基本原则有哪些？

6. 建设法规的实施包括哪几个方面？

7. 谈谈你对建设法律法规体系的认识。

8. 案例实训

原告：某建筑公司　　被告：某房地产公司

基本案情

1997 年原告与被告签订建筑安装工程施工合同，约定由原告承包被告某项目一期和二期工程。一期工程如期于 1998 年 9 月竣工并交付使用。工程质量经建筑工程质量监督站评定为优良等级，后又经省建设厅评定为省优良样板工程。而此项工程，被告欠工程尾款 75 万元。二期工程由原告施工，工程进度按合同约定进行，至收尾阶段，被告欠工程尾款 560 万元。另按合同约定，被告还应付两项工程逾期付款违约金 46 万元，逾期付款利息 100 万元。被告拖欠巨额工程款，原告为维护企业的合法权益，在多次与被告交涉未果的情况下，于 1999 年诉至人民法院。

问题思考

你认为这个案件应如何审理？它违反了哪些法律、法规？请对案例进行评析。

第二章 工程建设程序法规

第一节 概 述

一、工程建设的概念

工程建设是指土木工程、建筑工程、线路管道和设备安装工程及装修工程。

土木建筑工程指矿山、铁路、公路、道路、隧道、桥梁、电站、码头、飞机场、运动场等工程。

建筑工程指通过各类房屋建筑及其附属设施的建造和与其配套的线路、管道、设备的安装活动形成的工程实体。其中,"房屋建筑"指有屋面、梁、柱、墙壁、基础,能够形成空间结构,满足人们生产、居住、学习、公共活动等需要的房屋建筑,包括厂房、剧院、旅馆、商店、学校、医院和住宅等;"附属设施"指与房屋建筑配套的锅炉房、停车场等;"线路、管道、设备的安装"指与房屋建筑及其附属设施相配套的电气、给排水、通信、通气等线路、管道、设备的安装活动。

工程建设作为国家的支柱性产业,对国家的发展、建设、人民生活水平的稳步提高起着举足轻重的作用,但是工程建设中同样也存在着许多问题,国家通过制定法律法规,使工程建设更加规范化,加强对工程建设的管理。

二、工程建设程序的概念

工程建设程序是指工程项目从决策分析、施工准备、施工到竣工验收、投入生产或交付使用的整个建设过程中,各项工作必须遵循的先后工作次序。工程建设程序是工程建设过程客观规律的反映,是建设工程项目科学决策和顺利进行的重要保证。

根据工程建设程序法律法规的有关规定,结合工程建设的一般规律,一般大中型及限额以上工程建设项目的实施程序可以分为以下几个阶段:项目决策阶段;工程建设准备阶段;工程项目实施阶段;工程竣工验收及后评价阶段。

世界银行将贷款项目的建设过程划分为六个阶段,即项目选定、项目准备、项目评估、项目谈判、项目实施和项目后评价。虽然国内外对工程建设程序的认识和立法规定存在差异。但是在程序管理中,都强调前期决策、设计等对工程项目的决定性影响,以及程序环节和步骤安排应有的内在科学组织逻辑。

三、工程建设程序的立法现状

在我国工程建设程序法制化建设过程中,1978年4月由国家计委、国家建委、财政部联合颁发的《关于基本建设程序的若干规定》是一个里程碑式的部门规章,也是我国专门规范工程建设程序的一部法律文件。它结合当时的实际情况,比较全面地规定了工程建设的程序环节和步骤,为工程建设程序法制化建设奠定了重要基础。目前,该部门规章仍然现行有效。之后,随着我国社会主义市场经济体制的逐步发展和决策科学化、管理规范化的逐步加强,国务院有关部委又先后发布了多个规范工程建设程序管理的部门规章。例如《关于简化基本建设项目审批手续的通知》(1982 年)、《关于编制建设前期工作计划的通知》(1982 年)、《关于建设项目进行可行性研究的试行管理办法》(1983 年)、《关于大型和限额以上固定资产投资项目建议书审批通知》(1988 年)、《工程建设项目实施阶段程序管理暂行规定》(1994 年)、《工程建设项目报建管理办法》(1994 年)等规范性文件。综上,我国工程建设程序立法建设已取得了一定的成绩。但是因为在法律和行政法规的立法中还没有予以足够重视,加之在建设活动中经常发生违反程序的实际情况,工程建设程序法制建设还有待进一步加强和完善。

第二节　工程建设项目决策阶段

一、概念

工程建设项目决策是指决策单位或者决策者按照客观的建设程序,充分考虑国家有关方针政策,在广泛占有信息资料的基础上,对拟建项目进行技术经济分析和多种角度综合分析评价,决定项目是否建设,在什么地方建设,选择并确定项目建设较优方案。

项目决策应遵循科学化和民主化的原则。科学化是指项目决策应基于取得的客观事实和数据,按照科学的态度、程序和方法予以开展。民主化是指在决策过程中决策者要对可能影响决策的各种信息予以收集。项目决策的优劣对项目预期目标的实现有着决定性作用。

决策阶段又称建设工作前期阶段,主要包括投资意向、投资机会分析、项目建议书、可行性研究、审批立项。

二、投资意向

投资意向指投资主体有闲置资金,需要寻找投资机会,并且能够发现社会上存在较好的投资机会时产生的投资愿望。它是工程建设活动的起点,也是工程建设得以进行的必备条件。

三、投资机会分析

投资机会分析是投资主体对投资机会预期的效益进行评估,在认为投资机会合适,可以产生良好的投资效益后,进行下一步行动。

四、项目建议书

项目建议书是指投资主体向其主管部门上报的对投资机会分析结果的文件。项目建议书从拟建项目设立的必要性、可能性及后期收益,把项目投资的设想变为概略的投资建议。项目建议书的呈报可以供项目审批机关作出初步决策,可以减少项目选择的盲目性,为下一步可行性研究打下基础。1984 年起国家明确规定所有国内建设项目都要经过项目建议书这一阶段,并规定了具体内容要求。一份完整的项目建议书应包括以下内容:

1. 建设项目提出的必要性和依据;

2. 产品方案、拟建规模和建设地点的初步设想；

3. 资源情况、建设条件、协作关系等的初步分析；

4. 投资估算和资金筹措设想；

5. 经济效益和社会效益初步估计。

项目建议书要经过有关部门审批才可以进行下一步的工作。

五、可行性研究

可行性研究是指拟建项目在审批立项前，对拟建项目的技术先进性、经济合理性，以及建设的必要性和可行性进行全面分析综合评价，由此得出该项目是否应该投资和如何投资等结论性意见，为项目投资决策提供可靠的科学依据。

可行性研究对拟建项目有关的社会、经济、技术等各方面，进行深入细致的调查研究，对各种可能采用的技术方案、建设方案进行多方案比较论证，对项目建成后的经济效益、社会效益进行科学的预测和评价，使可行性研究达到以下深度要求：

1. 应能充分反映项目可行性研究工作的成果。内容要齐全，结论要明确，数据要准确，论据要充分，要满足决策单位或投资人的要求。

2. 选用主要的设备、参数应能满足预订货的要求，引进技术设备的资料应满足合同谈判的要求。

3. 重大技术经济方案，应对两个以上的方案进行比选。

4. 确定的主要工程技术数据，应满足初步设计依据的要求。

5. 投资估算深度应满足投资控制准确度要求。

6. 构造的融资方案应能满足银行等金融机构信贷决策的需要。

7. 应反映在可行性研究中出现的某些方案的重大分歧及未被采纳的理由，以供委托单位或投资人权衡利弊进行决策。

8. 应附有评估、决策审批所必需的合同、协议、意向书、政府批件等。

在可行性研究的基础上，编制可行性研究报告。可行性研究报告批准后，该项目批准立项。被批准立项的可行性研究报告不得随意更改。

六、审批立项

审批立项是有关部门对建设项目可行性研究报告进行全面审核的程序，审查通过后，批准立项。

大中型建设项目的可行性研究报告由省级主管部门预审，报国务院审批。

小型建设项目的可行性研究报告由省级主管部门审批。

第三节　工程建设项目准备阶段

建设准备阶段主要包括规划、征地、拆迁、报建、工程发包与承包等。按规定做好施工准备，具备开工条件后，建设单位申请开工，进入施工安装阶段。

一、规划

在规划区内建设的工程,必须符合城市规划或村庄、集镇规划的要求,其工程选址和布局必须取得规划部门的同意、批准,并依法取得城市规划主管部门核发的"一书两证",即"选址意见书""建设用地规划许可证""建设工程规划许可证",才可以进行下一步建设活动。

二、获得土地使用权

我国《土地管理法》规定:农村和城市郊区的土地(除法律规定属国家所有者外)属于农民集体所有,其余的土地都归国家所有。

工程建设用地必须通过国家对土地使用权的出让或划拨而取得,需在农民集体所有的土地上进行工程建设的,也必须先由国家征用农民土地,然后再将土地使用权出让或划拨给建设单位或个人。总之,工程建设用地是通过国家来获取土地使用权的。

通过国家出让而取得土地使用权的,应向国家支付出让金,并与所在地人民政府土地管理部门签订书面出让合同,然后按照合同规定的年限、土地使用性质等要求进行工程建设。

土地使用权出让最高年限按下列用途确定:

1. 居住用地 70 年;

2. 工业用地 50 年;

3. 教育、科技、文化、卫生、体育用地 50 年;

4. 商业、旅游、娱乐用地 40 年;

5. 综合或者其他用地 50 年。

通过国家划拨而取得土地使用权的,土地使用者可无偿取得,但应承担拆迁费用、补偿费、安置补偿费。其标准由各省、自治区、直辖市规定。

划拨土地使用权的范围限于:

1. 国家机关用地和军事用地。

2. 城市基础设施用地。它包括城市给水、排水、污水处理、供电、通信、煤气、热力、市内公共交通等设施用地。

3. 城市公益事业用地。指城市内的各种学校、医院、体育场所、图书馆等文体、卫生、教育事业用地。

4. 国家重点扶持的能源、交通、水利等项目用地。

5. 法律、行政法规规定的其他用地。

三、拆迁

在城市进行工程建设,一般都要对建设用地上的原有房屋和附属物进行拆迁。根据国务院颁发的《城市房屋拆迁管理条例》规定,拆迁房屋的单位取得房屋拆迁许可证后,方可实施拆迁。

申请领取房屋拆迁许可证的,应当向房屋所在的市、县人民政府房屋拆迁管理部门提交下列资料:

1. 建设项目批准文件;

2. 建设用地规划许可证;

3. 国有土地使用权批准文件;

4. 拆迁计划和拆迁方案；

5. 办理存款业务的金融机构出具的拆迁补偿安置资金证明。

市、县人民政府房屋拆迁管理部门应当自收到申请之日起 30 日内，对申请事项进行审查；经审查，对符合条件的，颁发房屋拆迁许可证。

拆迁人应当依照《城市房屋拆迁管理条例》规定，对被拆迁人给予补偿。拆除违章建筑和超过批准期限的临时建筑，不予补偿；拆除未超过批准期限的临时建筑，应当给予适当补偿。

四、报建

建设项目被批准立项后，建设单位必须持工程项目立项批准文件、银行出具的资信证明、建设用地的批准文件等资料，向当地建设行政主管部门或其授权机构进行报建。

凡未报建的工程项目，不得办理招标手续和发放施工许可证，设计、施工单位不得承接该项目的设计、施工任务。

五、工程发包与承包

工程发包与承包是指发包方通过合同委托承包方为其完成某一建设工程的全部或其中一部分工作的交易行为。

依据《中华人民共和国建筑法》的规定，建设工程发包与承包有两种方式：招标投标和直接发包。

建设工程招标发包指发包方根据招标法的规定事先制定招标文件，明确其承包工程的性质、内容、工期、质量等情况和要求，由愿意承包的单位递送标书，再由发包方从中择优选择工程承包方的交易方式。

建设工程直接发包指发包方与承包方直接进行协商，约定工程建设的价格、工期、违约责任和其他条件的交易方式。

建设工程招标投标比直接发包更有利于公平竞争，更符合市场经济规律的要求。

《中华人民共和国招标投标法》第三条规定：在中华人民共和国境内进行下列工程建设项目包括项目的勘察、设计、施工、监理以及与工程建设有关的重要设备、材料等的采购，必须进行招标：

1. 大型基础设施、公用事业等关系社会公共利益、公共安全的项目；

2. 全部或部分使用国有资金投资或国家融资的项目；

3. 使用国际组织或者外国政府贷款、援助资金的项目。

《招标投标法》第五条规定："招标投标活动应当遵循公开、公平、公正和诚实信用的原则"。

第四节　工程建设项目施工阶段

一、勘察设计

建设工程勘察是指根据建设工程的要求，查明、分析、评价建设场地的地质地理环境特征和岩土工程条件，编制建设工程勘察文件的活动。

建设工程设计，是指根据建设工程的要求，对建设工程所需的技术、经济、资源、环境等条件进行综合分析、论证，编制建设工程设计文件的活动。

设计过程一般划分为两个阶段，即初步设计阶段和施工图设计阶段，对于大型复杂项目，可根据不同行业的特点和需要，在初步设计之后增加技术设计阶段。

初步设计经主管部门审批后，建设项目被列入国家固定资产投资计划，方可进行下一步的施工图设计。

施工图一经审查批准，不得擅自进行修改，必须重新报请原审批部门，由原审批部门委托审查机构审查后再批准实施。

二、施工准备

1. 施工单位的准备

根据合同要求，施工单位应尽快组建经理部和项目部分部，并确保工作人员的专业、技术业务能力符合合同要求，以便快速开展前期各项施工准备工作。对主要管理人员和关键岗位人员进行上岗前的资格验证，必要时组织培训。并做好编制施工组织设计、工程物资采购和供应、施工设备配置、检验试验装置、交接桩与施工复测、现场"四通一平"和特殊条件施工、人员、工程物资、施工设备进场等工作。

2. 开工报告

开工报告指建设项目或单项（位）工程开工的依据。

工程开工应具备的条件：

（1）设计文件能满足施工需要；

（2）施工复测结束，施工桩橛完备，施工测量准确无误；

（3）物资、设备、劳动力等资源满足施工需要；

（4）试验准备工作就绪；

（5）施工用水、用电及有关临时工程满足需要；

（6）施工组织设计已经审批，施工方案、施工方法、工艺已经确定并已向作业人员交底；

（7）征地拆迁满足施工需要；

（8）施工现场安全质量措施、环境保护措施满足要求；

（9）合同中的特殊要求已经落实。

三、生产准备

对于生产性建设项目，在其竣工投产前，建设单位有计划地做好生产准备工作，包括招收、培训生产人员；组织有关人员参加设备安装、调试、工程验收；落实原材料供应；组建生产管理机构，健全生产规章制度等。生产准备是由建设阶段转入经营的一项重要工作。

第五节　工程建设项目竣工验收与保修阶段

工程竣工验收是全面考核建设成果、检验设计和施工质量的重要步骤，也是建设项目转入生产和使用的标志。验收合格后，建设单位编制竣工决算，项目正式投入使用。

一、工程竣工验收

工程竣工验收应具备的条件：

1. 完成建设工程设计和合同约定的各项内容；
2. 有完整的技术档案和施工管理材料；
3. 有工程使用的主要建筑材料、建筑构配件和设备的进场试验报告；
4. 有勘察、设计等单位分别签署的质量合格文件；
5. 有施工单位签署的工程保证书。

二、工程保修

工程竣工验收交付使用后，在保修期限内，承包单位要对工程中出现的质量缺陷承担保修与赔偿责任。

建设部《房屋建筑工程质量保修办法》对房屋建筑工程作了最低保修期限的规定：

1. 地基基础工程和主体结构工程，为设计文件规定的该工程的合理使用年限；
2. 供热与供冷系统，为 2 个采暖期、供冷期；
3. 电气管线、给排水管道、设备安装为 2 年；
4. 装修工程为 2 年。

其他项目的保修期限由建设单位和施工单位约定（购房人可要求开发商提供与施工单位签订的《房屋建筑工程质量保修书》，该协议对质量保修期限作了明确的约定）。房屋建筑工程保修期从工程竣工验收合格之日起计算。

第六节　工程建设项目考核评价阶段

建设项目后评价是工程项目竣工投产、生产运营一段时间后，在对项目的立项决策、设计施工、竣工投产、生产运营等全过程进行系统评价的一种技术活动，是固定资产管理的一项重要内容，也是固定资产投资管理的最后一个环节。

第七节　案例分析

案例一：工程不按程序办，还未动工被索赔 40 万

甲方：M 通用机械厂

乙方：N 集团第八分公司

甲方为使本厂的自筹招待所尽快发挥效益，在施工图还没有完成的情况下，就和乙方签订了施工合同，并拨付了工程备料款。意在早作准备，加快速度，减少物价上涨的影响。乙方按照甲方的要求进场做准备，搭设临时设施，租赁了机械工具，并购进了大批建筑材料等待开工。当甲方拿到设计单位的施工图及设计概算时，出现了问题：甲方原计划自筹项目总投资 150 万元，设计单位按甲方提出的标准和要求设计完成后，设计概算达到 215 万元。一旦开工，很可能造成中途停建。但不开工,施工队伍已进场做了大量工作。经各方面研究决定"方案另议,缓期施工"。

甲方将决定通知乙方后,乙方很快送来了索赔报告。

M通用机械厂基建科:

我方按照贵厂招待所工程的施工合同要求准时进场并做了大量准备工作。鉴于贵方做出"缓期施工"的时间难以确定,我方必须考虑各种可能以减少双方更大的损失。现将自进场以来所发生的费用报告如下:

临时材料库及工棚搭设费;工人住宿、食堂、厕所搭建费;办公室、传达室、新改建大门费(接到图纸后时间内);已购运进场材料费;已为施工办理各种手续费用;上交有关税费,共计10项合计40.5万元。

甲方认真核实了乙方费用证据及实物,同意乙方退场决定,并给予了实际发生的损失补偿。

案例二:施工前期准备工作不充分对后续施工管理的影响

某技校立项了一个冶金加工车间厂房改造项目,该项目属于原址改建,原一层砖混结构老厂房准备改造为钢结构新厂房。考虑到原加工车间地面上设置有大小设备二三十台件,这些设备年代久远,若搬动很可能造成设备损坏,且设备基础与设备联系较复杂等现实情况,建设单位在该项目招标文件中明确,老厂房地面不进行维修施工,设备在整个施工期间不能挪移。并要求中标施工单位在拆除老厂房时,首先要对设备进行相应的封盖或围挡保护,以确保在拆除期间和新建钢结构厂房时,不因改造施工造成设备损毁。

考虑到该工程项目体量很小,在建设单位提出改造厂房建筑物应有的外墙轴线尺寸后(建设单位根据现有旧砖混厂房实地测得的数据),设计院在未到工程现场进行实地踏勘的情况下,完成了钢结构厂房的设计工作,向建设单位提供了施工图。施工单位进场后首先按照施工合同约定,对全部设备进行了围挡封盖保护。在拆除旧厂房工作顺利完成后,开始按图纸撒出基础开挖边界灰线。此时才发现,将要进行的基础土方开挖施工范围与部分临墙设备现有固定位置存在着重合区域,建设单位和设计院沟通后,考虑因建筑物外墙轴线位置、埋设基础位置以及外墙外场地下已埋设的电缆、管线不宜挪位及相关成本较高等情况,遂决定采用设备搬迁的方法以满足现场施工的空间需要。在通过招标确定搬迁设备队伍、搬迁队伍进场搬迁设备过程中,施工队单位不得不让搬迁先进行,而设备搬迁的时间又较长,施工工作不得不向后拖延,因该工作处于工程实施的关键线路上,进而造成工程竣工时间的拖延。

该项目在委托施工图设计前,因考虑厂房面积较小,建筑高度不大,建造比较简单等原因,建设单位未委托勘察。设计院考虑虽然厂房年代久远,建设单位没有提供原场地的地勘资料,但认为原址改造,基础下地基土的承载力应该不存在问题,因此,在没有勘察资料的情况下,仍向建设单位提供了钢结构新厂房的施工图。施工单位了解到这一情况后,认为没有勘察资料,就委托设计,这样的施工图不能作为施工的技术依据文件;同时,这种做法也违背了我国建设法律法规的有关规定,属违法行为;而且,如果按照此图施工,将来交工后如果出现基础沉降、墙面裂缝等质量问题,责任难以说清,对施工单位自身不利。因此,施工单位通过书面工作联系单说明理由后,郑重要求建设单位组织地勘,并在此基础上,对施工图进行审查或必要的修改变更。建设单位通过分析研究后,遂进行了地勘。在地勘资料出来后,设计院发现基础下土体具有较高的湿陷性,原设计因为没有考虑此风险而存在着重大问题和质量缺陷。经重新设计,在柱独立墩台基础下,增加了能够消除黄土湿陷性影响的灰土井(直径近 2 米,挖深 6 米)。截至此时,设计的正确性才得到了保证。但是,地勘工作、重新变更设计以及将要增加的灰土井施工时间等,必然导致原定施工工期的拖延。在建设单位提供了变更施工图之后,施工单位就开始抢工。但当主体完工后,已进入冬季施工。出于对保证墙体粉刷质量的考虑,粉刷施工不得不暂停、而随后春节又到,农民工返乡造成施工人手严重短缺,厂房改造工程只能暂停。如果按照合理的工程建设程序,施工单位本可以通过一气呵成的施工组织在春节前竣工。

另外,工程设计在没有地勘资料的情况下开展,不仅是严重的违法行为,而且一般而言,为了保证设计安全和质量,以消除没有地勘资料带来的设计风险,设计单位都会进行偏于保守的设计,无形中会造成工程造价不必要的升高。

可见,设计单位在设计之前进行深入全面的工程现场实地踏勘非常重要。换言之,设计的前道程序之一必须包括实地踏勘。而在缺乏地勘资料的情况下就开始设计工作,对后期的设计质量、施工组织、进度,乃至工程造价均会造成实质的负面影响。简言之,设计之前必须先进行合理科学的地勘工作。

思 考 题

1. 何谓工程建设程序?
2. 工程建设程序分为哪几个阶段?
3. 工程建设准备阶段包含哪几个环节?
4. 工程建设实施阶段的主要环节及内容是什么?
5. 工程竣工验收应具备的条件是什么?

第三章 土地管理法律制度

第一节 土地管理法概述

一、土地概述

1. 土地的类型

《中华人民共和国土地管理法》(以下简称《土地管理法》)根据土地的用途将土地分为三类:农用地、建设用地和未利用土地。农用地是指直接用于农业生产的土地,包括耕地、林地、草地、农田水利用地、养殖水面等;建设用地是指建造建筑物、构筑物的土地,包括城乡住宅和公共设施用地、工矿用地、交通水利设施用地、旅游用地、军事设施用地等;未利用土地是指农用地和建设用地以外的土地。

2. 土地的特征

土地有着不同于其他自然资源的自然属性和社会特征,主要表现在:

(1)土地位置的固定性。土地是大自然的产物,它总是固定地存在于地球的某一位置上,不会因人们意志的改变而随意地改变。这一特点要求人们因地制宜地合理利用土地。由于位置的固定性,各国均将土地视为不动产,即土地是一种位置不能移动的财产。这使得土地管理有着与动产不同的制度设计,如土地的交易需要经过有关房地产管理机关登记,以通过公示获得公信力。

(2)土地面积的有限性。土地在有人类社会之前就已经存在,具有不可创造性和不可再生性。由于受地球陆地表层空间容量的限制,土地面积是不能增加的,是有限的。因此,表现在土地对人类需求的供应上,土地具有稀缺性的特点。土地的稀缺性使得土地占有和经营的垄断成为可能。而且随着人口的增加和经济的增长,土地供给的矛盾会越来越突出。另外,由于土地的承载能力有限,在生产中可能出现流失、损害和地力下降等情况,土地报酬呈现出报酬递减的可能性。土地的上述特点使得通过法律制度规范土地供给关系,合理利用和保护土地资源具有十分重大的意义。

(3)土地利用的永久性。土地不同于其他生产资料,不会一经使用就会逐渐磨损、消耗,乃至完全丧失,而是具有耐久性的特点。在土地被正确使用和保护的情况下,它的肥力会不断地得以提高,耕地总比荒地生产更多的粮食。即使是土地生产粮食的肥力逐渐丧失,土地还可以改作其他用途,所以土地的使用价值具有永久性。这体现出土地资源对于人类社会的长久意义。但土地利用的永久性并不意味着人类可以向土地无节制地索取。为了实现对土地永续利用,在土地管理工作中必须贯彻可持续发展的战略,做好土地利用规划,适当地限制土地权利人的利用行为。

二、土地管理法的概况

1. 土地管理法的概念

土地管理法是调整人们在开发、利用、管理和保护土地过程中所形成的权利和义务关系的法律规范的总称。土地管理法有着自身的调整对象，即调整以土地为客体的人与人之间的社会关系，实际上也就是在开发土地、保护土地、管理土地、利用土地时所形成的权利义务关系。

土地管理法有广义和狭义之分。狭义的土地管理法是指 1986 年 6 月第六届全国人大常委会第 16 次会议通过，1988 年 2 月第七届全国人大常委会第 5 次会议、1998 年 8 月第九届全国人大常委会第 4 次会议和 2004 年 8 月第十届全国人大常务委员会第十一次会议修订的《土地管理法》。广义的土地管理法除了《土地管理法》外，还包括《中华人民共和国民法典》《中华人民共和国土地管理法实施条例》《基本农田保护条例》《划拨土地使用权管理暂行办法》《土地监察暂行规定》《土地利用总体规划编制审批规定》《确定土地所有权和使用权的若干规定》《建设用地计划管理办法》等。

2. 土地管理法的立法目的

《土地管理法》第一条规定："为了加强土地管理，维护土地的社会主义公有制，保护、开发土地资源，合理利用土地，切实保护耕地，促进社会经济的可持续发展，根据宪法，制定本法。"这条规定明确了土地管理法的立法目的。具体来讲，主要有：

（1）维护土地的社会主义公有制

我国宪法第十条规定："城市的土地属于国家所有。农村和城市郊区的土地，除法律规定属于国家所有的以外，属于集体所有；宅基地和自留地、自留山也属于集体所有。国家为了公共利益的需要，可以依照法律规定对土地实行征用。"我国实行土地的社会主义公有制，即全民所有制和劳动群众集体所有制。土地公有制是我国土地制度的基础和核心，是社会主义制度的基本特征。在实行市场经济的条件下，土地公有制和土地市场化并存，以土地所有权和使用权分离的方式实现土地的商品化。依法维护土地的社会主义公有制，主要就是要维护国家所有权不受侵犯，因此具有十分重要的意义。

（2）加强土地管理

人们在土地上生存、发展，土地既是生产资料，又是生活资料，从而围绕土地产生了占有、使用、收益、管理等广泛的权利与义务关系。人们有关土地的行为必须规范化地进行。改革开放至今，我国处于从计划经济体制向市场经济体制转变的时期。在此期间，土地管理工作中出现了一些新问题，如建设用地大量增长，浪费土地的问题十分严重；土地违法情况严重，查处不力；缺乏建设用地的约束机制等。因此，土地管理立法是保证规范地管理土地的前提与基础，能够推进建立并强化土地管理的法律秩序，促进人们在保护、利用、管理土地过程中遵循自然规律和经济规律。

（3）保护、开发土地资源，合理利用土地

我国宪法第十条明确规定："一切使用土地的组织和个人必须合理利用土地。"土地作为一种宝贵的自然资源，是人类生存和生活的基本物质资料。随着我国人口的增长和经济的发展，土地数量的有限性和土地需求的无限增长性之间的矛盾日益突出。因此，有效地保护土地资源，合理利用土地是制定土地管理法的重要任务。

（4）切实保护耕地

耕地是人类赖以生存的基本条件,是农业最基本的生产资料。我国是一个人口众多的农业大国,但是人均耕地数量少,耕地的后备资源不足,耕地总体质量差,生产水平低,耕地退化严重。保护耕地就是保护我们的生命线。据统计,目前我国人均耕地占有量为 1.51 亩,仅为世界人均耕地占有量的 45%。为了稳固农业基础,必须认真贯彻"切实保护耕地"的基本国策,采取世界上最严格的耕地保护措施,这是由我国的基本国情决定的。

（5）促进社会经济的可持续发展

当前,走可持续发展的道路已经成为世界各国的共同选择。土地作为一种自然资源,它的存在是非人力所能创造的,土地本身的不可移动性、地域性、整体性、有限性是固有的,人类对它的依赖和永续利用程度的增加也是不可逆转的。可持续发展道路将土地利用与生态环境保护结合起来,维护了人类社会整体的、长远的利益,促使人们尊重自然规律,更切实地按照自然规律的要求去保护土地、开发利用土地。因此,通过立法强化土地管理,保证对土地的永续利用,以促进社会经济的可持续发展,也是制定土地管理法的一项重要任务。

3. 土地管理法的调整对象

土地管理法有它自己特定的调整对象。土地管理法的调整对象就是土地关系。根据土地关系性质的不同可以分为两类。

（1）土地民事法律关系

土地民事法律关系主要是指平等主体之间就土地的开发、利用、交易所发生的财产性的社会关系。如土地所有权制度、土地使用权出让、出租、抵押等制度。这种土地关系当事人之间权利义务的设定遵循诚实信用、自愿互利、等价有偿、协商一致等民法原则。

（2）土地行政法律关系

土地行政法律关系是指国家土地行政管理部门依法履行土地管理监督管理职责时与个人、组织之间发生的社会关系。这是一种不平等主体之间纵向的、管理与被管理的土地行政管理关系。如土地利用规划制度、土地权属登记制度、土地用途管制制度、土地划拨制度、土地征用制度、土地行政执法制度等。

4. 土地管理法的发展历程

土地管理立法在我国是一个历史变迁的过程。在新中国成立之初,为了彻底地完成新民主主义革命的任务,进行了土地改革。为了保证土改的顺利进行,1950 年 6 月 28 日中央人民政府颁布了《中华人民共和国土地改革法》,这是新中国成立后颁布的第一部重要的土地法律。该法为废除封建剥削土地所有制,建立农民土地所有制,为实现"耕者有其田"提供了法律保证。在社会主义改造时期和社会主义建设时期,国家又陆续颁布了《国家建设征用土地办法》《农业生产合作社示范章程》《农村人民公社工作条例修正草案》等,这一时期土地改革的重要成果就是农村土地集体所有制的建立。

1978 年改革开放后,我国的土地立法硕果累累。1980 年,为了吸引外商投资,国务院发布了《中外合营企业建设用地的暂行规定》。1982 年,针对经济建设中出现的乱占滥用耕地问题,国务院又颁布了《村镇建房用地管理条例》和《国家建设征用土地条例》,进一步规范了农民建房用地和乡镇企业用地的行为,加强了各级人民政府对建设用地的管理。同年,我国颁布新《宪法》,其中第十条规定"城市的土地属于国家所有",首次在法律上明确城市土地属于国家所有,正式宣布了城市土地的国有化。1986 年 6 月第六届全国人大常委会第十六次会议审议通过了《中华人民共和国土地管理法》,这是新中国成立后制定颁布的第一部比较全面的调整土地关系的大法。它改变了过去土地分散、多头管理的旧体制,确立了全国土地、城乡地政统一管理的新体制,并建立了由土地所有权和使用权法律制度、土地利用和保护法律制度、国家建设用地法律制度等一系列制度组成的土地法律基本框架。1988 年 4 月,为了适应土地使用制度的深化改革,全国人大七届一次会议修改了《宪法》,删除了土地不得出租的规定,增加了"土地使用权可以依照法律的规定转让"的规定。同年 12 月,全国人大七届五次会议修改了《土地管理法》,确立了国有土地有偿使用制度。这在我国土地法制建设中具有重大的意义。随着改革开放的步伐逐渐加快,房地产业出现了蓬勃发展的大好形势,为了合理规范引导房地产业的发展,1994 年 7 月第八届全国人大常委会第八次会议审议通过了《中华人民共和国城市房地产管理法》,对城市房地产开发用地、房地产交易、房地产权登记等问题作出了规定,加强了国家对城市房地产的管理,促进了房地产业的健康发展。但随着改革开放的深化,经济形式不断变化,出现了许多新问题,如一些地方违法批地、乱占耕地、浪费土地的现象时有发生,造成耕地面积锐减,土地资产流失,人地矛盾十分尖锐。1986 年通过的《土地管理法》已明显不能适应加强土地管理、切实保护耕地的需要。为此,1998 年第九届全国人大常委会第四次会议修订通过了《中华人民共和国土地管理法》。其修订的重点有:将十分珍惜、合理利用土地和切实保护耕地从法律上确定为基本国策;将土地管理方式由以往的分级限额审批制度改为土地用途管制制度,强化土地利用总体规划和土地利用年度计划的效力,加强对农用地,特别是耕地的保护;在用途管制的前提下,上收审批权,特别是耕地的审批权和征地审批权;将土地承包经营权的承包年限提高到 30 年,保障农民享有长期的土地使用权;加大对土地违法行为的处罚力度等。从实施几年来的实践看,新修订的《土地管理法》对稳固农业的基础地位,保障九亿农民的切身利益,促进我国经济可持续发展发挥了巨大的作用。围绕《土地管理法》的宗旨和制度,国家有关部门相继出台了《土地利用年度计划管理办法》(1999 年 3 月)、《建设用地审查报批管理办法》(1999 年 3 月)、《关于违反土地管理规定行为行政处分暂行办法》(2000 年 3 月)、《建设项目用地预审管理办法》(2001 年 7 月)、《土地权属争议调查处理办法》(2003 年 3 月)、《协议出让国有土地使用权规定》(2003 年 8 月)等。为了进一步治理和整顿土地市场秩序,国务院和国土资源部推行最严格的耕地保护制度,并清理整顿开发区,解决农民失地失业问题,切实加强对土地开发利用的管理。经济社会的发展和变革对土地权利体系建设不断提出新的要求,而我国土地管理法制建设为适应这些要求正在不断地完善和发展。

第二节　土地所有权和使用权

一、土地所有权

土地所有权是指国家或者农民集体依法对其所有的土地行使占有、使用、收益和处分的权利。我国实行的是土地的社会主义公有制,土地所有权分为国家土地所有权和农民集体土地所有权。其特征有:

（1）主体的特定性。

按照我国现行制度,土地只能由国家或农民集体所有,不存在土地的私人所有权。

（2）交易的禁止性。

我国有关法律规定，土地所有权不得买卖、出租、抵押或者以其他形式非法转让。

（3）权属的稳固性。

除了国家为了公共利益的需要征用集体所有的土地外，土地所有权的权属状况一般不会改变。

（4）内容的可分离性。

为了充分利用土地，法律允许土地使用权与所有权分离。土地的使用权可以转让、出租或者抵押。

1. 国家土地所有权

国家土地所有权是指国家代表全体人民对国有土地依法占有、使用、收益和处分的权利。根据《土地管理法》等有关法律的规定，国家对下述范围内的土地享有所有权：（1）城市市区（通说为城市建成区）的土地；（2）农村和城市郊区中已经依法没收、征收、征购为国有的土地；（3）依法不属于集体所有的林地、草地、荒地、滩涂以及其他土地；（4）国家依法征用的土地；（5）农村集体经济组织全部成员转为城镇居民的，原属于其成员集体所有的土地；（6）因国家组织移民、自然灾害等原因，农民成建制地集体迁移后不再使用的原属于迁移农民集体所有的土地；（7）土地所有权有争议，不能依法证明争议的土地属于农民集体所有的，属于国家。

《土地管理法》第二条规定："国家所有土地的所有权由国务院代表国家行使。"但我国地域辽阔，情况复杂，国务院无法直接行使土地所有权。在现实生活中是由地方各级人民政府，主要是由市、县人民政府及其土地管理部门实际行使该项权利，并依法报上级人民政府审批及向上级人民政府上缴部分土地收益。这种格局已经形成，并将长期继续下去。

2. 集体土地所有权

集体土地所有权是指农民集体全体成员依法对其所有的土地进行占有、使用、收益、处分的权利。在我国，农民集体所有的土地分别属于村民农民集体、乡（镇）农民集体和村民小组。

根据《土地管理法》等有关法规的规定，农民集体所有权的土地范围是：（1）除由法律规定属于国家所有以外的农村和城市郊区的土地；（2）农村村民的宅基地和自留地、自留山；（3）土地改革时期分给农民并颁发了土地所有权证，现在仍由村或乡农民集体经济组织或其成员使用的；（4）不具上述情形，但农民集体连续使用其他农民集体所有的土地已满 20 年的，或者虽然未满 20 年但经县级以上人民政府根据具体情况确认其所有权的。

根据《土地管理法》的规定，农民集体所有的土地依法属于村农民集体所有的，由村集体经济组织或者村民委员会经营、管理；已经分别属于村内两个以上农村集体经济组织的农民集体所有的，由村内各经济组织或者村民小组经营、管理；已经属于乡（镇）农民集体所有的，由乡（镇）集体经济组织经营、管理。

二、土地的使用权

土地使用权是指土地使用人（法人、自然人、非法人组织）根据法律规定或合同的约定，依法对国家或集体所有的土地享有的占有、使用、收益的权利。土地使用权是一项独立的财产权。其特征有：

（1）派生性

土地使用权是从土地所有权中派生出来的一种权利。即土地使用权是在一定条件下与土地所有权相分离而形成的一种权利。

（2）独立性

土地使用权具有相对的独立性，只要符合法律的规定，土地使用权人可以以转让、出租、抵押等方式行使其权利。

《土地管理法》规定，国家依法实行国有土地有偿使用制度；国有土地和农民集体所有的土地，可以依法确定给单位或者个人使用。

1. 国有土地使用权

国有土地使用权是指土地使用人依法对国有土地进行占有、使用、收益的权利。凡符合依法使用国有土地条件的单位和个人均可成为国有土地使用者。

《土地管理法》第二条规定："国家依法实行国有土地有偿使用制度。但是，国家在法律规定的范围内划拨国有土地使用权的除外。"可见，国有土地使用权的取得主要包括有偿和划拨两种方式。

有偿取得土地使用权是指使用人根据法律的规定交付土地使用费而有偿取得的土地使用权，其基本形式是出让、租赁、作价出资或入股。划拨土地使用权是指土地使用人通过行政划拨方式无偿取得的土地使用权。

出让与划拨方式的区别：土地使用权出让是国家将国有土地使用权在一定年限内出让给土地使用人，由土地使用人向国家支付使用权出让金的行为，出让土地使用权是有偿有期取得的，出让土地使用权可以依法转让、出租、抵押、继承和赠予。而土地使用权划拨是县级以上人民政府依法批准，在土地使用人缴纳补偿、安置等费用后将土地交付其使用或者将土地无偿交付给土地使用人使用的行为。取得划拨土地使用权无须支付出让金，即划拨土地使用权是无偿取得的，因此，除法律另有规定外不得转让、出租和抵押。

2. 集体土地使用权

集体土地使用权是指农村集体经济组织及其成员以及符合法律规定的其他组织和个人依法对集体所有的土地享有占有、使用、收益的权利。

集体土地使用权依照土地的用途可划分为农用地使用权和农村建设用地使用权。农用地使用权一般通过承包经营的方式取得。通过这种方式取得的集体土地使用权，称为土地承包经营权。农村建设用地使用权，主要是指乡镇企业、农村基础设施和公共事业建设、农民宅基地等占用农民集体土地的使用权，是农民集体和个人依法进行非农业建设而使用农民集体土地的权利。农村建设用地使用权依照法律规定的审批程序取得。

3. 土地承包经营权

土地承包经营权是指承包人在法律规定和承包合同约定的范围内，对集体所有的或国家所有但由集体长期使用的土地享有的占有、使用、收益的权利。《土地管理法》第十四条、十五条规定："农民集体所有的土地由本集体经济组织的成员承包经营。""国有土地可以由单位或者个人承包经营。""农民集体所有的土地，可以由本集体经济组织以外的单位或者个人承包经营。""土地承包经营权受法律保护。"这些都是关于土地承包经营权的规定。2002年公布的《农村土地承包法》进一步具体规定了土地承包经营权的内容，赋予了农民长期且有保障的物权性质的土地使用权，奠定了新时期农村经济发展的法制基础。

《农村土地承包法》将土地承包区分为家庭承包和其他方式的承包，特别明确了土地承包经营权的具体内容，对农民通过家庭承包取得的土地承包经营权实行物权保护。具体内容主要体现在：

（1）农村集体经济组织成员有权依法承包本集体经济组织发包的土地，任何组织和个人不得剥夺或者非法限制其承包土地的权利。国家保护承包方的土地承包经营权。

（2）要求县级以上地方人民政府向承包方颁发土地承包经营权证、林权证等证书，并登记造册，确认承包方的土地承包经营权。

（3）在承包合同生效后，发包方不得因承办人或者负责人的变动而变更、解除承包合同，也不得因集体经济组织的分立、合并而变更、解除合同。国家机关及其工作人员不得利用职权变更、解除承包合同。承包期内发包方原则上不得收回承包方的承包地。在承包期内，发包方原则上不得调整承包地。

（4）国家保护承包方依法、自愿、有偿地采取转包、出租、互换、转让、入股等方式，进行土地承包经营权流转。

（5）侵害土地承包经营权的侵权行为人，应当按照法律规定的侵害物权的方式承担民事责任，包括停止侵害、返还原物、恢复原状、排除妨害、消除危险、赔偿损失等。

4. 土地权属的确认和确定

我国实行土地登记制度对土地权属进行确认。根据《土地管理法》第十一条的规定，农民集体所有的土地，由县级人民政府登记造册，核发证书，确认所有权。农民集体所有的土地依法用于非农业建设的，由县级人民政府登记造册，核发证书，确认建设用地使用权。单位和个人依法使用的国有土地，由县级以上人民政府登记造册，核发证书，确认其使用权。其中，中央国家机关使用的国有土地的具体登记发证机关，由国务院确定。确认林地、草原的所有权或者使用权，确认水面、滩涂的养殖使用权，分别依照《中华人民共和国森林法》《中华人民共和国草原法》和《中华人民共和国渔业法》的有关规定办理。《土地管理法实施条例》进一步规定，设区的市人民政府可以对市辖区内农民集体所有的土地实行统一登记。未确定使用权的国有土地，由县级以上人民政府登记造册，负责保护管理。具体的登记程序依照1995年国家土地管理局发布的《土地登记规则》进行。国家依法实行土地登记发证制度，依法登记的土地所有权和土地使用权受法律保护，任何单位和个人都不得侵犯。

为了确定土地的所有权和使用权，依法进行土地登记，1995年国家土地管理局发布了《确定土地所有权和使用权的若干规定》，对国家土地所有权、集体土地所有权、国有土地使用权、集体土地建设用地使用权的范围和确定办法作出了十分具体的规定。

5. 土地权属争议的解决

土地权属争议，是指土地所有权或者使用权归属争议。土地权属争议的产生有历史的原因，如土改时期土地地界划定不明确等；还有因土地登记制度及土地管理制度不完善引起的，如农民因国家征用土地而发生的征用土地争议等。根据《土地管理法》第十六条的规定，土地权属争议解决的方式主要有：

（1）协商

法律鼓励当事人在发生土地权属争议时，本着平等互利、公平合理的原则进行磋商，争取互谅互让，解决纠纷。

（2）政府处理

当事人发生土地权属争议，经协商不能解决的，可以依法向县级以上人民政府或者乡级人民政府提出申请，也可以依照2003年国土资源部发布的《土地权属争议调查处理办法》第五、

六、七、八条的规定,向有关国土资源行政主管部门提出调查处理申请。国土资源行政主管部门对受理的争议案件,应当在查清事实、分清权属关系的基础上先行调解,促使当事人以协商方式达成协议。调节应当坚持自愿、合法的原则。调节未达成协议的,国土资源行政主管部门应当及时提出调查处理意见,报同级人民政府作出处理决定。当事人对人民政府作出的处理决定不服的,可以依法申请行政复议。具体的土地权属调查处理程序和要求依照《土地权属争议调查处理办法》有关规定进行。

（3）诉讼

当事人对人民政府作出的处理决定不服的,可以自接到处理决定通知之日起 30 日内,依法向人民法院提起诉讼。根据最高人民法院《关于贯彻执行<中华人民共和国行政诉讼法>若干问题的意见》第七条的规定,"公民、法人或者其他组织对人民政府或者其他主管部门有关土地、矿产、森林等资源所有权或者使用权归属的处理决定不服,依法向人民法院起诉的,人民法院应作为行政案件受理。"因此,有关土地争议的诉讼类型为行政诉讼。

第三节 土地利用与保护

一、土地利用和保护的相关制度

土地利用和土地保护主要涉及的法律法规有《土地管理法》《土地管理法实施条例》《基本农田保护条例》《土地监察暂行规定》《国家建设征用土地条例》等。法律法规中对土地利用和保护作出了详细规定,包括土地用途管制制度、土地监察制度、土地调查制度、土地统计制度、土地利用状况动态监测制度等。

二、土地利用总体规划

1. 土地利用总体规划的概念与内容

土地利用总体规划是在一定区域内,综合考虑社会和经济发展需要、国土整治和资源与环境保护要求、土地使用现状及实际供给能力等各项因素,对土地的开发、利用、治理和保护作出的时间上和空间上的总体安排和设计方案。土地利用总体规划是国家集中统一管理土地的重要体现,是加强土地宏观管理和国家实行土地用途管制的依据。使用土地的单位和个人都必须严格按照土地利用总体规划确定的用途使用土地。土地利用总体规划的期限一般为 15 年。其任务是对土地利用现状和后备土地资源潜力进行综合分析研究,在预测土地利用变化的基础上,根据需要和可能提出规划期内的土地利用目标和基本方针,提出各类用地的控制性指标,调整土地的结构和布局,目的在于加强国家对土地资源的保护,实现土地的科学开发和合理利用,以促进经济社会可持续发展。

土地利用总体规划一般包括以下内容:

（1）土地资源和土地利用现状分析

通过土地调查、评级、统计,提出土地利用的自然与社会经济条件、土地资源数量与质量、土地利用动态变化规律、土地利用结构和分布状况等基本数据,阐明土地利用特点,指出土地利用当前存在的问题。

（2）土地供需预测

通过分析人口增长状况、后备土地资源开发利用潜力、国民经济和社会发展规划及各行业发展规划对用地的需求、土地可供给量和各类用地需求量等因素，预测各类用地可供给量、各类用地需求量及土地供求趋势。

（3）确定土地利用的目标和方针

在分析土地利用现状、供需趋势基础上，进行土地利用战略研究，确定土地利用的基本目标和方针。

（4）划分土地利用区域或土地利用分区

根据土地的自然与社会经济条件的差异性、土地利用问题的共同性以及保持行政界限的完整性等因素，将规划区内分成若干地域或土地利用区域，并将规划目标、内容、土地利用结构和布局的调整及实施的各项措施，落实到土地利用区域或土地利用分区。

（5）编制规划方案

在以上工作的基础上，根据土地利用调控措施和保证条件，拟定供选方案，并对方案实施的可行性进行分析评价，提出推荐方案。

（6）实施规划措施

为保证规划的实施，拟订具体的对策，如提出行政、经济、技术以及政策、法律法规等方面的措施。

2. 土地利用总体规划的编制

《土地管理法》第十七条规定，各级人民政府应当组织编制土地利用总体规划。土地利用总体规划的编制与实施的具体内容如下：

（1）土地利用总体规划编制的总体要求

《土地管理法》第十八条、二十条以及《土地管理法实施条例》规定了土地利用总体规划编制的总体要求。主要有：

① 下级土地利用总体规划应当依据上一级土地利用总体规划编制。地方各级人民政府编制的土地利用总体规划中的建设用地总量不得超过上一级土地利用总体规划确定的控制指标，耕地保有量不得低于上一级土地利用总体规划确定的控制指标。省、自治区、直辖市人民政府编制的土地利用总体规划，应当确保本行政区域内耕地总量不减少。

② 土地利用总体规划应当将土地划分为农用地、建设用地和未利用地。县级和乡（镇）土地利用总体规划应当根据需要，划定基本农田保护区、土地开垦区、建设用地区和禁止开垦区等。其中，乡（镇）土地利用总体规划还应当根据土地使用条件，确定每一块土地的用途。乡（镇）土地利用总体规划经依法批准后，乡（镇）人民政府应当在本行政区域内予以公告。

（2）土地利用总体规划编制的依据

根据《土地管理法》第十七条、十八条的规定，编制土地利用总体规划有以下的依据：

① 国民经济和社会发展规划

国民经济和社会发展规划是全国或某一地区经济、社会发展的总体纲要，土地利用总体规划确定的规划目标和土地利用布局，原则上应当服从国民经济和社会发展规划的要求。

② 国土整治和资源保护要求

国土整治是全国范围内的对土地的综合治理活动，目的在于提高土地的利用率，增加土地的有效使用面积。资源环境保护是走可持续发展道路的要求。土地利用总体规划应充分考虑国土整治和资源环境保护的要求。

③ 土地供给能力

土地供给能力是指一定区域内的土地在一定时期所能提供的有效土地开发和利用的强度和限度。由于土地的承载能力有限,土地利用总体规划编制时应充分考虑土地的供给能力,一般在耕地总量不减少的情况下,来决定建设用地供给的数量。

④ 各项建设对土地的需求

建设活动离不开土地,在土地面积有限的情况下,应做好土地利用总体规划,以尽量满足各项建设对土地的需求。

⑤ 上一级的土地利用总体规划

根据《土地管理法》的规定,下一级规划应当依据上一级规划制定,下级规划不得超越上级规划的要求。这一规定强化了土地利用总体规划的法律效力。

(3) 土地利用总体规划编制的原则

根据《土地管理法》第十九条的规定,土地利用总体规划编制时必须遵循下列原则:① 严格保护基本农田,控制非农田建设占用农用地;② 提高土地利用率;③ 统筹安排各类、各区域用地;④ 保护和改善生态环境,保障土地的可持续利用;⑤ 占用耕地和开发复垦耕地相平衡;⑥ 下级规划服从上级规划;⑦ 综合考虑社会效益、经济效益和生态效益。

(4) 土地利用总体规划编制的审批

根据《土地管理法》第二十一条及《土地管理法实施条例》的规定,我国土地利用总体规划按行政区划分为国家、省、地、县、乡五级,分别由各级人民政府负责编制,实行分级审批。土地利用总体规划一经批准,必须严格执行。具体规定有:

① 全国土地利用总体规划,由国务院土地行政主管部门会同国务院有关部门编制,报国务院批准。

② 省、自治区、直辖市的土地利用总体规划,由省、自治区、直辖市人民政府组织本级土地行政主管部门和其他有关部门编制,报国务院批准。

③ 省、自治区人民政府所在地的市、人口在 100 万以上的城市以及国务院指定城市的土地利用总体规划,由该市人民政府组织本级土地行政主管部门和其他有关部门编制,经省、自治区人民政府审查同意后,报国务院批准。

④ 其他土地利用总体规划,由有关人民政府组织本级土地行政主管部门和其他有关部门编制,逐级上报省、自治区、直辖市人民政府批准。其中,乡(镇)土地利用总体规划,由乡(镇)人民政府编制,逐级上报省、自治区、直辖市人民政府或者省、自治区、直辖市人民政府授权的设区的市、自治州人民政府批准。

(5) 土地利用总体规划的修改

根据《土地管理法》第二十六条及《土地管理法实施条例》,土地利用总体规划的修改应遵循以下规定:

① 经批准的土地利用总体规划的修改,须经原批准机关批准;未经批准,不得改变土地利用总体规划确定的土地用途。

② 经国务院批准的大型能源、交通、水利等基础设施建设用地,需要改变土地利用总体规划的,根据国务院的批准文件修改土地利用总体规划。

③ 经省、自治区、直辖市人民政府批准的能源、交通、水利等基础设施建设用地,需要改变

土地利用总体规划的,属于省级人民政府土地利用总体规划批准权限的,根据省级人民政府的批准文件修改土地利用总体规划。

④ 依照以上第②、③项规定修改土地利用总体规划的,由原编制机关根据国务院或者省、自治区、直辖市人民政府的批准文件修改。修改后的土地利用总体规划应当报原批准机关批准。

⑤ 上一级土地利用总体规划修改后,涉及修改下一级土地利用总体规划的,由上一级人民政府通知下一级人民政府作出相应修改,并报原批准机关备案。

3. 土地利用年度计划

《土地管理法》第二十四条规定了我国的土地利用年度计划制度:"各级人民政府应当加强土地利用计划管理,实行建设用地总量控制。土地利用年度计划,根据国民经济和社会发展计划、国家产业政策、土地利用总体规划以及建设用地和土地利用的实际状况编制。土地利用年度计划的编制审批程序与土地利用总体规划的编制审批程序相同,一经审批下达,必须严格执行。"土地利用年度计划是通过规定各种土地利用计划指标实现的,这些指标包括国家对计划年度农用地(含耕地)转用计划指标、耕地保有量计划指标和土地开发整理计划指标等。土地利用年度计划是这些计划指标的具体安排,是实施土地利用总体规划的重要手段,其目的是实行建设用地总量控制,限制建设用地盲目发展,大量占用农田。土地利用年度计划一经批准下达,必须严格执行。

为了加强土地管理,实施土地利用总体规划,控制建设用地总量,引导集约用地,切实保护耕地,保证社会经济的可持续发展,1999 年国土资源部根据《土地管理法》制定了《土地利用年度计划管理办法》。根据该办法,土地利用年度计划的编制先由县级以上地方人民政府土地行政主管部门会同有关部门,按照国土资源部的统一部署和控制指标,根据本行政区域土地利用总体规划、国民经济和社会发展计划及土地利用的实际情况,提出本地下一年度的土地利用年度计划建议,经同级人民政府审查后,报上级人民政府土地行政主管部门。县级以上地方人民政府土地行政主管部门应当将上级下达的农用地转用计划指标、耕地保有量计划指标和土地开发整理计划指标逐级分解,拟订实施方案,经同级人民政府批准后下达。各地在拟订实施方案时,可以根据当地实际情况,增加若干指标。

《土地管理法》第二十五条还规定了土地利用年度计划的监督制度,"省、自治区、直辖市人民政府应当将土地利用年度计划的执行情况列为国民经济和社会发展计划执行的内容,向同级人民代表大会报告。"

三、耕地保护制度

1. 耕地与耕地保护

耕地是指用于种植农作物的土地。被占用前三年内曾用于种植农作物的土地,也视为耕地。一般来说,耕地具有整体面积大、人工培育时间长、地力比较肥沃、主要用来种植各种农作物等特点。耕地是农业发展的物质基础,是人类食物的主要源泉,是民生之本。我国历来是一个人口众多而耕地严重缺乏的国家。当前由于一些地区乱占耕地、违法批地、浪费土地等问题屡屡发生,造成我国耕地连年减少,形式十分严峻。保护耕地,就是保护我们的生命线。我国将"十分珍惜、合理利用土地和切实保护耕地"作为基本国策,实行世界上最严格的耕地保护制度,这对于维护国家粮食安全和社会稳定具有极其重要的意义。

2. 耕地总量动态平衡制度

实行耕地总量动态平衡是指通过一系列行政、经济、法律的措施,保证我国现有耕地总面积在一定时间内不能减少,从数量上保持平衡,并逐步提高耕地质量的做法。《土地管理法》在第四章确定了这一制度。具体内容包括:

(1) 严格控制耕地转为非耕地

《土地管理法》第三十一条规定,国家保护耕地,严格控制耕地转为非耕地。我国耕地数量有限,后备资源也有限,因此,在耕地的保护上,除了注重"开源"(土地开发与复垦等)外,还应当"节流",即限制非农业建设用地的盲目扩大,占用耕地。"节流"的措施有:实行严格的用途管理制度,通过制定土地利用总体规划,划定建设用地区域,限定建设可以占用土地的区域;对各项建设用地下达土地利用年度计划,控制建设占用土地的计划;严格控制农用地转用等。

(2) 占有耕地补偿平衡

为保护耕地,控制耕地总量的平衡,国家实行占用耕地补偿平衡制度。《土地管理法》第三十一条规定,非农业建设经批准占用耕地的,按照"占多少,垦多少"的原则,由占用耕地的单位负责开垦与所占用耕地的数量和质量相当的耕地;没有条件开垦或者开垦的耕地不符合要求的,应当按照省、自治区、直辖市的规定交纳耕地开垦费,专款用于开垦新的耕地。省、自治区、直辖市人民政府应当制定开垦耕地计划,监督占用耕地的单位按照计划开垦耕地或者按照计划组织开垦耕地,并进行验收。《土地管理法实施条例》第十六条进一步规定,在土地利用总体规划确定的城市和村庄、集镇建设用地范围内,为实施城市规划和村庄、集镇规划占用耕地,以及在土地利用总体规划确定的城市建设用地范围外的能源、交通、水利、矿山、军事设施等建设项目占用耕地的,分别由市、县人民政府、农村集体经济组织和建设单位依照《土地管理法》第三十一条的规定负责开垦耕地;没有条件开垦或者开垦的耕地不符合要求的,应当按照省、自治区、直辖市的规定缴纳耕地开垦费。

(3) 建设占用耕地的耕作层利用

《土地管理法》第三十二条规定,县级以上地方人民政府可以要求占用耕地的单位将所占用耕地耕作层的土壤用于新开垦耕地、劣质地或者其他耕地的土壤改良。这是对占用耕地单位应对保持耕地质量尽义务的规定。耕地是经过人类长期开发、耕作形成的,所以在耕地表面含有有机物的耕作层,适合农作物的生长。这是一个长期的过程。即使占地单位再开垦出新的数量相等的耕地,也难以在质量上与原占耕地相比。而且在工程建设中,耕作层的土壤好坏与建设要求无关紧要。因此,将工程中所占耕作层的土壤用于新开垦耕地、劣质地或者其他耕地的土壤改良是必要的。

(4) 省级人民政府在耕地总量动态平衡中的责任

《土地管理法》第三十三条规定,省、自治区、直辖市人民政府应当严格执行土地利用总体规划和土地利用年度计划,采取措施,确保本行政区域内耕地总量不减少;耕地总量减少的,由国务院责令在规定期限内组织开垦与减少耕地的数量和质量相当的耕地,并由国务院土地行政主管部门会同农业行政主管部门验收。个别省、直辖市确因土地后备资源匮乏,新增建设用地后,新开垦耕地的数量不足以补偿所占耕地的数量的,必须报经国务院批准减免本行政区域内开垦耕地的数量,进行易地开垦。

为了积极推行和落实占用耕地补偿制度,2001 年国土资源部发布《进一步加强和改进耕地占补平衡工作的通知》,要求各省(区、市)坚持控制占用与依法补充两手抓,推行耕地储备制度和建设项目补充耕地与土地开发整理复垦项目挂钩制度,切实保证补充耕地质量,规范易地补充耕地工作和补充耕地监督检查工作。

3. 基本农田保护制度

基本农田是指按照一定时期人口和国民经济发展对农产品的需求,依据土地利用总体规划确定的不得占用的耕地。《土地管理法》第三十四条规定,国家实行基本农田保护制度。为了进一步保护基本农田,1998年国务院发布了新的《基本农田保护条例》。基本农田是耕地保护工作的重中之重,直接关系国家粮食安全、人民生活,尤其是广大农民的切身利益。基本农田保护制度主要内容包括:

基本农田保护区是指为对基本农田实行特殊保护而依据土地利用总体规划和依照法定程序确定的特定保护区域。《基本农田保护条例》第八条规定,各级人民政府在编制土地利用总体规划时,应当将基本农田保护作为规划的一项内容,明确基本农田保护的布局安排、数量指标和质量要求。县级和乡(镇)土地利用总体规划应当确定基本农田保护区。根据《土地管理法》第三十四条规定,下列耕地应当根据土地利用总体规划划入基本农田保护区,严格管理:

(1)经国务院有关主管部门或者县级以上地方人民政府批准确定的粮、棉、油生产基地内的耕地;

(2)有良好的水利与水土保持设施的耕地,正在实施改造计划以及可以改造的中、低产田;

(3)蔬菜生产基地;

(4)农业科研、教学试验田;

(5)国务院规定应当划入基本农田保护区的其他耕地。

各省、自治区、直辖市划定的基本农田应当占本行政区域内耕地的80%以上。基本农田保护区以乡(镇)为单位进行划区定界,由县级人民政府土地行政主管部门会同同级农业行政主管部门组织实施。

第四节　建设用地

一、建设用地的概念

建设用地是指建造建筑物、构筑物的土地,包括城乡住宅和公共设施用地、工矿用地、交通水利设施用地、旅游用地、军事设施用地等。从广义上讲,建设用地是指一切非农建设和农业建设用地。依据《土地管理法》的规定,建设用地可以分为国有建设用地和农民集体所有建设用地。为了规范建设用地的管理,原国家计委、国家土地管理局于1996年颁布了《建设用地计划管理办法》;国土资源部于1999年颁布了《建设用地审查报批管理办法》,2001年颁布了《建设项目用地预审管理办法》等行政法规。

二、国有建设用地

1. 国有建设用地的概念和种类

国有建设用地是指国家进行各项经济、文化、国防建设以及举办社会公共事业需要使用的土地,包括城市市区的土地,铁路、公路、机场、国有企业、港口等国家所有土地中的建设用地。《土地管理法》第四十三条规定,任何单位和个人进行建设,需要使用土地的,必须依法申请使用国有土地;但是,兴办乡镇企业和村民建设住宅经依法批准使用本集体经济组织农民集体所有的土地的,或者乡(镇)村公共设施和公益事业建设经依法批准使用农民集体所有的土地的除外。前面所说依法申请使用的国有土地包括国家所有的土地和国家征用的原属于农民集体所有的土地。

已经确定为国有建设用地的国有土地,建设时可以直接使用,这是国有建设用地的主要来源。此外,国有建设用地还可以通过国有农用地、国有未利用土地、农村集体所有建设用地、农村集体所有农用地和未利用土地等转化成为国有建设用地。国有建设用地主要有:城镇居民住宅用地和公共设施用地、工矿区用地、交通用地、水利建设用地、旅游区用地、军事设施用地及其他有特殊要求的用地。

2. 国有建设用地使用权的取得

国有建设用地的土地所有权归国家所有,建设单位或者个人使用,必须获得土地使用权。根据已有的法规,建设单位或者个人获得土地使用权的具体方式有有偿取得和划拨两种方式。

根据《土地管理法实施条例》第二十九条规定,国有土地有偿使用的方式包括:国有土地使用权出让、国有土地租赁、国有土地使用权作价或者入股。《土地管理法》第五十四条规定:"建设单位使用国有土地,应当以出让等有偿使用方式取得;但是,下列建设用地,经县级以上人民政府依法批准,可以以划拨方式取得:(1) 国家机关用地和军事用地;(2) 城市基础设施用地和公益事业用地;(3) 国家重点扶持的能源、交通、水利等基础设施用地;(4) 法律、行政法规规定的其他用地。"国有土地有偿使用的方式一般采用合同的形式进行。划拨方式属于使用权的无偿授予,一般采用行政文件的形式。

3. 国有建设用地的使用和收回

《土地管理法》第五十五条、五十六条、五十七条规定了国有建设用地的使用和回收,具体内容有:

(1) 以出让等有偿使用方式取得国有土地使用权的建设单位,按照国务院规定的标准和办法,缴纳土地使用权出让金等土地有偿使用费和其他费用后,方可使用土地。新增建设用地的土地有偿使用费,30%上缴中央财政,70%留给有关地方人民政府,都专项用于耕地开发。

(2) 建设单位使用国有土地的,应当按照土地使用权出让等有偿使用合同的约定或者土地使用权划拨批准文件的规定使用土地。确需改变该幅土地建设用途的,应当经有关人民政府土地行政主管部门同意,报原批准用地的人民政府批准。其中,在城市规划区内改变土地用途的,在报批前,应当先经有关城市规划行政主管部门同意。

(3) 有下列情形之一的,由有关人民政府土地行政主管部门报原批准用地的人民政府或者有权批准的人民政府批准,可以收回国有土地使用权:① 为公共利益需要使用土地的;② 为实施城市规划进行旧城区改建,需要调整使用土地的;③ 土地出让等有偿使用合同约定的使用期限届满,土地使用者未申请续期或者申请续期未获批准的;④ 因单位撤销、迁移等原因,停止使用原划拨的国有土地的;⑤ 公路、铁路、机场、矿场等经核准报废的。依照前面第①、②项的规定收回国有土地使用权的,对土地使用权人应当给予适当补偿。

4. 国家建设征用土地和补偿

国家建设征用土地,是指国家为了公共利益的需要,将集体所有土地转变为国有土地的强制手段。《中华人民共和国宪法》规定,国家为了公共利益的需要,可以依法对集体所有的土地实行征用。《土地管理法》第四十五、四十六、四十七、四十八、四十九、五十、五十一条对国家建设征用土地作了规定,加上《土地管理法实施条例》的有关规定,具体内容如下:

(1) 征用土地的审批权限

《土地管理法》第四十五条规定:"征用下列土地的,由国务院批准:① 基本农田;② 基本农田以外的耕地超过 35 公顷的;③ 其他土地超过 70 公顷的。征用前款规定以外的其他土地的,由省、自治区、直辖市人民政府批准,并报国务院备案。征用农用地的,应当先行办理农用地转用审批。其中,经国务院批准农用地转用的,同时办理征地审批手续,不再另行办理征地审批;经省、自治区、直辖市人民政府在征地批准权限内批准农用地转用的,同时办理征地审批手续,不再另行办理征地审批。超过征地批准权限的,应当按照本条第一款的规定另行办理征地审批。"更为具体的审批手续依照《土地管理法实施条例》《建设用地审查报批管理办法》的有关规定办理。

(2) 征用土地的实施

根据《土地管理法》第四十六条及《土地管理法实施条例》有关规定,国家征用土地的,依照法定程序批准后,由县级以上地方人民政府予以公告并组织实施,并将批准征地机关、批准文号、征用土地的用途、范围、面积以及征地补偿标准、农业人员安置办法和办理征地补偿的期限等,在被征用土地所在的乡(镇)、村予以公告。被征用土地的所有权人、使用权人应当在公告规定的期限内,持土地权属证书到公告指定的人民政府土地行政主管部门办理征地补偿登记。

市、县人民政府土地行政主管部门根据批准的征用土地方案,会同有关部门拟订征地补偿、安置方案,在被征用土地所在地的乡(镇)、村予以公告,听取被征用土地的农村集体经济组织和农民的意见。征地补偿、安置方案报市、县人民政府批准后,由市、县人民政府土地行政主管部门组织实施。对补偿标准有争议的,由县级以上地方人民政府协调;协调不成的,由批准征用土地的人民政府裁决。征地补偿、安置争议不影响征用土地方案的实施。征用土地的各项费用应当自征地补偿、安置方案批准之日起 3 个月内全额支付。

(3) 征用土地的补偿

《土地管理法》第四十七条规定,征用土地的,按照被征用土地的原用途给予补偿。征用耕地的补偿费用包括土地补偿费、安置补助费以及地上附着物和青苗的补偿费。具体的补偿标准为:

① 土地补偿费。为该耕地被征用前 3 年平均年产值的 6 至 10 倍。征用其他土地(如林地、草地、园地、牧场、水域、池塘等)的土地补偿费标准,由省、自治区、直辖市参照征用耕地的土地补偿费标准规定。

② 安置补助费。按照需要安置的农业人口数计算。需要安置的农业人口数,按照被征用的耕地数量除以被征用单位平均每人占有耕地的数量计算。每一个需要安置的农业人口的安置补助费标准,为该耕地被征用前 3 年平均年产值的 4 至 6 倍。但是,每公顷被征用耕地的安置补助费,最高不得超过被征用前 3 年平均年产值的 15 倍。征用其他土地的安置补助费标准,由省、自治区、直辖市参照征用耕地的安置补助费的标准规定。

③ 地上附着物和青苗补偿费。其补偿标准由省、自治区、直辖市规定。

④ 新菜地开发建设基金。征用城市郊区的菜地,用地单位应当按照国家有关规定缴纳新菜地开发建设基金。具体参见《国家建设征用菜地缴纳新菜地开发建设基金暂行管理办法》。

按上述标准支付土地补偿费和安置补助费,尚不能使需要安置的农民保持原有生活水平的,经省、自治区、直辖市人民政府批准,可以增加安置补助费。但是,土地补偿费和安置补助费的总和不得超过土地被征用前3年平均年产值的30倍。国务院根据社会、经济发展水平,在特殊情况下,可以提高征用耕地的土地补偿费和安置补助费的标准。

土地补偿费归农村集体经济组织所有;地上附着物及青苗补偿费归地上附着物及青苗的所有者所有。征用土地的安置补助费必须专款专用,不得挪作他用。需要安置的人员由农村集体经济组织安置的,安置补助费支付给农村集体经济组织,由农村集体经济组织管理和使用;由其他单位安置的,安置补助费支付给安置单位;不需要统一安置的,安置补助费发放给被安置人员个人或者征得被安置人员同意后用于支付被安置人员的保险费用。市、县和乡(镇)人民政府应当加强对安置补助费使用情况的监督。

(4)农用地转用

农用地转用是农用地转为建设用地的简称,是指将耕地、林地、草地等农业生产用土地,按照土地利用总体规划和国家规定的批准权限报批后,转变为建造建筑物、构筑物的土地的行为。农用地转用是实施土地用途管制的重要手段,其依据有土地利用总体规划、土地利用年度计划、建设用地供应政策等。

《土地管理法》第四十四条规定,建设占用土地,涉及农用地转为建设用地的,应当办理农用地转用审批手续。具体的审批手续有:

① 省、自治区、直辖市人民政府批准的道路、管线工程和大型基础设施建设项目、国务院批准的建设项目占用土地,涉及农用地转为建设用地的,由国务院批准。

② 在土地利用总体规划确定的城市和村庄、集镇建设用地规模范围内,为实施该规划而将农用地转为建设用地的,按土地利用年度计划分批次由原批准土地利用总体规划的机关批准。在已批准的农用地转用范围内,具体建设项目用地可以由市、县人民政府批准。

③ 前面第①、②项规定以外的建设项目占用土地,涉及农用地转为建设用地的,由省、自治区、直辖市人民政府批准。

根据《土地管理法实施条例》第二十条的规定,农用地转用应当遵循以下程序办理:

① 市、县人民政府按照土地利用年度计划拟订农用地转用方案、补充耕地方案、征用土地方案,分批次逐级上报有批准权的人民政府。

② 有批准权的人民政府土地行政主管部门对农用地转用方案、补充耕地方案、征用土地方案进行审查,提出审查意见,报有批准权的人民政府批准。其中,补充耕地方案由批准农用地转用方案的人民政府在批准农用地转用方案时一并批准。

③ 农用地转用方案、补充耕地方案、征用土地方案经批准后,由市、县人民政府组织实施,按具体建设项目分别供地。在土地利用总体规划确定的村庄、集镇建设用地范围内,为实施村庄、集镇规划占用土地的,由市、县人民政府拟订农用地转用方案、补充耕地方案,依照前面规定的程序办理。

5. 临时用地

临时用地是指在建设施工过程中或者地质勘查过程中需要临时使用国有或者集体所有的土地,使用完毕后,即恢复土地原状或改善土地使用状况,并归还土地所有人的土地。

根据《土地管理法》第五十七条的规定,建设项目施工和地质勘查需要临时使用国有土地或者农民集体所有的土地的,由县级人民政府土地行政主管部门批准。其中,在城市规划区内的临时用地,在报批前,应当先经有关城市规划行政主管部门同意。土地使用者应当根据土地权属,与有关土地行政主管部门或者农村集体经济组织、村民委员会签订临时使用土地合同,并按照合同的约定支付临时使用土地补偿费。

临时使用土地的使用者应当按照临时使用土地合同约定的用途使用土地,并不得修建永久性建筑物。临时使用土地期限一般不超过两年。

《土地管理法实施条例》进而规定,抢险救灾等急需使用土地的,可以先行使用土地。其中,属于临时用地的,灾后应当恢复原状并交还原土地使用者使用,不再办理用地审批手续;属于永久性建设用地的,建设单位应当在灾情结束后 6 个月内申请补办建设用地审批手续。建设项目施工和地质勘查需要临时占用耕地的,土地使用者应当自临时用地期满之日起一年内恢复种植条件。

三、农村集体建设用地

1. 农村集体建设用地的概念

农村集体建设用地,即农村非农业建设用地,是指农民集体所有的用于建造建筑物、构筑物的土地,包括原有的建设用地和经批准办理农用地转用手续的农用地。《土地管理法》中所称"乡(镇)村建设"也是指非农业建设。从地域范围来讲,农村集体建设用地是城镇以外,广大农村和集镇范围的建设占用土地的总和。乡(镇)村建设占有的土地为农民集体所有。乡(镇)村企业、农村居民对农民集体所有的土地只享有使用权。农村集体建设用地是农村土地的重要组成部分,是农民建造住宅的物质保障,也是农村发展非农经济以及兴建乡村公共设施和兴办乡村的物质保障。

2. 农村集体建设用地的使用范围

根据《土地管理法》第四十三条的规定,农村集体建设用地的使用范围包含以下三种情况:

(1) 兴办乡镇企业使用本集体的土地

乡(镇)办企业、村办企业、村民组办企业、个人办企业均可使用所在农民集体组织的土地,而不允许使用其他集体所有的土地。但是农民集体组织用本集体所有土地与其他单位或个人以土地使用权入股、联营等形式共同举办企业的,视为使用本农民集体所有土地,应当允许。

(2) 村民建设住宅使用本集体的土地

一般情况下,城镇居民使用农民集体土地,或者农民建住宅使用其他集体所有的土地,法律是不允许的。

(3) 乡(镇)村公共设施和公益事业使用集体的土地

包括农村道路、水利设施、学校、通信设施、医疗卫生设施、敬老院、幼儿园、村委会办公室等,不管是使用本集体所有的土地,还是其他集体的土地都是允许的。这些设施的建设可能存在本集体无法安排的实际困难,必须使用其他集体组织的土地。如果乡镇企业建设因本集体经济组织内无法安排,可以申请使用国有建设用地,按照国有建设用地的规定办理。

3. 农村集体建设用地的基本要求

乡镇企业、乡(镇)村公共设施、公益事业和农村村民建造住宅,使用农民集体所有的土地必须遵循下列基本要求:

(1) 乡镇企业、乡(镇)村公共设施、公益事业、农村村民住宅等乡(镇)村建设,应当按照村庄和集镇规划,合理布局,综合开发,配套建设;建设用地,应当符合乡(镇)土地利用总体规划和土地利用年度计划。

（2）必须依法取得县级以上人民政府批准。不论是乡镇企业、乡（镇）村公共设施、公益事业还是农村村民宅基地都必须依法获得批准。涉及占用农用地的,必须依法办理农用地转用审批手续。

（3）建设占地与农村土地整理挂钩,严格控制占用耕地。原则上,农村建设用地的规模不得再扩大,如需扩大规模或者占用耕地,必须对农村土地进行整理,增加耕地有效面积。

（4）农民集体所有的土地的使用权不得出让、转让或者出租用于非农业建设;但是,符合土地利用总体规划并依法取得建设用地的企业,因破产、兼并等情形致使土地使用权依法发生转移的除外。

（5）农村村民一户只能拥有一处宅基地,其宅基地的面积不得超过省、自治区、直辖市规定的标准。农村村民建住宅,应当符合乡（镇）土地利用总体规划,并尽量使用原有的宅基地和村内空闲地。

4. 农村集体建设用地的审批

农村集体建设用地的审批涉及以下几个方面:

（1）乡镇企业用地的审批

根据《土地管理法》第六十条的规定,农村集体经济组织使用乡（镇）土地利用总体规划确定的建设用地兴办企业或者与其他单位、个人以土地使用权入股、联营等形式共同兴办企业的,应当持有关批准文件,向县级以上地方人民政府土地行政主管部门提出申请,按照省、自治区、直辖市规定的批准权限,由县级以上地方人民政府批准。其中,涉及占用农用地的,依照该法第四十四条的规定办理审批手续。审批的权限是:申请的用地项目在依据土地利用总体规划和土地利用年度计划批准的农用地转用范围内的,由市、县人民政府批准。

（2）农村公共设施和公益事业占地的审批

根据《土地管理法》第六十一条的规定,乡（镇）村公共设施、公益事业建设,需要使用土地的,经乡（镇）人民政府审核,向县级以上地方人民政府土地行政主管部门提出申请,按照省、自治区、直辖市规定的批准权限,由县级以上地方人民政府批准。其中,涉及占用农用地的,依照该法第四十四条的规定办理审批手续。

（3）农村村民宅基地的审批

农村村民住宅用地,经乡（镇）人民政府审核,由县级人民政府批准。其中,涉及占用农用地的,依照该法第四十四条的规定办理审批手续。农村村民出卖、出租住房后,再申请宅基地的,不予批准。

5. 农村集体建设用地的收回

农村集体建设用地的收回,是指农村集体经济组织作为土地所有者在法定的情形出现后,依法收回本集体建设用地使用权的行为。根据《土地管理法》第六十五条规定,有下列情形之一的,农村集体经济组织报经原批准用地的人民政府批准,可以收回土地使用权:

（1）为乡（镇）村公共设施和公益事业建设,需要使用土地的。

（2）不按照批准的用途使用土地的。

（3）因撤销、迁移等原因而停止使用土地的。

依照前面第（1）项规定收回农民集体所有的土地的,对土地使用权人应当给予适当补偿。

第五节　法律责任

土地法律责任是指行为人实施违反土地法律规范的行为,依法必须承担的具有强制性的法律上的义务。土地法中的法律责任分为民事责任、行政责任和刑事责任三种。

一、土地民事法律责任

土地民事法律责任是指个人或组织违反有关土地民事法律规范,应当承担的法律后果。主要分为两种,土地侵权行为的民事损害赔偿责任和违反土地合同(如土地承包合同、土地使用权出让合同等)产生的违约责任。土地民事法律责任发生在平等的民事法律主体之间。承担民事责任的方式主要有排除妨碍、消除危险、停止侵害、恢复原状、返还财产、赔偿损失、支付违约金等。

二、土地行政法律责任

土地行政法律责任是指行为人违反土地行政法律规范,依法接受有关行政机关行政制裁所承担的法律后果。主要形式有行政处罚和行政处分。

1. 行政处罚

违反土地行政法规的违法行为及其具体处罚如下:

(1)买卖或者以其他形式非法转让土地的,由县级以上人民政府土地行政主管部门没收违法所得;对违反土地利用总体规划擅自将农用地改为建设用地的,限期拆除在非法转让土地上新建的建筑物和其他设施,恢复土地原状,对符合土地利用总体规划的,没收在非法转让的土地上新建的建筑物和其他设施;可以并处非法所得 50% 以下的罚款。

(2)占用耕地建窑、建坟或者擅自在耕地上建房、挖砂、采石、采矿、取土等,破坏种植条件的,或者因开发土地造成土地荒漠化、盐渍化的,由县级以上人民政府土地行政主管部门责令限期改正或者治理,可以并处耕地开垦费 2 倍以下的罚款。

(3)拒不履行土地复垦义务的,由县级以上人民政府土地行政主管部门责令限期改正;逾期不改正的,责令缴纳复垦费,专项用于土地复垦,而且可以处土地复垦费 2 倍以下的罚款。

(4)未经批准或者采取欺骗手段骗取批准,非法占用土地的,由县级以上人民政府土地行政主管部门责令退还非法占用的土地,对违反土地利用总体规划擅自将农用地改为建设用地的,限期拆除在非法占用的土地上新建的建筑物和其他设施,恢复土地原状,对符合土地利用总体规划的,没收在非法占用的土地上新建的建筑物和其他设施,可以并处非法占用土地每平方米 30 元以下的罚款。

(5)农村村民未经批准或者采取欺骗手段骗取批准,非法占用土地建住宅的,由县级以上人民政府土地行政主管部门责令退还非法占用的土地,限期拆除在非法占用的土地上新建的房屋。超过省、自治区、直辖市规定的标准,多占的土地以非法占用土地论处。

(6)依法收回国有土地使用权,当事人拒不交出土地的,临时使用土地期满拒不归还的,或者不按照批准的用途使用国有土地的,由县级以上人民政府土地行政主管部门责令交还土地,并处以每平方米 10 元以上 30 元以下的罚款。

（7）擅自将农民集体所有的土地的使用权出让、转让或者出租用于非农业建设的，由县级以上人民政府土地行政主管部门责令限期改正、没收违法所得，并处以非法所得5%以上20%以下的罚款。

（8）建设项目施工和地质勘察需要，依法取得临时占用耕地使用权的使用人，自临时用地期满之日起一年内未能恢复临时用地种植条件的，由县级以上人民政府土地行政主管部门责令限期改正，可以处以耕地复垦费2倍以下的罚款。

（9）不按照《土地管理法》的规定办理土地变更登记的，由县级以上人民政府土地行政主管部门责令其限期办理。

（10）责令限期拆除在非法占用的土地上新建的建筑物和其他设施的，建设单位或者个人必须立即停止施工，自行拆除；对继续施工的，作出处罚决定的机关有权制止。建设单位或者个人对责令限期拆除的行政处罚决定不服的，可以在接到责令限期拆除决定之日起15日内，向人民法院起诉；期满不起诉又不自行拆除的，由作出处罚决定的机关依法申请人民法院强制执行，费用由违法者承担。

（11）在临时使用的土地上修建永久性建筑物、构筑物的，由县级以上人民政府土地行政主管部门责令限期拆除；逾期不拆除的，由作出处罚决定的机关依法申请人民法院强制执行。

（12）对在土地利用总体规划制定前已建的不符合土地利用总体规划确定的用途的建筑物、构筑物重建、扩建的，由县级以上人民政府土地行政主管部门责令限期拆除；逾期不拆除的，由作出处罚决定的机关依法申请人民法院强制执行。

2. 行政处分

根据《土地管理法》和《关于违反土地管理规定行为行政处分暂行办法》等有关规定，单位或者个人有违反土地管理规定行为的，除依法给予行政处罚外，对有关的国家公务员给予行政处分。根据土地违法行为的性质和严重程度，对责任人给以警告、记过、记大过、降级、撤职、开除等不同的行政处分。

对直接负责的主管人员和其他有关责任人员，应当承担行政处分的违法行为有：

（1）单位或者个人有本办法所列违反土地管理规定行为的；

（2）单位未经批准或者采取欺骗手段骗取批准，非法占用土地的；

（3）单位或者个人非法批准征用、占用土地的；

（4）超越批准权限非法批准征用、占用土地的；

（5）不按照土地利用总体规划确定的用途批准用地的；

（6）违反法律规定的程序批准征用、占用土地的；

（7）单位侵占、挪用被征用土地单位的征地补偿费用和其他有关费用的；

（8）应当将耕地划入基本农田而不划入，且拒不改正的；

（9）单位或者个人擅自批准出让或者擅自出让土地使用权用于房地产开发的；

（10）非法低价（包括无偿）出让国有土地使用权的；

（11）土地行政主管部门的工作人员玩忽职守、滥用职权、徇私舞弊，尚不构成犯罪的。

三、土地刑事法律责任

土地刑事法律责任，是指行为人违反土地管理法律法规，依照刑法有关规定已经构成犯罪，应当受刑罚处罚的法律责任。根据《土地管理法》和《刑法》第二百二十八条、三百四十二

条、四百一十条,以及《最高人民法院关于审理破坏土地资源刑事案件具体应用法律若干问题的解释》,具体的土地刑事法律责任有:

1. 非法转让、倒卖土地使用权罪

以牟利为目的,违反土地管理法规,非法转让、倒卖土地使用权,情节严重的,处 3 年以下有期徒刑或者拘役,并处或者单处非法转让、倒卖土地使用权价额 5%以上 20%以下罚金;情节特别严重的,处 3 年以上 7 年以下有期徒刑,并处非法转让、倒卖土地使用权价额 5%以上20%以下罚金。

2. 非法占用耕地罪

违反土地管理法规,非法占用耕地改作他用,数量较大,造成耕地大量毁坏的,处 5 年以下有期徒刑或者拘役,并处或者单处罚金。

3. 非法批准征用、占用土地罪和非法低价出让国有土地使用权罪

国家机关工作人员徇私舞弊,违反土地管理法规,滥用职权,非法批准征用、占用土地,或者非法低价出让国有土地使用权,情节严重的,处 3 年以下有期徒刑或者拘役;致使国家或者集体利益遭受特别重大损失的,处 3 年以上 7 年以下有期徒刑。

第六节　案例分析

案例一

一、案情简介

国土资源部提供的卫星图片显示,甲公司(国有)占用范围内的土地卫星图斑发生变化。经查,甲公司于 2004 年与某村委会签订土地出租协议,规定出租方前三年不收租金,由使用人负责填垫土方,待生产后,按照 1 元/平方米的标准缴纳租金。依据与村委会之间的租地协议,未经土地行政主管部门办理任何批准手续,于 2005 年 3 月在某村南侧占地开始建设厂房,占用建设用地 13.5 亩,建筑面积 2 675 平方米,厂房于 2005 年 7 月竣工,经查阅地籍台账,该宗地的地类为建设用地,规划性质也是建设用地。甲公司的行为违反《中华人民共和国土地管理法》,国土资源管理部门于 2006 年 12 月进行立案查处。

请问:甲公司的行为属于什么行为,为什么?土地管理部门如何对甲公司实施处罚?依据是什么?

二、案例评析

甲公司属于非法占地行为。按照《土地管理法》第四十三条、五十三条的规定,任何单位和个人进行建设,需要使用土地的,必须依法向土地管理部门申请使用国有土地,并经有关人民政府批准。甲公司没有经过批准,所以属于非法占地行为。

土地管理部门对甲公司应当给予没收在非法占用土地上建设的厂房的行政处罚,并可处以罚款。处罚依据是《中华人民共和国土地管理法》第七十六条:未经批准或者采取欺骗手段骗取批准,非法占用土地的,由县级以上人民政府土地行政主管部门责令退还非法占用的土地,对违反土地利用总体规划擅自将农用地改为建设用地的,限期拆除在非法占用的土地上新建的建筑物和其他设施,恢复土地原状,对符合土地利用总体规划的,没收在非法占用的土地上新建的建筑物和其他设施,可以并处罚款;对非法占用土地单位的直接负责的主管人员和其

他直接责任人员,依法给予行政处分;构成犯罪的,依法追究刑事责任。

《中华人民共和国土地管理法实施条例》第四十二条:依照《土地管理法》第七十六条的规定处以罚款的,罚款额为非法占用土地每平方米30元以下。

案例二:镇政府是否有权组织拍卖国有土地

一、案情简介

某县某镇职业高中于1956年组建,所占有的土地属划拨国有土地,一直沿用至今。2006年镇政府为了发展经济,决定对原有集镇进行改造,要求职业高中临街部分建两层楼建筑。由于经费困难,职业高中表示无力建造。于是,镇政府决定将职业高中临街土地598.5平方米,以每31.5平方米为一宗地,底价3 000元进行拍卖。8月26日由镇政府及委托单位物价局拍卖行,司法局公证处等单位人员参加对职业高中临街的19宗国有土地进行拍卖,镇政府共得拍卖国有土地款97 900元。

请问:镇政府此次拍卖国有土地的行为是否合法,为什么?

二、案例评析

(1)镇政府无权拍卖国有土地使用权。

(2)根据《中华人民共和国城镇国有土地使用权暂行规定》第九条规定:土地使用权的出让由市、县人民政府负责,有计划有步骤地进行。第十条规定:"土地使用权出让的具体内容由土管部门会同城建、房产部门共同拟订方案,按照批准权限批准后,由土管部门实施。"第四十七条规定:"无偿使用划拨土地使用权的土地使用者,因迁移解散或者其他原因而停止使用土地的,由市、县人民政府无偿收回其划拨的土地使用权,并可以依法予以出让。"以上规定说明国有土地使用权的出让,是政府代表国家行使国有土地所有权的权利体现。因此,出让国有土地使用权必须由政府垄断,即只有县级以上人民政府才有国有土地使用权的出让权,县级以上人民政府土地管理部门代表政府具体组织实施。

(3)案例中的镇政府不仅超越了职权,而且形成了非法转让国有土地使用权的事实。

思 考 题

1. 土地管理法的概念和调整对象是什么?
2. 在我国国有土地和集体土地包括哪些?
3. 土地利用总体规划的概念和内容?
4. 国有建设用地的使用的获得方式有哪些?

第四章　建筑法法律制度

第一节　建筑法概述

一、建筑法的概念

广义的建筑法,是指调整建筑活动的法律规范的总称。狭义的建筑法是 1997 年 11 月 1 日第八届全国人民代表大会常委会第二十八次会议通过的《中华人民共和国建筑法》(以下简称《建筑法》),于 1998 年 3 月 1 日起实施(第十一届全国人民代表大会常务委员会第 20 次会议于 2011 年 4 月 22 日通过修改《建筑法》,现予公布,自 2011 年 7 月 1 日起施行)。它是我国第一次以法律的形式规范建筑活动的行为。它的公布,确立了我国建筑活动的基本法律制度,标志着我国建筑活动开始纳入依法管理的轨道;它的施行,对加强建筑活动的监督管理,维护建筑市场秩序,保障建筑工程的质量和安全,促进建筑业的健康发展,保护建筑活动当事人的合法权益,具有重要的意义。该法共计八章八十五条,包括总则、建筑许可、建筑工程发包与承包、建筑工程监理、建筑安全生产管理、建筑工程质量管理、法律责任及附则等内容。目前,有关建筑法的法律、法规、规章主要有:1997 年 11 月 1 日第八届全国人民代表大会常委会第二十八次会议通过的《中华人民共和国建筑法》(已于 2011 年 4 月 22 日通过修改),1999 年 8 月 30 日第九届全国人民代表大会常委会第十一次会议通过的《中华人民共和国招标投标法》,2003 年 11 月 24 日国务院颁布的《建设工程安全生产管理条例》,2000 年 9 月 25 日国务院颁布的《建设工程勘察设计管理条例》,2000 年 1 月 30 日国务院颁布的《建设工程质量管理条例》,2001 年 11 月 2 日建设部颁布的《建设领域推广应用新技术管理规定》,2013 年 12 月 11 日建设部颁布的《建筑工程施工发包与承包计价管理办法》,2001 年 10 月 26 日建设部颁布的《建设部关于废止〈建设工程质量管理办法〉等部令的决定》,2006 年 12 月 11 日建设部颁布的《工程监理企业资质管理规定》,2001 年 7 月 1 日建设部颁布的《建设部关于废止〈国家优质工程奖评选与管理办法〉等的决定》,2001 年 7 月 4 日建设部颁布的《建设部关于修改〈城市建设档案管理规定〉的决定》,2001 年 6 月 1 日建设部颁布的《房屋建筑和市政基础设施工程施工招标投标管理办法》,2006 年 12 月 30 日建设部颁布的《建筑业企业资质管理规定》,2001 年 1 月 17 日建设部颁布的《建设工程监理范围和规模标准规定》,2000 年 8 月 25 日建设部颁布的《实施工程建设强制性标准监督规定》,2000 年 6 月 30 日建设部颁布的《房屋建筑工程质量保修办法》,2007 年 1 月 11 日建设部颁布的《工程建设项目招标代理机构资格认定办法》,2009 年 10 月 19 日建设部颁布的《房屋建筑工程和市政基础设施工程竣工验收备案管理办法》,2005 年 11 月 10 日建设部颁布的《民用建筑节能管理规定》,2006 年 12 月 25 日建设部颁布的《造价工程师注册管理办法》,2006 年 2 月 22 日建设部颁布的《工程造价咨询单位管理办法》,

1999 年 10 月 15 日建设部重发的《建筑工程施工许可管理办法》(已于 2001 年 7 月 4 日通过修改)等。

二、建筑法的立法目的

中华人民共和国成立以来特别是改革开放以来,我国建筑业迅猛发展,由于建筑活动的复杂性和重要性,加强对建筑活动的监督管理,规范建筑市场,已经十分必要。然而,我国长期以来一直没有一部统一的建筑法,只有一些部门规章和地方性法规、规章。因此,《建筑法》的首要目的,就是为了加强对建筑活动的监督管理。

1. 对建筑活动的监督管理

对建筑活动的监督包括两个方面的内容:宏观的监督管理和微观的监督管理。宏观的监督管理主要是指从宏观的产业政策、行业标准上对建筑活动进行的组织、协调、控制、监督和惩治等措施。微观的监督管理主要是指有关部门对建筑项目的施工许可管理、从业者资质与资格认定管理、建设工程承包管理以及建筑安全生产管理和建设工程质量管理。

2. 维护建筑市场秩序

建立起一个统一的、开放的、竞争的、有序的建筑市场是建筑业发展的客观要求。随着我国改革开放和社会主义市场经济体制的建立,我国建筑业发生了重大的战略转变。建筑活动已由过去的封闭性、计划性向开放性、竞争性转变,施工企业从单纯生产向生产经营型、效益型转变,以招标、投标竞争机制为主线的建筑市场体系和市场机制正日益完善。然而,在我国建筑市场的形成和发展过程中,一些扰乱市场秩序、违反市场规则的行为时有发生,表现在以下几个方面:一是发包方的行为不规范,主要是一部分建设单位不遵守建设程序,不报建,不招标,搞私下交易,任意肢解工程,强行要求垫资承包,强行指定购买质次价高的材料设备,不合理压价和拖欠工程款等;二是承包方的行为不规范,主要是一些设计、施工单位无证或者越级承包设计、施工任务,层层转包,以及在施工中偷工减料;三是中介方的行为不规范,主要包括一些中介机构专业人员缺乏、服务水平低、机构功能不健全、内部管理混乱等。因此,制定《建筑法》,就要从根本上解决建筑市场的混乱状况,确立与社会主义市场经济相适应的建筑市场管理制度,以维护建筑市场的秩序。

3. 保证建筑工程质量和安全

由于建筑生产的特殊性和复杂性,建筑产品使用的长期性和固定性,建筑工程质量和安全对公众安全、社会财富、国民经济发展影响极为巨大。近几年来,由于建筑市场的竞争激烈,出现的问题主要表现在:一是设计不合理,如室内平面布置、设施等不满足使用功能的要求;二是施工质量差,如管道不畅、地面不平、墙体空鼓或开裂等,危及工程安全,甚至导致房屋倒塌;三是建筑材料质量不过关,如钢筋强度不够、水泥标号不足等;四是农民施工队伍大量涌入,施工事故频繁发生。近几年相继发生了一些重大质量事故,如 2003 年 11 月 3 日湖南衡阳特大火灾坍塌事故,2003 年 7 月 1 日上海地铁事故,2001 年 5 月 1 日重庆武隆县高切坡垮塌事故,2000 年 3 月 29 日河南焦作天堂歌舞厅事故,1999 年 1 月 4 日重庆綦江县大桥事故。同时,长期以来存在的渗、漏、堵、空、裂等工程质量问题,严重侵犯了消费者的合法权益,在社会上造成了不良的影响。在建筑安全生产方面,建筑安全事故频繁发生,全国每年施工死亡人数仅次于矿山,位于第二。因此,制定《建筑法》的一个重要目的,就是为了保证建筑工程质量和安全,促进建筑业的健康发展。

《建筑法》以切实保证建筑工程质量和安全为主要目的之一,作出了以下重要规定:一是要求建筑活动应当确保建筑工程的质量和安全,符合国家的建筑工程安全标准,严格遵守《建筑工程质量管理条例》,严格遵守《工程建设标准强制性条文》和建设工程技术法规;二是要求建筑工程的质量和安全应当贯穿建筑活动的全过程,进行全过程的监督管理;三是要求建筑活动的各个阶段、各个环节,如设计、施工、监理、竣工验收等阶段,都要保证质量和安全;四是要求明确建筑活动各有关方面在保证建筑工程质量和安全中的法律责任等。

4. 促进建筑业健康发展

建筑业是国民经济的重要物质生产部门,是国家重要支柱产业之一。党的十一届三中全会以来,随着国民经济的发展和改革的不断深化,我国的城市建设、村镇建设和住宅建设等的建设规模不断扩大,建筑业在国民经济和社会发展中的地位和作用越来越重要。据统计,20世纪90年代,我国固定资产总投资202 484.1亿元,平均年增长19.28%,2001年和2002年固定资产总投资分别是36 898亿元和43 202亿元,其中建筑业完成同期固定资产投资总额的60%以上。目前,全国建筑从业人员已达3 500多万人。可见,建筑活动已经成为国家最重要的经济活动之一,建筑活动的管理水平、效果、效益,直接影响到我国固定资产投资的效果和效益,从而影响到国民经济的健康发展。为了保障建筑业在国民经济和社会发展中的地位和作用,同时也是为了解决建筑业发展中存在的问题,迫切需要制定《建筑法》,以促进建筑业健康发展。

三、建筑法的调整对象和适用范围

《建筑法》第二条规定:"在中华人民共和国境内从事建筑活动,实施对建筑活动的监督管理,应当遵守本法。本法所称建筑活动,是指各类房屋建筑及其附属设施的建造和与其配套的线路、管道、设备的安装活动。"《建筑法》的调整范围包含三层意思:一是调整的地域范围为中华人民共和国境内,但不包括香港、澳门、台湾地区;二是调整的主体是建设单位、勘察设计单位、施工企业、监理单位、建筑行政管理机关,同时也包括从事建筑活动的个人,如注册建筑师、注册结构师、注册建造师、注册监理师、注册造价师等;三是调整的行为是各类房屋建筑及其设施的新建、改建、扩建、维修、拆除、装饰装修活动,以及线路、管道、设备的安装活动。应当说明的是,《建筑法》虽然是调整各类房屋建筑的建筑活动,但《建筑法》所确定的基本制度,也是适用于其他专业(如铁路工程、民航工程、交通运输工程、水利工程等)的建筑活动的。为此,《建筑法》第八十一条规定:"本法关于施工许可、建筑施工企业资质审查和建筑工程发包、承包、禁止转包,以及建筑工程监理、建筑工程安全和质量管理的规定,适用于其他专业建筑工程的建筑活动,具体办法由国务院规定。"还应当说明的是,有些工程不可能完全按照《建筑法》规定的要求去进行,如省、自治区、直辖市人民政府确定的小型房屋建筑工程;有些工程需要依照有关法律执行,如古建筑等的修缮;有些工程根本不适用《建筑法》的规定,如抢险救灾等工程;有些工程需要另行制定管理办法,如军用房屋建筑工程等。《建筑法》充分考虑到了这一点,《建筑法》第八十三条规定:"省、自治区、直辖市人民政府确定的小型房屋建筑工程的建筑活动,参照本法执行。依法核定作为文物保护的纪念建筑物和古建筑等的修缮,依照文物保护法的有关规定执行。抢险救灾及其他临时性房屋建筑和农民自建低层住宅的建筑活动,不适用本法。"《建筑法》第八十四条规定:"军用房屋建筑工程建筑活动的具体管理办法,由国务院、中央军事委员会依据本法制定。"

四、建筑法的基本原则

《建筑法》的基本原则,即《建筑法》的主旨和基本准则,是制定和实施《建筑法》的出发点,《建筑法》的基本原则贯穿于整个《建筑法》的条文中。《建筑法》的基本原则有三项。

1. 建筑活动应当确保工程质量和安全,符合国家的建筑工程安全标准

确保工程质量和安全是《建筑法》立法的主题之一。建设活动是一项向社会提供建筑产品、固定资产和社会基础设施的特殊社会活动,这些产品就是社会的物质财富,确保工程质量和安全就是确保全社会物质财富的价值。按照《标准化法》的规定,"国家标准、行业标准分为强制性标准和推荐性标准。保障人体健康、人身、财产安全的标准和法律、行政法规规定强制执行的标准是强制性标准。强制性标准,必须执行。"依照《建筑法》和《标准化法》的规定,凡是依法制定的有关建筑工程安全的国家标准和行业标准,属于强制性标准,必须严格遵照执行。

2. 国家扶持建筑业的发展,支持建筑科学技术研究

国家扶持建筑业的发展,支持建筑科学技术研究,提高房屋建筑设计水平,鼓励节约能源和保护环境,提倡采用先进技术、先进设备、先进工艺、新型建筑材料和现代管理方式。

国家扶持建筑业的发展。八届全国人大第四次会议通过的《关于国民经济和社会发展的"九五"计划和2010年远景目标纲要》提出,要把建筑业作为国民经济的基础产业并大力振兴,以带动整个经济的增长。《建筑法》以法律的形式,确认了国家扶持建筑业发展的基本方针,为建筑业的持续、健康和快速发展提供了法律保障。

国家支持建筑科学技术研究,提高房屋建筑设计水平,提倡采用先进技术、先进设备、先进工艺、新型建筑材料和现代管理方式。《建筑法》确立了国家支持建筑科学技术研究的原则,还需要政府及有关部门制定相应的具体政策并采取有效措施来加以落实。建筑企业也应当结合企业的实际情况,在建筑活动中努力采用新技术、新设备、新工艺、现代管理方式和人才培训,不断提高建筑科技水平和建筑技术的科技含量。

国家鼓励在建筑活动中节约能源,保护环境。节约能源是国家发展经济的一项长远战略方针,保护环境是我国的基本国策。鼓励节约能源和保护环境,就要在保证建筑安全、质量的前提下,尽量降低能耗,重视建筑的节能。应优先采用节能材料、设备,并应当淘汰和改造能耗高的建筑设备产品;应积极采用新型建材、重视节能的建筑材料产品的开发;应加强建筑节能标准化工作;应对节能产品、节能试点建筑给予税收优惠和贷款支持,大力推广和宣传,达到提高建筑功能、改善生活环境的目的。

3. 从事建筑活动应当遵守法律、法规,不得损害社会公共利益和他人的合法权益

建筑活动应当遵守法律,依法进行的建筑活动受法律保护。从事建筑活动除了要遵守专门适用于建筑活动的特别法即《建筑法》的规定外,还要遵守其他有关的法律、法规。例如,在建设用地方面,应当遵守《土地管理法》和《城市房地产管理法》及相关行政法规的规定;在城市规划区内进行建筑活动的,要遵守《城市规划法》及相关法规的规定;在环境保护方面,要遵守有关环境保护的法律、法规的规定;在建筑企业与职工的劳动关系方面,要遵守《劳动法》及相关法规的规定等。

进行建筑活动,不得损害社会公共利益和他人的合法权益。社会公共利益是指社会成员的共同利益,法律保护社会公共利益不受损害,建筑活动实施不得有损社会公共利益。进行建筑活动不得损害他人合法权益。例如,不得因自己的建筑活动影响相邻他人的正常通行、采

光、排水等权益,不得因建筑噪声等影响他人的正常生活等。

第二节　建筑许可制度

建筑许可,是指建设行政主管部门或者其他有关行政主管部门准许、变更和终止公民、法人和其他组织从事建筑活动的具体行政行为。建筑许可的表现形式为施工许可证、批准证件(开工报告)、资质证书、执业资格证书等。实行建筑许可制度旨在有效保证建筑工程质量和安全,也是国际上的通行做法,如日本、韩国、英国、挪威、德国及我国台湾地区的建筑法,都明确规定建筑许可制度。

《建筑法》规定的建筑许可包括施工许可与从业资格许可两种。实践证明,实行施工许可,既可以监督建设单位尽快建成拟建项目,防止闲置土地、影响社会公共利益;又能保证建设项目开工后能够顺利进行,避免由于不具备施工条件盲目上马,给参与建筑工程的单位造成不必要的损失;同时也有助于建设行政主管部门对在建项目实施有效的监督管理。实行从业资格制度,有利于确保从事建筑活动的单位和个人的素质,提高建筑工程的质量,确保建筑工程的安全和国家财产安全。

一、施工许可

1. 实施施工许可的范围

建筑工程施工许可制度,是建设行政主管部门根据建设单位的申请,依法对建筑工程是否具备施工条件进行审查,符合条件者,准许该建筑工程开始施工并颁发建筑许可证的一种制度。施工许可证是指建筑工程开始施工前建设单位向建筑行政主管部门申请的可以施工的证明。建筑工程开工前,建设单位应当按照国家有关规定向工程所在地县级以上人民政府建设行政主管部门申请领取施工许可证,但国务院建设行政主管部门确定的限额以下的小型工程除外。按照国务院规定的权限和程序批准开工报告的建筑工程,不再领取施工许可证。2001年7月4日建设部修改的《建筑工程施工许可管理办法》规定:工程投资额在30万元以下或者建筑面积在300平方米以下的建筑工程,可以不申请办理施工许可证。省、自治区、直辖市人民政府建设行政主管部门可以根据当地的实际情况,对限额进行调整,并报国务院建设行政主管部门备案。抢险救灾工程、临时性建筑工程、农民自建两层以下(含两层)住宅工程,不适用施工许可制度。军事房屋建筑工程施工许可的管理,按国务院、中央军事委员会制定的办法执行。

2. 申请领取施工许可证的条件

施工许可证的申请条件,是指申请领取施工许可证应当达到的要求。施工许可证申请条件的确定是为了保证建筑工程开工后,组织施工能够顺利进行。根据《建筑法》第八条规定,申请领取施工许可证,应当具备下列条件:

(1) 经办理该建筑工程用地批准手续;

(2) 在城市规划区的建筑工程,已经取得规划许可证;

(3) 需要拆迁的,其拆迁进度符合施工要求;

(4) 已经确定建筑施工企业;

（5）有满足施工需要的施工图纸及技术资料；

（6）有保证工程质量和安全的具体措施；

（7）建设资金已经落实；

（8）符合法律、行政法规规定的其他条件。

上述 8 个方面条件，是建设单位申领施工许可证必须具备的条件，必须同时具备，缺一不可。

2001 年 7 月 4 日建设部修改了《建筑工程施工许可管理办法》，对施工许可条件作出了进一步细化，《建筑工程施工许可管理办法》第四条规定，建设单位申请领取施工许可证，应当具备下列条件：

（1）已经办理该建筑工程用地批准手续。

（2）在城市规划区的建筑工程，已经取得建设工程规划许可证。

（3）施工场地已经基本具备施工条件，需要拆迁的，其拆迁进度符合施工要求。

（4）已经确定施工企业。若按照规定应该招标的工程没有招标，应该公开招标的工程没有公开招标，或者肢解发包工程，以及将工程发包给不具备相应资质条件的，则所确定的施工企业无效。

（5）具备满足施工需要的施工图纸及技术资料，且施工图设计文件已按规定进行了审查。

（6）有保证工程质量和安全的具体措施。施工企业编制的施工组织设计中具有根据建筑工程特点制定的相应质量、安全技术措施，专业性较强的工程项目编制具有专项质量、安全施工组织设计，并已按照规定办理了工程质量、安全监督手续。

（7）按照规定应该委托监理的工程已委托监理。

（8）建设资金已经落实。建设工期不足 1 年的，到位资金原则上不得少于工程合同价的 50%；建设工期超过 1 年的，到位资金原则上不得少于工程合同价的 30%。建设单位应当提供银行出具的到位资金证明，有条件的可以实行银行付款保函或者其他第三方担保。

（9）符合法律、行政法规规定的其他条件。

3. 施工许可证的颁发程序及其管理规定

（1）施工许可证的颁发程序

建设单位应当在建筑工程开工前，申请领取施工许可证。建设行政主管部门应当自收到申请之日起 15 日内，对符合条件的申请颁发施工许可证。施工许可证的颁发程序如下：

① 建设单位必须向有权颁发施工许可证的建设行政部门提出书面申请。

② 提出申请的时间是在建筑工程开工前。

③ 有权颁发施工许可证的建设行政部门是工程所在地县级以上人民政府建设行政主管部门。

④ 建设行政主管部门应当自收到申请之日起 15 日内，作出是否颁发施工许可证的决定，对符合条件的申请颁发施工许可证。对有权颁发施工许可证的建设行政部门不批准施工许可证的申请，或未在规定时间内颁发施工许可证的，建设单位可以根据《行政复议条例》第九条的规定，向复议机关申请行政复议，对行政复议决定不服的，可以向人民法院提起行政诉讼；建设单位也可以根据《行政诉讼法》第十一条的规定，直接向人民法院提起行政诉讼。

（2）领取施工许可证的效力期限

领取施工许可证后，建设单位应当自领取施工许可证之日起 3 个月内开工。因故不能按期开工的,应当向发证机关申请延期;延期以两次为限,每次不超过 3 个月。既不开工又不申请延期或者超过延期时限的,施工许可证自行废止。也就是说,施工许可证的有效期最长可达 9 个月,如果超过 9 个月开工,施工许可证失去法律效力。

(3) 中止施工与恢复施工

中止施工,是指建筑工程开工后,在施工过程中因特殊情况的发生而中途停止施工的一种行为。恢复施工是指建筑工程中止施工后,造成中断施工的情况消除,继续进行施工的一种行为。在建的建筑工程因故中止施工的,建设单位应当自中止施工之日起一个月内,向发证机关报告,并按照规定做好建筑工程的维护管理工作。建筑工程恢复施工时,应当向发证机关报告;中止施工满一年的工程恢复施工前,建设单位应当报发证机关核验施工许可证。

此外,按照国务院有关规定批准开工报告的建筑工程,因故不能按期开工或者中止施工的,应当及时向批准机关报告情况。因故不能按期开工超过 6 个月的,应当重新办理开工报告的批准手续。

二、从业资格许可

从业资格许可的内容包建筑施工企业、勘察单位、设计单位和工程监理单位从事建筑活动应具备的条件;建筑施工企业、勘察单位、设计单位和工程监理单位应在许可范围内从事建筑活动;专业技术人员从事建筑活动,应依法取得执业资格证书。

1. 从业单位的基本条件

建筑活动不同于一般的经济活动,从业单位条件的高低直接影响建筑工程质量和建筑安全生产。因此,从事建筑活动的单位必须符合严格的资格条件。根据《建筑法》的规定,从事建筑活动的建筑施工企业、勘察单位、设计单位和工程监理单位,应当具备下列条件:

(1) 有符合国家规定的注册资本

注册资本反映的是企业法人的财产权,也是判断企业经济实力的依据之一。从事经营活动的企业组织,都必须具备基本的责任能力,能够承担与其经营活动相适应的财产义务,这既是法律权利与义务相一致、利益与风险相一致原则的反映,也是保护债权人利益的需要。因此,建筑施工企业、勘察单位、设计单位和工程监理单位的注册资本必须适应从事建筑活动的需要,不得低于最低限额。注册资本由国家规定,既可以由全国人大及其常委会通过制定法律来规定,也可以由国务院或国务院建设行政主管部门通过制定行政法规、部门规章等来规定。例如:施工总承包特级企业注册资本金 3 亿元以上;勘察综合类注册资本金不少于 800 万元人民币;工程设计行业资质甲级注册资本金不少于 600 万元人民币;监理企业资质甲级注册资本金不少于 100 万元;工程造价咨询单位资质甲级注册资本金不少于 100 万元。

(2) 有与其从事的建筑活动相适应的具有法定执业资格的专业技术人员

建筑活动是一种专业性、技术性很强的活动,是涉及人生命和财产安全的特殊活动。因此,从事建筑活动的建筑施工企业、勘察单位、设计单位和工程监理单位必须有足够的专业技术人员,同时也要有经济、会计、统计等管理人员。从事建筑活动的专业技术人员还必须有法定执业资格,这种法定执业资格必须依法通过考试和注册才能取得。如工程设计文件必须由注册建筑师签字才能生效。建筑工程的规模和复杂程度各不相同,因此建筑活动所要求的专业技术人员的级别和数量也不同,建筑施工企业、勘察单位、设计单位和工程监理单位必须有与其从事的建筑活动相适应的专业技术人员。

（3）有从事相关建筑活动所应有的技术装备

建筑活动具有专业性、技术性强的特点，没有相应的技术装备无法进行。如从事建筑施工活动，必须有相应的施工机械设备与质量检验测试手段；从事勘察设计活动，必须有相应的勘察仪器设备和设计机具仪器。因此，从事建筑活动的建筑施工企业、勘察单位、设计单位和工程监理单位必须有从事相关建筑活动相应的技术装备。没有相应技术装备的单位，不得从事建筑活动。

（4）法律、行政法规规定的其他条件

建筑施工企业、勘察单位、设计单位和工程监理单位除了应具备从事建筑活动所必需的注册资本、专业技术人员和技术装备外，还须具备从事经营活动所应具备的其他条件。如按照《中华人民共和国民法典》第五十八条规定，法人应当有自己的名称、组织机构、住所、财产或者经费。按照《公司法》规定，设立从事建筑活动的有限责任公司和股份有限公司，股东或发起人必须符合法定人数；股东或发起人共同制定公司章程（股份有限公司的章程还须经创立大会通过）；有公司名称，建立符合要求的组织机构；有固定的生产经营场所和必要的生产经营条件等。

2. 从业单位在许可范围内从事建筑活动

《建筑法》第十三条规定："从事建筑活动的建筑施工企业、勘察单位、设计单位和工程监理单位，按照其拥有的注册资本、专业技术人员、技术装备和已完成的建筑工程业绩等资质条件，划分为不同的资质等级，经资质审查合格，取得相应等级的资质证书后，方可在其资质等级许可的范围内从事建筑活动。"

资质审查，是指从事建筑活动的建筑施工企业、勘察单位、设计单位和工程监理单位，均须经过建设行政主管部门对其拥有的注册资本、专业技术人员、技术装备和已完成的建筑工程业绩、管理水平等进行审查，以确定其承担任务的范围，发给相应的资质证书，并须在其资质等级许可的范围内从事建筑活动。

资质审查制度是根据建筑活动的特点确立的一项重要的从业资格许可制度。建筑活动不同于工业生产活动，建筑活动耗资巨大，建设周期较长，生产场地经常移动，生产条件艰苦，社会影响广泛，与人民生命财产关系密切。因此，对从事建筑活动的单位，国家必须实行严格的从业许可制度。这也是目前世界上不少国家和地区所采取的通行做法，如日本、韩国、我国台湾等制定的建筑法均明确规定了这一制度。建筑法对在实践中行之有效的资质审查制度作出明确规定，对规范建筑市场秩序、保证建筑工程质量和建筑安全生产具有非常重要的意义。

根据 2006 年 6 月 26 日建设部发布的《建筑业企业资质管理规定》规定，建筑施工企业资质分施工总承包企业、专业承包企业和劳务分包三个序列。施工总承包企业资质分为特级、一级、二级、三级，专业承包企业资质分为一级、二级、三级和无级别；劳务分包企业资质分为一级、二级和无级别。2007 年 9 月 1 日建设部发布的《建设工程勘察设计资质管理规定》规定，工程勘察资质分为工程勘察综合资质、工程勘察专业资质、工程勘察劳务资质。工程勘察综合资质只设甲级；工程勘察专业资质设甲级、乙级，根据工程性质和技术特点，部分专业可以设丙级；工程勘察劳务资质不分等级。取得工程勘察综合资质的企业，可以承接各专业（海洋工程勘察除外）、各等级工程勘察业务；取得工程勘察专业资质的企业，可以承接相应等级相应专业的工程勘察业务；取得工程勘察劳务资质的企业，可以承接岩土工程治理、工程钻探、凿井等工程勘察劳务业务。工程设计资质分为工程设计综合资质、工程设计行业资质、工程设计专业资质和工程设计专项资质。工程设计综合资质只设甲级；工程设计行业资质、工程设计专业资质、工程设计专项资质设甲级、乙级。根据工程性质和技术特点，个别行业、专业、专项资质可以设丙级，建筑工程专业资质可以设丁级。取得工程设计综合资质的企业，可以承接各行业、各等级的建设工程设计业务；取得工程设计行业资质的企业，可以承接相应行业相应等级的工程设计业务及本行业范围内同级别的相应专业、专项（设计施工一体化资质除外）工程设计业务；取得工程设计专业资质的企业，可以承接本专业相应等级的专业工程设计业务及同级别的相应专项工程设计业务（设计施工一体化资质除外）；取得工程设计专项资质的企业，可以承接本专项相应等级的专项工程设计业务。根据 2006 年 2 月 22 日建设部发布的《工程造价咨询单位管理办法》，规定工程造价咨询单位资质等级分为甲级、乙级。

3. 从业人员执业资格制度

从业人员执业资格制度，是指对具备一定专业学历、资历的从事建筑活动的专业技术人员，通过考试和注册确定其执业的技术资格，获得相应建筑工程文件签字权的一种制度。《建筑法》第十四条规定："从事建筑活动的专业技术人员，应当依法取得相应的执业资格证书，并在执业资格证书许可的范围内从事建筑活动。"

对从事建筑活动的专业技术人员实行执业资格制度非常必要。一是推进深化我国建筑工程管理体制改革的需要。我国对从事建筑活动的单位实行资质审查制度比较早。这种管理制度虽然从整体上管住了单位资格，但对专业技术人员的个人技术资格缺乏定量的评定，专业技术人员的责、权、利不明确，常常出现高资质单位承接的任务，由低水平的专业技术人员来完成的现象，影响了建筑工程质量和投资效益的提高。实行专业技术人员执业资格制度有利于克服上述种种问题，保证建筑工程由具有相应资格的专业技术人员主持完成设计、施工、监理任务。二是促使我国工程建设领域与国际惯例相接轨，适应对外开放的需要。当前世界大多数发达国家对从事涉及公众生命和财产安全的建筑活动的专业技术人员，都制定了严格的执业资格制度，如美国、英国、日本、加拿大等。随着我国对外开放的不断扩大，我国的专业技术人员走向世界，其他国家和地区的专业技术人员也希望进入中国建筑市场，建立专业技术人员执业资格制度有利于对等互认和加强管理。三是加速人才培养，提高专业技术人员业务水平和队伍素质的需要。执业资格制度有一套严格的考试、注册办法和继续教育的要求。这种激励机制有利于促进建筑工程质量、专业技术人员水平和从业能力的不断提高。

目前，我国对从事建筑活动的专业技术人员已建立起多种执业资格制度，如注册建筑师、注册城市规划师、注册结构工程师、注册土木工程师（岩土）、注册建造师、注册监理工程师和造价工程师等。

第三节　建筑工程发包与承包

一、发包与承包概述

1. 发包与承包的概念

建筑工程发包，是指建设单位或者招标代理单位通过招标方式或直接发包方式将建筑工程的全部或部分交由他人承包，并支付相应费用的行为。建筑工程承包，是指通过招标方式或直接发包方式取得建筑工程的全部或部分，取得相应费用并完成建筑工程的全部或部分的行为。

2. 发包单位

发包单位也称建设单位,是指投资建设该项建筑工程的主体(有时也称业主)。按照国家计委 1996 年 4 月发布的《关于实行建设项目法人责任制的暂行规定》,国有单位投资的经营性基本建设大中型建设项目,在建设阶段必须组建项目法人。项目法人可按《公司法》的规定设立有限责任公司(包括国有独资公司)和股份有限公司,由项目法人对项目的策划、资金筹措、建设实施、生产经营、债务偿还和资产保值增值,实行全过程负责。据此规定,由国有单位投资建设的经营性的房屋建筑工程(如用作生产经营设施的工商业用房、作为房地产项目的商品房等),由依法设立的项目法人作为建设单位,负责建设工程的发包。国有单位投资建设的非经营性的房屋建筑工程,应当由建设单位作为发包方负责工程的发包。一般说来,在承发包过程中,发包方与承包方的竞争地位是不相同的,发包单位容易出现多种违法行为。为此,《建筑法》对发包单位的发包行为作出了相应的规定。

《建筑法》规定,建设单位应当将工程发包给具有相应资质等级的单位;建设单位不得将建筑工程肢解发包;建设单位应当依法对工程项目的勘察、设计、施工、工程监理及工程建设有关的重要设备、材料的采购进行招标;建设工程发包单位不得迫使承包方以低于成本的价格竞标,不得任意压缩合理工期。

发包单位及其工作人员在建筑工程发包中不得收受贿赂、回扣或者索要其他好处。承包单位及其工作人员不得利用向发包单位及其工作人员行贿、提供回扣或者给予其他好处等不正当手段承揽工程。

此外,《反不正当竞争法》和《招标投标法》也对发包单位的发包行为作出了规定,发包单位在发包过程中,触犯刑律,依照《刑法》规定,追究刑事责任。

3. 承包单位

承包单位,是指通过投标或协议等途径签订建设工程合同,实施建设项目,承办工程建设、建设物资采购等相关活动的单位。承包单位的资质是评价该组织是否有能力和法律资格承担工程项目的重要条件,承包单位的资质水平对建设工程质量和建设项目是否顺利完成具有重要作用。因此,《建筑法》对承包单位的资质作出了相应的规定。

《建筑法》规定:"承包建筑工程的单位应当持有依法取得的资质证书,并在其资质等级许可的业务范围内承揽工程;禁止建筑施工企业超越本企业资质等级许可的业务范围或者以任何形式用其他建筑施工企业的名义承揽工程;禁止建筑施工企业以任何形式允许其他单位或者个人使用本企业的资质证书、营业执照,以本企业的名义承揽工程。"

4. 发包承包活动应当遵循的原则

《建筑法》对发包与承包的招标投标活动应当遵循的原则规定如下:

(1)建筑工程发包与承包的招标投标活动,应当遵循公开、公正、公平竞争的原则,择优选择承包单位。

(2)承包建筑工程的单位应当持有资质证书,并在其资质等级许可的业务范围内承揽工程。

(3)建筑工程造价通过法定程序产生。

(4)建筑工程的发包方式应依法招标发包,不适于招标发包的可以直接发包。

(5)公开招标时发包单位应当依照法定程序和方式,发布招标公告,提供载有招标工程的主要技术要求、主要的合同条款、评标的标准和方法以及开标、评标、定标的程序等内容的招标文件；开标应当在招标文件规定的时间、地点公开进行。开标后应当按照招标文件规定的评标标准和程序对标书进行评价、比较，在具备相应资质条件的投标者中，择优选定中标者。

（6）建筑工程招标的开标、评标、定标，由建设单位组织实施。

（7）建筑工程实行直接发包的，发包单位应当将建筑工程发包给具有相应资质条件的承包单位。

（8）发包过程中政府及其所属部门不得滥用行政权力，限定发包单位将招标发包的建筑工程发包给指定的承包单位。

（9）发包单位不得指定建筑用料的生产商和供应商。即按照合同约定，建筑材料、建筑构配件和设备由工程承包单位采购的，发包单位不得指定承包单位购入用于工程的建筑材料、建筑构配件和设备或者指定生产厂、供应商。

二、发包与承包

1. 发包

建筑工程发包的方式有两种形式，即招标发包与直接发包。建筑工程依法实行招标发包，对不适于招标发包的可以直接发包。建筑工程实行招标发包的，发包单位应当将建筑工程发包给依法中标的承包单位。《招标投标法》第三条规定了我国建筑工程强制招标发包的范围和具体招标投标程序。建筑工程实行公开招标的，发包单位应当依照法定程序和方式，发布招标公告，提供载有招标工程主要技术要求、合同条款、评标标准和方法及开标、评标、定标程序等内容的招标文件。开标应当在招标文件规定的时间、地点公开进行。开标后应当按照招标文件规定的评标标准和程序对标书进行评价、比较，在具备相应资质条件的投标者中，择优选定中标者。建筑工程招标的开标、评标、定标，由建设单位依法组织实施，并接受有关行政主管部门的监督。

建筑工程实行直接发包的，发包单位应当将建筑工程发包给具有相应资质条件的承包单位。一般说来，建筑工程采取公开招标或邀请招标的形式发包更有利于建设单位，直接发包主要适用于特殊工程，如保密工程、特殊专业、工程性质特殊、内容复杂等工程，在这种情况下，采用公开招标或邀请招标就存在诸多问题，可以采用直接发包的方式。

2. 承包

《建筑法》规定的承包方式包括总承包、专项承包、联合承包与分包。建筑工程的发包单位可以将建筑工程的勘察、设计、施工、设备采购一并发包给一个工程总承包单位，也可以将建筑工程勘察、设计、施工、设备采购的一项或者多项发包给一个工程总承包单位；但是不得将应当由一个承包单位完成的建筑工程肢解成若干部分发包给几个承包单位。肢解发包是指建设单位将应当由一个承包单位完成的建筑工程分解成若干部分发包给不同承包单位的行为。

大型建筑工程或者结构复杂的建筑工程，可以由两个以上的承包单位联合共同承包。共同承包的各方对承包合同的履行承担连带责任。两个以上不同资质等级的单位实行联合共同承包的，应当按照资质等级低的单位的业务许可范围承揽工程。

分包，是指建筑业企业将其所承包的房屋建筑和市政基础设施工程中的专业工程或者劳务作业发包给其他建筑业企业完成的活动。建筑工程总承包单位可以将承包工程中的部分工程发包给具有相应资质条件的分包单位；但除总承包合同中约定的分包外，必须经建设单位认可。施工总承包的,建筑工程主体结构的施工必须由总承包单位自行完成。建筑工程总承包单位按照总承包合同的约定对建设单位负责;分包单位按照分包合同的约定对总承包单位负责,总承包单位和分包单位就分包工程对建设单位承担连带责任。

转包,是指承包单位承包建设工程后,不履行合同的责任和义务,将其承包的全部建设工程转给他人或将其承包的全部建设工程肢解以后以分包的名义分别转给其他单位承包的行为。禁止承包单位将其承包的全部建筑工程转包给他人,禁止承包单位将其承包的全部建筑工程肢解以后以分包的名义分别转包给他人。分包工程发包人将工程分包后,未在施工现场设立项目管理机构和派驻相应人员,并未对该工程的施工活动进行组织管理的,视同转包行为。

违法分包,是指分包工程发包人将专业工程或者劳务作业分包给不具备相应资质条件的分包工程承包人的;施工总承包合同中未有约定,又未经建设单位认可,分包工程发包人将承包工程中的部分专业工程分包给他人的。禁止总承包单位将工程分包给不具备相应资质条件的单位;禁止将承包的工程进行违法分包;禁止分包单位将其承包的工程再分包。

禁止转让、出借企业资质证书或者以其他方式允许他人以本企业名义承揽工程。分包工程发包人没有将其承包的工程进行分包,在施工现场所设项目管理机构的项目经理、技术负责人、项目核算负责人、质量管理人员、安全管理人员不是工程承包人本单位人员的,视同允许他人以本企业名义承揽工程。

三、发包与承包的计价

建筑工程造价,是指由建筑工程的双方当事人依法约定的建筑工程所需要的总价款。工程造价的确定,是建筑工程承包合同中的重要内容,是发包、承包双方在招标过程中谈判的中心议题,是合同执行的重要依据。建筑工程造价应当按照国家有关规定,由发包单位与承包单位在合同中约定。公开招标发包的,招标人与中标人应当根据中标价订立合同。不实行招标投标的工程,在承包方编制的施工图预算的基础上,由发承包双方协商订立合同。发包单位应当按照合同的约定,及时拨付工程款项。

2001 年 11 月 5 日建设部颁布了《建筑工程施工发包与承包计价管理办法》,对建筑工程施工发包与承包计价管理作出了明确规定。

建筑工程施工发包与承包计价在政府宏观调控下,由市场竞争形成。工程发承包计价应当遵循公平、合法和诚实信用的原则。

工程发承包计价包括编制施工图预算、招标标底、投标报价、工程结算和签订合同价等活动。施工图预算、招标标底和投标报价由成本(直接费、间接费)、利润和税金构成。其编制可以采用以下计价方法:

(1) 工料单价法

分部分项工程量的单价为直接费。直接费以人工、材料、机械的消耗量及其相应价格确定。间接费、利润、税金按照有关规定另行计算。

(2) 综合单价法

分部分项工程量的单价为全费用单价。全费用单价综合计算完成分部分项工程所发生的直接费、间接费、利润、税金。

招标投标工程可以采用工程量清单方法编制招标标底和投标报价。2003 年 2 月 17 日建设部和国家质量监督检验检疫总局颁发了《建设工程工程量清单计价规范》(GB 50500—2003)。随着建筑行业的高速发展,新材料,新技术的不断问世,新领域的不断扩展,原来的 08 版规范已经不能满足行业需求。为了满足和规范市场,国家住房和城乡建设部门在 03 版规范和 08 版规范的基础上,针对 08 版规范和 03 版规范实施过程中存在的一些实际问题,2012 年 12 月 25 日发布了 2013 版《建设工程工程量清单计价规范》(简称 2013 版规范)。2013 版规范对 03 版、08 版中的专业划分、责任界定、可执行性等问题给予了较明确的解答。这些新规定的实施将有助于解决工程项目中的实际问题,满足工程价款精细化、管理科学化的要求。工程量清单应当依据招标文件、施工设计图纸、施工现场条件和国家制定的统一工程量计算规则、分部分项工程项目划分、计量单位等进行编制。工程量清单应由分部分项工程量清单、措施项目清单、其他项目清单组成。分部分项工程项目清单一般是以综合单价表示的,综合单价是考虑风险因素,完成工程量清单中一个规定计量单位项目所需的人工费、材料费、机械使用费、管理费和利润的价格。措施项目清单是完成工程项目施工,发生于该工程施工前和施工过程中技术、生活、安全等方面的非工程实体项目计价清单。其他项目清单是根据建设工程具体情况确定的预留金、材料购置费、总承包服务费、零星工作项目费等的清单。工程量清单应由具有编制招标文件能力的招标人,或受其委托具有相应资质的中介机构进行编制。

四、发包与承包合同

建筑工程的发包单位与分包单位应当依法订立书面合同,明确双方的权利和义务。发包单位和承包单位应当全面履行合同约定的义务。不按照合同约定履行义务的,依法承担违约责任。

建筑工程承包合同为法定要式形式,即合同双方应当依法订立书面合同,《中华人民共和国民法典》第七百八十九条也明确规定:"建设工程合同应当采用书面形式。"勘察、设计合同的内容包括:提交有关基础资料和文件(包括概预算)的期限、质量要求、费用及其他协作条件等条款。建设工程委托监理合同的主要内容包括:工程的地点、名称及规模,监理范围,双方的权利和义务,合同变更与终止,监理酬金的计取和支付方法,违约责任,争议的解决方式。施工合同的内容包括:工程范围、建设工期、中间交工工程的开工和竣工时间、工程质量、工程造价、技术资料交付时间、材料和设备供应责任、拨款和结算、竣工验收、质量保修范围和质量保证期、双方相互协作等条款。

实践中,国内工程承包一般采用国家颁布的有关示范文本。2013 年 4 月 3 日国家工商总局和建设部联合修订了《建设工程施工合同(示范文本)》,为建设单位和承包单位签订工程承包合同提供了示范文本,成为合同双方当事人签订工程承包合同的重要依据。2000 年 2 月 17 日建设部、国家工商总局颁布了《建设工程委托监理合同(示范文本)》(GF 2000—0202)。2000 年 3 月 1 日建设部、国家工商行政管理局发布了《建设工程勘察合同(示范文本)》,《建设工程勘察合同》分为《建设工程勘察合同(一)》(GF 2000—0203)和《建设工程勘察合同(二)》(GF 2000—0204)。2000 年 3 月 1 日建设部、国家工商行政管理局发布了《建设工程设计合同(示范文本)》,《建设工程设计合同》分为《建设工程设计合同(一)》(GF 2000—0209)和《建设工程设计合同(二)》(GF 2000—0210)。2003 年 8 月 12 日建设部、国家工商行政管理局发布了《建设工程施工专业分包合同(示范文本)》(GF 2003—0213)和《建设工程施工劳务分包合同(示范文本)》(GF 2003—0214)。在国际工程承包中,《FIDIC 土木施工合同条件》是各国当事人签订工程承包合同的重要示范文本。

第四节　建筑工程监理

一、建筑工程监理的概念

建筑工程监理,是指按照一定条件,经过政府主管部门的批准,取得资格证书的工程建筑咨询、监理单位,受建设单位的委托,依照国家法律、行政法规、规范标准和合同条款,对建筑工程项目进行可行性研究,协助招标、评标,监督勘察、设计和施工的一种有偿服务。

我国工程监理起始于 1983 年利用世界银行贷款建设的鲁布革水电站引水工程。1988 年 7 月 25 日建设部印发了《关于开展建设监理工作的通知》,提出要建立具有中国特色的建筑监理制度;1988 年 10 月制定印发了《关于开展建设监理工作试点工作的若干意见》;1989 年 7 月 28 日建设部颁布了《建设监理试行规定》;1992 年 1 月 18 日建设部发布了《工程建设监理单位资质管理试行办法》;1992 年 6 月 4 日建设部颁发了《监理工程师资格考试和注册实行办法》;1992 年 9 月建设部、国家物价局联合印发了《关于发布工程建设监理费有关规定的通知》;1995 年 10 月建设部、国家工商行政管理局联合印发了《工程建设监理合同(示范文本)》;1995 年 12 月 15 日建设部、国家计委联合颁布了《工程建设监理规定》;1997 年 11 月 1 日全国人大常委会颁布了《建筑法》;2000 年 1 月 30 日国务院颁布了《建设工程质量管理条例》;2000 年 2 月 17 日建设部、国家工商行政管理局印发了《建设工程委托监理合同(示范文本)》(GF 2000—0202);2000 年 12 月 7 日国家技术监督局和建设部联合颁布了《建设工程监理规范》(GB 50319—2000)(2013 年 5 月 13 重新颁布了新的《建设工程监理规范》(GB 50319—2013));2001 年 1 月 17 日建设部颁布了《建设工程监理范围和规模标准规定》;2001 年 8 月 29 日建设部发布了《工程监理企业资质管理规定》(现废止);2002 年 7 月 27 日建设部颁布了《房屋建筑工程施工旁站监理管理办法(试行)》等;2005 年 12 月 31 日建设部颁布了《注册监理工程师管理规定》;2006 年 12 月 11 日建设部颁布了新的《工程监理企业资质管理规定》等。

二、建筑工程监理的范围

1997 年 11 月 1 日颁布的《建筑法》第三十条规定:"国家推行建筑工程监理制度。国务院可以规定实行强制监理的建筑工程的范围。"2000 年 1 月 30 日国务院发布的《建设工程质量管理条例》对强制监理的范围作出规定:"下列建设工程必须实行监理:国家重点建设工程;大中型公用事业工程;成片开发建设的住宅小区工程;利用外国政府或者国际组织贷款、援助资金的工程;国家规定必须实行监理的其他工程。"2001 年 1 月 17 日建设部颁布了《建设工程监理范围和规模标准规定》,进一步明确强制监理的范围和标准。

1. 国家重点建设工程

国家重点建设工程,是指依据《国家重点建设项目管理办法》所确定的对国民经济和社会发展有重大影响的骨干项目。

2. 大中型公用事业工程

大中型公用事业工程,是指项目总投资额在 3 000 万元以上的下列工程项目:供水、供电、供气、供热等市政工程项目;科技、教育、文化等项目;体育、旅游、商业等项目;卫生、社会福利等项目;其他公用事业项目。

3. 成片开发建设的住宅小区工程

成片开发建设的住宅小区工程,建筑面积在 5×10^4 m² 以上的住宅建设工程必须实行监理;5×10^4 m² 以下的住宅建设工程,可以实行监理,具体范围和规模标准由省、自治区、直辖市人民政府建设行政主管部门规定。为了保证住宅质量,对高层住宅及地基、结构复杂的多层住宅应当实行监理。

4. 利用外国政府或者国际组织贷款、援助资金的工程

利用外国政府或者国际组织贷款、援助资金的工程项目包括:

(1) 使用世界银行、亚洲开发银行等国际组织贷款的项目;

(2) 使用国外政府及其机构贷款的项目;

(3) 使用国际组织或者国外政府援助资金的项目。

5. 国家规定必须实行监理的其他工程

项目总投资额在 3 000 万元以上关系社会公共利益、公众安全的下列基础设施项目:

(1) 煤炭、石油、化工、天然气、电力、新能源等项目;

(2) 铁路、公路、管道、水运、民航及其他交通运输业等项目;

(3) 邮政、电信枢纽、通信、信息网络等项目;

(4) 防洪、灌溉、排涝、发电、引(供)水、滩涂治理、水资源保护、水土保持等水利建设项目;

(5) 道路、桥梁、地铁和轻轨交通、污水排放及处理、垃圾处理、地下管道、公共停车场等城市基础设施项目;

(6) 生态环境保护项目;

(7) 其他基础设施项目。

此外,还包括学校、影剧院、体育场馆项目。

三、建设工程监理制度

1. 工程监理单位的资质许可制度

国家实行工程监理单位资质许可制度。2000 年 1 月 30 日国务院颁布的《建设工程质量管理条例》第三十四条规定:"工程监理单位应当在其资质等级许可的监理范围内,承担工程监理业务。禁止工程监理单位超越本单位资质等级许可的范围或者以其他工程监理单位的名义承担监理业务。禁止工程监理单位允许其他工程监理单位或者个人以本单位的名义承担监理业务。"

2006 年 12 月 11 日建设部发布的《工程监理企业资质管理规定》规定,工程监理企业应当按照其拥有的注册资本、专业技术人员和工程监理业绩等资质条件申请资质,经审查合格,取得相应等级的资质证书后,方可在其资质等级许可的范围内从事工程监理活动。工程监理企业资质分为综合资质、专业资质和事务所资质。其中,专业资质按照工程性质和技术特点划分为若干工程类别。综合资质、事务所资质不分级别。专业资质分为甲级、乙级;其中,房屋建筑、水利水电、公路和市政公用专业资质可设立丙级。

2. 建设单位与监理单位的委托监理制度

实行监理的建筑工程,由建设单位委托具有相应资质条件的工程监理单位监理。工程监理单位应当依法取得相应等级的资质证书,在其资质等级许可的范围内承担监理业务。建设

单位与监理单位是一种委托与被委托的关系,建设单位与其委托的工程监理单位应当订立书面委托监理合同。实施建筑工程监理前,建设单位应当将委托工程监理单位、监理的内容及监理权限,书面通知被监理的建筑施工企业。实践中,委托监理合同是采用建设部、国家工商总局 2000 年 2 月 17 日联合印发的《建设工程委托监理合同(示范文本)》(CF 2000—0202)。《建设工程委托监理合同(示范文本)》包括建设工程委托监理合同、标准条件、专用条件三部分。标准条件共有四十九条,分为词语定义、适用范围和法规、监理人义务、委托人义务、监理人权利、委托人权利、监理人责任、委托人责任、合同生效、变更与终止、监理报酬、其他争议的解决 12 个部分。

3. 监理单位质量管理的义务

工程监理单位应当根据建设单位的委托,客观、公正地执行监理任务。工程监理单位与被监理工程的承包单位及建筑材料、建筑构配件和设备供应单位不得有隶属关系或者其他利害关系。工程监理单位不得转让工程监理业务。

工程监理单位应当选派具备相应资格的总监理工程师和监理工程师进驻施工现场。监理工程师应当按照工程监理范围的要求,采取旁站、巡视和平行检查等形式,对建设工程实施监理。

房屋建筑工程施工旁站监理,是指监理人员在房屋建筑工程施工阶段监理中,对关键部位、关键工序的施工质量实施全过程现场跟班的监督活动。房屋建筑工程的关键部位、关键工序,在基础工程方面包括土方回填、混凝土灌注桩浇筑、地下连续墙、土钉墙、后浇带及其他结构的混凝土及防水混凝土浇筑,卷材防水层细部构造处理,钢结构安装;在主体结构工程方面包括梁柱节点钢筋隐蔽过程、混凝土浇筑、预应力张拉、装配式结构安装、钢结构安装、网架结构安装、索膜安装。

旁站监理在总监理工程师的指导下,由现场监理人员负责具体实施。旁站监理人员的主要职责如下:

(1) 检查施工企业现场质检人员到岗、特殊工种人员持证上岗及施工机械、建筑材料准备情况。

(2) 在现场跟班监督关键部位、关键工序的施工、执行施工方案及工程建设强制性标准情况。

(3) 核查进场建筑材料、建筑构配件、设备和商品混凝土的质量检验报告等,并可在现场监督施工企业进行检验或者委托具有资格的第三方进行复验。

(4) 做好旁站监理记录和监理日记,保存旁站监理原始资料。凡没有实施旁站监理或者没有旁站监理记录的,监理工程师或者总监理工程师不得在相应文件上签字。

4. 监理单位质量管理的权利

工程监理人员认为工程施工不符合工程设计要求、施工技术标准和合同约定的,有权要求建筑施工企业改正。未经监理工程师签字的建筑材料、建筑构配件和设备不得在工程上使用或者安装,施工单位不得进行下一道工序的施工。未经总监理工程师签字,建设单位不拨付工程款,不进行竣工验收。工程监理人员发现工程设计不符合建筑工程质量标准或者合同约定的质量要求,应当报告建设单位要求设计单位改正。

凡旁站监理人员和施工企业现场质检人员未在旁站监理记录上签字的,不得进行下一道工序施工。旁站监理人员实施旁站监理时,发现施工企业有违反工程建设强制性标准行为的,有权责令施工企业立即整改；发现其施工活动已经或者可能危及工程质量的，应当及时向监理工程师或者总监理工程师报告，总监理工程师可下达局部暂停施工指令或者采取其他应急措施。

在合同约定范围内，发现工程设计不符合国家颁布的建设工程质量标准或设计合同约定的质量标准的，监理人应当书面报告委托人并要求设计人更正；审批工程施工组织设计和技术方案，按照保质量、保工期和降低成本的原则，向承包人提出建议，并向委托人提出书面报告；主持工程建设有关协调单位的组织协调，重要协调事项应当事先向委托人报告。征得委托人同意，监理人有权发布开工令、停工令、复工令。监理人具有工程上使用的材料和施工质量的检验权。对于不符合设计要求和合同约定及国家质量标准的材料、构配件、设备，监理人有权通知承包人停止使用；对于不符合规范和质量标准的工序、分部分项工程和不安全施工作业，监理人有权通知承包人停工整改、返工，承包人得到监理机构复工令后才能复工。

5. 监理的民事责任

《建筑法》第三十五条第一款规定："工程监理单位不按照委托监理合同的约定履行监理义务，对应当监督检查的项目不检查或者不按照规定检查，给建设单位造成损失的，应当承担相应的赔偿责任。"

《建筑法》第三十五条第二款规定："工程监理单位与承包单位串通，为承包单位谋取非法利益，给建设单位造成损失的，应当与承包单位承担连带赔偿责任。"

《建设工程质量管理条例》第三十六条规定："建筑工程监理应当依照法律、行政法规及有关的技术标准、设计文件和建筑工程承包合同，对承包单位在施工质量、建设工期和建设资金使用等方面，代表建设单位实施监督，并对施工质量承担监理责任。"

第五节　建设工程安全法律制度

一、建设工程安全管理概述

建筑生产的特点是产品固定、人员流动大，且多为露天、高处作业，施工环境和作业条件差，不安全因素随着工程形象进度的变化而不断变化。建筑业属于事故多发行业之一，每年因施工死亡人数仅次于矿山业，在我国各行业中排第二位。因此，《中华人民共和国建筑法》《中华人民共和国安全生产法》都对建筑安全生产管理作出规定，对强化建筑安全生产管理、保证建筑工程的安全性能、保障员工及其相邻居民的人身和财产安全，具有非常重要的意义。

1. 建设工程安全管理的概念与方针

（1）安全管理的概念

安全管理是指管理者运用行政、经济、法律、法规、技术等各种手段，发挥决策、教育、组织、监察、指挥等各种职能，对人、物、环境等各种被管理对象施加影响和控制，排除不安全因素，以达到安全目的的活动。

安全管理的中心问题是保护生产活动中劳动者的安全与健康，保证生产顺利进行。

（2）建设工程安全管理的概念

建设工程安全管理是指对建设活动过程中涉及的安全进行的管理，包括建设行政主管部门对建设活动中的安全问题进行的行业管理和从事建设活动的主体对自己建设活动的安全生产进行的企业管理。

从事建设活动的主体进行的安全生产管理包括建设单位对安全生产的管理,设计单位对安全生产的管理,施工单位对建设工程安全生产的管理等。

(3)建设工程安全管理与《中华人民共和国安全生产法》的关系

《中华人民共和国安全生产法》规定:"在中华人民共和国领域内从事生产经营活动的单位的安全生产,适用本法;有关法律、行政法规对消防安全和道路交通安全、铁路交通安全、水上交通安全、民用航空安全另有规定的除外。"

所以,建设工程安全管理属于《中华人民共和国安全生产法》调整范围。

(4)建设工程安全管理方针

《中华人民共和国安全生产法》规定安全生产管理,坚持安全第一、预防为主的方针。同时,《中华人民共和国建筑法》第三十六条规定:"建筑工程安全生产管理必须坚持安全第一、预防为主的方针,建立健全安全生产的责任制度和群防群治制度。"确立了建筑工程安全管理必须坚持的方针。

所谓坚持安全第一、预防为主的方针,是指将建设工程安全管理放到第一位,采取有效措施控制不安全因素的发展与扩大,把可能发生的事故,消灭在萌芽状态。安全第一是从保护和发展生产力的角度,表明在生产范围内安全与生产的关系,肯定安全在建筑生产活动中的首要位置和重要性;预防为主是指在建筑生产活动中,针对建筑生产的特点,对生产要素采取管理措施,有效地控制不安全因素的发展与扩大,把可能发生的事故消灭在萌芽状态,以保证生产活动中人的安全与健康。安全第一、预防为主的方针,体现了国家对在建筑工程安全生产过程中"以人为本",对保护劳动者权利、保护社会生产力、保护建筑生产的高度重视。

2. 安全生产管理体制

完善安全管理体制,建立健全安全管理制度、安全管理机构和安全生产责任制是安全管理的重要内容,也是实现安全生产目标管理的组织保证。我国的安全生产管理体制是"企业负责、行业管理、国家监察、群众监督、劳动者遵章守纪"。

企业负责,即工程建设企业应认真贯彻执行劳动保护和安全生产的政策、法令和规章制度,要对本企业的劳动保护和安全生产负责。

行业管理,即行业主管部门应根据"管生产必须管安全的原则",管理本行业的安全生产工作,建立安全管理机构,配备安全技术干部,组织贯彻执行国家安全生产方针、政策、法规;制定行业的安全规章制度和安全规范标准;对本行业安全生产工作进行计划、组织、监督、检查和考核。建设部工程质量安全监督与行业发展司负责全国建筑行业的安全生产工作。

国家监察,即由劳动部门按照国务院要求实施国家劳动安全监察。国家监察是一种执法监察,主要是监察国家法规政策的执行情况,预防和纠正违反法规政策的偏差。它不干预企事业内部执行法规政策的方法、措施和步骤等具体事务,不能代替行业管理部门日常管理和安全检查。

群众(工会组织)监督,保护职工的安全健康是工会的职责,工会对危害职工安全健康的现象有抵制、纠正以至控告的权利。这是一种自下而上的群众监督。这种监督与国家安全监察和行政管理是相辅相成的。

劳动者遵章守纪,从发生原因来看,事故大都与职工的违章行为有直接关系。因此,劳动者在生产过程中应该自觉遵守安全生产规章制度和劳动纪律,严格执行安全技术操作规程,不违章操作。劳动者遵章守纪也是减少事故、实现安全生产的重要保证。

3. 建设工程安全管理基本制度

(1)《中华人民共和国安全生产法》(以下简称《安全生产法》)中明确的安全生产基本制度

《安全生产法》确定了我国安全生产的基本法律制度如下:

① 安全生产监督管理制度

《安全生产法》中提供了4种监督途径,即工会民主监督、社会舆论监督、公众举报监督和社区报告监督。这些监督途径,使许多安全隐患得以及时发现,也使许多安全管理工作中的不足得以改善。同时,《安全生产法》也明确了监督管理人员的权利和义务,这也将有利于监督工作的顺利进行。

② 生产经营单位安全保障制度

在《安全生产法》中明确了生产经营单位必须做好安全生产的保证工作,既要在安全生产条件上、技术上符合生产经营的要求,也要在组织管理上建立健全安全生产责任并将其有效落实。

③ 从业人员安全生产权利义务制度

在《安全生产法》中,不仅明确了从业人员为保证安全生产所应尽的义务,也明确了从业人员进行安全生产所享有的权利。这样,在正面强调从业人员应该为安全生产尽职尽责的同时,赋予从业人员的权利也有效保障了安全生产管理工作的有效开展。

④ 生产经营单位负责人安全责任制度

在《建筑法》中已经强调了安全生产责任制,这是从组织管理的角度采取的重要措施。在《安全生产法》中,更强调了单位负责人的安全责任。因为,一切安全管理,归根到底是对人的管理,只有生产经营单位的负责人真正认识到安全管理的重要性并认真落实安全管理的各项工作,安全管理工作才有可能真正有效进行。

⑤ 安全生产责任追究制度

违法必究是我国法律的基本原则,任何单位或个人违反了我国的法律,都将受到法律的制裁。所以《安全生产法》中明确了对违反该法的单位和个人的法律责任,这一点与《建筑法》中规定的基本原则是一致的。

⑥ 事故应急救援和处理制度

在安全事故中,经常伴随着生命财产的抢救,如果没有应急的救援措施和科学合理的处理制度,人民的生命财产安全和公民的正当权利将无法得到保障;同时,正确处理安全事故也可以起到警醒世人、教育员工的作用。所以,健全事故应急救援和处理制度是十分重要的。

(2)《中华人民共和国建筑法》中明确的安全生产基本制度

① 安全生产责任制度

安全生产责任制度是建筑生产中最基本的安全管理制度,是所有安全规章制度的核心。安全生产责任制度是指将各种不同的安全责任落实到负责有安全管理责任的人员和具体岗位人员身上的一种制度。这一制度是安全第一、预防为主方针的具体体现,是建筑安全生产的基本制度。在建筑活动中,只有明确安全责任,分工负责,才能形成完整有效的安全管理体系,激发每个人的安全责任感,严格执行建筑工程安全的法律、法规和安全规程、技术规范,防患于未然,减少和杜绝建筑工程事故,为建筑工程的生产创造一个良好的环境。安全责任制的主要内容,一是从事建筑活动主体的负责人的责任制。比如,建筑施工企业的法定代表人要对本企业的安全负主要的安全责任。二是从事建筑活动主体的职能机构或职能处室负责人及其工作人员的安全生产责任制。比如,建筑企业根据需要设置的安全处室或者专职安全人员要对安全负责。三是岗位人员的安全生产责任制。岗位人员必须对安全负责;从事特种作业的安全人员必须进行培训,经过考试合格后方能上岗作业。

② 群防群治制度

群防群治制度是职工群众进行预防和治理安全的一种制度。这一制度也是"安全第一、预防为主"的具体体现,同时也是群众路线在安全工作中的具体体现,是企业进行民主管理的重要内容。这一制度要求建筑企业职工在施工中应当遵守有关生产的法律、法规和建筑行业安全规章、规程,不得违章作业;对于危及生命安全和身体健康的行为有权提出批评、检举和控告。

③ 安全生产教育培训制度

安全生产教育培训制度是对广大建筑企业职工进行安全教育培训,提高安全意识,增加安全知识和技能的制度。安全生产,人人有责。只有通过对广大职工进行安全教育、培训,才能使广大职工真正认识到安全生产的重要性、必要性,才能使广大职工掌握更多更有效的安全生产的科学技术知识,牢固树立安全第一的思想,自觉遵守各项安全生产和规章制度。分析许多建筑安全事故,一个重要的原因就是有关人员安全意识不强,安全技能不够,这些都是没有搞好安全教育培训工作的后果。

④ 安全生产检查制度

安全生产检查制度是上级管理部门或企业自身对安全生产状况进行定期或不定期检查的制度。通过检查可以发现问题,查出隐患,从而采取有效措施,堵塞漏洞,把事故消灭在发生之前,做到防患于未然,是"预防为主"的具体体现。通过检查,还可总结出好的经验加以推广,为进一步搞好安全工作打下基础。安全检查制度是安全生产的保障。

⑤ 伤亡事故处理报告制度

施工中发生事故时,建筑企业应当采取紧急措施减少人员伤亡和事故损失,并按照国家有关规定及时向有关部门报告的制度。事故处理必须遵循一定的程序,做到三不放过(事故原因不清不放过、事故责任者和群众没有受到教育不放过、没有防范措施不放过)。通过对事故的严格处理,可以总结出教训,为制定规程、规章提供第一手素材,做到亡羊补牢。

⑥ 安全责任追究制度

《建筑法》第七章法律责任中规定:"建设单位、设计单位、施工单位、监理单位,由于没有履行职责造成人员伤亡和事故损失的,视情节给予相应处理。情节严重的,责令停业整顿,降低资质等级或吊销资质证书;构成犯罪的,依法追究刑事责任。"

二、建设工程安全责任

1. 建设单位的安全责任

(1)建设单位应当向施工单位提供有关资料

《建设工程安全生产管理条例》第六条规定,建设单位应当向施工单位提供施工现场及毗邻区域内供水、排水、供电、供气、供热、通信、广播电视等地下管线资料,气象和水文观测资料,相邻建筑物和构筑物、地下工程的有关资料,并保证资料的真实、准确、完整。

建设单位因建设工程需要,向有关部门或者单位查询前款规定的资料时,有关部门或者单位应当及时提供。

(2) 不得向有关单位提出影响安全生产的违法要求

《建设工程安全生产管理条例》第七条规定,建设单位不得对勘察、设计、施工、工程监理等单位提出不符合建设工程安全生产法律、法规和强制性标准规定的要求,不得压缩合同约定的工期。

(3) 建设单位应当保证安全生产投入

《建设工程安全生产管理条例》第八条规定,建设单位在编制工程概算时,应当确定建设工程安全作业环境及安全施工措施所需费用。

(4) 不得明示或暗示施工单位使用不符合安全施工要求的物资

《建设工程安全生产管理条例》第九条规定,建设单位不得明示或者暗示施工单位购买、租赁、使用不符合安全施工要求的安全防护用具、机械设备、施工机具及配件、消防设施和器材。

(5) 办理施工许可证或开工报告时应当报送安全施工措施

《建设工程安全生产管理条例》第十条规定,建设单位在申请领取施工许可证时,应当提供建设工程有关安全施工措施的资料。

依法批准开工报告的建设工程,建设单位应当自开工报告批准之日起 15 日内,将保证安全施工的措施报送建设工程所在地的县级以上人民政府建设行政主管部门或者其他有关部门备案。

(6) 应当将拆除工程发包给具有相应资质的施工单位

《建设工程安全生产管理条例》第十一条规定,建设单位应当将拆除工程发包给具有相应资质等级的施工单位。

建设单位应当在拆除工程施工 15 日前,将下列资料报送建设工程所在地的县级以上地方人民政府主管部门或者其他有关部门备案:

① 施工单位资质等级证明;

② 拟拆除建筑物、构筑物及可能危及毗邻建筑的说明;

③ 拆除施工组织方案;

④ 堆放、清除废弃物的措施。

实施爆破作业的,还应当遵守国家有关民用爆炸物品管理的规定。根据《民用爆炸物品管理条例》第二十七条的规定,使用爆破器材的建设单位,必须经上级主管部门审查同意,并持说明使用爆破器材的地点、品名、数量、用途、四邻距离的文件和安全操作规程,向所在地县、市公安局申请领取《爆炸物品使用许可证》,方准使用。根据《民用爆炸物品管理条例》第三十条的规定,进行大型爆破作业,或在城镇与其他居民聚居的地方、风景名胜区和重要工程设施附近进行控制爆破作业,施工单位必须事先将爆破作业方案,报县、市以上主管部门批准,并征得所在地县、市公安局同意,方准爆破作业。

2. 勘察、设计单位的安全责任

(1) 勘察单位的安全责任

根据《建设工程安全生产管理条例》第十二条的规定,勘察单位的安全责任包括两方面。

① 勘察单位应当按照法律、法规和工程建设强制性标准进行勘察,提供的勘察文件应当真实、准确,满足建设工程安全生产的需要。

② 勘察单位在勘察作业时,应当严格按照操作规程,采取措施保证各类管线、设施和周边建筑物、构筑物的安全。

(2) 设计单位的安全责任

《建筑法》第三十七条对设计单位的安全责任有明确规定:"建筑工程设计应符合按照国家规定制定的建筑安全规程和技术规范,保证工程的安全性能。"

根据《建设工程安全生产管理条例》第十三条的规定,设计单位的安全责任包括以下内容:

① 设计单位应当按照法律、法规和工程建设强制性标准进行设计,防止因设计不合理导致安全生产事故的发生。

② 设计单位应当考虑施工安全操作和防护的需要,对涉及施工安全的重点部位和环节在设计文件中注明,并对防范安全生产事故提出指导意见。

③ 采用新结构、新材料、新工艺的建设工程和特殊结构的建设工程,设计单位应当在设计中提出保障施工作业人员安全和预防生产安全事故的措施建议。

④ 设计单位和注册建筑师等注册执业人员应当对其设计负责。

建筑工程设计是建设工程的重要环节,工程设计质量的优劣直接影响建设活动和建筑产品的安全。为此,勘察单位应提供建设工程所需的全面、准确的地质、测量和水文等资料。这里所说的建筑工程设计,是指各类房屋建筑、构筑物及其附属设施、线路管道、设备等的设计活动。一般应根据建设工程项目的功能性要求,提供考虑投资、材料、环境、气候、水文地质结构等设计文件。

所谓保证工程的安全性能,是指设计单位应当按照建设工程安全标准进行设计,保证其符合按照国家制定的建筑安全规程和技术规范。建筑工程的安全性能,包括两层含义:在建造过程中的安全,主要指建造者的安全;建成后的使用安全,主要指建筑物的安全。所谓建筑安全规程,是指在建筑活动中为了消除导致人身伤亡或者造成设备、财产破坏及危害环境而由有关部门制定的具体技术要求和实施程序的统一规定。所谓建筑技术规范,是指由有关部门制定的对设计、施工等技术事项所作的统一规定,技术规范是标准的一种形式。需要说明的是,这里对于建筑安全规程和技术规范的制定提出了要求,即建筑安全规程和技术规范必须"按照国家规定"制定。所谓按照国家规定制定,是指制定建筑安全规程和技术规范时必须符合国家规定的原则,不得同国家规定相抵触;抵触的无效。这里的国家规定包括全国人大及其常委会通过的法律、国务院制定的行政法规、行业部门制定的行政规章等。

3. 工程监理单位的安全责任

(1) 安全技术措施及专项施工方案审查义务

《建设工程安全生产管理条例》第十四条第一款规定,工程监理单位应当审查施工组织设计中的安全技术措施或者专项施工方案是否符合工程建设强制性标准。

(2) 安全生产事故隐患报告义务

《建设工程安全生产管理条例》第十四条第二款规定,工程监理单位在实施监理过程中,发现存在安全事故隐患的,应当要求施工单位整改;情况严重的,应当要求施工单位暂时停止施工,并及时报告建设单位。施工单位拒不整改或者不停止施工的,工程监理单位应当及时向有关主管部门报告。

(3) 应当承担监理责任

工程监理单位和监理工程师应当按照法律、法规和工程建设强制性标准实施监理,并对建设工程安全生产承担监理责任。

4. 建设工程物资供应单位的安全责任

（1）机械设备和配件供应单位的安全责任

《建设工程安全生产管理条例》第十五条规定，为建设工程提供机械设备和配件的单位，应当按照安全施工的要求配备齐全有效的保险、限位等安全设施和装置。

（2）机械设备、施工机具和配件出租单位的安全责任

《建设工程安全生产管理条例》第十六条规定，出租的机械设备和施工工具及配件，应当具有生产（制造）许可证、产品合格证。

出租单位应当对出租的机械设备和施工工具及配件的安全性能进行检测，在签订租赁协议时，应当出具检测合格证明。

禁止出租检测不合格的机械设备和施工工具及配件。

（3）起重机械和自升式架设设施的安全管理

① 在施工现场安装、拆卸施工起重机械和整体提升脚手架、模板等自升式架设设施，必须由具有相应资质的单位承担。

② 安装、拆卸施工起重机械和整体提升脚手架、模板等自升式架设设施，应当编制拆装方案、指定安全施工措施，并由专业技术人员现场监督。

③ 施工起重机械和整体提升脚手架、模板等自升式架设设施安装完毕后，安装单位应当自检，出具自检合格证明，并向施工单位进行安全使用说明，办理验收手续并签字。

④ 施工起重机械和整体提升脚手架、模板等自升式架设设施的使用达到国家规定的检验检测期限的，必须经具有专业资质的检验检测机构检测。经检测不合格的，不得继续使用。

⑤ 检验检测机构对检测合格的施工起重机械和整体提升脚手架、模板等自升式架设设施，应当出具安全合格证明文件，并对检测结果负责。

5. 施工单位的安全责任

（1）施工单位应当具备的安全生产资质条件

《建设工程安全生产管理条例》第二十条规定，施工单位从事建设工程的新建、扩建和拆除等活动，应当具备国家规定的注册资本、专业技术人员、技术装备和安全生产等条件，依法取得相应等级的资质证书，并在其资质等级许可的范围内承揽工程。

（2）施工总承包单位与分包单位安全责任的划分

《建设工程安全生产管理条例》第二十四条规定，建设工程实行施工总承包的，由总承包单位对施工现场的安全生产负总责。

总承包单位应当自行完成建设工程主体结构的施工。

总承包单位依法将建设工程分包给其他单位的，分包合同中应当明确各自的安全生产方面的权利、义务。总承包单位和分包单位对分包工程的安全生产承担连带责任。

分包单位应当接受总承包单位的安全生产管理，分包单位不服从管理导致生产安全事故的，由分包单位承担主要责任。

（3）施工单位安全生产责任制度

《建设工程安全生产管理条例》第二十一条规定，施工单位主要负责人依法对本单位的安全生产工作全面负责。施工单位应当建立健全安全生产责任制度和安全生产教育培训制度，制定安全生产规章制度和操作规程，保证本单位安全生产条件所需资金的投入，对所承担建设

工程进行定期和专项安全检查,并做好安全检查记录。

施工单位的项目负责人应当由取得相应执业资格的人员担任,对建设工程项目的安全施工负责,落实安全生产责任制度、安全生产规章制度和操作规程,确保安全生产费用的有效使用,并根据工程的特点组织制定安全施工措施,消除安全事故隐患,及时、如实报告生产安全事故。

（4）施工单位安全生产基本保障措施

1）安全生产费用应当专款专用

《建设工程安全生产管理条例》第二十二条规定,施工单位对列入建设工程概算的安全作业环境及安全施工措施所需费用,应当用于施工安全防护用具及设施的采购和更新、安全施工措施的落实、安全生产条件的改善,不得挪作他用。

2）安全生产管理机构及人员的设置

《建设工程安全生产管理条例》第二十三条规定,施工单位应当设立安全生产管理机构,配备专职安全生产管理人员。

专职安全生产管理人员负责对安全生产进行现场监督检查。发现安全事故隐患,应当及时向项目负责人和安全生产管理机构报告;对违章指挥、违章操作的,应当立即制止。

3）编制安全技术措施及专项施工方案的规定

《建设工程安全生产管理条例》第二十六条规定,施工单位应当在施工组织设计中编制安全技术措施和施工现场临时用电方案,对下列达到一定规模的危险性较大的分部分项工程编制专项施工方案,并附具安全验算结果,经施工单位技术负责人、总监理工程师签字后实施,由专职安全生产管理人员对如下内容进行现场监督:基坑支护与降水工程;土方开挖工程;模板工程;起重吊装工程;脚手架工程;拆除、爆破工程;国务院建设行政主管部门或者其他有关部门规定的其他危险性较大的工程。

对上述工程中涉及深基坑、地下暗挖工程、高大模板工程的专项施工方案,施工单位还应当组织专家进行论证、审查。

施工单位还应当根据施工阶段和周围环境及季节、气候的变化,在施工现场采取相应的安全施工措施。施工现场暂时停止施工的,施工单位应当做好现场防护,所需费用由责任方承担,或按照合同约定执行。

4）对安全施工技术要求的交底

《建设工程安全生产管理条例》第二十七条规定,建设工程施工前,施工单位负责项目管理的技术人员应当对有关安全施工的技术要求向施工作业班组、作业人员作出详细说明,并由双方签字确认。

5）危险部位安全警示标志的设置

《建设工程安全生产管理条例》第二十八条第一款规定,施工单位应当在施工现场入口处、施工起重机械、临时用电设施、脚手架、出入通道口、楼梯口、电梯井口、孔洞口、桥梁口、隧道口、基坑边沿、爆破物及有害危险气体和液体存放处等危险部位,设置明显的安全警示标志。安全警示标志必须符合国家标准。

6）对施工现场生活区、作业环境的要求

《建设工程安全生产管理条例》第二十九条规定,施工单位应当将施工现场的办公、生活区与作业区分开设置,并保持安全距离;办公、生活区的选址应当符合安全性要求。职工的膳食、饮水、休息场所等应当符合卫生标准。施工单位不得在尚未竣工的建筑物内设置员工集体宿舍。

7）环境污染防护措施

《建设工程安全生产管理条例》第三十条规定，施工单位对因建设工程施工可能造成损害的毗邻建筑物、构筑物和地下管线等，应当采取专项保护措施。施工单位应当遵守有关环境保护法律、法规的规定，在施工现场采取措施，防止或减少粉尘、废气、废水、固体废物、噪声、振动和施工照明对人和环境的危害和污染。

8）消防安全保障措施

消防安全是建设工程安全生产管理的重要组成部分，是施工单位现场安全生产管理的工作重点之一。《建设工程安全生产管理条例》第三十一条规定，施工单位应当在施工现场建立消防安全责任制度，确定消防安全责任人，制定用火、用电、使用易燃易爆材料等各项消防安全管理制度和操作规程，设置消防通道、消防水源，配备消防设施和灭火器材，并在施工现场入口处设置明显标志。

除了施工单位的消防安全责任外，《中华人民共和国消防法》还对建设单位、设计单位的消防安全责任作了具体规定，包括以下内容：

① 按照国家工程建筑消防技术标准需要进行消防设计的建筑工程，设计单位应当按照国家工程建筑消防技术标准进行设计，建设单位应当将建筑工程的消防设计图纸及有关资料报送公安消防机构审核；未经审核或者经审核不合格的，建设行政主管部门不得发给施工许可证，建设单位不得施工。

② 经公安消防机构审核的建筑工程消防设计需要变更的，应当报经原审核的公安消防机构核准；未经核准的，任何单位、个人不得变更。

③ 按照国家工程建筑消防技术标准进行消防设计的建筑工程竣工时，必须经公安消防机构进行消防验收；未经验收或者经验收不合格的，不得投入使用。

④ 建筑构件和建筑材料的防火性能必须符合国家标准或者行业标准。公共场所室内装修、装饰根据国家工程建筑消防技术标准的规定，应当使用不燃、难燃材料的，必须选用依照产品质量法的规定确定的检验机构检验合格的材料。

9）劳动安全管理规定

《建设工程安全生产管理条例》第三十二条规定，施工单位应当向作业人员提供安全防护用具和安全防护服装，并书面告知危险岗位的操作规程和违章操作的危害。

作业人员有权对施工现场的作业条件、作业程序和作业方式中存在的安全问题提出批评、检举和控告，有权拒绝违章指挥和强令冒险作业。

在施工中发生危及人身安全的紧急情况时，作业人员有权立即停止作业或者在采取必要的应急措施后撤离危险区域。

《建设工程安全生产管理条例》第三十三条规定，作业人员应当遵守安全施工的强制性标准、规章制度和操作规程，正确使用安全防护用具、机械设备等。

《建设工程安全生产管理条例》第三十八条规定，施工单位应当为施工现场从事危险作业的人员办理意外伤害保险。

意外伤害保险费由施工单位支付。实行施工总承包的，由总承包单位支付意外伤害保险费。意外伤害保险期限自建设工程开工之日起至竣工验收合格止。

10）安全防护用具及机械设备、施工机具的安全管理

《建设工程安全生产管理条例》第三十四条规定，施工单位采购、租赁的安全防护用具、机械设备、施工机具及配件，应当具有生产（制造）许可证、产品合格证，并在进入施工现场前进行查验。

施工现场的安全防护用具、机械设备、施工机具及配件必须由专人管理，定期进行检查、维修和保养，建立相应的资料档案，并按照国家有关规定及时报废。

《建设工程安全生产管理条例》第三十五条规定，施工单位在使用施工起重机械和整体提升脚手架、模板等自升式架设设施前，应当组织有关单位进行验收，也可以委托具有相应资质的检验检测机构进行验收；使用承租的机械设备和施工机具及配件的，由施工总承包单位、分包单位、出租单位和安装单位共同进行验收，验收合格的方可使用。

（5）安全教育培训制度

① 特种作业人员培训和持证上岗

《建设工程安全生产管理条例》第二十五条规定，垂直运输机械作业人员、安装拆卸工、爆破作业人员、起重信号工、登高架设作业人员等特种作业人员，必须按照国家有关规定经过专门的安全作业培训，并取得特种作业操作资格证书后，方可上岗作业。

② 安全管理人员和作业人员的安全教育培训和考核

《建设工程安全生产管理条例》第三十六条规定，施工单位的主要负责人、项目负责人、专职安全生产管理人员应当经建设行政主管部门或者其他有关部门考核合格后方可任职。

施工单位应当对管理人员和作业人员每年至少进行一次安全生产教育培训，其教育培训情况记入个人工作档案。安全生产教育培训考核不合格的人员，不得上岗。

③ 作业人员进入新岗位、新工地或采用新技术时的上岗教育培训

《建设工程安全生产管理条例》第三十七条规定，作业人员进入新的岗位或者新的施工现场前，应当接受安全生产教育培训；未经教育培训或者教育培训考核不合格的人员，不得上岗作业。

施工单位在采用新技术、新工艺、新设备、新材料时，应当对作业人员进行相应的安全生产教育培训。

三、建设工程安全生产的行政监督管理

1. 建设工程安全生产的行政监督管理的分级管理

（1）建设工程安全生产的行政监督管理的概念

建设工程安全生产的行政监督管理，是指各级人民政府建设行政主管部门及其授权的建设工程安全生产监督机构，对建设工程安全生产所实施的行政监督管理。

（2）建设工程安全生产行政监督的分级管理

我国现行对建设工程（土木工程、建筑工程、线路管道和设备安装工程）安全生产的行政监督管理是分级进行的，建设行政主管部门因级别不同具有的管理职责也不完全相同。

国务院建设行政主管部门负责建设工程安全生产的统一监督管理，并依法接受国家安全生产综合管理部门的指导和监督。国务院铁道、交通、水利等有关部门按照国务院规定职责分工，负责有关专业建设工程安全生产的监督管理。

县级以上地方人民政府建设行政主管部门负责本行政区域内的建设工程安全生产管理。

县级以上地方人民政府交通、水利等有关部门在各自的职责范围内,负责本行政区域内的专业建设工程安全生产的监督管理;县级以上地方人民政府建设行政主管部门和地方人民政府交通、水利等有关部门应当设立建设工程安全监督机构,负责建设工程安全生产的日常监督管理工作。

2. 国务院建设行政主管部门的职责

国务院建设行政主管部门主管全国建设工程安全生产的行业监督管理工作。其主要职责如下:

(1)贯彻执行国家有关安全生产的法规和方针、政策,起草或者制定建筑安全生产管理的法规和标准。

(2)统一监督管理全国工程建设方面的安全生产工作,完善建筑安全生产的组织保证体系。

(3)制定建筑安全生产管理的中、长期规划和近期目标,组织建筑安全生产技术的开发与推广应用。

(4)指导和监督检查省、自治区、直辖市人民政府建设行政主管部门开展建筑安全生产的行业监督管理工作。

(5)统计全国建筑职工因工伤亡人数,掌握并发布全国建筑安全生产动态。

(6)负责对申报资质等级一级企业和国家一、二级企业以及国家和部级先进建筑企业进行安全资格审查或者审批,行使安全生产否决权。

(7)组织全国建筑安全生产检查,总结交流建筑安全生产管理经验,并表彰先进。

(8)检查和监督工程建设重大事故的调查处理,组织或者参与工程建设特别重大事故的调查。

3. 县级以上地方人民政府建设行政主管部门的职责

县级以上地方人民政府建设行政主管部门负责本行政区域建筑安全生产的行业监督管理工作。其主要职责如下:

(1)贯彻执行国家和地方有关安全生产的法规、标准和方针、政策,起草或者制定本行政区域建筑安全生产管理的实施细则或者实施办法。

(2)制定本行政区域建筑安全生产管理的中、长期规划和近期目标,组织建筑安全生产技术的开发与推广应用。

(3)建立健全安全生产的监督管理体系,制定本行政区域建筑安全生产监督管理工作制度,组织落实各级领导分工负责的建筑安全生产责任制。

(4)负责本行政区域建筑职工因工伤亡的统计和上报工作,掌握和发布本行政区域建筑安全生产动态。

(5)负责对申报晋升企业资质等级、企业升级和报评先进企业的安全资格进行审查或者审批,行使安全生产否决权。

(6)组织或者参与本行政区域工程建设中人身伤亡事故的调查处理工作,并依照有关规定上报重大伤亡事故。

(7)组织开展本行政区域建筑安全生产检查,总结交流建筑安全生产管理经验,并表彰先进。

(8)监督检查施工现场、构配件生产车间等安全管理和防护措施,纠正违章指挥和违章作业。

（9）组织开展本行政区域建筑企业安全生产管理人员、作业人员的安全生产教育、培训、考核及发证工作，监督检查建筑企业对安全技术措施费的提取和使用。

（10）领导和管理建筑安全生产监督机构的工作。

4. 安全生产的 4 种监督方式

《安全生产法》中明确了 4 种监督方式。

（1）工会民主监督。即工会有权对建设项目的安全设施与主体工程同时设计、同时施工、同时投入生产和使用的情况进行监督，提出意见。

（2）社会舆论监督。即新闻、出版、广播、电影、电视等单位有对违反安全生产法律、法规的行为进行舆论监督的权利。

（3）公众举报监督。即任何单位或者个人对事故隐患或者安全生产违法行为，均有权向负有安全生产监督管理职责的部门报告或者举报。

（4）社区报告监督。即居民委员会、村民委员会发现其所在区域内的生产经营单位存在事故隐患或者安全生产违法行为时，有权向当地人民政府或者有关部门报告。

5. 安全监督检查人员职权

（1）现场调查取证权。即安全生产监督检查人员可以进入生产经营单位进行现场调查，单位不得拒绝；有权向被检查单位调阅资料，向有关人员（负责人、管理人员、技术人员）了解情况。

（2）现场处理权。即对安全生产违法作业当场纠正权；对现场检查出的隐患，责令限期改正、停产停业或停止使用的职权；责令紧急避险权和依法行政处罚权。

（3）查封、扣押行政强制措施权。其对象是安全设施、设备、器材、仪表等；依据是不符合国家或行业安全标准；条件是必须按程序办事、有足够证据、经部门负责人批准、通知被查单位负责人到场、登记记录等，并必须在 15 日内作出决定。

6. 安全监督检查人员义务

安全监督检查人员有如下义务：

（1）审查、验收禁止收取费用；

（2）禁止要求被审查、验收的单位购买指定产品；

（3）必须遵循忠于职守、坚持原则、秉公执法的执法原则；

（4）监督检查时须出示有效的监督执法证件；

（5）对检查单位的技术秘密、业务秘密尽到保密之义务。

7. 建筑安全生产监督机构的职责

建筑安全生产监督机构依据同级人民政府建设行政主管部门的授权，依据有关的法规、标准，对本行政区域内建筑安全生产实施监督管理。其职责如下：

（1）贯彻执行党和国家的安全生产方针、政策和决议。

（2）监察各工地对国家、建设部、省、市政府公布的安全法规、标准、规章制度、办法和安全技术措施的执行情况。

（3）总结、推广建筑施工安全科学管理、先进安全装置、措施等经验，并及时给以奖励。

（4）制止违章指挥和违章作业行为，对情节严重者按处罚条例给以经济处罚；对隐患严重的现场或机械、电气设备等，及时签发停工指令，并提出改进措施。

(5) 参加建筑行业重大伤亡事故的调查处理,对造成死亡1人,重伤3人,直接经济损失5万元以上的重大事故主要负责者,有权向检察院、法院提出控诉,追究刑事责任。

(6) 对建筑施工队伍负责人、安全检查员、特种作业人员,进行安全教育培训、考核发证工作。

(7) 参加建筑施工企业新建、扩建、改建和挖潜、革新、改造工程项目设计和竣工验收工作,负责安全卫生设施"三同时"(安全卫生设施同时设计、同时验收、同时使用)的审查工作。

(8) 及时召开安全施工或重大伤亡事故现场会议。

四、建设工程重大安全事故的处理

重大安全事故,是指因违反有关建设工程安全的法律、法规和强制性标准,造成人身伤亡或者重大经济损失的事故。

1. 建设工程安全事故的分类

根据《生产安全事故报告和调查处理条例》的规定,按照生产安全事故(以下简称事故)造成的人员伤亡或者直接经济损失,将事故分为以下等级:

(1) 特别重大事故:是指造成30人以上死亡,或者100人以上重伤(包括急性工业中毒,下同),或者1亿元以上直接经济损失的事故。

(2) 重大事故:是指造成10人以上30人以下死亡,或者50人以上100人以下重伤,或者5 000万元以上1亿元以下直接经济损失的事故。

(3) 较大事故:是指造成3人以上10人以下死亡,或者10人以上50人以下重伤,或者1 000万元以上5 000万元以下直接经济损失的事故。

(4) 一般事故:是指造成3人以下死亡,或者10人以下重伤,或者1 000万元以下直接经济损失的事故。

2. 建设工程安全事故报告和调查处理

(1) 事故报告

事故报告应当及时、准确、完整,任何单位和个人对事故不得迟报、漏报、谎报或者瞒报。

事故发生后,事故现场有关人员应当立即向本单位负责人报告;单位负责人接到报告后,应当于1小时内向事故发生地县级以上人民政府安全生产监督管理部门和负有安全生产监督管理职责的有关部门报告。

情况紧急时,事故现场有关人员可以直接向事故发生地县级以上人民政府安全生产监督管理部门和负有安全生产监督管理职责的有关部门报告。

安全生产监督管理部门和负有安全生产监督管理职责的有关部门接到事故报告后,应当依照下列规定上报事故情况,并通知公安机关、劳动保障行政部门、工会和人民检察院:

① 特别重大事故、重大事故逐级上报至国务院安全生产监督管理部门和负有安全生产监督管理职责的有关部门;

② 较大事故逐级上报至省、自治区、直辖市人民政府安全生产监督管理部门和负有安全生产监督管理职责的有关部门;

③ 一般事故上报至设区的市级人民政府安全生产监督管理部门和负有安全生产监督管理职责的有关部门。

安全生产监督管理部门和负有安全生产监督管理职责的有关部门依照以上规定上报事故

情况,应当同时报告本级人民政府。国务院安全生产监督管理部门和负有安全生产监督管理职责的有关部门及省级人民政府接到发生特别重大事故、重大事故的报告后,应当立即报告国务院。必要时,安全生产监督管理部门和负有安全生产监督管理职责的有关部门可以越级上报事故情况。

安全生产监督管理部门和负有安全生产监督管理职责的有关部门逐级上报事故情况,每级上报的时间不得超过2小时。

报告事故应当包括下列内容:

① 事故发生单位概况;

② 事故发生的时间、地点及事故现场情况;

③ 事故的简要经过;

④ 事故已经造成或者可能造成的伤亡人数(包括下落不明的人数)和初步估计的直接经济损失;

⑤ 已经采取的措施;

⑥ 其他应当报告的情况。

事故发生单位负责人接到事故报告后,应当立即启动事故相应应急预案,或者采取有效措施,组织抢救,防止事故扩大,减少人员伤亡和财产损失。

事故发生地有关地方人民政府、安全生产监督管理部门和负有安全生产监督管理职责的有关部门接到事故报告后,其负责人应当立即赶赴事故现场,组织事故救援。

事故发生后,有关单位和人员应当妥善保护事故现场及相关证据,任何单位和个人不得破坏事故现场、毁灭相关证据。

因抢救人员、防止事故扩大及疏通交通等原因,需要移动事故现场物件的,应当作出标志,绘制现场简图并作出书面记录,妥善保存现场重要痕迹、物证。

事故发生地公安机关根据事故的情况,对涉嫌犯罪的,应当依法立案侦查,采取强制措施和侦查措施。犯罪嫌疑人逃匿的,公安机关应当迅速追捕归案。

安全生产监督管理部门和负有安全生产监督管理职责的有关部门应当建立值班制度,并向社会公布值班电话,受理事故报告和举报。

(2) 事故调查

1) 事故调查组

① 特别重大事故由国务院或者国务院授权有关部门组织事故调查组进行调查。

② 重大事故、较大事故、一般事故分别由事故发生地省级人民政府、设区的市级人民政府、县级人民政府负责调查。省级人民政府、设区的市级人民政府、县级人民政府可以直接组织事故调查组进行调查,也可以授权或者委托有关部门组织事故调查组进行调查。

③ 未造成人员伤亡的一般事故,县级人民政府也可以委托事故发生单位组织事故调查组进行调查。

④ 特别重大事故以下等级事故,事故发生地与事故发生单位不在同一个县级以上行政区域的,由事故发生地人民政府负责调查,事故发生单位所在地人民政府应当派人参加。

⑤ 事故调查组的组成应当遵循精简、效能的原则。根据事故的具体情况,事故调查组由有关人民政府、安全生产监督管理部门、负有安全生产监督管理职责的有关部门、监察机关、公安机关及工会派人组成,并应当邀请人民检察院派人参加。事故调查组可以聘请有关专家参

与调查。

⑥ 事故调查组成员应当具有事故调查所需的知识和专长,并与所调查的事故没有直接利害关系。

⑦ 事故调查组组长由负责事故调查的人民政府指定。事故调查组组长主持事故调查组的工作。

⑧ 事故调查组有权向有关单位和个人了解与事故有关的情况,并要求其提供相关文件、资料,有关单位和个人不得拒绝。

2)事故调查组的职责

事故调查组履行下列职责:

① 查明事故发生的经过、原因、人员伤亡情况及直接经济损失;

② 认定事故的性质和事故责任;

③ 提出对事故责任者的处理建议;

④ 总结事故教训,提出防范和整改措施;

⑤ 提交事故调查报告。

3)事故调查的其他规定

事故发生单位的负责人和有关人员在事故调查期间不得擅离职守,并应当随时接受事故调查组的询问,如实提供有关情况。

事故调查中发现涉嫌犯罪的,事故调查组应当及时将有关材料或者其复印件移交司法机关处理。

事故调查中需要进行技术鉴定的,事故调查组应当委托具有国家规定资质的单位进行技术鉴定。必要时,事故调查组可以直接组织专家进行技术鉴定。技术鉴定所需时间不计入事故调查期限。

事故调查组成员在事故调查工作中应当诚信公正、恪尽职守,遵守事故调查组的纪律,保守事故调查的秘密。未经事故调查组组长允许,事故调查组成员不得擅自发布有关事故的信息。

事故调查组应当自事故发生之日起 60 日内提交事故调查报告;特殊情况下,经负责事故调查的人民政府批准,提交事故调查报告的期限可以适当延长,但延长的期限最长不超过 60 日。事故调查报告应当包括下列内容:

① 事故发生单位概况;

② 事故发生经过和事故救援情况;

③ 事故造成的人员伤亡和直接经济损失;

④ 事故发生的原因和事故性质;

⑤ 事故责任的认定及对事故责任者的处理建议;

⑥ 事故防范和整改措施。

事故调查报告应当附具有关证据材料。事故调查组成员应当在事故调查报告上签名。事故调查报告报送负责事故调查的人民政府后,事故调查工作即告结束。事故调查的有关资料应当归档保存。

(3)事故处理

根据《生产安全事故报告和调查处理条例》的规定,事故处理应符合以下规定。

① 对于重大事故、较大事故、一般事故,负责事故调查的人民政府应当自收到事故调查报告之日起 15 日内作出批复;特别重大事故,30 日内作出批复,特殊情况下,批复时间可以适当延长,但延长的时间最长不超过 30 日。

② 有关机关应当按照人民政府的批复,依照法律、行政法规规定的权限和程序,对事故发生单位和有关人员进行行政处罚,对负有事故责任的国家工作人员进行处分。

③ 事故发生单位应当按照负责事故调查的人民政府的批复,对本单位负有事故责任的人员进行处理。负有事故责任的人员涉嫌犯罪的,依法追究刑事责任。

④ 事故发生单位应当认真吸取事故教训,落实防范和整改措施,防止事故再次发生。防范和整改措施的落实情况应当接受工会和职工的监督。安全生产监督管理部门和负有安全生产监督管理职责的有关部门应当对事故发生单位落实防范和整改措施的情况进行监督检查。

⑤ 事故处理的情况由负责事故调查的人民政府或者其授权的有关部门、机构向社会公布,依法应当保密的除外。

第六节　建筑工程质量管理

一、建筑工程质量管理概述

质量的概念应包括产品质量、工序质量、工作质量三个方面的含义。产品质量即产品的使用价值,是指产品能够满足国家建设和人民需要所具备的自然属性,一般包括产品的适用性、可靠性、安全性、经济性和使用寿命等。工序质量指的是生产过程能稳定地生产合格产品的能力。产品的生产过程就是质量特性形成的过程,控制产品质量,就必须控制产品质量形成过程中影响质量的诸因素。在生产过程中始终在起作用的因素有人、机器设备、材料、方法、环境 5个方面。工作质量是指企业为达到工程(产品)质量标准所做的管理工作、组织工作和技术工作的效率和水平,它包括经营决策工作质量和现场执行工作质量。工作质量涉及企业所有部门的所有人员,体现在企业的一切生产经营活动之中,并通过经营效果、生产效率、工作效率和产品质量集中地表现出来。产品质量、工序质量和工作质量三者之间的关系是:产品质量是企业生产的最终成果,它取决于工序质量和工作质量;工作质量则是工序质量、产品质量和经济效果的保证和基础。

建筑工程质量是指在国家现行的有关法律、法规、技术标准、设计文件和合同中,对工程的安全、适用、经济、美观等特性的综合要求。

我国颁布了一系列关于建筑工程质量的法律、法规、规章等。1988 年 12 月 29 日第七届全国人民代表大会通过了《中华人民共和国标准化法》,1990 年 4 月 9 日建设部颁布了《建筑工程质量监督管理规定》,1991 年 3 月 26 日建设部颁布了《建设部质量奖评审管理办法》,1991 年 5 月 7 日国务院颁布了《中华人民共和国产品质量认证管理条例》,1992 年 12 月 30 日建设部颁布了《工程建设国家标准管理办法》,1992 年 12 月 30 日建设部颁布了《工程建设行业标准管理办法》,1993 年 11 月 1 日建设部颁布了《建筑工程质量管理办法》,1997 年 11 月 1日第八届全国人民代表大会通过了《中华人民共和国建筑法》,2000 年 1 月 30 日国务院颁布了《建筑工程质量管理条例》,2000 年 2 月 17 日建设部颁布了《建筑工程施工图设计文件审查暂行办法》,2000 年 7 月 8 日第九届全国人大常务委员会通过了修订的《中华人民共和国产品质量法》,2000 年 4 月 7 日建设部颁布了《房屋建筑工程和市政基础设施工程竣工验收备案管理暂行办法》,2000 年 6 月 30 日建设部颁布了《房屋建筑工程质量保修办法》,2000 年 8 月 25 日建设部颁布了《实施工程建设强制性标准监督规定》,2013 年 12 月 2 日建设部颁布了《房屋建筑工程和市政基础设施工程验收规定》(建质〔2013〕171 号),2000 年 4 月 20 日建设部颁布了《2000 版工程建设标准强制性条文(房屋建筑房屋部分)》,2002 年 8 月 30 日建设部颁布了《2002 版工程建设标准强制性条文(房屋建筑房屋部分)》。此外,2001 年后,国家颁布了《房屋建筑工程制图统一标准》(GB/T 50001—2001)、《建筑结构可靠度设计统一标准》(GB 50068—2001)、《建筑工程施工质量验收统一标准》(GB 50300—2013)等一系列建设工程强制性标准,2003 年 8 月 5 日建设部颁布了《工程质量监督工作导则》(建质〔2003〕162 号)。

二、建筑工程质量的标准化制度

建筑工程勘察、设计、施工的质量必须符合国家有关建筑工程安全标准的要求,具体管理办法由国务院规定。有关建筑工程安全的国家标准不能适应确保建筑安全的要求时,应当及时修订。工程建设标准化是在建设领域有效地实行科学管理、强化政府宏观调控的基础和手段,对确保建设工程质量和安全、促进建设工程技术进步、提高建设工程经济效益和社会效益等都具有重要意义。

三、建筑工程的质量责任制度

1. 建设单位的质量责任

建设单位的质量责任包括以下内容:

(1) 建设单位必须按照建设程序组织工程建设,应当先勘察、再设计、再施工,确保建设行为的依法性和科学性。

(2) 建设单位应当将工程发包给具有相应资质等级的单位。建设单位不得将建设工程肢解发包。所谓肢解发包,是指建设单位将应当由一个承包单位完成的建设工程分解成若干部分发包给不同的承包单位的行为。

(3) 建设单位应当依法对工程建设项目的勘察、设计、施工、监理及与工程建设有关的重要设备、材料等的采购进行招标。建设单位应对由于其选择的设计、施工单位和其负责供应的设备等原因发生的质量问题承担相应责任。

(4) 建设单位必须根据工程特点和技术要求,按有关规定选择相应资质等级的勘察设计、施工单位,并签订工程承包合同。工程承包合同中必须有质量条款,明确质量责任。建设单位必须向有关的勘察、设计、施工、工程监理等单位提供与建设工程有关的原始资料,原始资料必须真实、准确、齐全。

(5) 建设单位不得以任何理由,要求建筑设计单位或者建筑施工企业在工程设计或者施工作业中,违反法律、行政法规和建筑工程质量、安全标准,降低工程质量。建设工程发包单位不得迫使承包方以低于成本的价格竞标,不得任意压缩合理工期。建设单位不得明示或者暗示设计单位或者施工单位违反工程建设强制性标准,降低建设工程质量。

(6) 建设单位应当将施工图设计文件报县级以上人民政府建设行政主管部门或者其他有关部门审查,施工图设计文件未经审查批准的,不得使用。

（7）建设单位应根据工程特点,配备相应的质量管理人员,或委托工程建设监理单位进行管理。实行监理的建设工程,建设单位应当委托具有相应资质等级的工程监理单位进行监理,也可以委托具有工程监理相应资质等级并与被监理工程的施工承包单位没有隶属关系或者其他利害关系的该工程的设计单位进行监理。委托监理的建设单位应与工程建设监理单位签订监理合同,明确双方的责任、权利和义务。

（8）建设单位在领取施工许可证或者开工报告前,应当按照国家有关规定办理工程质量监督手续;组织设计和施工单位认真进行设计交底和图纸会审;施工中应按照国家现行的有关工程建设法律、法规和技术标准及合同规定,对工程质量进行检查;建设单位收到建设工程竣工报告后,应当组织设计、施工、工程监理等有关单位进行竣工验收。

（9）按照合同约定,由建设单位采购建筑材料、建筑构配件和设备的,建设单位应当保证建筑材料、建筑构配件和设备符合设计文件和合同要求。建设单位不得明示或者暗示施工单位使用不合格的建筑材料、建筑构配件和设备。建设单位按照工程承包合同中规定供应的设备等产品的质量,必须符合国家现行的有关法律、法规和技术标准的要求。

（10）涉及建筑主体和承重结构变动的装修工程,建设单位应当在施工前委托原设计单位或者具有相应资质等级的设计单位提出设计方案,没有设计方案的,不得施工。房屋建筑使用者在装修过程中,不得擅自变动房屋建筑主体和承重结构。

（11）建设单位应当严格按照国家有关档案管理的规定,及时收集、整理建设项目各环节的文件资料,建立健全建设项目档案,并在建设工程竣工验收后,及时向建设行政主管部门或者其他有关部门移交建设项目档案。

2. 勘察、设计单位的质量责任

勘察、设计单位的质量责任包括以下内容:

（1）从事建设工程勘察、设计的单位应当依法取得相应等级的资质证书,并在其资质等级许可的范围内承揽工程。禁止勘察、设计单位超越其资质等级许可的范围或者以其他勘察、设计单位的名义承揽工程;禁止勘察、设计单位允许其他单位或者个人以本单位的名义承揽工程;勘察、设计单位不得转包或者违法分包承揽的工程。

（2）工程勘察、设计单位应按照国家有关的法律、法规、技术标准和勘察、设计合同的要求进行勘察工作,并建立健全科学有效的质量管理程序和质量责任制,明确单位的法定代表人、项目负责人（技术负责人）、审核人及与勘察作业有关人员的质量责任。

（3）勘察、设计单位必须按照工程强制性标准进行勘察、设计,并对其勘察、设计的质量负责。注册建筑师、注册结构工程师等注册执业人员应当在设计文件上签字,对设计文件负责。

（4）勘察单位提供的地质、测量、水文等勘察成果必须真实、准确、可靠,并对勘察成果质量负法律责任和相应的经济责任。工程勘察单位内部要实行技术、劳务分离,劳务工作逐步社会化,并由技术部门指导、监督劳务工作,确保野外工作质量,保证测量、记录和取样的正确性、真实性和可靠性。工程勘察单位要加强勘察仪器、设备及试验室的管理,现场钻探、取样的机具设备（特别是取样器）、岩土工程原位测试及工程测量仪器等应符合有关规范、规程的规定,进行定期检定或者校准,并逐步通过计量行政部门组织的计量认证。工程勘察文件应反映工程地质、地形地貌、水文地质状况,评价准确,数据可靠。

（5）设计单位应当根据勘察成果文件进行建设工程设计。设计文件应符合国家现行的有关法律、法规、工程设计技术标准和合同的规定,设计文件应当符合国家规定的设计深度要求,应满足相应设计阶段的技术要求。施工图应配套,细部节点应交代清楚,标注说明应清晰、完整,并注明工程合理使用年限。设计单位在设计文件中选用的建筑材料、建筑构配件和设备,应当注明规格、型号、性能等技术指标,其质量要求必须符合国家规定的标准。除有特殊要求的建筑材料、专用设备、工艺生产线等外,设计单位不得指定生产厂、供应商。设计单位应当就审查合格的施工图设计文件向施工单位作出详细说明。

(6)工程勘察单位应参与建设工程质量事故的处理工作,并对因勘察原因造成的质量事故,提出相应的技术处理方案。设计单位应当参与建设工程质量事故分析,并对因设计造成的质量事故提出相应的技术处理方案。

(7)工程勘察、设计单位必须加强技术档案的管理工作。工程项目完成后,必须将全部资料,作为质量审查、监督依据的原始资料,分类编目,装订成册,归档保存。

3. 施工单位的质量责任

施工单位的质量责任包括以下内容:

(1)施工单位应当依法取得相应等级的资质证书,并在其资质等级许可的范围内承揽工程。禁止施工单位允许其他单位或个人以本单位的名义承揽工程。施工单位不得转包或者违法分包工程。

(2)建筑施工企业对工程的施工质量负责。施工单位应当建立质量责任制,确定工程项目的项目经理、技术负责人和施工管理负责人。建筑物在合理使用寿命内,必须确保地基基础工程和主体结构的质量。

(3)建筑施工企业必须按照国家工程安全标准、工程设计图纸和施工技术标准施工,不得偷工减料。工程设计的修改由原设计单位负责,建筑施工企业不得擅自修改工程设计。施工单位在施工过程中发现设计文件和图纸有差错的,应当及时提出意见和建议。

(4)施工单位必须建立、健全施工质量的检验制度,严格工序管理,做好隐蔽工程的质量检查和记录。隐蔽工程在隐蔽前,施工单位应当通知建设单位、监理单位和建设工程质量监督机构。

(5)施工单位应当建立、健全教育培训制度,加强对职工的教育培训,未经教育培训或者考核不合格的人员,不得上岗作业。

(6)施工单位对施工中出现的质量问题的建设工程或竣工验收不合格的建设工程,应当负责翻修。建筑工程竣工时,屋顶、墙面不得留有渗漏、开裂等质量缺陷,对已发现的质量缺陷,建筑施工企业应当修复。建筑工程竣工经验收合格后,方可交付使用,未经验收或者验收不合格的,不得交付使用。施工单位对施工中出现质量问题的建设工程或者竣工验收不合格的建设工程,应当负责返修。

(7)使用合格建筑材料的责任。建筑施工企业必须按照工程设计要求、施工技术标准和合同的约定,对建筑材料、建筑构配件、设备和商品混凝土进行检验,检验应当有书面记录和专人签字,未经检验或者检验不合格的,不得使用。

(8)施工人员对涉及结构安全的试块、试件及有关材料,应当在建设单位或者工程监理单位监督下现场取样,并送具有相应资质等级的质量检测单位进行检测。

(9)总承包单位与分包单位的质量责任。建筑工程实行总承包的,总承包单位应当对全部工程质量负责;建设工程勘察、设计、施工、设备采购的其中一项或者多项实行总承包的,总承包单位应当对其承包的建设工程或者采购的设备质量负责。总承包单位依法将建筑工程分包给其他单位的,分包单位应当按照分包合同的约定对其分包工程质量向总包单位负责,总承包单位应当对分包工程的质量与分包单位承担连带责任。分包单位应当接受总承包单位的质量管理。

4. 建筑材料、构配件生产及设备供应单位的质量责任

建筑材料、构配件生产及设备供应单位对其生产或供应的产品质量负责。建筑材料、构配件生产及设备的供需双方均应签订购销合同,并按合同条款进行质量验收。建筑材料、构配件生产及设备供应单位必须具备相应的生产条件、技术装备和质量保证体系,具备必要的检测人员和设备,严把产品看样、订货、储存、运输和核验的质量关。

建筑材料、构配件生产及设备供应单位不得生产国家明令淘汰的产品,不得伪造产地,不得伪造或冒用他人的厂名、厂址,不得伪造或冒用认证标志等质量标志,不得掺杂、掺假,不得以假充真、以次充好,不得以不合格产品冒充合格产品等。

建筑材料、构配件及设备质量应当符合下列要求:

① 符合国家或行业现行有关技术标准规定的合格标准和设计要求;

② 符合在建筑材料、构配件及设备或其包装上注明采用的标准,符合以建筑材料、构配件及设备说明、实物样品等方式表明的质量状况。

建筑材料、构配件及设备或者其包装上的标志应当符合下列要求:

① 有产品质量检验合格证明;

② 有中文标明的产品名称、生产厂家厂名和厂址;

③ 产品包装和商标样式应符合国家有关规定和标准要求;

④ 设备应有产品详细的使用说明书,电气设备还应附有线路图;

⑤ 实施生产许可证或使用产品质量认证标志的产品,应有许可证或质量认证的编号、批准日期和有效期限。

四、建筑工程的质量监督管理制度

1. 建设工程质量监督管理体制

国家实行建筑工程的质量监督管理制度。国务院建设行政主管部门对全国的建设工程质量实施统一监督管理,国务院铁路、交通、水利等有关部门按照国务院规定的职责分工,负责对全国有关专业建设工程质量的监督管理。县级以上地方人民政府建设行政主管部门对本行政区域内的建设工程质量实施监督管理,县级以上地方人民政府交通、水利等有关部门在各自的职责范围内,负责对本行政区域内的专业建设工程质量的监督管理。

国务院建设行政主管部门和国务院铁路、交通、水利等有关部门应当加强对有关建设工程质量的法律、法规和强制性标准执行情况的监督检查。国务院发展计划部门按照国务院规定的职责,组织稽查特派员,对国家出资的重大建设项目实施监督检查。国务院经济贸易主管部门按照国务院规定的职责,对国家重大技术改造项目实施监督检查。

2. 建设工程质量监督管理机构

从事房屋建筑工程和市政基础设施工程质量监督的机构,必须按照国家有关规定经国务院建设行政主管部门或者省、自治区、直辖市人民政府建设行政主管部门考核,经考核合格后,方可实施质量监督。

建筑工程质量监督工作由各省级建设主管部门委托的建筑工程质量监督站进行具体实

施。建设工程质量监督机构是经省级以上建设行政主管部门或有关专业部门考核认定的独立法人,建设工程质量监督机构接受县级以上地方人民政府建设行政主管部门或有关专业部门的委托,依法对建设工程质量进行强制性监督,并对委托部门负责。

3. 建设工程质量监督

建设工程质量监督是建设行政主管部门或其委托的工程质量监督机构根据国家的法律、法规和工程建设强制性标准,对责任主体和有关机构履行质量责任的行为及工程实体质量进行监督检查,维护公众利益的行政执法行为。建设工程质量监督的主要内容包括以下内容。

(1) 对责任主体和有关机构履行质量责任的行为的监督检查

监督机构对责任主体和有关机构质量行为进行监督的一般原则:

① 抽查责任主体和有关机构执行有关法律、法规及工程技术标准的情况;

② 抽查责任主体和有关机构质量管理体系的建立和实施情况;

③ 发现存在违法、违规行为的,按建设行政主管部门委托的权限对违法、违规事实进行调查取证,对责任单位、责任人提出处罚建议或按委托权限实施行政处罚。

监督机构应对建设单位的下列行为进行抽查:

① 施工前办理质量监督注册、施工图设计文件审查、施工许可(开工报告)手续情况;

② 按规定委托监理情况;

③ 组织图纸会审、设计交底、设计变更工作情况;

④ 组织工程质量验收情况;

⑤ 原设计有重大修改、变动的施工图设计文件重新报审情况;

⑥ 及时办理工程竣工验收备案手续情况。

监督机构应对勘察、设计单位的下列行为进行抽查:

① 参加地基验槽、基础、主体结构及有关重要部位工程质量验收和工程竣工验收情况;

② 签发设计修改变更、技术洽商通知情况;

③ 参加有关工程质量问题的处理情况。

监督机构应对施工单位的下列行为进行抽查:

① 施工单位资质、项目经理部管理人员的资格、配备及到位情况,主要专业工种操作

上岗资格、配备及到位情况;

② 分包单位资质与对分包单位的管理情况;

③ 施工组织设计或施工方案审批及执行情况;

④ 施工现场施工操作技术规程及国家有关规范、标准的配置情况;

⑤ 工程技术标准及经审查批准的施工图设计文件的实施情况;

⑥ 检验批、分项、分部(子分部)、单位(子单位)工程质量的检验评定情况;

⑦ 质量问题的整改和质量事故的处理情况;

⑧ 技术资料的收集、整理情况。

监督机构应对监理单位的下列行为进行抽查:

① 监理单位资质、项目监理机构的人员资格、配备及到位情况;

② 监理规划、监理实施细则(关键部位和工序的确定及措施)的编制审批内容的执行情况;

③ 对材料、构配件、设备投入使用或安装前进行审查情况;

④ 对分包单位的资质进行核查情况；

⑤ 见证取样制度的实施情况；

⑥ 对重点部位、关键工序实施旁站监理情况；

⑦ 质量问题通知单签发及质量问题整改结果的复查情况；

⑧ 组织检验批、分项、分部（子分部）工程的质量验收、参与单位（子单位）工程质量的验收情况；

⑨监理资料收集整理情况。

监督机构应对工程质量检测单位的下列行为进行抽查：

① 是否超越核准的类别、业务范围承接任务；

② 检测业务基本管理制度情况；

③ 检测内容和方法的规范性程度；

④ 检测报告形成程序、数据及结论的符合性程度。

（2）对工程实体质量的监督检查

监督机构对工程实体质量监督的一般原则：

① 对工程实体质量的监督采取抽查施工作业面的施工质量与对关键部位重点监督相结合的方式；

② 重点检查结构质量、环境质量和重要使用功能，其中重点监督工程地基基础、主体结构和其他涉及结构安全的关键部位；

③ 抽查涉及结构安全和使用功能的主要材料、构配件和设备的出厂合格证、试验报告、见证取样送检资料及结构实体检测报告；

④ 抽查结构混凝土及承重砌体施工过程的质量控制情况；

⑤ 实体质量检查要辅以必要的监督检测，由监督人员根据结构部位的重要程度及施工现场质量情况进行随机抽检。

监督机构应对地基基础工程的验收进行监督，并对下列内容进行重点抽查：

① 桩基、地基处理的施工质量及检测报告、验收记录、验槽记录；

② 防水工程的材料和施工质量；

③ 地基基础子分部、分部工程的质量验收情况。

监督机构应对主体结构工程的验收进行监督，并对下列内容进行重点抽查：

① 对混凝土预制构件及预拌混凝土质量的监督检查；

② 钢结构、混凝土结构等重要部位及有特殊要求部位的质量及隐蔽验收；

③ 混凝土、钢筋及砌体等工程关键部位，必要时进行现场监督检测；

④ 主体结构子分部、分部工程的质量验收资料。

监督机构应根据实际情况对有关装饰装修、安装工程的下列部分内容进行抽查：

① 幕墙工程、外墙粘（挂）饰面工程、大型灯具等涉及安全和使用功能的重点部位施工质量的监督抽查；

② 安装工程使用功能的检测及试运行记录；

③ 工程的观感质量；

④ 分部（子分部）工程的施工质量验收资料。

监督机构应根据实际情况对有关工程使用功能和室内环境质量的下列部分内容进行

抽查：

    ① 有环保要求材料的检测资料；

    ② 室内环境质量检测报告；

    ③ 绝缘电阻、防雷接地及工作接地电阻的检测资料，必要时可进行现场测试；

    ④ 屋面、外墙和厕所、浴室等有防水要求的房间及卫生器具防渗漏试验的记录，必要时可进行现场抽查；

    ⑤ 各种承压管道系统水压试验的检测资料。

监督机构可对涉及结构安全、使用功能、关键部位的实体质量或材料进行监督检测，检测记录应列入质量监督报告。监督检测的项目和数量应根据工程的规模、结构形式、施工质量等因素确定。监督检测的项目宜包括：

    ① 承重结构混凝土强度；

    ② 受力钢筋数量、位置及混凝土保护层厚度；

    ③ 现浇楼板厚度；

    ④ 砌体结构承重墙柱的砌筑砂浆强度；

    ⑤ 安装工程中涉及安全及功能的重要项目；

    ⑥ 钢结构的重要连接部位；

    ⑦ 其他需要检测的项目。

（3）对工程竣工验收的监督检查

监督机构应对验收组成员组成及竣工验收方案进行监督，对工程实体质量进行抽测，对观感质量进行检查，对工程竣工验收文件进行审查。工程竣工验收文件审查的内容有：

    ① 施工单位出具的工程竣工报告，包括结构安全、室内环境质量和使用功能抽样检测资料等合格证明文件及施工过程中发现的质量问题整改报告等；

    ② 勘察、设计单位出具的工程质量检查报告；

    ③ 监理单位出具的工程质量评估报告。

监督机构应在工程竣工验收合格后 7 个工作日内，向备案机关提交工程质量监督报告。工程质量监督报告应包括以下内容：

    ① 工程概况和监督工作概况；

    ② 对责任主体和有关机构质量行为及执行工程建设强制性标准的检查情况；

    ③ 工程实体质量监督抽查（包括监督检测）情况；

    ④ 工程质量技术档案和施工管理资料抽查情况；

    ⑤ 工程质量问题的整改和质量事故处理情况；

    ⑥ 各方质量责任主体及相关有资格的人员的不良记录内容；

    ⑦ 工程质量竣工验收监督记录；

    ⑧ 对工程竣工验收备案的建议。

五、建筑工程质量体系认证

产品质量认证，是指依据产品标准和相应的技术要求，经认证机构确认并通过颁发认证证书和认证标志，来证明某一产品符合相应标准和相应技术要求的活动。产品质量认证制度实质上是一种提高商品信誉的标志，通过认证标志向社会和购买者提供产品的明示担保，证明经过产品质量认证的产品其质量可以信赖。经过多年的实践证明,企业质量体系认证制度的建立加强了建筑企业的基础管理工作,使其步入规范化、法制化的轨道;加强了工程项目的质量管理,提高了员工素质;加强了施工过程的控制,提高了工程质量。

《产品质量法》把质量体系认定制度分为两类:一类是企业质量体系认定制度,另一类是产品质量认证制度。我国对从事建筑活动的单位推行质量体系认证制度。从事建筑活动的单位根据自愿原则可以向国务院产品质量监督管理部门或者国务院产品质量监督管理部门授权部门认可的认证机构申请质量体系认证。经认证合格的,由认证机构颁发质量体系认证证书。

国际标准化组织(ISO)1986年发布了ISO 8402《质量——术语》,1987年发布了ISO 9000《质量管理和质量保证标准——选择和使用指南》、ISO 9001《质量体系——设计、开发、生产、安装和服务的质量保证模式》、ISO 9002《质量体系——生产、安装和服务的质量保证模式》、ISO 9003《质量体系——最终检验和试验的质量保证模式》、ISO 9004《质量管理和质量体系要素——指南》,以上5项国际标准通称为1987版ISO 9000系列国际标准。

1987年3月(ISO)正式发布ISO 9006系列标准后,世界各国和地区纷纷表示欢迎,并等同或等效采用该标准。我国于1992年发布了等同采用国际标准GB/T 19000—ISO 9000《质量管理和质量保证》系列标准。这一系列标准是为了帮助企业建立、完善质量体系,增强质量意识和提高质量保证能力,提高管理素质和市场经济条件下的竞争能力。我国等同采用ISO 9000系列标准制定的GB/T 19000系列标准由5个标准组成:GB/T 19000—ISO 9000《质量管理和质量保证——选择和使用指南》、GB/T 19001—ISO 9001《质量体系——设计/开发、生产、安装和服务的质量保证模式》、GB/T 19002—ISO 9002《质量体系——生产和安装的质量保证模式》、GB/T 19003—ISO 9003《质量体系——最终检验和试验的质量保证模式》、GB/T 19004—ISO 9004《质管理和质量体系要素一指南》。我国的建筑业所涉及的设计、施工、监理等企事业单位,在建立企业内部质量管理体系时,一般情况下,应当在选择GB/T 19004—ISO 9004标准建立质量体系的基础上,根据用户的要求和企业产品的特点,选择GB/T 19001—ISO 9001或GB/T 19002—ISO 9002或GB/T 19003—ISO 9003标准。具体地说,设计、科研、房地产开发、总承包(集团)公司等单位可以选择GB/T 19001—ISO 9001标准,市政、施工(土建、安装机械化施工、装饰)等企业可以选择GB/T 19002—ISO 9002标准,质检站、监理公司等单位可以选择GB/T 19003—ISO 9003标准。

1994年ISO发布了1994版ISO 8402、ISO 9000、ISO 9001、ISO 9002、ISO 9003、ISO 9004等6项国际标准,通称为1994版的ISO 9000族标准,这些标准分别取代了1987版的6项标准。

2000年12月15日ISO正式发布了2000版ISO 9000标准,2000版ISO 9000标准的结构将大为简化,由原来的20多个标准合并为4项基本标准:

ISO 9000:质量管理体系——基础和术语;

ISO 9001:质量管理体系——要求;

ISO 9004:质量管理体系——指南;

ISO 19011:质量和环境管理体系审核指南。

2000年12月28日我国国家质量技术监督局发布了2000版GB/T 19000族《质量管理体系》标准,分别是:

GB/T 19000—2000:质量管理体系——基础和术语;

GB/T 19001—2000:质量管理体系——要求;

GB/T 19004—2000:质量管理体系业绩改进指南。

目前建设部已与国家技术监督局联合制定颁布了建筑施工专业的《标准质量管理体系专业应用指南》(GB/T 19001—2000),工程勘察、工程设计专业及设计单位开展工程总承包的《应用指南》于2002年3月18日出台。

六、建筑工程竣工验收制度

1. 建筑工程竣工验收条件

交付竣工验收的建筑工程,必须符合规定的建筑工程质量标准,有完整的工程技术经济、资料和经签署的工程保修书,并具备国家规定的其他竣工条件。建设单位收到建设竣工报告后,应当组织设计、施工、工程监理等有关单位进行竣工验收。

2000年1月30日国务院颁布的《建设工程质量管理条例》规定,建设工程竣工验收应当具备下列条件:

(1) 完成建设工程设计和合同约定的各项内容;

(2) 有完整的技术档案和施工管理资料;

(3) 有工程使用的主要建筑材料、建筑构配件和设备的进场试验报告;

(4) 有勘察、设计、施工、工程监理等单位分别签署的质量合格文件;

(5) 有施工单位签署的工程保修书。

建设工程经验收合格的,方可交付使用。

2000年6月30日建设部颁布的《房屋建筑工程和市政基础设施工程验收暂行规定》对建筑工程竣工验收条件又作出了详细规定。工程符合下列要求方可进行竣工验收:

(1) 完成工程设计和合同约定的各项内容。

(2) 施工单位在工程完工后对工程质量进行了检查,确认工程质量符合有关法律、法规和工程建设强制性标准,符合设计文件及合同要求,并提出工程竣工报告。工程竣工报告应经项目经理和施工单位有关负责人审核签字。

(3) 对于委托监理的工程项目,监理单位对工程进行了质量评估,具有完整的监理资料,并提出工程质量评估报告。工程质量评估报告应经总监理工程师和监理单位有关负责人审核签字。

(4) 勘察、设计单位对勘察、设计文件及施工过程中由设计单位签署的设计变更通知书进行了检查,并提出质量检查报告。质量检查报告应经该项目勘察、设计负责人和勘察、设计单位有关负责人审核签字。

(5) 完整的技术档案和施工管理资料。

(6) 具有工程使用的主要建筑材料、建筑构配件和设备的进场试验报告。

(7) 建设单位已按合同约定支付工程款。

(8) 具有施工单位签署的工程质量保修书。

(9) 城乡规划行政主管部门对工程是否符合规划设计要求进行检查,并出具认可文件。

(10) 有公安消防、环保等部门出具的认可文件或者准许使用文件。

(11) 建设行政主管部门及其委托的工程质量监督机构等有关部门责令整改的问题全部整改完毕。

2. 工程竣工验收的程序

工程竣工验收应当按以下程序进行。

(1) 工程完工后,施工单位向建设单位提交工程竣工报告,申请工程竣工验收。实行监理的工程,工程竣工报告须经总监理工程师签署意见。

(2) 建设单位收到工程竣工报告后,对符合竣工验收要求的工程,组织勘察、设计、施工、监理等单位和其他有关方面的专家组成验收组,制定验收方案。

(3) 建设单位应当在工程竣工验收 7 个工作日前将验收的时间、地点及验收组名单书面通知负责监督该工程质量的监督机构。

(4) 建设单位组织工程竣工验收,具体包括以下内容:建设、勘察、设计、施工、监理单位分别汇报工程合同履约情况和工程建设各个环节执行法律、法规和工程建设强制性标准的情况;审阅建设、勘察、设计、施工、监理单位的工程档案资料;实地查验工程质量;对工程勘察、设计、施工、设备安装质量和各管理环节等方面作出全面评价,形成验收组人员签署的工程竣工验收意见。

当参与工程竣工验收的建设、勘察、设计、施工、监理等各方不能形成一致意见时,应当协商提出解决的方法,待意见一致后,重新组织工程竣工验收。工程竣工验收合格后,建设单位应当及时提出工程竣工验收报告。工程竣工验收报告主要包括:工程概况,建设单位执行基本建设程序情况,对工程勘察、设计、施工、监理等方面的评价,工程竣工验收时间、程序、内容和组织形式,工程竣工验收意见等内容。

3. 工程验收备案管理制度

国家实施工程竣工验收备案制度。2000 年 4 月 7 日建设部颁发了《房屋建筑工程和市政基础工程验收备案管理暂行办法》,规定建设单位应当自工程竣工验收合格之日起 15 日内,向工程所在地的县级以上地方人民政府建设行政主管部门备案。建设单位办理工程竣工验收备案应当提交下列文件:

(1) 工程竣工验收备案表。

(2) 工程竣工验收报告。竣工验收报告应当包括工程报建日期,施工许可证号,施工图设计文件审查意见,勘察、设计、施工、工程监理等单位分别签署的质量合格文件及验收人员签署的竣工验收原始文件,市政基础设施的有关质量检测和功能性试验资料及备案机关认为需要提供的有关资料。

(3) 法律、行政法规规定应当由规划、公安消防、环保等部门出具的认可文件或者准许使用文件。

(4) 施工单位签署的工程质量保修书。

(5) 法规、规章规定必须提供的其他文件。商品住宅还应提交《住宅质量保证书》和《住宅使用说明书》。工程质量监督机构应当向备案机关提交工程质量监督报告,备案机关发现建设单位在竣工验收过程中有违反国家有关建设工程质量管理规定行为的,应当在收讫竣工验收备案文件 15 日内,责令停止使用,重新组织竣工验收。

七、建筑工程质量保修制度

房屋建筑工程质量保修,是指对房屋建筑工程竣工验收后在保修期限内出现的质量缺陷予以修复。质量缺陷是指房屋建筑工程的质量不符合工程建设强制性标准及合同的约定。

1. 建筑工程质量保修的范围和期限

建筑工程实行质量保修制度。建筑工程的保修范围应当包括地基基础工程、主体结构工程、屋面防水工程和其他土建工程，以及电气管线、上下水管线的安装工程，供热、供冷系统工程等项目。保修的期限应当按照保证建筑物合理寿命年限内正常使用及维护使用者合法权益的原则确定。2000 年 1 月 30 日国务院发布的《建设工程质量管理条例》，对最低保修期限作出规定，正常使用条件下，建设工程的最低保修期限为：

（1）基础设施工程、房屋建筑的地基基础工程和主体结构工程，为设计文件规定的该工程的合理使用年限；

（2）屋面防水工程，有防水要求的卫生间、房间和外墙面的防渗漏，为 5 年；

（3）供热与供冷系统，为两个采暖期、供冷期；

（4）电气管线、给排水管道、设备安装和装修工程，为两年，其他项目的保修期限由发包方与承包方约定。

2. 建筑工程质量保修责任

房屋建筑工程在保修范围和保修期限内出现质量缺陷，施工单位应当履行保修义务，并对造成的损失承担赔偿责任。房屋建筑工程在保修期限内出现质量缺陷，建设单位或者房屋建筑所有人应当向施工单位发出保修通知。施工单位接到保修通知后，应当到现场核查情况，在保修书约定的时间内予以保修。发生涉及结构安全或者严重影响使用功能的紧急抢修事故，施工单位接到保修通知后，应当立即到达现场抢修。发生涉及结构安全的质量缺陷，建设单位或者房屋建筑所有人应当立即向当地建设行政主管部门报告，采取安全防范措施，由原设计单位或者具有相应资质等级的设计单位提出保修方案，由施工单位实施保修，原工程质量监督机构负责监督。保修完成后，由建设单位或者房屋建筑所有人组织验收，涉及结构安全的，应当报当地建设行政主管部门备案。施工单位不按工程质量保修书约定保修的，建设单位可以另行委托其他单位保修，由原施工单位承担相应责任。

保修费用由质量缺陷的责任方承担，具体规定如下：

（1）因施工单位未按国家有关规范、标准和设计要求施工而造成的质量缺陷，由施工单位负责返修并承担经济责任。

（2）因设计原因造成的质量缺陷，由设计单位承担经济责任，由施工单位负责维修。其费用按有关规定通过建设单位向设计单位索赔，不足部分由建设单位负责。

（3）因建筑材料、构配件和设备质量不合格引起的质量缺陷，属于施工单位采购的或经其验收同意的，由施工单位承担经济责任，属于建设单位采购的，由建设单位承担经济责任。

（4）因使用单位使用不当造成的质量问题，由使用单位自行负责。

（5）因地震、洪水、台风等不可抗力造成的质量问题，施工单位、设计单位不承担经济责任。

在保修期内，因房屋建筑工程质量缺陷造成房屋所有人、使用人或第三方人身、财产损害的，房屋所有人、使用人或第三方可以向建设单位提出赔偿要求，建设单位向造成房屋建筑工程质量缺陷的责任方追偿。因保修不及时造成新的人身、财产损害，由造成拖延的责任方承担赔偿责任。

第七节 法律责任

一、建筑法律责任

法律责任,是指当事人由于违反法律规定的义务而应承担的法律后果。一般将法律责任分为民事责任、行政责任和刑事责任三种。民事责任是指民事违法行为人没有按照法律规定履行自己的义务所应承担的法律后果;行政责任是指当事人因为实施法律、法规、规章所禁止的行为而引起的行政上必须承担的法律后果;刑事责任是指因实施犯罪行为而应承担的国家司法机关依照刑事法律对其犯罪行为及其本人所作的否定性评价和谴责。

《建筑法》共有十一条规定了依法追究刑事责任的内容,主要体现在:第六十五条规定诈骗的刑事责任;第六十八条规定索贿、受贿、行贿构成犯罪的追究刑事责任;第六十九条规定降低工程质量标准的刑事责任;第七十一条规定安全事故的刑事责任;第七十二条规定建设单位违反建筑工程质量、安全标准,降低工程质量的刑事责任;第七十三条规定建筑设计单位质量事故的刑事责任;第七十四条规定施工企业质量事故的刑事责任;第七十七条和第七十九条规定有关主管部门滥用职权或玩忽职守、徇私舞弊的刑事责任;第七十八条规定政府及有关主管部门限定招标单位的刑事责任。

《建筑法》共有九条规定了依法承担民事责任的内容,主要体现在:第六十六条规定转让、出借资质证书的民事责任;第六十七条规定转包、非法分包的民事责任;第六十九条规定降低工程质量标准的民事责任;第七十条规定擅自改变建筑主体或者承重结构的民事责任;第七十三条规定建筑设计单位不按照建筑工程质量、安全标准进行设计的民事责任;第七十四条规定施工企业质量事故的民事责任;第七十五条规定施工企业不履行保修义务的民事责任;第七十九条规定有关主管部门滥用职权或玩忽职守、徇私舞弊的民事责任;第八十条规定建筑质量责任的赔偿责任。

《建筑法》共有三条规定了依法承担行政责任的内容,主要体现在:第六十八条规定索贿、受贿、行贿构成犯罪的行政责任;第七十七条规定有关主管部门人员滥用职权或玩忽职守、徇私舞弊颁发资质等级证书的行政责任;第七十九条规定有关主管部门的人员滥用职权或玩忽职守、徇私舞弊颁发施工许可证或违法竣工验收的行政责任。

建筑法律责任按照主体分类为建设单位的法律责任;勘察、设计单位的法律责任;监理单位的法律责任;施工单位的法律责任;建设行政主管部门的法律责任及其他责任。

二、建设单位的法律责任

1. 违反建筑许可制度的法律责任

《建筑法》规定,未取得施工许可证或者开工报告未经批准擅自施工的,责令改正,对不符合开工条件的责令停止施工,可以处以罚款。《建设工程质量管理条例》规定,建设单位未取得施工许可证或者开工报告未经批准,擅自施工的,责令停止施工,限期改正,处工程合同价款1%以上2%以下的罚款。

2. 违反建筑发包制度的法律责任

《建筑法》规定，发包单位将工程发包给不具有相应资质条件的承包单位的，责令改正，处以罚款。《建设工程质量管理条例》规定，建设单位将建设工程发包给不具有相应资质等级的勘察、设计、施工单位或者委托给不具有相应资质等级的工程监理单位的，责令改正，处 50 万元以上 100 万元以下的罚款。

《建筑法》规定，将建筑工程肢解发包的，责令改正，处以罚款。《建设工程质量管理条例》规定，建设单位将建设工程肢解发包的，责令改正，处工程合同价款 0.5% 以上 1% 以下的罚款；对全部或者部分使用国有资金的项目，并可以暂停项目执行或者暂停资金拨付。

《建筑法》规定，在工程发包与承包中索贿、受贿、行贿，构成犯罪的，依法追究刑事责任；不构成犯罪的，分别处以罚款，没收贿赂的财物，对直接负责的主管人员和其他直接责任人员给予处分。

3. 违反安全生产、质量管理制度的法律责任

《建筑法》规定，建筑设计单位或者建筑施工企业违反建筑工程质量、安全标准，降低工程质量的，责令改正，可以处以罚款；构成犯罪的，依法追究刑事责任。

《建筑法》规定，涉及建筑主体或者承重结构变动的装修工程擅自施工的，责令改正，可以处以罚款；造成损失的，承担赔偿责任；构成犯罪的，依法追究刑事责任。《建设工程质量管理条例》规定，涉及建筑主体或者承重结构变动的装修工程，没有设计方案擅自施工的，责令改正，处 50 万元以上 100 万元以下的罚款；房屋建筑使用者在装修过程中擅自变动房屋建筑主体和承重结构的，责令改正，处 5 万元以上 10 万元以下的罚款；造成损失的，依法承担赔偿责任。

《建设工程质量管理条例》规定，建设单位有下列行为之一的，责令改正，处 20 万元以上 50 万元以下的罚款：

（1）迫使承包方以低于成本的价格竞标的；

（2）任意压缩合理工期的；

（3）明示或者暗示设计单位或者施工单位违反工程建设强制性标准，降低工程质量的；

（4）施工图设计文件未经审查或者审查不合格，擅自施工的；

（5）建设项目必须实行工程监理而未实行工程监理的；

（6）未按照国家规定办理工程质量监督手续的；

（7）明示或者暗示施工单位使用不合格的建筑材料、建筑构配件和设备的；

（8）未按照国家规定将竣工验收报告、有关认可文件或者准许使用文件报送备案的。

《建设工程质量管理条例》规定，建设单位有下列行为之一的，责令改正，处工程合同价款 2% 以上 4% 以下的罚款；造成损失的，依法承担赔偿责任：

（1）未组织竣工验收，擅自交付使用的；

（2）验收不合格，擅自交付使用的；

（3）对不合格的建设工程按照合格工程验收的；

（4）违反《建设工程质量管理条例》规定，建设工程竣工验收后，建设单位未向建设行政主管部门或者其他有关部门移交建设项目档案的，责令改正，处 1 万元以上 10 万以下的罚款。

《建设工程安全生产管理条例》规定，违反本条例的规定，建设单位未提供建设工程安全生产作业环境及安全施工措施所需费用的，责令限期改正；逾期未改正的，责令该建设工程停止施工。建设单位未将保证安全施工的措施或者拆除工程的有关资料报送有关部门备案的,责令限期改正,给予警告。

《建设工程安全生产管理条例》规定,违反本条例的规定,建设单位有下列行为之一的,责令限期改正,处 20 万元以上 50 万元以下的罚款;造成重大安全事故,构成犯罪的,对直接责任人员,依照刑法有关规定追究刑事责任;造成损失的,依法承担赔偿责任:

(1) 对勘察、设计、施工、工程监理等单位提出不符合安全生产法律、法规和强制性标准规定的要求的;

(2) 要求施工单位压缩合同约定的工期的;

(3) 将拆除工程发包给不具有相应资质等级的施工单位的。

三、勘察、设计单位的法律责任

1. 违反资质管理制度的法律责任

《建筑法》规定,超越本单位资质等级承揽工程的,责令停止违法行为,处以罚款,可以责令停业整顿,降低资质等级;情节严重的,吊销资质证书;有违法所得的,予以没收。未取得资质证书承揽工程的,予以取缔,并处罚款;有违法所得的,予以没收。以欺骗手段取得资质证书的,吊销资质证书,处以罚款;构成犯罪的,依法追究刑事责任。《建设工程质量管理条例》规定,勘察、设计单位超越本单位资质等级承揽工程的,责令停止违法行为,对勘察、设计单位处合同约定的勘察费、设计费 1 倍以上 2 倍以下的罚款,情节严重的,吊销资质证书;有违法所得的,予以没收。未取得资质证书承揽工程的,予以取缔,依照本条规定处以罚款;有违法所得的,予以没收。以欺骗手段取得资质证书承揽工程的,吊销资质证书,依照本条规定处以罚款;有违法所得的,予以没收。勘察、设计单位允许其他单位或者个人以本单位名义承揽工程的,责令改正,没收违法所得,对勘察、设计单位处以合同约定的勘察费、设计费 1 倍以上 2 倍以下的罚款,可以责令停业整顿,降低资质等级;情节严重的,吊销资质证书。

2. 违法转包、分包的法律责任

《建设工程质量管理条例》规定,承包单位将承包的工程转包或者违法分包的,责令改正,没收违法所得,对勘察、设计单位处合同约定的勘察费、设计费 25％以上 50％以下的罚款;可以责令停业整顿,降低资质等级;情节严重的,吊销资质证书。

3. 违反安全生产、质量管理制度的法律责任

《建筑法》规定,建筑设计单位不按照建筑工程质量、安全标准进行设计的,责令改正,处以罚款;造成工程质量事故的,责令停业整顿,降低资质等级或者吊销资质证书,没收违法所得,并处罚款;造成损失的,承担赔偿责任;构成犯罪的,依法追究刑事责任。《建设工程质量管理条例》规定,有下列行为之一的,责令改正,处 10 万元以上 30 万元以下的罚款:

(1) 勘察单位未按照工程建设强制性标准进行勘察的;

(2) 设计单位未根据勘察成果文件进行工程设计的;

(3) 设计单位指定建筑材料、建筑构配件的生产厂、供应单位的;

(4) 设计单位未按照工程建设强制性标准进行设计的。

造成工程质量事故的,责令停业整顿,降低资质等级;情节严重的,吊销资质证书;造成损失的,依法承担赔偿责任。

《建设工程安全生产管理条例》规定,违反本条例的规定,勘察单位、设计单位有下列行为

之一的,责令限期改正,处 10 万元以上 30 万元以下的罚款;情节严重的,责令停业整顿,降低资质等级,直至吊销资质证书;造成重大安全事故,构成犯罪的,对直接责任人员依照刑法有关规定追究刑事责任;造成损失的,依法承担赔偿责任:

(1) 未按照法律、法规和工程建设强制性标准进行勘察、设计的;

(2) 采用新结构、新材料、新工艺的建设工程和特殊结构的建设工程,设计单位未在设计中提出保障施工作业人员安全和预防生产安全事故的措施建议的。

四、施工单位的法律责任

1. 违反资质管理制度的法律责任

《建筑法》规定,超越本单位资质等级承揽工程的,责令停止违法行为,处以罚款,可以责令停业整顿,降低资质等级;情节严重的,吊销资质证书;有违法所得的,予以没收;未取得资质证书承揽工程的,予以取缔,并处罚款;有违法所得的,予以没收;以欺骗手段取得资质证书的,吊销资质证书,处以罚款;构成犯罪的,依法追究刑事责任。《建设工程质量管理条例》规定,施工单位超越本单位资质等级承揽工程的,责令停止违法行为,对施工单位处工程合同价款 2% 以上 4% 以下的罚款,可以责令停业整顿,降低资质等级;情节严重的,吊销资质证书;有违法所得的,予以没收。未取得资质证书承揽工程的,予以取缔,依照本条规定处以罚款;有违法所得的,予以没收。以欺骗手段取得资质证书承揽工程的,吊销资质证书,依照本条规定处以罚款;有违法所得的,予以没收。

《建筑法》规定,建筑施工企业转让、出借资质证书或者以其他方式允许他人以本企业的名义承揽工程的,责令改正,没收违法所得,并处罚款,可以责令停业整顿,降低资质等级;情节严重的,吊销资质证书。对因该项承揽工程不符合规定的质量标准造成的损失,建筑施工企业与使用本企业名义的单位或者个人承担连带赔偿责任。《建设工程质量管理条例》规定,施工单位允许其他单位或者个人以本单位名义承揽工程的,责令改正,没收违法所得,对施工单位处工程合同价款 2% 以上 4% 以下的罚款;可以责令停业整顿,降低资质等级;情节严重的,吊销资质证书。

2. 违法转包、分包的法律责任

《建筑法》规定,承包单位将承包的工程转包的,或者违反本法规定进行分包的,责令改正,没收违法所得,并处罚款,可以责令停业整顿,降低资质等级;情节严重的,吊销资质证书。承包单位违反有关规定,对因转包工程或者违法分包的工程不符合规定的质量标准造成的损失,与接受转包或者分包的单位承担连带赔偿责任。《建设工程质量管理条例》规定,承包单位将承包的工程转包或者违法分包的,责令改正,没收违法所得,对施工单位处工程合同价款 0.5% 以上 1% 以下的罚款;可以责令停业整顿,降低资质等级;情节严重的,吊销资质证书。

3. 违反安全生产、质量管理制度的法律责任

《建筑法》规定,建筑施工企业在施工中偷工减料的,使用不合格的建筑材料、建筑构配件和设备的,或者有其他不按照工程设计图纸或者施工技术标准施工的行为的,责令改正,处以罚款;情节严重的,责令停业整顿,降低资质等级或者吊销资质证书;造成建筑工程质量不符合规定质量标准的,负责返工、修理,并赔偿因此造成的损失;构成犯罪的,依法追究刑事责任。《建设工程质量管理条例》规定,施工单位在施工中偷工减料的,使用不合格的建筑材料、建筑构配件和设备的,或者有不按照工程设计图纸或者施工技术标准施工等其他行为的,责令改正,处工程合同价款 2％以上 4％以下的罚款;造成建设工程质量不符合规定的质量标准的,负责返工、修理,并赔偿因此造成的损失;情节严重的,责令停业整顿,降低资质等级或者吊销资质证书。施工单位未对建筑材料、建筑构配件、设备和商品混凝土进行检验,或者未对涉及结构安全的试块、试件及有关材料取样检测的,责令改正,处 10 万元以上 20 万元以下的罚款;情节严重的,责令停业整顿,降低资质等级或者吊销资质证书;造成损失的,依法承担赔偿责任。

《建筑法》规定,对建筑安全事故隐患不采取措施予以消除的,责令改正,可以处以罚款;情节严重的,责令停业整顿,降低资质等级或者吊销资质证书;构成犯罪的,依法追究刑事责任。建筑施工企业的管理人员违章指挥、强令职工冒险作业,因而发生重大伤亡事故或者造成其他严重后果的,依法追究刑事责任。《建设工程质量管理条例》规定,发生重大工程质量事故隐瞒不报、谎报或者拖延报告期限的,对直接责任人员依法给予行政处分。

《建筑法》规定,施工单位与监理单位或建设单位串通、弄虚作假、降低工程质量的,责令改正,处以罚款,降低资质等级或者吊销资质证书;有违法所得的,予以没收;造成损失的,承担连带赔偿责任;构成犯罪的,依法追究刑事责任。

《建筑法》规定,建筑施工企业不履行保修义务或者拖延履行保修义务的,责令改正,可以处以罚款,并对在保修期内因屋顶、墙面渗漏、开裂等质量缺陷造成的损失,承担赔偿责任。

《建设工程质量管理条例》规定,施工单位不履行保修义务或者拖延履行保修义务的,责令改正,处 10 万元以上 20 万元以下的罚款,并对在保修期内因质量缺陷造成的损失承担赔偿责任。

《建设工程安全生产管理条例》规定,违反本条例的规定,施工单位有下列行为之一的,责令限期改正;逾期未改正的,责令停业整顿,依照《中华人民共和国安全生产法》的有关规定处以罚款;造成重大安全事故,构成犯罪的,对直接责任人员依照刑法有关规定追究刑事责任:

(1) 未设立安全生产管理机构、配备专职安全生产管理人员或者分部分项工程施工时无专职安全生产管理人员现场监督的;

(2) 施工单位的主要负责人、项目负责人、专职安全生产管理人员、作业人员或者特种作业人员,未经安全教育培训或者经考核不合格即从事相关工作的;

(3) 未在施工现场的危险部位设置明显的安全警示标志,或者未按照国家有关规定在施工现场设置消防通道、消防水源,配备消防设施和灭火器材的;

(4) 未向作业人员提供安全防护用具和安全防护服装的;

(5) 未按照规定在施工起重机械和整体提升脚手架、模板等自升式架设设施验收合格后登记的;

(6) 使用国家明令淘汰、禁止使用的危及施工安全的工艺、设备、材料的。

《建设工程安全生产管理条例》规定,违反本条例的规定,施工单位挪用列入建设工程概算的安全生产作业环境及安全施工措施所需费用的,责令限期改正,处以挪用费用 20％以上 50％以下的罚款;造成损失的,依法承担赔偿责任。

《建设工程安全生产管理条例》规定,违反本条例的规定,施工单位有下列行为之一的,责令限期改正;逾期未改正的,责令停业整顿,并处 5 万元以上 10 万元以下的罚款;造成重大安全事故,构成犯罪的,对直接责任人员依照刑法有关规定追究刑事责任:

(1) 施工前未对有关安全施工的技术要求作出详细说明的;

(2) 未根据不同施工阶段和周围环境及季节、气候的变化,在施工现场采取相应的安全施

工措施,或者在城市市区内的建设工程的施工现场未实行封闭围挡的;

（3）在尚未竣工的建筑物内设置员工集体宿舍的;

（4）施工现场临时搭建的建筑物不符合安全使用要求的;

（5）未对因建设工程施工可能造成损害的毗邻建筑物、构筑物和地下管线等采取专项防护措施的。

施工单位有以上规定(4)、(5)两项行为,造成损失的,依法承担赔偿责任。

《建设工程安全生产管理条例》规定,违反本条例的规定,施工单位有下列行为之一的,责令限期改正;逾期未改正的,责令停业整顿,并处 10 万元以上 30 万元以下的罚款;情节严重的,降低资质等级,直至吊销资质证书;造成重大安全事故,构成犯罪的,对直接责任人员依照刑法有关规定追究刑事责任;造成损失的,依法承担赔偿责任:

（1）安全防护用具、机械设备、施工机具及配件在进入施工现场前未经查验或者查验不合格即投入使用的;

（2）使用未经验收或者验收不合格的施工起重机械和整体提升脚手架、模板等自升式架设设施的;

（3）委托不具有相应资质的单位承担施工现场安装、拆卸施工起重机械和整体提升脚手架、模板等自升式架设设施的;

（4）在施工组织设计中未编制安全技术措施、施工现场临时用电方案或者专项施工方案的。

《建设工程安全生产管理条例》规定,违反本条例的规定,施工单位的主要负责人、项目负责人未履行安全生产管理职责的,责令限期改正;逾期未改正的,责令施工单位停业整顿;造成重大安全事故、重大伤亡事故或者其他严重后果,构成犯罪的,依照刑法有关规定追究刑事责任。作业人员不服管理、违反规章制度和操作规程冒险作业造成重大伤亡事故或者其他严重后果,构成犯罪的,依照刑法有关规定追究刑事责任。施工单位的主要负责人、项目负责人有前款违法行为,尚不够刑事处罚的,处 2 万元以上 20 万元以下的罚款或者按照管理权限给予撤职处分;自刑罚执行完毕或者受处分之日起,5 年内不得担任任何施工单位的主要负责人、项目负责人。

《建设工程安全生产管理条例》规定,施工单位取得资质证书后,降低安全生产条件的,责令限期改正;经整改仍未达到与其资质等级相适应的安全生产条件的,责令停业整顿,降低其资质等级直至吊销资质证书。

《建设工程安全生产管理条例》规定,违反本条例的规定,为建设工程提供机械设备和配件的单位,未按照安全施工的要求配备齐全有效的保险、限位等安全设施和装置的,责令限期改正,处合同价款 1 倍以上 3 倍以下的罚款;造成损失的,依法承担赔偿责任。

《建设工程安全生产管理条例》规定,违反本条例的规定,出租单位出租未经安全性能检测或者经检测不合格的机械设备和施工机具及配件的,责令停业整顿,并处 5 万元以上 10 万元以下的罚款;造成损失的,依法承担赔偿责任。

《建设工程安全生产管理条例》规定,违反本条例的规定,施工起重机械和整体提升脚手架、模板等自升式架设设施安装、拆卸单位有下列行为之一的,责令限期改正,处 5 万元以上 10 万元以下的罚款;情节严重的,责令停业整顿,降低资质等级,直至吊销资质证书;造成损失的,依法承担赔偿责任:

（1）未编制拆装方案、制定安全施工措施的；

（2）未由专业技术人员现场监督的；

（3）未出具自检合格证明、出具虚假证明的；

（4）未向施工单位进行安全使用说明、办理移交手续的。

施工起重机械和整体提升脚手架、模板等自升式架设设施安装、拆卸单位有以上规定的（1）、（3）两项行为，经有关部门或者单位职工提出后，对事故隐患仍不采取措施，因而发生重大伤亡事故或者造成其他严重后果，构成犯罪的，对直接责任人员依照刑法有关规定追究刑事责任。

五、监理单位的法律责任

1. 违反资质管理制度的法律责任

《建筑法》规定，超越本单位资质等级承揽工程的，责令停止违法行为，处以罚款，可以责令停业整顿，降低资质等级；情节严重的，吊销资质证书；有违法所得的，予以没收。未取得资质证书承揽工程的，予以取缔，并处罚款；有违法所得的，予以没收。以欺骗手段取得资质证书的，吊销资质证书，处以罚款；构成犯罪的，依法追究刑事责任。《建设工程质量管理条例》规定，工程监理单位超越本单位资质等级承揽工程的，责令停止违法行为，对工程监理单位处合同约定的监理酬金1倍以上2倍以下的罚款；可以责令停业整顿，降低资质等级；情节严重的，吊销资质证书；有违法所得的，予以没收。未取得资质证书承揽工程的，予以取缔，依照本条规定处以罚款；有违法所得的，予以没收。以欺骗手段取得资质证书承揽工程的，吊销资质证书，依照本条规定处以罚款；有违法所得的，予以没收。工程监理单位允许其他单位或者个人以本单位名义承揽工程的，责令改正，没收违法所得，对工程监理单位处合同约定的监理酬金1倍以上2倍以下的罚款；可以责令停业整顿，降低资质等级；情节严重的，吊销资质证书。

2. 违法转包、分包的法律责任

《建筑法》规定，工程监理单位转让监理业务的，责令改正，没收违法所得，可以责令停业整顿，降低资质等级；情节严重的，吊销资质证书。《建设工程质量管理条例》规定，工程监理单位转让工程监理业务的，责令改正，没收违法所得，处合同约定的监理酬金25％以上50％以下的罚款；可以责令停业整顿，降低资质等级，情节严重的，吊销资质证书。

3. 违反安全生产、质量管理制度的法律责任

《建筑法》规定，工程监理单位与建设单位或者建筑施工企业串通，弄虚作假、降低工程质量的，责令改正，处以罚款，降低资质等级或者吊销资质证书；有违法所得的，予以没收；造成损失的，承担连带赔偿责任；构成犯罪的，依法追究刑事责任。《建设工程质量管理条例》规定，工程监理单位有下列行为之一的，责令改正，处50万元以上100万元以下的罚款，降低资质等级或者吊销资质证书；有违法所得的，予以没收；造成损失的，承担连带赔偿责任：

（1）与建设单位或者施工单位串通，弄虚作假、降低工程质量的；

（2）将不合格的建设工程、建筑材料、建筑构配件和设备按照合格签字的。

《建设工程质量管理条例》规定，工程监理单位与被监理工程的施工承包单位及建筑材料、建筑构配件和设备供应单位有隶属关系或者其他利害关系承担该项建设工程的监理业务的，责令改正，处5万元以上10万元以下的罚款，降低资质等级或者吊销资质证书；有违法所得的，予以没收。

《建设工程安全生产管理条例》规定,违反本条例的规定,工程监理单位有下列行为之一的,责令限期改正;逾期未改正的,责令停业整顿,并处 10 万元以上 30 万元以下的罚款;情节严重的,降低资质等级,直至吊销资质证书;造成重大安全事故,构成犯罪的,对直接责任人员,依照刑法有关规定追究刑事责任;造成损失的,依法承担赔偿责任:

(1) 未对施工组织设计中的安全技术措施或者专项施工方案进行审查的;

(2) 发现安全事故隐患未及时要求施工单位整改或者暂时停止施工的;

(3) 施工单位拒不整改或者不停止施工,未及时向有关主管部门报告的;

(4) 未依照法律、法规和工程建设强制性标准实施监理的。

六、建设行政主管部门的法律责任

《建筑法》规定,对不具备相应资质等级条件的单位颁发该等级资质证书的,由其上级机关责令收回所发的资质证书,对直接负责的主管人员和其他直接责任人员给予行政处分;构成犯罪的,依法追究刑事责任。

《建筑法》规定,政府及其所属部门的工作人员违反本法规定,限定发包单位将招标发包的工程发包给指定的承包单位的,由上级机关责令改正;构成犯罪的,依法追究刑事责任。

《建筑法》规定,负责颁发建筑工程施工许可证的部门及其工作人员对不符合施工条件的建筑工程颁发施工许可证的,负责工程质量监督检查或者竣工验收的部门及其工作人员对不合格的建筑工程出具质量合格文件或者按合格工程验收的,由上级机关责令改正,对责任人员给予行政处分;构成犯罪的,依法追究刑事责任;造成损失的,由该部门承担相应的赔偿责任。

《建设工程质量管理条例》规定,违反本条例规定,供水、供电、供气、公安消防等部门或者单位明示或者暗示建设单位或者施工单位购买其指定的生产供应单位生产的建筑材料、建筑构配件和设备的,责令改正。

《建设工程安全生产管理条例》规定,违反本条例的规定,县级以上人民政府建设行政主管部门或者其他有关行政管理部门的工作人员,有下列行为之一的,给予降级或者撤职的行政处分;构成犯罪的,依照刑法有关规定追究刑事责任:

(1) 对不具备安全生产条件的施工单位颁发资质证书的;

(2) 对没有安全施工措施的建设工程颁发施工许可证的;

(3) 发现违法行为不予查处的;

(4) 不依法履行监督管理职责的其他行为。

七、其他法律责任

《建筑法》规定,在建筑物的合理使用寿命内,因建筑工程质量不合格受到损害的,有权向责任者要求赔偿。

《建设工程质量管理条例》规定,注册建筑师、注册结构工程师、注册监理工程师等注册执业人员因过错造成质量事故的,责令停止执业 1 年;造成重大质量事故的,吊销执业资格证书,5 年以内不予注册;情节特别恶劣的,终身不予注册。

《建设工程质量管理条例》规定,建设、勘察、设计、施工、工程监理单位的工作人员因调动工作、退休等原因离开该单位后,被发现在该单位工作期间违反国家有关建设工程质量管理规定,造成重大工程质量事故的,仍应当依法追究法律责任。

《建设工程质量管理条例》规定,给予单位罚款处罚的,对单位直接负责的主管人员和其他直接责任人员处以单位罚款数额 5% 以上 10% 以下的罚款。

《建筑法》规定,在工程中行贿的承包单位,可以责令停业,降低资质等级或者吊销资质证书。行贿人员构成犯罪的,依法追究刑事责任;不构成犯罪的,分别处以罚款,没收行贿的财物,对直接负责的主管人员和其他直接责任人员给予处分。

《建设工程安全生产管理条例》规定,注册执业人员未执行法律、法规和工程建设强制性标准的,责令停止执业 3 个月以上 1 年以下;情节严重的,吊销执业资格证书,5 年内不予注册;造成重大安全事故的,终身不予注册;构成犯罪的,依照刑法有关规定追究刑事责任。

第八节　案例分析

案例一

原告:甲电讯公司

第一被告:丙建筑设计院

第二被告:乙建筑承包公司

一、基本案情

甲电讯公司因建办公楼与乙建筑承包公司签订了工程总承包合同。其后,经甲同意,乙分别与丙建筑设计院和丁建筑工程公司签订了工程勘察设计合同和工程施工合同。勘察设计合同约定由丙对甲的办公楼及其附属工程提供设计服务,并按勘察设计合同的约定交付有关的设计文件和资料。施工合同约定由丁根据丙提供的设计图纸进行施工,工程竣工时依据国家有关验收规定及设计图纸进行质量验收。合同签订后,丙按时将设计文件和有关资料交付给丁,丁依据设计图纸进行施工。工程竣工后,甲会同有关质量监督部门对工程进行验收,发现工程存在严重质量问题,是由于设计不符合规范所致。原来丙未对现场进行仔细勘察即自行进行设计导致设计不合理,给甲带来了重大损失。丙以与甲没有合同关系为由拒绝承担责任,乙又以自己不是设计人为由推卸责任,甲遂以丙为被告向法院起诉。

二、案例审理

法院受理后,追加乙为共同被告,判决乙与丙对工程建设质量问题承担连带责任。

三、案例评析

本案中,甲是发包人,乙是总承包人,丙和丁是分包人。《建筑法》第二十九条规定:"建筑工程总承包单位可以将承包工程中的部分工程发包给具有相应资质条件的分包单位。但是,除总承包合同中约定的分包外,必须经建设单位认可。施工总承包的,建筑工程主体结构的施工必须由总承包单位自行完成。建筑工程总承包单位按照总承包合同的约定对建设单位负责;分包单位按照分包合同的约定对总承包单位负责。总承包单位和分包单位就分包工程对建设单位承担连带责任。禁止总承包单位将工程分包给不具备相应资质条件的单位。禁止分包单位将其承包的工程再分包。"

对工程质量问题,乙作为总承包人应承担责任,而丙和丁也应该依法分别向发包人甲承担责任。总承包人以不是自己勘察设计和建筑安装的理由企图不对发包人承担责任,以及分包人以与发包人没有合同关系为由不向发包人承担责任,都是没有法律依据的。所以本案判决乙和丙共同承担连带责任是正确的。

本案必须说明的是，《建筑法》第二十八条规定："禁止承包单位将其承包的全部建筑工程转包给他人，禁止承包单位将其承包的全部建筑工程肢解以后以分包的名义分别转包给他人。"本案中乙作为总承包人不自行施工，而将工程全部转包他人，虽经发包人同意，但违反法律禁止性规定，其与丙和丁所签订的两个分包合同均是无效合同。建设行政主管部门应依照《建筑法》和《建设工程质量管理条例》的有关规定，对其进行行政处罚。

案例二

原告：北京市某物资公司

被告：王某

一、基本案情

1995年10月17日，王某与北京市某物资公司签订了拆迁安置居民回迁购房合同书，根据此合同，王某原租住公房属于拆迁范围，王某属于拆迁安置对象，某物资公司对广外南街回迁楼建设完毕以后，安置王某广外南街小区53号楼601号3居室楼房1套。合同签订后，1998年10月，某物资公司如约将回迁楼建设完毕并交付使用。王某在没有办理回迁入住手续的情况下，私自进入广外南街小区53号楼601号房，在向某物资公司的房屋物业公司缴纳了装修押金1 000元后，于1999年3月对该房进行了装修。装修过程中，雇用没有装修资质的装修人员对房屋内部结构进行拆改，将多处钢筋混凝土结构承重墙砸毁，并将结构柱主钢筋大量截断。其间，某物资公司曾多次向王某发出停工通知，并委托宣武区房屋安全鉴定站对此房屋进行了鉴定，结论为：房屋墙体被拆改、移位，已对房屋承重结构造成破坏，应恢复原状。王某对此均未理睬。1999年4月，某物资公司向某区人民法院提起诉讼，要求王某立即搬出强占的房屋，停止毁坏住宅楼主体结构的行为，排除妨碍，消除危险，承担对所破坏房屋由专业施工单位进行修复的费用47 439.04元、鉴定费240元及加固设计费10 000元。

二、案件审理

一审法院经审理认为，根据建设部《建筑装饰装修管理规定》，凡涉及拆改主体结构和明显加大荷载的，房屋所有人、使用人必须向房屋所在地的房地产行政主管部门提出申请，并由房屋安全鉴定单位对装饰装修方案的使用进行审定。经批准后向建设行政主管部门办理报建手续，领取施工许可证。原有房屋装饰装修需要拆改结构的，装饰装修设计必须保证房屋的整体性、抗震性和结构安全性，并由有资质的装饰装修单位进行施工。北京市《关于加强对城镇居民住宅装饰装修改造管理的通知》规定："凡居民对住宅进行装饰、装修的，不得破坏建筑物结构，不得私自拆改各种住宅配套设施。"本案中王某在没有办理房屋入住手续的情况下，私自进入房屋，并违反上述规定，未经有关部门批准，在装修过程中对房屋的主体结构及其他设施进行拆改，经某物资公司多次制止后仍不停止，给整幢房屋造成严重安全隐患（诉讼过程中，中国建筑科学研究院工程抗震研究所给出了广外南街小区53号楼加固报告，并提供了加固方案及加固工程造价计算书），应承担民事责任。关于加固费用，中国建筑科学研究院工程抗震研究所是建筑业的权威机关，出具的加固报告及费用具有权威性，对所需33 746元的加固费用本院予以确认；对于恢复费用，因被告对原告提供的预算费用表示异议，且该费用未经有关部门审核，因此，恢复原状的费用以恢复后实际支出费用为准，故判决如下：

1. 自本判决生效后3日内，被告王某将本区广外南街小区53号楼601号住房腾空，交原告某物资公司；

2. 自本判决生效后 3 日内,被告王某给付原告某物资公司对本区广外南街小区 53 号楼 601 号住房的鉴定费 240 元、加固设计费 10 000 元、加固费 33 746 元,并由原告某物资公司负责加固施工;

3. 自加固工程完成后 30 日内,由被告王某负责对拆改的本区广外南街小区 53 号楼 601 号住房门厅隔断墙恢复原状。

三、案例评析

本案发生在《建筑法》和《建设工程质量管理条例》颁布实施之前。审理法院参照部门规章《建筑装饰装修管理规定》(建设部令第 46 号)对其进行了判决。

《建筑法》第四十九条规定:"涉及建筑主体和承重结构变动的装修工程,建设单位应当在施工前委托原设计单位或者具有相应资质条件的设计单位提出设计方案;没有设计方案的,不得施工。"

《建筑法》第七十条规定:"违反本法规定,涉及建筑主体或者承重结构变动的装修工程擅自施工的,责令改正,处以罚款;造成损失的,承担赔偿责任;构成犯罪的,依法追究刑事责任。"

《建设工程质量管理条例》第十五条规定:"涉及建筑主体和承重结构变动的装修工程,建设单位应当在施工前委托原设计单位或者具有相应资质等级的设计单位提出设计方案;没有设计方案的,不得施工。房屋建筑使用者在装修过程中,不得擅自变动房屋建筑主体和承重结构。"

《建设工程质量管理条例》第六十九条规定:"违反本条例规定,涉及建筑主体或者承重结构变动的装修工程,没有设计方案擅自施工的,责令改正,处 50 万元以上 100 万元以下的罚款;房屋建筑使用者在装修过程中擅自变动房屋建筑主体和承重结构的,责令改正,处 5 万元以上 10 万元以下的罚款。有前款所列行为,造成损失的,依法承担赔偿责任。"

根据上述法律规定,在房屋建筑装饰装修过程中,不论是建设单位还是房屋建筑使用者都必须严格遵守法律强制性规定。本案中,王某作为房屋建筑使用人,擅自变动建筑主体和承重结构,是严重的违法行为,不仅要依法承担赔偿责任,还应当受到建设行政管理部门的行政处罚。

思 考 题

1. 《中华人民共和国建筑法》的调整对象是什么?

2. 申请领取施工许可的条件和程序是什么?

3. 建筑工程招标投标的基本原则是什么?

4. 如何确定建筑工程承包合同价款?

5. 建筑工程监理的范围是什么?

6. 建筑工程监理的民事责任是什么?

7. 简述建筑工程安全生产活动应当遵循的原则。

8. 简述建筑工程现场安全生产管理的主要内容。

9. 简述建筑工程质量责任制的主要内容。

10. 简述建筑工程质量监督管理的主要内容。

11. 简述建筑工程竣工验收的主要内容。

12. 分别简述勘察、设计单位、监理单位、施工单位违法行为应承担的法律责任。

第五章　工程发承包与招投标法律制度

第一节　建设工程发包制度

一、建设工程发包与承包的概念

建筑工程发包与承包是指发包方（建设单位或总承包单位）通过书面合同委托承包方为其完成某项建筑工程任务的全部或部分的交易行为。

建筑工程发包，是相对于建筑工程承包而言的，是指建设单位（或总承包单位）将勘察、设计、施工等的全部或一部分通过招标或直接发包的方式交付他人完成，并按约定支付相应报酬的行为。

建筑工程承包，是指具有从事建筑活动法定资格的单位，通过投标或其他方式，承揽并完成建筑工程任务，并按约定取得相应报酬的行为。

建筑工程的发包与承包，建筑市场根据实际需要确立所确定的一种交易规则，并通过《中华人民共和国建筑法》和《招标投标法》等法律形式固定下来，强制其实施。

二、建设工程发包方式

建设工程的发包方式主要有两种：招标发包和直接发包。

1. 招标发包

《中华人民共和国建筑法》第十九条规定："建筑工程依法实行招标发包，对不适用于招标发包的可以直接发包。"

招标发包是建设单位通过招标确定承包单位的一种发包方式。

招标发包又分为公开招标和邀请招标。建筑工程实行公开招标的，发包单位按照法定程序和方式，在具备相应资质条件的投标者中，择优选定中标单位。建筑工程项目由发包方发布信息，凡具备相应资质条件的，符合投标要求的单位，不受地域和部门的限制，都可以申请投标，而发包方就可以在较为广泛的范围内，有竞争性的报价中，择优选择承包单位，将工程项目委托给信誉较好、技术能力较强、管理水平较高、报价合理的承包单位实施，这是一个好的发包方式，应当从法律上提倡与肯定。

2. 直接发包

直接发包是指发包方直接与承包方协商签订承包合同的一种发包方式。如涉及国家安全、国家秘密、抢险救灾或者属于利用扶贫资金实行以工代赈、需要使用农民工等特殊情况，建筑工程不适宜招标发包时，经过有关审批部门批准，可以实行直接发包。

三、建设工程发包行为规范

为了规范发包行为,保护承包单位合法权益,维护建筑市场正常秩序。《建筑法》中的规定主要有下列几项:

1. 按招投标程序发包

建筑工程实行公开招标的,发包单位应当依照法定程序和方式,发布招标公告,提供载有招标工程的主要技术要求、主要的合同条款、评标的标准和方法以及开标、评标、定标的程序等内容的招标文件。

开标应当在招标文件规定的时间、地点公开进行。发包单位应当将建筑工程发包给依法中标的承包单位。发包单位中标后即享有承包该项建筑工程的合法权益,发包单位是不应改变这种既定权益的。

为了保证建设工程的质量和安全,实行直接发包的,发包单位应当将建筑工程发包给具有相应资质条件的承包单位。

2. 禁止采用不正当手段

发包单位及其工作人员在建筑工程发包中不得收受贿赂、回扣或者索取其他好处;而对于承包方则规定,承包单位及其工作人员不得利用向发包单位及其工作人员行贿、提供回扣或者给予其他好处等不正当手段承揽工程。

收受贿赂、回扣或者索取其他好处均属于违法行为,通过这种方式承包的工程,很难保证建设工程的质量和安全,不利于保护国家和人民的利益,应予以禁止。

3. 建筑工程的发包单位与承包单位应当依法订立书面合同,明确双方的权利和义务

建设工程合同是承包人进行工程建设,发包人支付价款的合同。建设工程合同包括工程勘察、设计、施工合同。对于实行招标发包的建设工程,其承发包合同的主要条款内容应当与招标文件、投标书和中标通知书的主要内容相一致,承发包双方签订了建设工程合同后,不应该再签订与合同内容实质性违背的补充协议。

4. 发包单位不得指定用于工程的材料、建筑构配件和设备或者指定生产厂、供应商。

按照合同约定,建筑材料、建筑构配件和设备由工程承包单位采购的,发包单位不得指定承包单位购入用于工程的建筑材料、建筑构配件和设备或者指定生产厂、供应商。这项规定很重要,有多层意思:限制了发包单位利用其有利地位而违背合同的约定;保护了承包单位在合同中已确定的权利,也有利于明确其责任;防止利用指定生产厂、供应商谋取不正当利益,影响工程质量。

5. 禁止肢解发包

也就是不得将应当由一个承包单位完成的建筑工程肢解成若干部分发包给几个承包单位。将一个整体人为地、不合理地分割成几个部分,不仅会造成浪费,还不利于工程的质量控制、成本控制和进度控制,更有可能会出现一些豆腐渣工程。

(1) 肢解发包不利于工程质量的控制

发包人可能会将大的工程项目肢解成若干小的工程项目,使得每一个小的工程项目都不满足关于招标规模和标准的规定,从而达到了变相规避招标的效果。建筑工程肢解后,一些有实力的承包人因工程较小、利润较低而兴趣不大,最终不予参与,投标人减少后降低了招标的竞争性。另一方面,肢解后招标要求降低,即对承包人资质级别要求降低,使得一些与发包单

位有私下往来的资质较低的承包人可以参与竞争,因此,肢解发包不利于工程质量的控制。

(2)肢解发包会不利于投资和进度目标的控制

肢解发包意味着本来应该由一家承包商完成的项目,现在由两家或者两家以上的承包商完成了。这就会使一些岗位出现重复设置的人员,也不利于各工序的协调,难以形成流水作业,不利于投资和进度目标的控制。

(3)肢解发包也会增加发包的成本

肢解发包必然会使得发包的次数增加,这就必然会导致发包的费用增加。肢解发包会导致合同数增加,这就必然会给发包人在管理上增加难度,进一步会给发包人在合同管理上增加成本。

因为肢解发包存在上面这些弊端,所以《建筑法》第二十四条规定,"禁止将建筑工程肢解发包","不得将应当由一个承包单位完成的建筑工程肢解成若干部分发包给几个承包单位"。

四、发包单位的法律责任

1. 发包单位将工程发包给不具有相应资质条件的承包单位的

根据《中华人民共和国建筑法》第六十五条规定,发包单位将工程发包给不具有相应资质条件的承包单位的,或者违反本法规定将建筑工程肢解发包的,责令改正,处以罚款。

根据《建设工程质量管理条例》第五十四条规定,违反本条例规定,建设单位将建设工程发包给不具有相应资质等级的勘察、设计、施工单位或者委托给不具有相应资质等级的工程监理单位的,责令改正,处50万元以上100万元以下的罚款。

2. 在工程发包中索贿、受贿、行贿,构成犯罪的,依法追究刑事责任;不构成犯罪的,分别处以罚款。没收贿赂的财物,对直接负责的主管人员和其他直接责任人员给予处分。

3. 将建筑工程肢解发包的

将建筑工程肢解发包的,责令改正,处以罚款。根据《建设工程质量管理条例》第五十五条规定,违反本条例规定,建设单位将建设工程肢解发包的,责令改正,处工程合同价款0.5%以上1%以下的罚款;对全部或者部分使用国有资金的项目,并可以暂停项目执行或者暂停资金拨付。

第二节 建设工程承包制度

一、承包单位资质管理

《中华人民共和国建筑法》第二十六条明确规定,承包建筑工程的单位应当持有依法取得的资质证书,并在其资质等级许可的业务范围内承揽工程。禁止建筑施工企业超越本企业资质等级许可的业务范围或者以任何形式用其他建筑施工企业的名义承揽工程。禁止建筑施工企业以任何形式允许其他单位或者个人使用本企业的资质证书、营业执照,以本企业的名义承揽工程。

二、提倡对建筑工程实行总承包

《建筑法》第二十四条第一款规定:"提倡对建筑工程实行总承包。"建设工程的总承包,一一般又称为"交钥匙承包"，是指建设工程任务的总承包，建筑工程的发包单位可以将建筑工程的勘察、设计、施工、设备采购一并发包给一个工程总承包单位，也可以将建筑工程勘察、设计、施工、设备采购的一项或者多项发包给一个工程总承包单位。由该承包人对工程建设的全过程向发包人负责，直至工程竣工，向发包人交付经验收合格符合发包人要求的建设工程的发承包方式。

提倡对建筑工程实行总承包，禁止将建筑工程肢解发包。这是提倡将一个建筑工程由一个承包单位负责组织实施，由其统一指挥筹划，以求获取较好的效益和较高的效率。建筑工程实行总承包，设计、采购、施工、试运行全过程都由总承包单位负责，在设计阶段考虑施工的便于操作性，积极引用新技术、新工艺，在保证工程质量、缩短建设周期的同时最大限度地降低工程造价。

实行总承包有利于提高全面履约能力，并在确保工程质量和工期的情况下，降低工程造价。实践证明，工程总承包有利于充分发挥总承包商先进的技术水平、管理水平和组织能力。同时，总承包的发包方式大大减少了发包方的工作，降低了争议、纠纷和索赔的耗费，由于各建设环节均置于总承包商的指挥下，能充分资源优化配置，减少浪费和扯皮现象，确保工程文明有序进展。

三、分项总承包

《建筑法》第二十四条规定，建筑工程的发包单位可以将建筑工程的勘察、设计、施工、设备采购一并发包给一个工程总承包单位，也可以将建筑工程勘察、设计、施工、设备采购的一项或者多项发包给一个工程总承包单位。

1. 设计采购施工（EPC）

设计采购施工总承包是指工程总承包企业按照合同约定，承担工程项目的设计、采购、施工、试运行服务等工作，并对承包工程的质量、安全、工期、造价全面负责。

2. 设计—施工总承包（D-B）

设计—施工总承包是指工程总承包企业按照合同约定，承担工程项目设计和施工，并对承包工程的质量、安全、工期、造价全面负责。

根据工程项目的不同规模、类型和业主要求，工程总承包还可采用设计—采购总承包（E-P）、采购—施工总承包（P-C）等方式。

四、分包

1. 分包的含义

分包是指总承包单位将其承包的工程中的专业工程或者劳务作业发包给其他承包单位完成的活动。总包企业按专业或按分部、分项的原则，可以将非主体结构工程分包给符合资质要求的专业承包和劳务分包企业。主体结构必须由总承包企业完成。

分包分为专业工程分包和劳务作业分包。

专业工程分包，是指总承包单位将其所承包工程中的专业工程发包给具有相应资质的其他承包单位完成的活动。

劳务作业分包，是指施工总承包企业或者专业承包企业将其承包工程中的劳务作业发包给劳务分包企业完成的活动。

2. 建设工程施工分包的实施

《建筑法》第二十九条规定建筑工程总承包单位可以将承包工程中的部分工程发包给具有相应资质条件的分包单位;但是,除总承包合同中约定的分包外,必须经建设单位认可。施工总承包的,建筑工程主体结构的施工必须由总承包单位自行完成。

建筑工程总承包单位按照总承包合同的约定对建设单位负责;分包单位按照分包合同的约定对总承包单位负责。总承包单位和分包单位就分包工程对建设单位承担连带责任。

禁止总承包单位将工程分包给不具备相应资质条件的单位。禁止分包单位将其承包的工程再分包。

《山东省建设工程施工分包管理办法(试行)》中对分包的行为规范作了详细规定:

(1)分包企业资质要求

分包企业必须是经本省各级建设行政主管部门资质审查,或经外省市以及国务院有关部门资质审查,取得《建筑业企业资质证书》的专业承包、劳务分包建筑业企业。

从事建设工程施工分包的企业,必须经当地建设行政主管部门审核注册。外省企业进鲁进行建设工程施工分包,必须先到山东省建设行政主管部门办理进鲁审验手续后,再到当地建设行政主管部门登记注册。

(2)专业建设工程特别要求

总包企业分包水暖设备、电梯、空调、门窗、卫生设施、玻璃幕墙和屋顶防水处理等各类专业建设工程施工必须在当地建设工程交易中心进行,经招标投标确定分包企业。禁止任何行业和单位以专业为理由,强行承接分项工程。

(3)分包合同要规范

专业建设工程施工分包在当地建设工程交易中心由招标投标管理部门监督进行。总、分包企业必须按《山东省建设工程分包合同》文本的要求签订分包合同,并按合同约定履行各自的责任和义务。

(4)劳务分包的管理

劳务分包由总包企业自行组织,但必须报当地招标投标管理部门备案。总包企业要完善内部监督制约机制,确保劳务分包的公开、公正、公平。

提倡总包企业和劳务分包企业建立长期稳定的合作关系。工程质量优秀的劳务分包企业,经总包单位认可,可继续承接总包企业的劳务分包工程。

3. 建设工程施工分包的基本要求

(1)在建设工程施工分包中,总包企业和分包企业必须坚持平等互利、协商一致的原则,做到公开、公平、公正,禁止欺诈和其他违法行为。

总包企业应在公平竞争条件下择优选择相应资质的分包企业。分包企业必须在相应资质条件的范围内分包总包企业承建工程项目中部分专业工程施工或提供劳务。

(2)总包企业在确定中标的分包企业时,应以取费合理、施工技术先进、工期和质量有保证等条件为依据进行全面衡量,禁止单纯以取费高低为条件确定中标企业。

(3)总包企业对其承建的工程中部分工程进行分包,除承包合同中约定的分包外,必须经建设单位认可。建设单位不得直接指定分包企业。

(4)分包企业按照分包合同的约定对总包企业负责,并对所分包的工程承担连带责任。

(5)总、分包企业不得转包或者违法分包工程。

转包是指承包单位承包建设工程后,不履行合同约定的责任和义务,将其承包的全部建设工程转给他人或者将其承包的全部建设工程肢解以后以分包的名义分别转给其他单位承包的行为。

违法分包是指下列行为:

(1) 总承包单位将建设工程分包给不具备相应资质条件的单位的;

(2) 建设工程总承包合同中未有约定,又未经建设单位认可,承包单位将其承包的部分建设工程交由其他单位完成的;

(3) 施工总承包单位将建设工程主体结构的施工分包给其他单位的;

(4) 分包单位将其承包的建设工程再分包的。

五、建设工程联合承包

联合体投标,是指两个以上法人或者其他组织组成一个联合体,以一个投标人的身份共同投标的行为。

1. 联合体承包的前提条件

《建筑法》第二十七条规定,大型建筑工程或者结构复杂的建筑工程,可以由两个以上的承包单位联合共同承包。

根据《招标投标法》的规定,联合体各方均应具备承担招标项目的相应能力;国家有关规定或者招标文件对投标人资格条件有规定的,联合体各方均应当具备规定的相应资格条件。

组成联合体投标是联合体各方的自愿行为,招标人不得强制投标人组成联合体共同投标,也不能不接受联合体投标,甚至拒绝联合体投标。依据《工程建设项目施工招标投标办法》,联合体投标未附联合体各方共同投标协议的,由评标委员会初审后按废标处理。

2. 联合体中各成员单位的责任承担

两个及以上项目管理企业可以组成联合体以一个投标人身份共同投标。联合体中标的,联合体各方应当共同与业主方签订委托项目管理合同,对委托项目管理合同的履行承担连带责任。联合体各方应签订联合体协议,明确各方权利、义务和责任,并确定一方作为联合体的主要责任方,项目经理由主要责任方选派。

3. 联合体的资质确定

两个以上不同资质等级的单位实行联合共同承包的,应当按照资质等级低的单位的业务许可范围承揽工程。

联合体中标,按照联合体的内部分工,各自按资质类别等级的许可范围承担工作,能够提高中标人的履约能力。防止中标人因履约能力差而转包采购项目,损害采购人的利益。

六、勘察单位、设计单位、监理单位和建筑施工企业的法律责任

1. 超越本单位资质等级承揽工程的

根据《中华人民共和国建筑法》第六十五条第二款,超越本单位资质等级承揽工程的,责令停止违法行为,处以罚款,可以责令停业整顿,降低资质等级;情节严重的,吊销资质证书;有违法所得的,予以没收。未取得资质证书承揽工程的,予以取缔,并处罚款;有违法所得的,予以没收。以欺骗手段取得资质证书的,吊销资质证书,处以罚款;构成犯罪的,依法追究刑事责任。

根据《建设工程质量管理条例》第六十条规定,违反本条例规定,勘察、设计、施工、工程监理单位超越本单位资质等级承揽工程的,责令停止违法行为,对勘察、设计单位或者工程监理单位处合同约定的勘察费、设计费或者监理酬金 1 倍以上 2 倍以下的罚款;对施工单位处工程合同价款百分之二以上百分之四以下的罚款,可以责令停业整顿,降低资质等级;情节严重的,吊销资质证书;有违法所得的,予以没收。未取得资质证书承揽工程的,予以取缔,依照前款规定处以罚款;有违法所得的,予以没收。以欺骗手段取得资质证书承揽工程的,吊销资质证书,依照本条第一款规定处以罚款;有违法所得的,予以没收。

2. 允许其他单位或者个人以本单位名义承揽工程的

根据《中华人民共和国建筑法》第六十六条规定,建筑施工企业转让、出借资质证书或者以其他方式允许他人以本企业的名义承揽工程的,责令改正,没收违法所得,并处罚款,可以责令停业整顿,降低资质等级;情节严重的,吊销资质证书。对因该项承揽工程不符合规定的质量标准造成的损失,建筑施工企业与使用本企业名义的单位或者个人承担连带赔偿责任。

根据《建设工程质量管理条例》第六十一条规定,勘察、设计、施工、工程监理单位允许其他单位或者个人以本单位名义承揽工程的,责令改正,没收违法所得,对勘察、设计单位和工程监理单位处合同约定的勘察费、设计费和监理酬金 1 倍以上 2 倍以下的罚款;对施工单位处工程合同价款百分之二以上百分之四以下的罚款;可以责令停业整顿,降低资质等级;情节严重的,吊销资质证书。

3. 承包单位将承包的工程转包或者违法分包的

《建设工程质量管理条例》将违法分包的情形做了更为详细的划分:

(1)总承包单位将建设工程分包给不具备相应资质条件的单位的;

(2)建设工程总承包合同中未有约定,又未经建设单位认可,承包单位将其承包的部分建设工程交由其他单位完成的;

(3)施工总承包单位将建设工程主体结构的施工分包给其他单位的;

(4)分包单位将其承包的建设工程再分包的。

违反本条例规定,承包单位将承包的工程转包或者违法分包的,责令改正,没收违法所得,对勘察、设计单位处合同约定的勘察费、设计费百分之二十五以上百分之五十以下的罚款;对施工单位处工程合同价款百分之零点五以上百分之一以下的罚款;可以责令停业整顿,降低资质等级;情节严重的,吊销资质证书。

工程监理单位转让工程监理业务的,责令改正,没收违法所得,处合同约定的监理酬金百分之二十五以上百分之五十以下的罚款;可以责令停业整顿,降低资质等级;情节严重的,吊销资质证书。

《中华人民共和国建筑法》明确规定,禁止总承包单位将工程分包给不具备相应资质条件的单位,也禁止分包单位将其承包的工程再分包。承包单位将承包的工程转包的,或者违反本法规定进行分包的,责令改正,没收违法所得,并处罚款,可以责令停业整顿,降低资质等级;情节严重的,吊销资质证书。

承包单位有前款规定的违法行为的,对因转包工程或者违法分包的工程不符合规定的质量标准造成的损失,与接受转包或者分包的单位承担连带赔偿责任。

4. 总承包单位与分包单位的连带责任

建筑工程总承包单位按照总承包合同的约定对建设单位负责;分包单位按照分包合同的

约定对总承包单位负责。总承包单位和分包单位就分包工程对建设单位承担连带责任。

建设单位虽然和分包单位之间没有合同关系,但是当分包工程发生质量、安全、进度等方面问题给建设单位造成损失时,建设单位既可以根据总承包合同向总承包单位追究违约责任,也可以根据法律规定直接要求分包单位承担损害赔偿责任,分包单位不得拒绝。总承包单位和分包单位之间的责任划分,应当根据双方的合同约定或者各自过错大小确定,一方向建设单位承担的责任超过其应承担份额的,有权向另一方追偿。

5. 发承包中行贿、受贿的法律责任

在工程发包与承包中索贿、受贿、行贿,构成犯罪的,依法追究刑事责任。不构成犯罪的,分别处以罚款,没收贿赂的财物,对直接负责的主管人员和其他直接责任人员给予处分。

对在工程承包中行贿的承包单位,除依照前款规定处罚外,可以责令停业整顿,降低资质等级或者吊销资质证书。

第三节　建设工程招标投标概述

一、建设工程招标投标的概念

招标投标法是调整在招标投标活动中产生的社会关系的法律规范的总称。一般所说的招标投标法即《中华人民共和国招标投标法》,由第九届全国人大常委会第十一次会议于1999年8月30日通过,自2000年1月1日起施行,该法共有6章68条。凡在我国境内进行招标的项目建设及其采购活动,必须依照该法的规定进行,将招标与投标活动纳入法制管理的轨道。

建设工程招标投标是指业主(建设单位或个人)通过招标的方式,将工程建设项目的勘察、设计、施工、监理、物资材料供应等业务,一次或分次发包,由具有相应资质的承包单位通过投标竞争的方式承接。建设工程招标和投标制度是建设工程市场制度的重要组成部分,是通过竞争方式选择合作对象的特殊程序。招标投标活动通过严格、规范、科学合理的运作程序和监管机制,有力地保证了竞争过程的公正和交易安全。

二、建设工程招标投标的原则

1.《招标投标法》第五条规定:"招标投标活动应当遵循公开、公平、公正和诚实信用的原则。"

(1) 公开原则

招标投标活动的公开原则,首先要求进行招标活动的信息要公开,招标投标活动具有高度的透明度。采用公开招标方式,应当发布招标公告,依法必须进行招标的项目的招标公告,必须通过国家指定的报刊、信息网络或者其他公共媒介发布。无论是招标公告、资格预审公告,还是投标邀请书,都应当载明能大体满足潜在投标人决定是否参加投标竞争所需的信息。另外,开标的程序、评标的标准和程序以及中标的结果等都应当公开。应使每一个投标人获得同等的信息,知悉招标的一切条件和要求。

(2) 公平原则

公平原则就是在招标投标活动中要求招标人严格按照规定的条件和程序办事,给予所有投标人平等的机会,使其享有同等的权利并履行相应的义务,不以任何理由排斥或歧视任何一方,不对不同的投标竞争者采用不同的标准。

（3）公正原则

公正原则就是要求在招标投标活动中招标人行为应当公正,对所有的投标竞争者都应平等对待,不能有特殊。特别是在评标时,评标标准应当明确、严格,对所有在投标截止日期以后送到的投标书都应拒收,与投标人有利害关系的人员都不得作为评标委员会的成员,招标人和投标人双方在招标投标活动中的地位平等,任何一方不得向另一方提出不合理的要求,不得将自己的意志强加给对方。

（4）诚实信用原则

诚实信用原则是所有民事活动都应遵循的基本原则之一。它要求当事人以诚实、守信的态度行使权利、履行义务,保证彼此都能得到自己应得的利益,同时不得损害第三方和社会的利益。不得规避招标、串通投标、泄露标底、骗取中标等。要求在招标投标活动中的招标人、招标代理机构、投标人等均应以诚实的态度参与招标投标活动,坚持良好的信用,不得以欺骗手段进行虚假招标或投标,牟取不正当利益,并应恪守诺言,严格履行义务。在当事人之间的利益关系中,诚信原则要求尊重他人利益,在当事人与社会的利益关系中,诚信原则要求当事人不得通过自己的活动损害第三人和社会的利益,必须在法律范围内以符合其社会经济目的的方式行使自己的权利。

2.《招标投标法》第六条规定:"依法必须进行招标的项目,其招标投标活动不受地区或者部门的限制。任何单位和个人不得违法限制或者排斥本地区、本系统以外的法人或者其他组织参加投标,不得以任何方式非法干涉招标投标活动。"

本条规定是针对招标投标活动中的地区保护主义和部门保护主义制定的。保证每个符合招标项目资格条件,具备承担招标项目能力的法人或者其他组织都有公平地参与投标活动的机会,是招标投标活动的基本要求之一。任何单位违反《招标投标法》的有关规定,限制或者排斥本地区、本系统以外的法人或者其他组织参加投标,非法干预招标投标活动的,责令改正,对单位直接负责的法人追究刑事责任。个人利用职权进行上述违法行为的,依照规定追究其责任。

三、建设工程招标投标的意义

招标是我国建筑市场或设备供应走向规范化、完善化的重要举措,是计划经济向市场经济转变的重要步骤,对控制项目成本、保护相关员工廉政廉洁有着重要意义。

1. 形成由市场定价的价格机制,使工程价格更加趋于合理

推行招投标制最明显的表现是若干投标人之间出现激烈竞争（相互竞标）,这种市场竞争最直接、最集中的表现就是在价格上的竞争。通过竞争确定出工程价格,使其趋于合理或下降,这将有利于节约投资、提高投资效益。

2. 降低社会平均劳动消耗水平使工程价格得到有效控制

在建筑市场中,不同投标者的个别劳动消耗水平是有差异的。通过推行招投标使那些个别劳动消耗水平最低或接近最低的投标者获胜,这样便实现了生产力资源较优配置,也对不同投标者实行了优胜劣汰。面对激烈竞争的压力,为了自身的生存与发展,每个投标者都必须切实在降低自己个别劳动消耗水平上下功夫,这样将逐步而全面地降低社会平均劳动消耗水平,

使工程价格更合理。

3. 有利于规范价格行为,使公开、公平、公正的原则得以贯彻

我国招投标活动有特定的机构进行管理,有严格的程序必须遵循,有高素质的专家支持系统、工程技术人员的群体评估与决策,能够避免盲目过度的竞争和营私舞弊现象的发生,对建筑领域中的腐败现象也是强有力的遏制,使价格形成过程变得透明且较为规范。

第四节　建设工程招标

一、必须招标的建设工程项目的规定

1. 须招标的建设工程项目的规定

依据《中华人民共和国建筑法》的规定,建设工程发包与承包有两种方式——招标投标和直接发包。建设工程招标是指招标人在发包建设项目之前,公开招标或定向邀请投标人,根据招标人的意图和要求提出报价,按照事前的要求择日开标,以便从中择优选定中标人的一种经济活动。

《招标投标法》第三条规定,在中华人民共和国境内进行下列工程建设项目,包括项目的勘察、设计、施工、监理以及与工程建设有关的重要设备、材料等的采购,必须进行招标:

(1) 大型基础设施、公用事业等关系社会公共利益、公众安全的项目;

(2) 全部或者部分使用国有资金投资或者国家融资的项目;

(3) 使用国际组织或者外国政府贷款、援助资金的项目。

2. 建设工程项目招标规模标准

依据《招标投标法》的基本原则,国家发展计划委员会于 2000 年 5 月 1 日发布了《工程建设项目招标范围和规模标准规定》。对于必须招标的范围作出了进一步细化的规定。规定包括项目的勘察、设计、施工、监理以及与工程建设有关的重要设备、材料等的采购,达到下列标准之一的,必须进行招标:

(1) 施工单项合同估算价在 200 万元以上的;

(2) 重要设备、材料等货物的采购,单项合同估算价在 100 万元以上的;

(3) 勘察、设计、监理等服务的单项合同估算价在 50 万元以上的;

(4) 单项合同估算价低于前 3 项规定的标准,但项目总投资额在 3 000 万元以上的。

建设项目的勘察、设计,采用特定专利或者专有技术的,或者其建筑艺术造型有特殊要求的,经项目主管部门批准,可以不进行招标。依法必须进行招标的项目,全部使用国有资金投资或者国有资金投资占控股或者主导地位的,应当公开招标。省、自治区、直辖市人民政府根据实际情况,可以规定本地区必须进行招标的具体范围的规模标准,但不得缩小本规定确定的必须进行招标的范围。招标投标活动不受地区、部门的限制,不得对潜在投标人实行歧视待遇。

3. 可以不进行招标的范围

(1) 涉及国家安全、国家秘密的工程;

(2) 抢险救灾工程;

（3）利用扶贫资金实行以工代赈、需要使用农民工等特殊情况；

（4）建筑造型有特殊要求的设计；

（5）采用特定专利技术、专有技术进行勘察、设计或施工；

（6）停建或者缓建后恢复建设的单位工程，且承包人未发生变更的；

（7）施工企业自建自用的工程，且该施工企业资质等级符合工程要求的；

（8）在建工程追加的附属小型工程或者主体加层工程，且承包人未发生变更的；

（9）法律、法规、规章规定的其他情形。

二、建设工程招标主体

1. 建设工程招标主体必须具备的条件

《招标投标法》第八条规定："招标人是依照本法规定提出招标项目、进行招标的法人或其他组织。"按照该法规定，招标人必须具备下列条件：

（1）招标人应当有进行招标项目的相应资金或者资金来源已经落实，并应当在招标文件中如实载明。

（2）招标人有权自行选择招标代理机构，委托其办理招标事宜。任何单位和个人不得以任何方式为招标人指定招标代理机构。招标人具有编制招标文件和组织评标能力的，可以自行办理招标事宜。任何单位和个人不得强制其委托招标代理机构办理招标事宜。依法必须进行招标的项目，招标人自行办理招标事宜的，应当向有关行政监督部门备案。

（3）招标人采用公开招标方式的，应当发布招标公告。依法必须进行招标的项目的招标公告，应当通过国家指定的报刊、信息网络或者其他媒介发布。招标公告应当载明招标人的名称和地址，招标项目的性质、数量、实施地点和时间以及获取招标文件的办法等事项。

（4）招标人采用邀请招标方式的，应当向三个以上具备承担招标项目的能力、资信良好的特定的法人或者其他组织发出投标邀请书。投标邀请书应当载明上述第（3）条中规定的有关事项。

（5）招标人可以根据招标项目本身的要求，在招标公告或者投标邀请书中，要求潜在投标人提供有关资质证明文件和业绩情况，并对潜在投标人进行资格审查；国家对投标人的资格条件有规定的，依照其规定，招标人不得以不合理的条件限制或者排斥潜在投标人，不得对潜在投标人实行歧视待遇。

（6）招标人应当根据招标项目的特点和需要编制招标文件。招标文件应当包括招标项目的技术要求、对投标人资格审查的标准、投标报价要求和评标标准等所有实质性要求和条件以及拟签订合同的主要条款。国家对招标项目的技术、标准有规定的，招标人应当按照其规定在招标文件中提出相应要求。招标项目需要划分标段、确定工期的，招标人应当合理划分标段、确定工期，并在招标文件中载明。

（7）招标人根据招标项目的具体情况，可以组织潜在投标人踏勘项目现场。

（8）招标人不得向他人透露已获取招标文件的潜在投标人的名称、数量以及可能影响公平竞争的有关招标投标的其他情况。招标人设有标底的，标底必须保密。

（9）招标人对已发出的招标文件进行必要的澄清或者修改的，应当在招标文件要求提交投标文件截止时间至少十五日前，以书面形式通知所有招标文件收受人。该澄清或者修改的内容为招标文件的组成部分。

（10）招标人应当确定投标人编制投标文件需要的合理时间；但是，依法必须进行招标的项目，自招标文件开始发出之日起至投标人提交投标文件截止之日止，最短不得少于二十日。

2. 建设工程招标类型

（1）自行招标

《招标投标法》第十二条第二款规定："招标人具有编制招标文件和组织评标能力，可以自行办理招标事宜。任何单位和个人不得强制其委托招标代理机构办理招标事宜。"根据国家计委 2000 年 7 月 1 日颁布的《工程建设项目自行招标试行办法》第四条的规定，招标人自行办理招标事宜，应当具有编制招标文件和组织评标能力，具体包括：

① 具有项目法人资格（或者法人资格）；

② 具有与招标项目规模和复杂程度相适应的工程技术、概预算、财务和工程管理等方面专业技术力量；

③ 有从事同类工程建设项目招标的经验；

④ 设有专门的招标机构或者拥有三名以上专职招标业务人员；

⑤ 熟悉和掌握招投标法及有关法规规章。

（2）招标代理

建设工程招标代理，是指建设工程招标人将建设工程招标事物委托给相应的社会中介服务机构，由该机构在招标人委托授权的范围内以委托的招标人的名义同他人独立进行建设工程招标投标活动，由此产生的法律效果直接归于委托的招标人的一种委托代理制度。

《招标投标法》第十二条规定："招标人有权自行选择招标代理机构，委托其办理招标事宜。任何单位和个人不得以任何方式为招标人指定招标代理机构。"招标代理机构应当在招标人委托的范围内办理招标事宜，并遵守《招标投标法》中关于招标人的规定。

3. 建设工程招标代理机构

（1）招标代理机构应具备的条件

《招标投标法》第十三条规定："招标代理机构是依法设立、从事招标代理业务并提供相关服务的社会中介组织。"招标代理机构应当具备下列条件：

① 有从事招标代理业务的营业场所和相应资金；

② 有能够编制招标文件和组织评标的相应专业力量；

③ 有符合法律规定条件、可以作为评标委员会成员人选的技术、经济等方面的专家库。

（2）招标代理机构的资质

工程招标代理机构资格分为甲、乙两级。甲级工程招标代理机构资格按行政区划，由省、自治区、直辖市人民政府建设行政主管部门初审，报国务院建设行政主管部门认定。乙级工程招标代理机构资格由省、自治区、直辖市人民政府建设行政主管部门认定，报国务院建设行政主管部门备案。

三、建设工程招标方式

1. 公开招标

公开招标也称无限竞争性招标，是指招标人以招标公告的方式邀请不特定的法人或者其他组织投标。采用这种招标方式可为所有的承包商提供一个平等竞争的机会，有利于降低工程造价，提高工程质量和缩短工期。不过，这种招标方式可能导致招标人资格预审和评标工作量增大,招标费用支出增加。同时也使投标人中标概率减小,从而增加其投标前期风险。

2. 邀请招标

邀请招标又称为有限招标,是指招标人以投标邀请书的方式邀请特定的法人或者其他组织投标。采用这种招标方式,由于被邀请参加竞争的投标者人数有限,不仅可以节省招标费用,而且能提高每个投标者的中标概率,所以对于招标、投标双方都有利。

《招标投标法》第十一条规定:"国务院发展计划部门确定的国家重点项目和省、自治区、直辖市人民政府确定的地方重点项目不适宜公开招标的,经国务院发展计划部门或者省、自治区、直辖市人民政府批准,可以进行邀请招标。"

《工程施工招投标管理办法》第九条规定:"依法必须进行施工招标的工程,全部使用国有资金投资或者国有资金投资占控股或者主导地位的,应当公开招标。但经国家计委或者省、自治区、直辖市人民政府依法批准可以进行邀请招标的重点建设的项目除外;其他工程可以实行邀请招标。"采用邀请招标方式时,招标人应当向三个以上具备承担该工程施工能力、资信良好的施工企业发出投标邀请书。

采用邀请招标的项目一般属于以下几种情况之一:
(1) 涉及保密的工程项目;
(2) 专业性要求较高的工程,一般施工企业缺少技术、设备和经验,采用公开招标响应者较少;
(3) 工程量较小、合同额不高的施工项目,对实力较强的施工企业缺少吸引力;
(4) 地点分散且属于劳动密集型的施工项目,对外地域的施工企业缺少吸引力;
(5) 工期要求紧迫的施工项目,没有时间进行公开招标;
(6) 其他采用公开招标花费的时间和费用与招标人最终可能获得的好处不相适应的施工项目。

四、建设工程招标程序

1. 办理审批手续、成立招标组织

招标活动必须有一个专门机构组织,这就是招标委员会或招标小组,具有编制招标文件和组织评标的能力,可以自行组织招标,并报建设行政监督部门备案。如果不具备法定条件,则应先选择招标代理机构,签订委托合同,委托其办理招标事宜。无论是自行组织招标还是委托代理机构招标,招标人都要组织成立招标小组或招标委员会,以便能对招标中的诸多事项,如确定投标人、中标人等重大问题进行决策。

《招标投标法》第三条规定,必须进行招标的建设项目必须经有关部门审核批准后,并且建设资金已经落实后,才能招标。此外,对于不属于强制招标的范围,但是法律、法规、规章明确应当审批的项目,也必须履行审批手续。

工程项目招标应当具备下列条件:
(1) 概预算已经批准;
(2) 建设项目已经列入国家、部门或地方的年度固定资产投资计划;
(3) 建设用地的征用工作已经完成;
(4) 有能够满足施工需要的施工图纸及设计文件;
(5) 建设资金和主要建筑材料、设备的来源已经落实;

（6）建设项目已经经所在地规划部门批准，施工现场的"三通一平"已经完成或一并列入施工招标范围。

2. 编制招标文件

《招标投标法》第十九条规定："招标人应当根据招标项目的特点和需要编制招标文件。招标文件应当包括招标项目的技术要求、对投标人资格审查的标准和评标标准等所有实质性要求和条件以及拟签订合同的主要条款。

国家对招标项目的技术、标准有规定的，招标人应当按照其规定在招标文件中提出相应要求。

招标项目需要划分标段、确定工期的，招标人应当合理划分标段、确定工期，并在招标文件中载明。"

（1）招标文件的内容

《工程施工招投标管理办法》第十八条规定，招标人应当根据招标工程的特点和需要，自行或者委托工程招标代理机构编制招标文件。招标文件应当包括下列内容：

① 投标须知，包括工程概况，招标范围，资格审查条件，工程资金来源或者落实情况（包括银行出具的资金证明），标段划分，工期要求，质量标准，现场踏勘和答疑安排，投标文件编制、提交、修改、撤回的要求，投标报价要求，投标有效期，开标的时间和地点，评标的方法和标准等；

② 招标工程的技术要求和设计文件；

③ 采用工程量清单招标的，应当提供工程量清单；

④ 投标函的格式及附录；

⑤ 拟签订合同的主要条款；

⑥ 要求投标人提交的其他资料。

（2）招标文件依据的原则

编制招标文件的工作是一项十分细致、复杂的工作，必须做到系统、完整、准确、明了，提出要求的目标要明确，使投标者一目了然。编制招标文件依据的原则是：

① 建设单位和建设项目必须具备招标条件；

② 必须遵守国家的法律、法规及有关贷款组织的要求；

③ 应公正、合理地处理业主和承包商的关系，保护双方的利益；

④ 正确、详尽地反映项目的客观、真实情况；

⑤ 招标文件各部分的内容要力求统一，避免各份文件之间有矛盾。

招标文件的措辞应清楚、确切，要指明评标时考虑的因素，不仅总价中要考虑到货价以外的如运输、保险、检验费用以及需某些进口部件时的关税、进口费用、支付货币等，还要说明尚有哪些因素以及怎样评价。招标文件的技术规格一定要准确、详细，国家对招标项目的技术、标准有相关规定的，招标文件中应予以体现。

3. 标底及保密的规定

设有标底的招标项目，招标人应当编制标底。标底是我国工程招标中的一个特有概念，标底既是招标人对该工程的预期价格，也是评标的依据。标底是依据国家统一的工程量计算规则，预算定额和计价办法计算出来的工程造价，是招标人对建设工程预算的期望值。

《招标投标法》第二十二条规定："招标人不得向他人透露已获取招标文件的潜在投标人的

名称、数量以及可能影响公平竞争的有关招标投标的其他情况。招标人设有标底的,标底必须保密。"

招标人对潜在投标人状况及标底具有保密义务。招标人向他人透露已获取招标文件的潜在投标人的名称、数量以及可能影响公平竞争的有关招标投标的其他情况,泄露本应当保密的标底的行为,都直接违反了招标投标法规定,从而使招标投标流于形式,损害其他投标人的利益,严重破坏社会主义市场条件下正当的竞争秩序,具有相当大的社会危害性,因此,必须加以禁止。对于招标人将有关信息或标底泄露给某特定投标人的行为,应认定为招标投标中的不正当竞争行为。

在我国工程建设领域,标底仍然得到普遍的应用。在实践中,投标价格是否接近标底价格仍然是投标人能否中标的一个重要的条件。正是由于标底在投标中的重要作用,所以一些投标人为了中标,想方设法地打听标底,由此产生的违法问题也屡见不鲜。因此,招标人必须依照法律规定,对标底进行保密。

4. 发布招标公告或发出投标邀请书

《招标投标法》第十六条规定:"招标人采用公开招标方式的,应当发布招标公告。依法必须进行招标的项目的招标公告,应当通过国家指定的报刊、信息网络或者其他媒介发布。

招标公告应当载明招标人的名称和地址,招标项目的性质、数量、实施地点和时间以及获取招标文件的办法等事项。"

(1)招标公告应当载明招标人的名称和地址,招标项目的性质、数量、实施地点和时间,投标截止日期,以及获取招标文件的办法等事项。招标人或其委托的招标代理机构应当保证招标公告内容的真实、准确和完整。

(2)拟发布的招标公告文本应当由招标人或其委托的招标代理机构的主要负责人签名并加盖公章。招标人或其委托的招标代理机构发布招标公告,应当向指定媒体提供营业执照(或法人证书)、项目批准文件的复印件等证明文件。

(3)招标人或其委托的招标代理机构应至少在一家指定的媒体发布招标公告。指定报纸在发布招标公告的同时,应将招标公告如实抄送指定网络。招标人或其委托的招标代理机构在两个以上媒体发布的同一招标项目的招标公告的内容应当相同。

(4)指定报纸和网络应当在收到招标公告文本之日起七日内发布招标公告。指定媒体应与招标人或其委托的招标代理机构就招标公告的内容进行核实,经双方确认无误后在前款规定的时间内发布。

《招标投标法》第十七条第一款规定:"招标人采用邀请招标方式,应当向 3 个以上具备承担招标项目的能力、资信良好的特定法人或者其他组织发出投标邀请书。"

5. 对投标单位的资格审查

承包商的投标是否真实或是否有履行承包合同的能力,直接关系到招标项目能否顺利进行及招标目标能否顺利实现。招标人可以根据招标项目本身的特点和需要,要求潜在的投标人或投标人提供满足其资格要求的文件,并对其进行资格审查。国家对投标人的资格条件有规定的,依照其规定。

资格审查根据招标进行的时间,可以分为资格预审、资格中审和资格后审。我国的行政规章规定了资格预审和资格后审。资格预审是指在投标前对潜在投标人进行的资格审查。资格后审是指在开标后对投标人进行的资格审查。进行资格预审的,一般不再进行资格后审,但招标人需对中标企业是否有能力履行合同义务进行进一步审查的,可以在招标文件中另作规定。

采用资格预审应在发出招标公告或投标邀请以前发布资格预审公告,招标人应在资格预审文件中载明资格预审的条件、标准和方法。采用资格后审的,招标人应在招标文件中载明对投标人资格要求的条件、标准和方法。招标人不得改变载明的资格条件或以没有载明的资格条件对潜在投标人进行资格审查。资格预审是招标人对投标人的财务状况、技术能力等方面事先进行的审查,以确保参加投标人均为有投标能力的投标人。资格预审主要从法律、技术及资金等方面对投标人的资格进行审查。具体地说,就是审查投标人的财务能力、机械设备条件、技术水平、施工经验、工程信誉及法律资格等方面的有关情况。资格审查程序是为了在招标过程中剔除资格条件不适合承担或履行合同的潜在投标人或投标人。

《招标投标法》第十八条规定:"招标人可以根据招标项目本身的要求,在招标公告或者投标邀请书中,要求潜在投标人提供有关资质证明文件和业绩情况并对潜在投标人进行资格审查;国家对投标人的资格条件有规定的,依照其规定。

招标人不得以不合理的条件限制或者排斥潜在投标人,不得对潜在投标人实行歧视待遇。"

关于资格审查的规定主要是针对资格预审作出的,同时《房屋建筑与市政基础设施工程施工招标投标管理办法》第十六、十七条对资格预审的有关事项进行了规定:

招标人可以根据招标工程的需要,对投标申请人进行资格预审,也可以委托工程招标代理机构对投标申请人进行资格预审。实行资格预审的招标工程,招标人应当在招标公告或者投标邀请书中载明资格预审的条件和获取资格预审文件的办法。

资格预审文件一般应当包括资格预审申请书格式、申请人须知,以及需要投标申请人提供的企业资质、业绩、技术装备、财务状况和拟派出的项目经理与主要技术人员的简历、业绩等证明材料。

资格预审后,招标人应当向资格预审合格的投标申请人发出资格预审合格通知书,告知获取招标文件的时间、地点和方法,并同时向资格预审不合格的投标申请人告知资格预审结果。

在资格预审合格的投标申请人过多时,可以由招标人从中选择不少于7家资格预审合格的投标申请人。

6. 发售招标文件

招标文件、图纸和有关基础资料发放给通过资格预审或具有投标资格的投标单位。不进行资格预审的,发放给愿意参加投标的单位。投标单位收到招标文件、图纸和有关资料后,应当认真核对,核对无误后以书面形式予以确认。

在工程实践中,经常会出现招标人以不合理的高价发售招标文件的现象。对此,《工程施工招投标管理办法》第二十二条规定:"招标人对于发出的招标文件可以酌收工本费。招标人可以酌收押金,对于开标后将设计文件退还的,招标人应当退还押金。"根据该项规定,借发售招标文件的机会谋取不正当利益的行为为法律所禁止。

7. 组织投标单位踏勘现场,并对招标文件答疑

招标人根据招标项目的具体情况可以组织潜在的投标人踏勘项目现场,向其介绍工程场地和相关环境的有关情况。但招标人不得单独或分别组织任何一个投标人进行现场踏勘。潜在投标人依据招标人介绍情况作出的判断和决策,由投标人自行负责。

标前会议也称投标预备会,是招标人按投标须知规定时间和地点召开会议。对于潜在投

标人在阅读招标文件和现场踏勘中提出的问题,招标人可以以书面形式或召开投标预备会的方式解答。但需要同时将解答以书面方式通知所有购买招标文件的潜在投标人,该解答的内容为招标文件的组成部分。

第五节　建设工程投标

一、建设工程投标主体

1. 概念

投标又称报价,指作为承包方的投标人根据招标人的招标条件,向招标人提交其依照招标文件要求所编制的投标文件,即向招标人提出自己的报价,以期承包到该招标项目的行为。建设工程投标是建设工程招标的对称概念,指具有合法资格和能力的投标人根据招标条件和自己的意愿,经过初步研究和估算,在指定的期限内填写标书,提出报价,等待开标,以确定能否中标的经济活动。

投标人是响应招标、参加投标竞争的法人或其他组织。招标公告或者投标邀请书发出后,所有对招标公告或投标邀请书感兴趣的并有可能参加投标的人,称为潜在投标人。那些响应招标并购买招标文件,参加投标的潜在投标人称为投标人。这些投标人必须是法人或者其他组织。

2. 投标主体资格条件

《招标投标法》第二十六条规定:"投标人应当具备承担招标项目的能力;国家有关规定对投标人资格条件或者招标文件对投标人资格条件有规定的,投标人应当具备规定的资格条件"。参加项目主体工程的设计、建筑安装和监理以及主要设备、材料供应等投标单位,必须具备下列条件:

(1) 具有招标文件要求的资质证书,并为独立的法人实体;

(2) 承担过类似建设项目的相关工作,并有良好的工作业绩和履约记录;

(3) 财务状况良好,没有处于被接管、破产或其他关、停、并、转状态;

(4) 在最近三年内没有与骗取合同有关以及其他经济方面的严重违法行为;

(5) 近几年有较好的安全记录,投标当年内没有发生重大质量和特大安全事故。

3. 联合体投标

大型建设工程项目,往往不是一个投标人所能完成的。所以,法律允许几个投标人组成一个联合体,共同参与投标,并对联合体投标的相关问题作出了明确规定。

(1) 联合投标的含义

根据《招标投标法》第三十一条第一款的规定,联合投标是指"两个以上法人或者其他组织可以组成一个联合体,以一个投标人的身份共同投标"。两个以上法人或者其他组织可以组成一个联合体,以一个投标人的身份共同投标。联合体各方签订共同投标协议后,不得再以自己的名义单独投标,也不得组成新的联合体或参加其他联合体在同一项目中投标。

(2) 联合体的资格

《招标投标法》第三十一条第二款规定:"联合体各方均应当具备承担招标项目的相应能力;国家有关规定或者招标文件对投标人资格条件有规定的,联合体各方均应当具备规定的相应资格条件。由同一专业的单位组成的联合体,按照资质等级较低的单位确定资质等级"。这是为了促使资质优秀的投标人组成联合体,防止以高等级资质获取招标项目,而由资质等级低的投标人来完成的行为。

联合体参加资格预审并获通过的,其组成的任何变化都必须在提交投标文件截止之日前征得招标人的同意。如果变化后的联合体削弱了竞争,含有事先未经过资格预审或者资格预审不合格的法人或者其他组织,或者使联合体的资质降到资格预审文件中规定的最低标准以下,招标人有权拒绝。

(3) 联合体各方的权利和义务

《招标投标法》第三十一条第3款规定:"联合体各方应当签订共同投标协议,明确约定各方应承担的工作和责任,并将共同投标协议连同投标文件一并提交招标人。联合体中标的,联合体各方应当共同与招标人签订合同,就中标项目向招标人承担连带责任。"

联合体各方必须指定牵头人,授权其代表所有联合体成员负责投标和合同实施阶段的主办、协调工作,并应当向招标人提交由所有联合体成员法定代表人签署的授权书。联合体投标的,应当以联合体各方或者联合体中牵头人的名义提交投标保证金。以联合体中牵头人名义提交的投标保证金,对联合体各成员具有约束力。

二、建设工程投标文件

投标文件是投标人根据招标人在招标文件中的要求并结合自身的情况编制以提供给招标人的一系列文件。通常包括投标书、投标书附录、投标保证金、法定代表人资格证明书、授权委托书、辅助资料表、具有标价的工程量清单与报价表及必要的资格审查表等。

1. 编制投标文件

《招标投标法》第二十七条规定:"投标人应当按照招标文件的要求编制投标文件。投标文件应当对招标文件提出的实质性要求和条件作出响应。

招标项目属于建设施工的,投标文件的内容应当包括拟派出的项目负责人与主要技术人员的简历、业绩和拟用于完成招标项目的机械设备等。"

此外,《建筑工程设计招标投标管理办法》第十三条规定:"投标人应当按照招标文件、建筑方案设计文件编制深度规定的要求编制投标文件;进行概念设计招标的,应当按照招标文件要求编制投标文件。投标文件应当由具有相应资格的注册建筑师签章,加盖单位公章。"

《工程建设项目施工招标投标办法》第三十六条规定:"投标人应当按照招标文件的要求编制投标文件。投标文件应当对招标文件提出的实质性要求和条件作出响应。"投标文件一般包括下列内容:

(1) 投标函;

(2) 施工组织设计或者施工方案;

(3) 投标报价;

(4) 招标文件要求提供的其他材料。

投标人根据招标文件载明的项目实际情况,拟在中标后将中标项目的部分非主体、非关键性工作进行分包的,应当在投标文件中载明。

2. 投标文件的送达

《招投标法》第二十八条规定:"投标人应当在招标文件要求提交投标文件的截止时间前,

将投标文件送达投标地点。招标人收到投标文件后,应当签收保存,不得开启。投标人少于3个的,招标人应当依照本法重新招标。在招标文件要求提交投标文件的截止时间后送达的投标文件,招标人应当拒收。"

三、建设工程投标担保

1. 投标担保的概念

所谓投标担保,是为防止投标人不审慎进行投标活动而设定的一种担保形式。招标人不希望投标人在投标有效期内随意撤回标书或中标后不能提交履约保证金和签署合同。

2. 投标担保的形式

投标担保是为了保护招标人免于投标人行为而带来的损失,要求投标人在提交投标书时提交的一种资金担保或其他担保形式。《工程建设项目施工招标投标办法》第三十六条规定:"招标人可以在招标文件中要求投标人提交投标担保。投标担保可以采用投标保函或者投标保证金的方式。投标保证金可以使用支票、银行汇票等,一般不得超过投标总价的2%,最高不得超过50万元。

投标人应当按照招标文件要求的方式和金额,将投标保函或者投标保证金随投标文件提交招标人。"

3. 投标担保的有限期限

投标保证金有效期应当超出投标有效期三十天。对未中标的投标保证金,招标人应在投标有效期满后规定的时间内退还。如属施工招标的,规章规定招标人与中标人签订合同后五个工作日内,应向未中标的投标人退还投标保证金。另外中标通知书发出后中标单位拒签合同的,投标保证金不予退还,如果其损失超过保证金数额的,还应予以赔偿。在提交投标文件截止时间后到招标文件规定的投标有效期终止之前,投标人不得补充、修改或撤回其投标文件,否则其投标保证金将被没收。

第六节 开标、评标与中标

一、开标

1. 概念

开标是招标人按照招标公告或者投标邀请函规定的时间、地点,当众开启所有投标人的投标文件,宣读投标人名称、投标价格和投标文件的其他主要内容的过程。通常开标有两种形式,第一种是公开开标,即招标人事先在报纸等媒介上公布开标信息,通知投标人,并在有投标人参加的情况下当众进行;第二种是秘密开标,即主要由招标单位和有关专家秘密进行开标,不通知投标人参加开标仪式。招标人可根据需要邀请政府代表或有关人员参加。

2. 开标的时间和地点

《招标投标法》第三十四条规定:"开标应当在招标文件确定的提交投标文件截止时间的同一时间公开进行,开标地点应当为招标文件中预先确定的地点。"

3. 开标程序

开标一般应按照下列程序进行：

（1）主持人宣布开标会议开始，介绍参加开标会议的单位、人员名单及工程项目的有关情况。

《招标投标法》第三十五条规定："开标由招标人主持，邀请所有投标人参加。"开标由招标人主持。招标人作为整个招标活动的发起者和组织者，应当负责开标的举行。开标应当按照规定的时间、地点公开进行，并且通知所有的投标人参加。投标人参加开标是自愿的，但是招标人必须通知其参加，否则将因程序不合法而引起争议，甚至承担赔偿义务。招标人不得只通知一部分投标人参加开标。

（2）请投标单位代表确认投标文件的密封性。

《招标投标法》第三十六条规定："开标时，由投标人或者其推选的代表检查投标文件的密封情况，也可以由招标人委托的公证机构检查并公证；经确认无误后，由工作人员当众拆封，宣读投标人名称、投标价格和投标文件的其他主要内容。

招标人在招标文件要求提交投标文件的截止时间前收到的所有投标文件，开标时都应当众予以拆封、宣读。开标过程应当记录，并存档备查。"

（3）宣布公证、唱标、记录人员名单和招标文件规定的评标原则、定标办法。

（4）宣读投标单位的名称、投标报价、工期、质量目标、主要材料用量、投标担保或保函以及投标文件的修改、撤回等情况，并做当场记录。

（5）与会的投标单位法定代表人或者其代理人在记录上签字，确认开标结果。

（6）宣布开标会议结束，进入评标阶段。

二、评标

1. 概念

评标就是依据招标文件的要求和规定，对投标文件进行审查、评审和比较。评标由招标人组建的评标委员会负责。

2. 评标的保密性与独立性

《招标投标法》第三十八条规定："招标人应当采取必要的措施，保证评标在严格保密的情况下进行。任何单位和个人不得非法干预、影响评标的过程和结果。"

按照我国招标投标法，招标人应当采取必要措施，保证评标在严格保密的情况下进行。评标活动具有保密性和独立性。为保证评标的公正、保证评标委员会的成员免受外界压力或影响，评标工作应该在严格保密情况下进行。所谓评标的严格保密，是指评标在封闭状态下进行，评标委员会在评标过程中有关检查、评审和评标的建议等情况均不得向投标人或与该程序无关的人员透露。

3. 评标委员会

《招标投标法》第三十七条规定："评标由招标人依法组建的评标委员会负责。依法必须进行招标的项目，其评标委员会由招标人的代表和有关技术、经济等方面的专家组成，成员人数为五人以上单数，其中技术经济等方面的专家不得少于成员总数的三分之二。前款专家应当从事相关领域工作满八年并具有高级职称或者具有同等专业水平，由招标人从国务院有关部门或者省、自治区、直辖市人民政府有关部门提供的专家名册或者招标代理机构的专家库内的相关专业的专家名单中确定。一般招标项目可以采取随机抽取方式,特殊招标项目可以由招标人直接确定。与投标人有利害关系的人不得进入相关项目的评标委员会;已经进入的应当更换。评标委员会成员的名单在中标结果确定前应当保密。"

《评标委员会和评标方法暂行规定》对评标委员会作出如下规定。

评标专家应符合下列条件:

(1) 从事相关专业领域工作满八年并具有高级职称或者同等专业水平;

(2) 熟悉有关招标投标的法律法规,并具有与招标项目相关的实践经验;

(3) 能够认真、公正、诚实、廉洁地履行职责。

有下列情形之一的,不得担任评标委员会成员:

(1) 投标人或者投标人主要负责人的近亲属;

(2) 项目主管部门或者行政监督部门的人员;

(3) 与投标人有经济利益关系,可能影响投标公正评审的;

(4) 曾因在招标、评标以及其他与招标投标有关活动中从事违法行为而受过行政处罚或刑事处罚的。

评标委员会成员有前款规定情形之一的,应当主动提出回避。

4. 评标时废标的情形

《工程建设项目施工招标投标办法》规定有下列情形之一的,评标委员会应当否决其投标:

(1) 投标文件未经投标单位盖章和单位负责人签字;

(2) 投标联合体没有提交共同投标协议;

(3) 投标人不符合国家或者招标文件规定的资格条件;

(4) 同一投标人提交两个以上不同的投标文件或者投标报价,但招标文件要求提交备选投标的除外;

(5) 投标报价低于成本或者高于招标文件设定的最高投标限价;

(6) 投标文件没有对招标文件的实质性要求和条件作出响应;

(7) 投标人有串通投标、弄虚作假、行贿等违法行为。

5. 评标标准和中标条件

评标委员会应当按照招标文件已经确定了的评标标准和方法来评审。评标委员会完成评标后,以书面形式向投标人汇报,并推荐合格的中标人,由招标人或其授权的评标委员会确定中标人。

中标人的确定,除了要根据法定的评标程序作出,还应考虑中标条件。国际上通行的中标条件主要有两种,一种是综合性条件,即以价格最低为主,同时参考其他条件对投标进行综合评价,确定中标者;另一种是单一条件,即以最低报价为唯一的中标条件,即报价最低者为中标者。

《招标投标法》第四十一条规定:"中标人的投标应当符合下列条件之一:

(1) 能够最大限度地满足招标文件中规定的各项综合评价标准;

(2) 能够满足招标文件的实质性要求,并且经评审的投标价格最低;但是投标价格低于成本的除外。"

在中标人确定之前,法律禁止招标人与投标人事先对投标实质性内容进行谈判。

6. 评标委员会应遵守的准则

《招标投标法》第四十四条规定："评标委员会成员应当客观、公正地履行职务,遵守职业道德,对提出的评审意见承担个人责任。评标委员会成员不得私下接触投标人,不得收受投标人的财物或者其他好处。评标委员会成员和参与评标的有关工作人员不得透露对投标文件的评审和比较、中标候选人的推荐情况以及与评标有关的其他情况。"

7. 评标报告

评标委员会完成评标后,应当向招标人提出书面评标报告,并推荐合格的中标候选人,限一至三人,并排序。

评标报告由评标委员会全体成员签字。对评标结论持有异议的评标委员会成员,可以书面方式阐述不同意见和理由。评标委员会成员拒绝在评标报告上签字且不陈述其不同意见和理由的,视为同意评标结论。评标委员会应当对此作出书面说明并记录在案。向招标人提交书面评标报告后,评标委员会即告解散。评标过程中使用的文件、表格以及其他资料应当归还招标人。

三、中标

1. 发出中标通知书

中标通知书是指招标人在确定中标人后向中标人发出的通知其中标的书面凭证。《招标投标法》第四十五条规定："中标人确定后,招标人应当向中标人发出中标通知书,并同时将中标结果通知所有未中标的投标人。中标通知书对招标人和中标人具有法律效力。中标通知书发出后,招标人改变中标结果,或者中标人放弃中标项目的,应当依法承担法律责任。"

中标人确定后,招标人应尽快向中标人发出中标通知,包括以电话、电报或电传等快捷方式。并同时将中标结果通知所有未中标的投标人。中标通知书的内容应当简明扼要,一般只需告知进一步签订合同的时间和地点。中标通知书发出后,招标方改变中标结果的,或者中标人放弃中标项目的,均应当承担法律责任。

中标通知书发出的另一个法律后果是招标人和中标人应当在法律规定的时间内订立书面合同。中标通知书产生法律效力后,招标人不得改变中标结果,否则要承担法律责任;而中标人也不得放弃中标项目,否则,招标人将对投标保证金予以没收。也就是说,投标人保证其投标被接受后对其投标书中规定的责任不得撤销或反悔。

2. 招标人和中标人订立合同

《招标投标法》第四十六条规定："招标人和中标人应当自中标通知书发出之日起三十日内,按照招标文件和中标人的投标文件订立书面合同。招标人和中标人不得再行订立背离合同实质性内容的其他协议。招标文件要求中标人提交履约保证金的,中标人应当提交。"

由于招标人或投标人一方原因致使在 30 日之内没有签订建设工程合同,如招标人改变中标结果,或者中标人放弃项目的,过错方必须承担法律责任。由于建设工程合同必须以书面方式签订,所以根据《中华人民共和国民法典》有关规定,仅发出中标通知书并不代表合同成立,因此有过错一方须承担缔约过失责任,而不是违约责任。

3. 中标无效的几种情况

(1)代理机构违反招标投标法规定,泄漏应当保密的与招标投标活动有关的情况和资料的,或与招标人、投标人串通损害国家利益、社会公共利益或者他人的合法权益,影响中标结果的,中标无效。

（2）必须进行招标的项目的招标人向他人透露已获取招标文件的潜在投标人的名称、数量或者可能影响公平竞争的有关招标投标的其他情况的,或者泄漏标底的,影响中标结果的,中标无效。

（3）投标人相互串通投标或者与招标人串通投标的,投标人以向招标人或者评标委员会成员行贿的手段谋取中标的,中标无效。

（4）投标人以他人名义投标或者以其他方式弄虚作假,骗取中标的,中标无效。

（5）必须进行招标的项目,招标人违反法律规定,与投标人就投标价格、投标方案等实质性内容进行谈判,影响中标结果的,中标无效。

（6）招标人在评标委员会依法推荐的中标候选人以外确定中标人的,或依法必须进行招标的项目的所有投标被评标委员会否决后自行确定中标人的,中标无效。

四、招标投标书面报告

依法必须进行招标的项目,招标人应当在确定中标人之日起 15 日内,向有关行政监督部门提交招标投标情况的书面报告。《工程建设项目施工招标投标办法》规定书面报告至少应包括下列内容:

（1）招标范围;

（2）招标方式和发布招标公告的媒介;

（3）招标文件中投标人须知、技术条款、评价标准和方法、合同主要条款等内容;

（4）评标委员会的组成和评标报告;

（5）中标结果。

第七节　案例分析

案例一

一、案情简介

2010 年 7 月 1 日,山东某房地产开发有限公司(以下简称 A 公司)与某建筑工程公司(以下简称 B 公司)签订了建设工程施工合同,合同中约定:A 将投资兴建的某食堂发包给 B 总承包,包括土建、采暖、给排水等工程项目,其中经 A 公司同意,给排水专业工程由 B 公司分包给 C 公司,工期自 2010 年 7 月 1 日至 2011 年 2 月 30 日,工程款按工程进度支付,给排水专业工程项目竣工结算价款的 3‰向 B 公司支付总包管理费。施工过程中由于 C 公司自身原因导致工程存在较多的质量问题,并且因此延误了工期。

（1）对于质量的返修,B 公司和 C 公司是否向 A 承担连带责任?

（2）由于工期延误造成的损失,B 公司是否和 C 公司向 A 承担连带赔偿责任?

二、案例评析

（1）建设工程可以由一个承包单位承包,也可由几个单位承包。承包单位承包后,还可将承包的工程部分分包给其他单位,签订分包合同。若分包的工程发生质量问题,发包人应找承包人解决,再由承包人找分包人解决,总包人与分包人应共同向发包人承担连带责任。《建设工程质量管理条例》第二十七条规定:"总承包单位依法将建设工程分包给其他单位的,分包单位应当按照分包合同的约定对其分包工程的质量向总承包单位负责,总承包单位与分包单位对分包工程的质量承担连带责任。"

（2）B公司收取了总包管理费,由于工期延误所造成的损失,B公司向A公司承担连带赔偿责任。《中华人民共和国民法典》第五百八十四条规定"当事人一方不履行合同义务或者履行合同义务不符合约定,造成对方损失的,损失赔偿额应当相当于因违约所造成的损失,包括合同履行后可以获得的利益。"

案例二

一、案情简介

某工程项目,经过有关部门批准后,决定由业主自行组织施工公开招标。该工程项目为政府的公共工程,已经列入地方的年度固定资产投资计划,概算已报主管部门批准,但征地工作尚未完成,施工图及有关技术资料齐全。因估计除本市施工企业参加投标外,还可能有外省市施工企业参加投标,因此业主委托咨询公司编制了两个标底,准备分别用于对本市和外省市施工企业投标的评定。业主要求将技术标和商务标分别封装。某承包商在封口处加盖了本单位的公章,并由项目经理签字后,在投标截止日期的前一天将投标文件保送业主,当天下午,该承包商又递交了一份补充材料,声明将原报价降低5%,但是业主有关人员认为,一个承包商不得递交2份投标文件,因而拒收承包商的补充材料。开标会议由市招投标管理机构主持,市公证处有关人员到会。开标前,市公证处人员对投标单位的资质进行了审查,评标委员会成员共8人,其中业主人员占5人。

二、案例评析

（1）标底编制可以采用工料单价法和综合单价法,根据招标工程的具体情况选择合适的编制方法。

（2）招标中的不当之处体现在:

① 因征地工作尚未完成,因此不能进行施工招标;

② 一个工程不能编制两个标底,只能编制一个标底;

③ 在招标中,业主违法了《招标投标法》的规定,以不合理的条件排斥了潜在的投标人;

④ 承包商的投标文件若由项目经理签字,应由法定代表人签发授权委托书;

⑤ 在投标截止日期之前的任何一天,承包商都可以递交投标文件,也可以对投标文件作出补充与修正,业主不得拒收;

⑥ 开标工作应由业主主持,而不应由招标投标管理机构主持;

⑦ 市公证处人员无权对投标单位的资质进行审查;

⑧ 评标委员会必须是5人以上的单数,而且业主方面的专家最多是1/3,本项目评标委员会不符合要求。

思　考　题

1. 什么是建设工程发承包?

2. 建设工程发包行为规范有哪些？

3. 招标投标的概念是什么？

4. 招标程序有哪些？

5. 投标文件的内容有哪些？

6. 开标、评标、中标的法律规定有哪些？

第六章　建设工程合同法规

第一节　建设工程合同的概述

一、合同的概念

合同是平等主体的自然人、法人、其他组织之间设立、变更、终止民事权利义务关系的协议。

民法中的合同有广义和狭义之分。广义的合同是指两个以上的民事主体之间设立、变更、终止民事权利义务关系的协议;狭义的合同是指债权合同,即两个以上的民事主体之间设立、变更、终止债权关系的协议。广义的合同除了民法中债权合同之外,还包括物权合同、身份合同,以及行政法中的行政合同和劳动法中的劳动合同等。《中华人民共和国民法典》(以下简称《民法典》)中所称的合同,是指狭义上的合同,即债权合同。

二、合同的分类

对合同作出科学的分类,不仅有助于针对不同合同确定不同的规则,而且便于准确适用法律。一般来说,合同可作如下分类:

1. 有名合同与无名合同

按照法律是否规定一定名称并有专门规定为标准,合同可以分为有名合同与无名合同。

有名合同,又称典型合同,指法律确定了特定名称和规则的合同。《民法典》典型合同分编中所列出的十九种基本合同即为有名合同,包括:买卖合同;供用电、水、气、热力合同;赠与合同;借款合同;保证合同;租赁合同;融资租赁合同;保理合同;承揽合同;建设工程合同;运输合同;技术合同;保管合同;仓储合同;委托合同;物业服务合同;行纪合同;中介合同;合伙合同。

无名合同(非典型合同),指法律没有确定专门的名称和具体规则的合同。

2. 双务合同与单务合同

按照当事人是否相互负有义务,合同可以分为双务合同与单务合同。双务合同,是指当事人之间互负义务的合同。典型合同中大多数合同如买卖合同、建设工程合同、运输合同等均属此类合同。单务合同,是指一方只享有权利,另一方只承担义务的合同。如赠与合同、借款合同。

3. 有偿合同与无偿合同

按照当事人之间的权利义务关系是否存在着对价关系,合同可以分为有偿合同与无偿合同。

有偿合同,是指当事人一方享有合同规定的权益,须向另一方付出相应代价的合同。有偿合同是商品交换最典型的法律形式。在实践中，绝大多数合同都是有偿的。有偿合同是常见的合同形式，诸如买卖、租赁、运输、承揽等。

无偿合同，是一方当事人享有合同约定的权益，但无须向另一方付出相应对价的合同。例如赠与合同、借用合同等。

4. 诺成合同与实践合同

以合同的成立是否必须交付标的物为标准，合同分为诺成合同与实践合同。诺成合同，是指当事人各方的意思表示一致即告成立的合同，如委托合同、勘察合同、设计合同等。

实践合同，又称要物合同，是指除双方当事人的意思表示一致以后，尚须交付标的物才能成立的合同，如保管合同、定金合同等。

5. 要式合同与不要式合同

根据合同的成立是否必须采取一定形式为标准，可以将合同划分为要式合同与不要式合同。

要式合同是法律或当事人必须具备特定形式的合同，例如，建设工程合同应当采用书面形式，就是要式合同。

不要式合同是指法律或当事人不要求必须具备一定形式的合同。实践中，以不要式合同居多。

6. 格式合同与非格式合同

按条款是否预先拟定，可以将合同分为格式合同与非格式合同。

格式合同，又称为定式合同、附和合同或一般交易条件，它是当事人一方为与不特定的多数人进行交易而预先拟定的，且不允许相对人对其内容作任何变更的合同。反之，为非格式合同。

第二节 合同的订立

一、合同订立的概念

合同的订立，是指合同当事人依法就合同的主要条款经过协商一致，达成协议的法律行为。

二、合同订立的形式

合同的形式指订立合同的当事人达成一致意思表示的表现形式。许多人将合同理解为合同书，这是不妥当的，合同是当事人的民事权利义务关系，合同形式是当事人权利义务关系的体现，根据我国《民法典》规定，合同形式可以以口头形式、书面形式和其他形式来体现。

1. 口头形式

口头形式合同是当事人以言语而不以文字形式作出意思表示订立的合同。口头合同在现实生活中广泛应用，凡当事人无约定或法律未规定特定形式的合同，均可采取口头形式，如买卖合同、租赁合同等。

2. 书面形式

书面形式是指合同书、信件和数据电文（包括电报、电传、传真、电子数据交换和电子邮件）等可以有形地表现所载内容的形式。《民法典》第七百八十九条规定，建设工程合同应当采用书面形式。一般而言，其书面形式包括合同协议书、中标通知书、投标书及其附件、合同专用条款、合同通用条款、洽商、变更等明确双方权利和义务的纪要、协议、工程报价单或工程预算书、图纸以及标准、规范和其他有关技术资料、技术要求等。当事人在合同履行过程中订有数份合同，当事人就同一建设工程另行订立的建设工程施工合同与经过备案的中标合同实质性内容不一致的，应当以备案的中标合同作为结算工程价款的根据。

《民法典》第四百九十条规定，法律、行政法规规定或者当事人约定合同应当采用书面形式订立，当事人未采用书面形式但是一方已经履行主要义务，对方接受时，该合同成立。

3. 其他形式

除了书面形式和口头形式，合同还可以以其他形式成立。法律没有列举具体的其他形式，但可以根据当事人的行为或者特定情形推定合同的成立。这种形式的合同可以称为默示合同，指当事人未用语言明确表示成立，也未用书面形式签订，而是根据当事人的行为或在特定的情形下推定成立的合同。

三、合同订立的程序

1. 要约邀请

要约邀请也称"要约引诱"，是指行为人作出的邀请他方向自己发出要约的意思表示。要约邀请虽然也是为订立合同作准备，但是是为了引发要约，其本身不是要约，例如招标公告、拍卖公告、一般商业广告、寄送价目表、招股说明书等。但商业广告的内容符合要约规定的，视为要约。

2. 要约

（1）要约的概念

要约，在商业活动中又称发盘、发价、出盘、出价、报价。《民法典》第四百七十二条规定了要约的概念，要约是希望和他人订立合同的意思表示。可见，要约是一方当事人以缔结合同为目的，向对方当事人所作的意思表示。发出要约的人称为要约人，接受要约的人称为受要约人。

（2）要约的构成要件

要约的构成要件，是指一项要约发生法律效力必须具备的条件。根据《民法典》第四百七十二条的规定，要约的构成要件如下：

① 要约人是特定当事人以缔结合同的目的向相对人所作的意思表示

特定当事人是指作出要约的人是可以确定的主体。要约的相对人一般是特定的人，但也可以是不特定人，例如商业广告内容符合要约其他条件的，可以视为要约。

② 要约内容应当具体确定

所谓"具体"，是指要约的内容必须能够包含使合同成立的必要条款，但不要求要约包括合同的所有内容。所谓"确定"，是指要约内容必须明确，不能含糊不清。

③ 要约应表明一旦经受要约人承诺，要约人受该意思表示约束

要约应当包含要约人愿意按照要约所提出的条件同对方订立合同的意思表示，要约一经

受要约人同意,合同即告成立,要约人就要受到约束。

只有具备上述三个要件,才构成一个有效的要约,并使要约产生拘束力。

(3) 要约的方式

要约的方式包括:

① 书面形式,如寄送订货单、信函、电报、传真、电子邮件等在内的数据电文等;

② 口头形式,可以是当面对话,也可以打电话;

③ 行为,除法律明确规定外,要约人可以视具体情况自主选择要约形式。

(4) 要约的生效

要约的生效是指要约开始发生法律效力。自要约生效起,其一旦被有效承诺,合同即告成立。

根据《民法典》第四百七十四条和第一百三十七条规定,要约生效的时间是受要约人知道要约内容时生效,即要约到达受要约人时生效。

要约可以以书面形式作出,也可以以口头对话形式,而书面形式包括了信函、电报、传真、电子邮件等数据电文等可以有形地表现所载内容的形式。除法律明确规定外,要约人可以视具体情况自主选择要约的形式。

生效的情形具体可表现为:

① 口头形式的要约自受要约人了解要约内容时发生效力;

② 书面形式的要约自到达受要约人时发生效力;

③ 采用数据电子文件形式的要约,当收件人指定特定系统接收电文的,自该数据电文进入该特定系统的时间(视为到达时间),该要约发生效力;若收件人未指定特定系统接收电文的,自该数据电文进入收件人任何系统的首次时间(视为到达时间),该要约发生效力。

(5) 要约的撤回

要约的撤回,指在要约发生法律效力之前,要约人使其不发生法律效力而取消要约的行为。

根据《民法典》第四百七十五条和第一百四十一条规定,要约可以撤回。要约的撤回通知应当在要约到达受要约人前或者与要约同时到达受要约人。

(6) 要约的撤销

要约的撤销,指在要约发生法律效力之后,要约人使其丧失法律效力而取消要约的行为。

根据《民法典》第四百七十六条和第四百七十七条规定,要约可以撤销。撤销要约的意思表示以对话方式作出的,该意思表示的内容应当在受要约人作出承诺之前为受要约人所知道;撤销要约的意思表示以非对话方式作出的,应当在受要约人作出承诺之前到达受要约人。

为了保护当事人的利益,《民法典》第四百七十六条同时规定了有下列情形之一的,要约不得撤销:

① 要约人确定了承诺期限或者以其他形式明示要约不可撤销;

② 受要约人有理由认为要约是不可撤销的,并已经为履行合同作了合理准备工作。

要约的撤回与要约的撤销在本质上是一样的,都是否定了已经发出去的要约。其区别在于:要约的撤回发生在要约生效之前,而要约的撤销则是发生在要约生效之后。

(7) 要约的消灭

要约的消灭即要约的失效,是指要约生效后,因特定事由而使其丧失法律效力,要约人和受要约人均不受其约束。要约因如下原因而消灭:

① 要约人依法撤销要约

要约因要约人依法撤销而丧失效力，如上文所述。

② 拒绝要约的通知到达要约人

受要约人拒绝要约的方式通常有通知或保持沉默。

要约因被拒绝而消灭，一般发生在受要约人为特定的情况下。对不特定人所作的要约（如内容确定的悬赏广告），并不因某特定人表示拒绝而丧失效力。

③ 承诺期限届满，受要约人未作出承诺

若要约人在要约中确定了承诺期间，则该期间届满要约丧失效力；若要约人未确定承诺期间，则在经过合理期间后要约丧失效力。

④ 受要约人对要约内容作出实质性变更

在受要约人回复时，对要约的内容作实质性变更的，视为新要约，原要约失效。

3. 承诺

（1）承诺的概念

承诺，是指受要约人同意要约的意思表示，即受要约人同意接受要约的条件以成立合同的意思表示。一般而言，要约一经承诺并送达于要约人，合同即告成立。

（2）承诺的构成要件

承诺必须符合一定条件才能发生法律效力。承诺必须具备以下条件：

① 承诺必须由受要约人向要约人作出

受要约人或其授权代理人可以作出承诺，除此以外的第三人即使知道要约的内容并作出同意的意思表示，也不是承诺。承诺是对要约的同意，承诺只能由受要约人向要约人本人或其授权代理人作出，才能导致合同成立；如果向受要约人以外的其他人作出的意思表示，不是承诺。

② 承诺应在要约规定的期限内作出

要约以信件或者电报作出的，承诺期限自信件载明的日期或者电报交发之日开始计算。信件未载明日期的，自投寄该信件的邮戳日期开始计算。要约以电话、传真等快速通讯方式作出的，承诺期限自要约到达受要约人时开始计算。只有在规定的期限到达的承诺才是有效的。超过期限到达的承诺，其有效与否要根据不同的情形具体分析。对此，请参见"承诺超期与承诺延误"的内容。

③ 承诺的内容应当与要约的内容一致

承诺是完全同意要约的意思表示，承诺的内容应当与要约的内容一致，但并不是说承诺的内容对要约内容不得作丝毫变更，这里的一致是指受要约人必须同意要约的实质性内容。

所谓实质性变更是指有关合同标的、质量、数量、价款或酬金、履行期限、履行地点和方式、违约责任和争议解决办法等的变更。若受要约人对要约的上述内容作变更，则不是承诺，而是受要约人向要约人发出的新要约。

若承诺对要约的内容作出非实质性变更的，除要约人及时表示反对或者要约表明承诺不得对要约的内容作出任何变更的以外，该承诺有效，合同的内容以承诺的内容为准。

④ 承诺的方式必须符合要约要求

《民法典》第四百八十条规定，承诺应当以通知的方式作出；但是，根据交易习惯或者要约表明可以通过行为作出承诺的除外。

所谓以行为承诺,如果要约人对承诺方式没有特定要求,承诺可以明确表示,也可由受要约人的行为来推断。所谓的行为通常是指履行的行为,比如预付价款、装运货物或在工地上开始工作等。

缄默是不作任何表示,即不行为,与默示不同。默示不是明示但仍然是表示的一种方法,而缄默与不行为是没有任何表示,所以不构成承诺。但是,如果当事人约定或者按照当事人之间的习惯做法,承诺以缄默与不行为来表示,则缄默与不行为又成为一种表达承诺的方式。但是,如果没有事先的约定,也没有习惯做法,而仅仅由要约人在要约中规定如果不答复就视为承诺是不行的。

(3)承诺生效

《民法典》第四百八十一条规定,承诺应当在要约确定的期限内到达要约人。承诺不需要通知的,根据交易习惯或者要约的要求作出承诺的行为时生效。

采用数据电文形式订立合同的,收件人指定特定系统接收数据电文的,该数据电文进入该特定系统的时间,视为到达时间,未指定特定系统的,该数据电文进入收件人的任何系统的首次时间,视为到达时间。

要约没有确定承诺期限的,承诺应当依照下列规定到达:

① 要约以对话方式作出的,应当即时作出承诺,但当事人另有约定的除外;

② 要约以非对话方式作出的,承诺应当在合理期限内到达。

(4)承诺超期与承诺延误

承诺超期是指受要约人主观上超过承诺期限而发出承诺导致承诺迟延到达要约人。受要约人超过承诺期限发出承诺的,除要约人及时通知受要约人该承诺有效的以外,为新要约。

承诺延误是指受要约人发出的承诺由于外界原因而延迟到达要约人。

受要约人在承诺期限内发出承诺,按照通常情形能够及时到达要约人,但因其他原因承诺到达要约人时超过承诺期限的,除要约人及时通知受要约人因承诺超过期限不接受该承诺的以外,该承诺有效。

(5)承诺的撤回

承诺的撤回,是指承诺发出后,承诺人阻止承诺发生法律效力的意思表示。承诺可以撤回。撤回承诺的通知应当在承诺通知到达要约人之前或者与承诺通知同时到达要约人。

鉴于承诺经送达要约人即发生法律效力,合同也随之成立,所以撤回承诺的通知应当在承诺通知到达要约人之前或者与承诺通知同时到达要约人。若撤回承诺的通知晚于承诺通知到达要约人,此时承诺已然发生法律效力,合同已经成立,则承诺人就不得撤回其承诺。

需要注意的是,要约可以撤回,也可以撤销。但是承诺却只可以撤回,而不可以撤销。

四、缔约过失责任

1. 缔约过失责任的概念

缔约过失责任是指合同订立当事人一方因违背其诚实信用原则所产生的义务,而致另一方的信赖利益的损失,并应承担损害赔偿责任。

2. 缔约过失责任的构成要件

构成缔约过失责任应具备以下条件:

(1)该责任发生在订立合同的过程中;

（2）当事人违反了诚实信用原则所要求的先合同义务；

（3）受害方的信赖利益遭受损失。

3. 缔约过失责任的适用情形

根据《民法典》第五百条规定,当事人在订立合同过程中有下列情形之一,给对方造成损失的,应当承担损害赔偿责任：

（1）假借订立合同,恶意进行磋商；

（2）故意隐瞒与订立合同有关的重要事实或者提供虚假情况；

（3）有其他违背诚实信用原则的行为。

当事人在订立合同过程中知悉的商业秘密,无论合同是否成立,不得泄露或者不正当地使用。泄露或者不正当地使用该商业秘密给对方造成损失的,应当承担损害赔偿责任。

第三节　合同的一般条款

《民法典》第四百七十条规定了合同的一般条款：

1. 当事人的名称或姓名和住所

该条款主要反映合同当事人基本情况。自然人的姓名是指经户籍登记管理机关核准登记的正式用名,自然人的户口所在地为住所地,若其经常居住地与户口所在地不一致的,以其经常居住地作为住所地。法人、其他组织的名称是指经登记主管机关核准登记的名称,如公司必须以营业执照上的名称为准,法人和其他组织的住所是指它们的主要办事机构所在地或主要营业地为住所地。

2. 标的

标的是合同当事人权利义务指向的对象。法律禁止的行为或者禁止流通物不得作为合同标的。按合同标的内容可以分为财产、行为、工作成果。

财产包括有形财产和无形财产。所谓有形财产是具有一定实物形态且具备价值及使用价值的客观实体,如货币、房产等；所谓无形财产,是不具实物形态但具备价值及使用价值的财产,如电力、著作权、发明专利权等。物资采购合同、设备租赁合同、借款合同都是以财产为标的的合同。

行为指以人的活动为表现形式的劳动或服务等,如委托监理合同的标的就是行为。工作成果是通过工作获得的满足特定要求的结果。建设工程施工合同就是一种以特定工作成果为标的的合同。

3. 数量

数量是以数字和计量单位来衡量合同标的的尺度。以物为标的的合同,其数量主要表现为一定的长度、体积或者重量。以行为为标的的合同,其数量主要表现为一定的工作量。以智力成果为标的的合同,其数量主要表现为智力成果的多少、价值。

4. 质量

质量是标的的内在品质和外观形态的综合,包括标的内在的物理、化学、机械、生物等性质的规定性,以及性能、稳定性、能耗指标、工艺要求等。例如在建设工程施工合同中,质量条款是通过适用的标准或者规范要求、图纸标示或者描述、合同条款的界定。

5. 价款或酬金

价款或酬金,是指取得标的物或接受劳务的当事人所支付的对价。在以财产为标的的合同中,这一对价称为价款,如买卖合同中的价金、租赁合同中的租金、借款合同中的利息等。在以劳务和工作成果为标的的合同中,这一对价称为酬金,如建设工程合同中的工程费、保管合同中的保管费、运输合同中的运费等。

6. 履行期限、地点和方式

(1) 履行期限

合同的履行期限,是指享有权利的一方要求义务相对方履行义务的时间范围。它是权利方要求义务方履行合同的依据,也是检验义务方是否按期履行或迟延履行的标准。

(2) 履行地点

合同履行地点是合同当事人履行和接受履行合同义务的地点。例如建设工程施工合同的主要履行地点条款内容相对容易确定,即项目土地所在地。

(3) 履行方式

履行方式是指当事人采取什么办法来履行合同规定的义务。

7. 其他条款

(1) 违约责任

违约责任是指违反合同义务应当承担的责任。违约责任条款设定的意义在于督促当事人自觉适当地履行合同,保护非违约方的合法权利。但是,违约责任的承担不一定通过合同约定。即使合同未约定违约条款,只要一方违约并造成他方损失且无合法免责事由,就应依法承担违约责任。

(2) 解决争议的方法

解决争议的方法是指一旦发生纠纷,将以何种方式解决纠纷。合同当事人可以在合同中约定争议解决方式。

约定争议解决方式,主要是在仲裁与法院诉讼之间作选择。和解与调解并非争议解决的必经阶段。

第四节　合同的生效与履行

合同只有具备一定的条件才能成为有效的合同,这些条件称为合同生效的要件。如果不具备这些要件,则合同不能直接被认定为有效的合同。所以,掌握合同生效的条件是进行合同管理的基本要求。

合同不具备生效的要件的根源是多方面的,例如,基于重大误解,基于显失公平等都会使得合同欠缺生效的要件。这些不直接具有法律效力的合同就是根据这些具体的根源的不同而分为无效的合同、可变更可撤销的合同、效力待定的合同。《民法典》对于这些合同都有具体的、特殊的规定,我们只有掌握了针对这些特殊合同的法律规定,才能根据不同的情况有效进行合同管理。

还有一些合同本身具备了生效的一般要件,但是由于当事人在合同之中约定的生效或者终止的条件、期限,使得其效力受到了一定的限制。我们对于这类附条件、附期限的合同也要很好掌握,以便利用这些限定的条件维护自身的权益。

一、合同的成立

合同成立是指当事人完成了签订合同过程,并就合同内容协商一致。合同成立不同于合同生效。合同生效是法律认可合同效力,强调合同内容合法性。因此,合同成立体现了当事人的意志,而合同生效体现国家意志。合同成立是合同生效的前提条件,如果合同不成立,是不可能生效的。但是合同成立并不意味着合同就生效了。

1. 合同成立的一般要件

(1) 存在订约当事人

合同成立首先应具备双方或者多方订约当事人,只有一方当事人不可能成立合同。例如,某人以某公司的名义与某团体订立合同,若该公司根本不存在,则可认为只有一方当事人,合同不能成立。

(2) 订约当事人对主要条款达成一致

合同成立的根本标志是订约双方或者多方经协商,就合同主要条款达成一致意见。

2. 经历要约与承诺两个阶段

《民法典》第四百七十一条规定,当事人订立合同,可以采取要约、承诺方式或者其他方式。缔约当事人就订立合同达成合意,一般应经过要约、承诺阶段。若只停留在要约阶段,合同根本未成立。

3. 合同成立时间

合同成立时间关系到当事人何时受合同关系拘束,因此合同成立时间具有重要意义。确定合同成立时间,必须遵守如下规则:

当事人采用合同书形式订立合同的,自双方当事人签字或者盖章时合同成立;各方当事人签字或者盖章的时间不在同一时间的,最后一方签字或者盖章时合同成立;当事人采用信件、数据电文等形式订立合同的,可以在合同成立之前要求签订确认书。签订确认书时合同成立。此时,确认书具有最终正式承诺的意义。

4. 合同成立地点

合同成立地点可能成为确定法院管辖的依据,因此具有重要意义。确定合同成立地点,必须遵守如下规则:

承诺生效的地点为合同成立的地点。采用数据电文形式订立合同的,收件人的主营业地为合同成立的地点;没有主营业地的,其经常居住地为合同成立的地点。当事人另有约定的,按照其约定。

当事人采用合同书形式订立合同的,双方当事人签字或者盖章的地点为合同成立的地点。

二、合同的生效

1. 合同生效的要件

合同生效,是指法律按照一定标准对合同评价后而赋予强制力。已经成立的合同,必须具备一定的生效要件,才能产生法律拘束力。合同生效要件是判断合同是否具有法律效力的评价标准。合同的生效要件有:

(1) 订立合同的当事人必须具有相应的民事权利能力和民事行为能力。

（2）意思表示真实

所谓意思表示真实，是指表意人的表示行为真实反映其内心的效果意思，即表示行为应当与效果意思相一致。

意思表示真实是合同生效的重要构成要件。在意思表示不真实的情况下，合同可能无效，如在被欺诈、胁迫致使行为人表示于外的意思与其内心真意不符，且涉及国家利益受损的情况；合同也可能被撤销或者变更，如在被欺诈、胁迫致使行为人表示于外的意思与其内心真意不符，但未违反法律和行政法规强制性规定及社会公共利益的情况。

（3）不违反法律、行政法规的强制性规定，不损害社会公共利益

这里的"法律"是狭义的法律，即全国人民代表大会及其常务委员会依法通过的规范性文件。这里的"行政法规"是国务院依法制定的规范性文件。所谓强制性规定是当事人必须遵守的不得通过协议加以改变的规定。

有效合同不仅不得违反法律、行政法规的强制性规定，而且不得损害社会公共利益。社会公共利益是一个抽象的概念，内涵丰富、范围宽泛，包含了政治基础、社会秩序、社会公共道德要求，可以弥补法律、行政法规明文规定的不足。对于那些表面上虽未违反现行法律明文强制性规定但实质上违反社会规范的合同行为，具有重要的否定作用。

（4）具备法律所要求的形式

这里的形式包括两层意思：订立合同的程序与合同的表现形式。这两方面都必须要符合法律的规定，否则不能当然发生法律效力。例如，《民法典》第五百零二条规定，依法成立的合同，自成立时生效。依照法律、行政法规的规定，合同应当办理批准等手续的，依照其规定。如果符合此规定的合同没有进行登记、备案，则合同不能当然发生法律效力。

2. 效力待定合同

（1）效力待定合同的概念

效力待定的合同，是指合同成立时是否发生效力还不能确定，有待于其他行为或者事实使之确定的合同。

（2）效力待定合同的类型及处理

① 限制民事行为能力人依法不能独立签订的合同

若限制民事行为能力人未经其法定代理人事先同意，独立签订了其依法不能独立签订的合同，则构成效力待定合同，但是纯获利益的合同除外。

此类效力待定合同须经过限制民事行为能力人的法定代理人行使追认权予以追认后才有效。相对人可以催告法定代理人在一个月内予以追认；法定代理人未作表示的，视为拒绝追认，合同没有效力。合同被追认之前，善意相对人有撤销的权利，撤销应当以通知的方式作出。

② 无权代理人以被代理人名义订立的合同

行为人没有代理权、超越代理权或代理权终止后仍以被代理人的名义与相对人订立合同。未经代理人追认的，对被代理人不发生效力，由行为人承担责任。

相对人可以催告被代理人在一个月内予以追认；被代理人未作表示的，视为拒绝追认，合同没有效力。合同被追认之前，善意相对人有撤销的权利，撤销应当以通知的方式作出。《民法典》第一百七十二条规定，行为人没有代理权，超越代理权或者代理权终止后，仍然实施代理行为，相对人有理由相信行为人有代理的，代理行为有效。这就是表见代理在合同领域的具体

规定。可见,表见代理无须被代理人追认,产生代理效力,即由被代理人对第三人承担授权责任。因表见代理订立的合同如无其他导致合同无效的原因,该合同有效。

③ 越权订立的合同

法人或者其他组织的法定代表人、负责人超越权限订立的合同,除相对人知道或者应当知道其超越权限的以外,该代表行为有效。

任何一个单位都有自己的组织结构,组织设计里面都包含组织权限分工。每个岗位都有自己的责任和权利。如果超越了自己的权利范围而为民事行为,其行为就不是必然有效的行为了。这种行为是否有效,需要结合其他因素确定。

超越权限订立的合同是否有效取决于相对人是否知道行为人超越权限。如果明知其超越权限还依然与之签订合同,合同就是无效的;如果不知道其越权而与之签订合同,则合同就是有效的。

④ 无处分权人所订立合同

所有权人或法律授权的人才能对财产行使处分权,如财产的转让、赠与等。无处分权人只能对财产享有占有、使用权。无处分权人处分他人财产与相对人订立的合同,经权利人追认或者无权处分权人订立合同后取得处分权的,该合同有效。无处分权人与相对人订立的合同,若未获追认或者无权处分人在订立合同后未获处分权,则该合同不生效。

3. 附条件合同与附期限合同

(1) 附条件合同

所谓附条件合同,是指在合同中约定了一定的条件,并且把该条件的成就或者不成就作为合同效力发生或者消灭的根据的合同。根据条件对合同效力的影响,可将所附条件分为生效条件和解除条件。

在附条件合同的条件成就之前,当事人不应违背法律或者诚实信用原则,为自己利益不当促成或者阻止条件的成就,而应听任条件的自然发生,否则应承担不利后果。为此,《民法典》第五百零八条和第一百五十九条规定,附条件的合同,当事人为自己的利益不正当地阻止条件成就的,视为条件已经成就;不正当地促成条件成就的,视为条件不成就。

《民法典》第五百零八条和第一百五十八条规定,合同可以附条件,但是根据其性质不得附条件的除外。附生效条件的合同,自条件成就时有效。附解除条件的合同,自条件成就时失效。

对附生效条件的合同而言,在条件成就之前,合同虽然已经成立,但暂时未发生效力,此时,权利人不能行使权利,义务人无须履行义务;但是,条件一旦成就,当事人即受合同约束。

对附解除条件的合同而言,在条件成就之前,合同已经发生效力,且正持续约束当事人,当条件成就以后,合同效力消灭,不再约束当事人。

(2) 附期限合同

附期限合同,是指当事人在合同中设定一定的期限,并把未来期限的到来作为合同效力发生或者效力消灭的根据的合同。根据期限对合同效力的影响,可将所附期限分为生效期限和终止期限。

《民法典》第五百零八条和第一百六十条规定,合同可以附期限,但是根据其性质不得附期限的除外。附生效期限的合同,自期限届至时生效,附终止期限的合同,自期限届满时失效。

对附生效期限的合同而言,在期限到来之前,合同虽然已经成立,但暂时未发生效力,此时,权利人不能行使权利,义务人无须履行义务。但是,期限一旦届至,当事人即受合同约束。

对附终止期限的合同而言,在期限到来之前,合同已经发生效力,且正持续约束当事人;当期限届满,合同效力消灭,不再约束当事人。

4. 无效合同

(1) 无效合同概述

无效合同,是指合同虽然已经成立,但因不符合法律要求的要件而不予承认和保护的合同。无效合同具有以下特征:

① 合同自始无效

无效合同自订立时起就不具有法律效力,而不是从合同无效原因发现之日或合同无效确认之日起,合同才失去效力。

② 合同绝对无效

合同自订立时起就无效,当事人不能通过同意或追认使其生效。

③ 合同当然无效

无论当事人是否知道其无效情况,无论当事人是否提出主张无效,法院或仲裁机构可以主动审查决定该合同无效。

合同无效,可能是全部无效,也可能是部分无效。如果合同部分无效,不影响其他部分效力的,其他部分仍然有效。合同无效,不影响合同中独立存在的有关解决争议方法的条款的效力。

(2) 无效合同的原因

1) 一方以欺诈手段订立合同,损害国家利益

所谓欺诈是指一方当事人故意告知对方虚假情况,或者故意隐瞒真实情况,诱使对方当事人作出错误意思表示的行为。其构成条件有:其一,欺诈方具有欺诈的故意;其二,欺诈方实施了欺诈行为;其三,被欺诈方因欺诈行为陷入错误的认识。

由于错误认识而作出了违反其真实意思表示的行为、欺诈行为损害了国家利益。注意,这里的"国家利益"应作严格解释,不应随意扩大化,不应当将民事交易中的国有企业利益随意上升为国家利益。国有企业作为独立经营的法人,有独立的企业利益,不应在法律上受到特别保护。在法律上,欺诈国有企业与欺诈其他合同当事人是一样的,而不能作为损害国家利益来对待。

2) 一方以胁迫手段订立合同,损害国家利益

所谓胁迫是指以给公民及其亲友的生命健康、荣誉、名誉、财产等造成损害或者以给法人的荣誉、名誉、财产等造成损害为要挟,迫使对方作出违背真实的意思表示的行为。

其构成条件有:

① 胁迫人具有胁迫的故意;

② 胁迫人实施了胁迫行为;

③ 胁迫行为是非法或不当的;

④ 受胁迫者因胁迫而订立合同以及胁迫行为损害了国家利益。

3) 恶意串通,损害国家、集体或第三人利益的合同

恶意串通的合同是指当事人同谋,共同订立某种合同,造成国家、集体或者第三人利益损害的合同。

其构成要件有:

① 主观因素

主观上行为人明知或者应知某种行为将造成对国家、集体或者第三者的损害而故意为之。当事人之间相互串通既可以表现为当事人事先达成的合谋,也可表现为一方明确表示意思,另一方与其达成默契进行接受。

② 客观因素

客观上损害国家、集体或第三人利益。

4)以合法形式掩盖非法目的

以合法形式掩盖非法目的,指当事人实施的行为在形式上是合法的,但在内容上或者目的上是非法的。

必须注意的是,以合法形式掩盖非法目的的合同并不要求造成损害后果,即无论造成损害与否,只要符合上述特征,即可构成。

5)损害社会公共利益

社会公共利益的内涵丰富,外延宽泛。相当一部分社会公共利益的保护,已经纳入法律、行政法规明文规定。但是,仍有部分并未被法律、行政法规所规定,特别是涉及社会公共道德的部分。将损害社会公共利益的合同规定为无效合同,利用"社会公共利益"概念定义的弹性,有助于弥补现行法律、行政法规规定的缺失。

6)违反法律、行政法规的强制性规定

合同无效,应当以全国人大及其常委会制定的法律和国务院制定的行政法规为依据,不得以地方性法规、行政规章为依据。同时,必须是违反了法律、行政法规的强制性规范才导致合同无效,违反其中任意性规范并不导致合同无效。所谓任意性规范是指当事人可以通过约定排除其适用的规范,即任意性规范赋予当事人依法进行意思自治。

(3)无效的免责条款

免责条款,是当事人在合同中确立的排除或限制其未来责任的条款。合同中的下列免责条款无效:

① 造成对方人身伤害的

生命健康权是不可转让、不可放弃的权利,因此不允许当事人以免责条款的方式事先约定免除这种责任。

② 因故意或者重大过失造成对方财产损失的

财产权是一种重要的民事权利,不允许当事人预先约定免除一方故意或重大过失而给对方造成损失,否则会给一方当事人提供滥用权利的机会。

(4)合同无效的法律后果

由于无效合同具有不得履行性,因此不发生当事人所期望的法律效果;但是,并非不产生任何法律效果,而是产生包括返还财产、损害赔偿以及其他法定效果。

① 返还财产

合同被确认无效后,因该合同取得的财产,应当予以返还。

② 折价补偿

不能返还或者没有必要返还的,应当折价补偿。例如,建设工程施工合同无效但是工程已经竣工验收合格,如果采用返还财产、恢复原状处理规则,就要将工程拆除使之恢复到缔约之前。这样既不利于当事人,对社会利益也是损失。

③ 赔偿损失

赔偿损失以过错为要件,有过错的一方应当赔偿对方因此受到的损失,双方都有过错的,应当各自承担相应的责任。

④ 收归国库所有

当事人恶意串通,损害国家、集体或者第三人利益的,因此取得的财产收归国家所有或者返还集体、第三人。收归国有又称为追缴。追缴的财产包括已经取得的财产和约定取得的财产。对于施工合同而言违法分包或转包就属恶意串通,损害国家、集体或者第三人利益的,人民法院可以根据民法收缴当事人已经取得的非法所得。

三、合同的履行

1. 合同履行概述

合同的履行是合同管理中最具实质性的一步。所有的合同当事人都要重视合同的履行。由于每一个合同都是不同的合同,在履行的过程中自然也会不尽相同。因此,《民法典》给出了合同履行的原则,违背这些原则的履行都将为此承担相应的法律责任。《民法典》对于在合同履行中出现的特殊情况也作出了规定。这种特殊情况主要表现在合同条款空缺,也就是当事人在合同中对于质量、工期、报酬等关键性的条款的约定存在瑕疵或者盲点,这就会导致后面的合同履行无法进行。因此,我们需要对这些特殊的情形的规定深入把握,才能针对不同的具体情况进行有效的处理。

《民法典》中的合同法规赋予了当事人在履行合同过程中享有的权利,主要包括抗辩权、代位权和撤销权。这些权利是我们必须要掌握的内容,只有掌握了这些权利才可能利用法律这个武器来维护自身的合法权益。

2. 合同履行的原则

(1) 实际履行原则

订立合同的目的是为了满足一定的经济利益,当事人应当按照合同约定交付标的或提供服务。根据实际履行原则,当事人应当按照合同规定的标的完成任务,不能用违约金或赔偿金来代替合同标的;任何一方违约时也不能以支付违约金或赔偿损失的方式来代替合同的履行,守约一方要求继续履行的,应当继续履行。

(2) 全面、适当履行原则

全面、适当履行原则,是指合同当事人完全按照合同的标的、数量、质量、价款或者报酬、地点、期限、方式等要求,全面地完成自己的义务。《民法典》第五百零九条有相关规定。

(3) 诚实信用原则

诚实信用原则在合同的履行中是最突出和最重要的原则之一。《民法典》第五百零九条规定:"当事人应当遵循诚实信用原则,根据合同的性质、目的和交易习惯履行通知、协助、保密等义务。"

从我国法律规定的诚实信用原则来看,它的要求是民事主体在民事活动中维持双方的利益平衡,对另一方不进行任何欺诈,以诚实、善意的心态行使权利,履行义务,恪守信用。

诚实信用原则主要涉及两个方面的利益关系,当事人之间的利益关系和当事人与社会间的利益关系。在当事人之间的利益关系中,诚实信用原则要求合同一方尊重另一方的利益,自己在得到利益的同时,使对方也得到利益,不得损人利己;在当事人与社会的利益关系中,诚实信用原则要求当事人不得通过自己的民事活动损害第三人的利益和社会的公共利益。

（4）情势变更原则

所谓情势变更，是指合同依法订立后，由于不可归责于双方当事人的原因，履行合同的基础发生了变化，如果仍然维持合同的效力，将会产生显失公平的后果，在这种情况下，受不利影响的一方当事人有权请求法院或仲裁机构变更或解除合同。由于情势变更的理论与实践十分复杂，难以划清正常商业风险与客观情势变更的界限，所以合同法规未确立情势变更制度。但司法实践是认可情势变更为履行合同的原则的。

3. 合同履行的规则

（1）合同条款约定不明的履行规则

根据《民法典》第五百一十条规定："合同生效后，当事人就质量、价款或者报酬、履行地点等内容没有约定或者约定不明确的，可以协议补充；不能达成补充协议的，按照合同有关条款或者交易习惯确定。"

《民法典》第五百一十一条规定，合同的主要内容没有约定或约定不明确的当事人就有关合同内容约定不明确，依照本法第五百一十条的规定仍不能确定的，活用下列规定：

① 质量要求不明确的，按照国家标准、行业标准履行；没有国家标准、行业标准的，按照通常标准或者符合合同目的的特定标准履行。

② 价款或者报酬不明确的，按照订立合同时履行地的市场价格履行；依法应当执行政府定价或者政府指导价的，按照规定履行。

③ 履行地点不明确，给付货币的，在接受货币一方所在地履行；交付不动产的，在不动产所在地履行；其他标的，在履行义务一方所在地履行。

④ 履行期限不明确的，债务人可以随时履行，债权人也可以随时要求履行，但应当给对方必要的准备时间。

⑤ 履行方式不明确的，按照有利于实现合同目的的方式履行。

⑥ 履行费用的负担不明确的，由履行义务一方负担。

（2）执行政府定价或者政府指导价的合同的履行规则

执行政府定价或者政府指导价的，在合同约定的交付期限内政府价格调整时，按照交付时的价格计价。逾期交付标的物的。遇价格上涨时，按照原价格执行；价格下降时，按照新价格执行。逾期提取标的物或者逾期付款的，遇价格上涨时，按照新价格执行；价格下降时，按照原价格执行。

（3）涉及第三人的合同履行规则

① 向第三人履行的合同

当事人约定由债务人向第三人履行债务的，债务人未向第三人履行债务或者履行债务不符合约定，应当向债权人承担违约责任。

② 由第三人履行的合同

当事人约定由第三人向债权人履行债务的，第三人不履行债务或者履行债务不符合约定，债务人应当向债权人承担违约责任。

4. 合同履行的主体

合同履行的主体包括完成履行的一方（履行人）和接受履行的一方（履行受领人）。完成履行的一方首先是债务人，也包括债务人的代理人。但是法律规定、当事人约定或者性质上必须由债务人本人亲自履行者除外。另外,当事人约定的债务人之外第三人也可为履行人。但是,约定代为履行债务的第三人的不履行责任却要由原债务人承担。《民法典》第五百二十三条规定:"第三人不履行债务或者履行债务不符合约定,债务人应当向债权人承担违约责任。"

接受履行的一方首先是债权人,由债权人享有给付请求权及受领权。但是,在某些情况下,接受履行者也可以是债权人之外的第三人,如当事人约定由债务人向第三人履行债务。但是,债务人如果没有向约定受偿的第三人履行债务,却要向原合同的债权人承担违约责任。《民法典》第五百二十二条规定:"债务人未向第三人履行债务或者履行债务不符合约定,应当向债权人承担违约责任。"

5. 合同履行的空缺

(1) 合同条款空缺的概念

合同条款空缺是指所签订的合同中约定的条款存在缺陷或者空白点,使得当事人无法按照所签订的合同履约的法律事实。

当事人订立合同时,对合同条款的约定应当明确、具体,以便于合同履行。然而,由于某些当事人在合同法律知识方面的欠缺、对事物认识上的错误以及疏忽大意等原因,而出现欠缺某些条款或者条款约定不明确,致使合同难以履行时,为了维护合同当事人的正当权益,法律规定当事人之间可以约定,采取措施,补救合同条款空缺的问题。

(2) 解决合同条款空缺的原则

为了解决合同条款空缺的问题,《民法典》第五百一十条给出了原则性规定:"合同生效后,当事人就质量、价款或者报酬、履行地点等内容没有约定或者约定不明确的,可以协议补充;不能达成补充协议的,按照合同有关条款或者交易习惯确定。"

(3) 解决合同条款空缺的具体规定

1) 适用于普通商品的具体规定

依据《民法典》第五百一十一条,当事人就有关合同内容约定不明确,依照本法第五百一十条的规定仍不能确定的,适用下列规定:

① 质量要求不明确的,按照国家标准、行业标准履行;没有国家标准、行业标准的,按照通常标准或者符合合同目的的特定标准履行。

② 价款或者报酬不明确的,按照订立合同时履行地的市场价格履行;依法应当执行政府定价或者政府指导价的,按照规定履行。

③ 履行地点不明确,给付货币的,在接受货币一方所在地履行;交付不动产的,在不动产所在地履行;其他标的,在履行义务一方所在地履行。

④ 履行期限不明确的,债务人可以随时履行,债权人也可以随时要求履行,但应当给对方必要的准备时间。

⑤ 履行方式不明确的,按照有利于实现合同目的的方式履行。

⑥ 履行费用的负担不明确的,由履行义务一方负担。

2) 适用于政府定价或者政府指导价商品的具体规定

政府定价是指对于一些特殊的商品,政府不允许当事人根据供给和需求自行决定价格,而是由政府直接为该商品确定价格。

政府指导价是指对于一些特殊的商品,政府不允许当事人根据供给和需求自行决定价格,而是由政府直接为该商品确定价格的浮动区间。

政府定价或者政府指导价的商品由于其具有自身的特殊性,《民法典》作出了单独规定:执行政府定价或者政府指导价的,在合同约定的交付期限内政府价格调整时,按照交付时的价格计价。逾期交付标的物的,遇价格上涨时,按照原价格执行;价格下降时,按照新价格执行。逾期提取标的物或者逾期付款的,遇价格上涨时,按照新价格执行;价格下降时,按照原价格执行。

四、合同履行的抗辩权

合同一旦有效成立,当事人应当按照合同约定履行自己的义务。一方不履行合同或不适当履行合同,损害了对方利益,受损害方可寻求公力救济。但在双务合同履行中,如果一方或双方具有法律规定的事由的话,法律授权当事人可以私力救济,即可以拒绝履行自己的义务来保护自己的合法权益,而不承担违约责任。这就是双务合同履行中的抗辩权。依其具体情形可分为同时履行抗辩权、先履行抗辩权和不安抗辩权三种。

1. 同时履行抗辩权

(1) 同时履行抗辩权的概念

同时履行,是指合同订立后,在合同有效期限内,当事人双方不分先后地履行各自的义务的行为。

同时履行抗辩权,是指在没有规定履行顺序的双务合同中,当事人一方在当事人另一方未为对待给付以前,有权拒绝先为给付的权利。

《民法典》第五百二十五条规定:"当事人互负债务,没有先后履行顺序的,应当同时履行。一方在对方履行之前有权拒绝其履行要求。一方在对方履行债务不符合约定时,有权拒绝其相应的履行要求。"

(2) 同时履行抗辩权的成立要件

① 由同一双务合同产生互负的债务

双务合同是产生抗辩权的基础,单务合同中不存在抗辩权的问题。同时,当事人只有通过不履行本合同中的义务来对抗对方在本合同中的不履行,而不能用一个合同中的权利去对抗另一个合同。

② 在合同中未约定履行顺序

这正是同时履行的本质。如果约定了履行顺序,其抗辩权就不是同时履行抗辩权,而是后面要提到的异时履行抗辩权了。

③ 当事人另一方未履行债务

只有一方未履行其义务,另一方才具有行使抗辩权的基本条件。

④ 对方的对待给付是可能履行的义务

倘若对方所负债务已经没有履行的可能性,即同时履行的目的已不可能实现时,则不发生同时履行抗辩问题,当事人可依照法律规定解除合同。

(3) 同时履行抗辩权的行使与效力

同时履行抗辩权只能由当事人行使,法院不能依职权主动适用。

同时履行抗辩权有阻却对方请求权的效力,没有消灭对方请求权的效力。即在对方没有履行或提出履行前,可以拒绝履行;当对方履行或提出履行时,应当恢复履行。

2. 先行履行抗辩权

（1）先行履行抗辩权的概念

先行履行抗辩权，是指当事人互负债务，有先后履行顺序，先履行一方未履行或者履行债务不符合约定的，后履行一方有权拒绝先履行一方的履行要求。

（2）先履行抗辩权的成立要件

① 双方基于同一双务合同且互负债务

先履行抗辩权存在于双务合同，而非单务合同。先履行抗辩权的双方债务应基于同一合同。

② 履行债务有先后顺序

债务履行的顺序可能基于法律规定，也可能基于当事人约定。如果债务没有先后履行顺序，就应适用同时履行抗辩权而非先履行抗辩权。

③ 有义务先履行债务的一方未履行或者履行不符合约定

如果先履行一方已经适当、全面地履行债务，则后履行一方就没有先履行抗辩权，而应当依约履行自身义务，否则可能承担违约责任。

（3）先履行抗辩权的行使与效力

先履行抗辩权在当事人行使时，可采取明示或采取默示。

行使先履行抗辩权，在他方未先履行义务前，可拒绝自己履行义务，并不承担违约责任。行使先履行抗辩权没有消除合同的效力，在先履行方适当履行后，先履行抗辩权消灭。

3. 不安抗辩权

（1）不安抗辩权的概念

不安抗辩权，是指先履行合同的当事人一方因后履行合同一方当事人欠缺履行债务能力或信用，而拒绝履行合同的权利。

（2）不安抗辩权的成立要件

1）双方当事人基于同一双务合同而互负债务。不安抗辩权存在于双务合同，而非单务合同。不安抗辩权的双方债务应基于同一合同。

2）债务履行有先后顺序，且由履行顺序在先的当事人行使。

如果债务履行没有先后顺序，则只能适用同时履行抗辩权。在履行债务有先后顺序的情况下，先履行一方可能行使不安抗辩权，后履行一方只可能行使先履行抗辩权。

3）履行顺序在后的一方履行能力明显下降，有丧失或者可能丧失履行债务能力的情形。

不安抗辩权制度在于保护履行顺序在先的当事人，但不是无条件的，而是以该当事人的债权实现受到存在于对方当事人的现实危险威胁为条件。根据《民法典》第五百二十七条规定："应当先履行债务的当事人，有确切证据证明对方有下列情形之一的，可以中止履行：

① 经营状况严重恶化；

② 转移财产、抽逃资金以逃避债务；

③ 丧失商业信誉；

④ 有丧失或者可能丧失履行债务能力的其他情形。

当事人没有确切证据中止履行的，应当承担违约责任。"

4）履行顺序在后的当事人未提供适当担保

履行顺序在后的当事人履行能力明显下降，可能严重危及履行顺序在先当事人的债权。但是，如果后履行方提供适当担保，则先履行方的债权不会受到损害，所以，就不得行使不安抗辩权。

（3）不安抗辩权行使与效力

中止履行的一方，即行使不安抗辩权的一方负有对相对人欠缺信用、欠缺履行能力的举证责任。

当事人依照《民法典》第五百二十七条的规定中止履行的，应当及时通知对方。对方提供适当担保时，应当恢复履行。中止履行后，对方在合理期限内未恢复履行能力并且未提供适当担保的，中止履行的一方可以解除合同。

五、合同的保全

1. 代位权

（1）代位权的概念和特征

代位权，是指债权人为了保障其债权不受损害，而以自己的名义代替债务人行使债权的权利。

《民法典》第五百三十五条规定，因债务人怠于行使其债权或与该债权有关的从权利，影响债权人的到期债权实现的，债权人可以向人民法院请求以自己的名义代位行使债务人对相对人的权利，但是该权利专属于债务人自身的除外。代位权的行使范围以债权人的到期债权为限。债权人行使代位权的必要费用，由债务人负担。

代位权的特征如下：其一，代位权针对的是债务人消极行为，即怠于行使对次债务人的债权的消极行为；其二，代位权是债权人以自身名义直接向次债务人提出请求，这不同于债权人向债务人提出请求，也不同于债务人向次债务人提出请求；其三，代位权的行使方式必须是在法院提起代位权诉讼，而不能通过诉讼外的其他方式来行使。

代位权的成立要债权人提起代位权诉讼，应当符合下列条件：

① 债权人对债务人的债权合法

债权人与债务人之间的债权债务关系必须合法存在，否则代位权就失去其存在的基础。因此，如果合同未成立、合同被宣告无效或者合同被撤销，或者合同关系已经被解除，则不存在行使代位权的可能。

② 债务人怠于行使其到期债权，对债权人造成损害

债务人怠于行使其到期债权，对债权人造成损害的，是指债务人不履行其对债权人的到期债务，又不以诉讼方式或者仲裁方式向其债务人主张其享有的具有金钱给付内容的到期债权，致使债权人的到期债权未能实现。

③ 债务人的债权已到期

债务人的债权已到期是债务人可以对次债务人行使债权的条件，而债权人的代位权是代位行使本属于债务人的债权。因此，债务人债权已到期也是债权人行使代位权的条件。

④ 债务人的债权不是专属于债务人自身的债权

债权人可以代位行使的权利必须是专属于债务人的权利。基于扶养关系、抚养关系、赡养关系、继承关系产生的给付请求权和劳动报酬、退休金、养老金、抚恤金、安置费、人寿保险、人身伤害赔偿请求权等权利就是专属债务人自身的债权。

（2）代位权的行使

1）代位权行使的主体与方式

债权人行使代位权的，必须以自己的名义提起诉讼。因此，代位权诉讼的原告只能是债权

人。代位权必须通过诉讼程序行使。

2）代位权的行使范围

代位权的行使范围以债权人的债权为限，其含义包括如下两方面：

① 债权人行使代位权，只能以自身的债权为基础，而不应以债务人的其他债权人的债权为基础。

② 债权人代位行使的债权数额应当与其对债务人享有的债权数额为上限。即债务人所享有的债权超过了债权人所享有的债权，债权人不得就超过的部分行使代位权。

（3）代位权行使的效力

在债务链中，如果原债务人的债务人向原债务人履行债务，原债务人拒绝受领时，则债权人有权代原债务人受领。但在接受之后，应当将该财产交给原债务人，而不能直接独占财产。然后，再由原债务人向债权人履行其义务。如原债务人不主动履行债务时，债权人可请求强制履行受偿。

2. 撤销权

（1）撤销权的概念

所谓撤销权，是指因债务人实施了减少自身财产的行为，对债权人的债权造成损害，债权人可以请求法院撤销债务人该行为的权利。

《民法典》第五百三十九条规定，债务人以明显不合理的低价转让财产、以明显不合理的高价受让他人财产或者为他人的债务提供担保，影响债权人的债权实现，债务人的相对人知道或者应当知道该情形的，债权人可以请求人民法院撤销债务人的行为。《民法典》第五百四十条规定，撤销权的行使范围以债权人的债权为限。债权人行使撤销权的必要费用，由债务人承担。

（2）撤销权的成立要件

1）债务人实施了处分财产的行为

可能导致债权人行使撤销权的债务人行为包括如下三种情形：

① 债务人放弃到期债权；

② 债务人无偿转让财产；

③ 债务人以明显不合理的低价转让财产。

2）债务人处分财产的行为发生在债权人的债权成立之后

如果债务人处分财产的行为发生在债权人债权成立之前，债务人的行为不发生危及债权的可能性。

3）债权人处分财产的行为已经发生效力

债权人的撤销权建立在债务人处分财产的行为已经生效的基础上。如果债务人的行为没有成立和生效，或者就是无效行为，就不必由债权人行使撤销权。

4）债务人处分财产的行为侵害债权人债权

只有当债务人处分财产的行为已经或者将要严重侵害债权人的债权时，债权人才能行使撤销权。一般认为，当债务人实施处分财产后，其资产已经不足以向债权人清偿债务，就可以认定其行为有害于债权人的债权。

（3）撤销权的行使

① 撤销权行使的主体与方式

债权人行使撤销权的，撤销权诉讼的原告只能是债权人。

　　债权人行使撤销权必须通过向法院起诉的方式进行,并由法院作出撤销判决才能发生撤销的效果。若撤销权实现,即撤销了债务人与第三人之间的民事行为。

　　② 撤销权行使的期间

　　《民法典》第五百四十一条规定:"撤销权自债权人知道或者应当知道撤销事由之日起一年内行使。自债务人的行为发生之日起五年内没有行使撤销权的,该撤销权消灭。"

　　③ 撤销权的行使范围

　　根据《民法典》第五百四十条规定:"撤销权的行使范围以债权人的债权为限"。其含义包括如下几点:其一,债权人行使撤销权,只能以自身的债权为基础,而不能以债务人的其他债权人的债权为保全对象;其二,债权人在行使撤销权时,其请求撤销的数额应当与其债权数额相一致,但不要求完全相等(也不可能做到完全相等),而应当是大致相当。

六、合同履行的担保

　　担保是债权人与债务人或者第三人根据法律规定或约定而实施的,以保证债权得以实现为目的的民事法律行为。在担保法律关系中,债权人称为担保权人,债务人称为被担保人,第三人称为担保人。

　　担保活动应当遵循平等、自愿、公平、诚实信用的原则。

　　担保合同是主合同的从合同,主合同无效,担保合同无效。担保合同另有约定的,按照约定。

　　第三人为债务人向债权人提供担保时,可以要求债务人提供反担保。反担保适用本法担保的规定。

　　担保形式有五种,即保证、抵押、质押、留置和定金。

　　1. 保证

　　(1)保证的概念

　　保证,是指保证人和债权人约定,当债务人不履行债务时,保证人按照约定履行债务或者承担责任的行为。

　　保证担保的当事人包括债权人、债务人、保证人。

　　根据《民法典》第六百八十五条规定,保证合同可以是单独订立的书面合同,也可以是主债权债务合同中的保证条款。保证合同应当包括以下内容:

　　① 被保证的主债权种类、数额;

　　② 债务人履行债务的期限;

　　③ 保证的方式;

　　④ 保证担保的范围;

　　⑤ 保证的期间;

　　⑥ 双方认为需要约定的其他事项。

　　保证合同不完全具备前款规定内容的,可以补正。保证人与债权人可以就单个主合同分别订立保证合同,也可以协议在最高债权额限度内就一定期间连续发生的借款合同或者某项商品交易合同订立一个保证合同。保证担保的范围包括主债权及利息、违约金、损害赔偿金和实现债权的费用。保证合同另有约定的,按照约定。

　　当事人对保证担保的范围没有约定或者约定不明确的,保证人应当对全部债务承担责任。

保证人承担保证责任后,有权向债务人追偿。

（2）保证人的资格条件

具有代为清偿债务能力的法人、其他组织或者公民,可以做保证人。

同时,《民法典》第六百八十三条规定,机关法人不得为保证人,但是经国务院批准为使用外国政府或者国际经济组织贷款进行转贷的除外。以公益为目的的非营利法人、非法人组织不得为保证人。

（3）保证方式

保证的方式分为一般保证和连带责任保证。当事人对保证方式没有约定或者约定不明确的,按照连带责任保证承担保证责任。

① 一般保证

一般保证是指债权人和保证人约定,首先由债务人清偿债务,当债务人不能清偿债务时,才由保证人代为清偿债务的保证方式。

一般保证的保证人在主合同纠纷未经审判或者仲裁,并就债务人财产依法强制执行仍不能履行债务前,对债权人可以拒绝承担保证责任。

② 连带责任保证

连带责任保证是指当事人在保证合同中约定保证人与债务人对债务承担连带责任的保证方式。

连带责任保证的债务人在主合同规定的债务履行期届满没有履行债务的,债权人可以要求债务人履行债务,也可以要求保证人在其保证范围内承担保证责任。

（4）保证期间

① 保证期间的含义

保证期间是指保证人承担保证责任的期间。

一般保证的保证人与债权人未约定保证期间的,保证期间为主债务履行期届满之日起 6个月。在合同约定的保证期间和前款规定的保证期间,债权人未对债务人提起诉讼或者申请仲裁的,保证人免除保证责任;债权人已提起诉讼或者申请仲裁的,保证期间适用诉讼时效中断的规定。

连带责任保证的保证人与债权人未约定保证期间的,债权人有权在主债务履行期届满之日起 6 个月内要求保证人承担保证责任。在合同约定的保证期间和前款规定的保证期间,债权人未要求保证人承担保证责任的,保证人免除保证责任。

② 保证期间的合同变更

保证期间,债权人依法将主债权转让给第三人的,保证人在原保证担保的范围内继续承担保证责任。保证合同另有约定的,按照约定。

保证期间,债权人许可债务人转让债务的,应当取得保证人书面同意,保证人对未经其同意转让的债务,不再承担保证责任。

债权人与债务人协议变更主合同的,应当取得保证人书面同意,未经保证人书面同意的,保证人不再承担保证责任。保证合同另有约定的,按照约定。

2. 抵押

（1）抵押与抵押合同

抵押,是指为担保债务的履行,债务人或者第三人不转移财产的占有,将该财产抵押给债权人的,债务人不履行到期债务或者发生当事人约定的实现抵押权的情形,债权人有权就该财产优先受偿。债务人或者第三人为抵押人,债权人为抵押权人,提供担保的财产为抵押财产。

设立抵押权,当事人应当采取书面形式订立抵押合同。抵押合同一般包括下列条款:被担保债权的种类和数额;债务人履行债务的期限;抵押财产的名称、数量、质量、状况、所在地、所有权归属或者使用权归属;担保的范围。

（2）抵押财产及登记

《民法典》第三百九十五条规定,债务人或者第三人有权处分的下列财产可以抵押:(一)建筑物和其他土地附着物;(二)建设用地使用权;(三)海域使用权;(四)生产设备、原材料、半成品、产品;(五)正在建造的建筑物、船舶、航空器;(六)交通运输工具;(七)法律、行政法规未禁止抵押的其他财产,抵押人可以将前款所列财产一并抵押。

《民法典》第三百九十九条规定,下列财产不得抵押:(一)土地所有权;(二)宅基地、自留地、自留山等集体所有土地的使用权,但是法律规定可以抵押的除外;(三)学校、幼儿园、医疗机构等为公益目的成立的非营利法人的教育设施、医疗卫生设施和其他公益设施;(四)所有权、使用权不明或者有争议的财产;(五)依法被查封、扣押、监管的财产;(六)法律、行政法规规定不得抵押的其他财产。

《民法典》第四百零二条规定,以本法第三百九十五条第一款第一项至第三项规定的财产或者第五项规定的正在建造的建筑物抵押的,应当办理抵押登记。抵押权自登记时设立。

《民法典》第四百零三条规定,以动产抵押的,抵押权自抵押合同生效时设立;未经登记,不得对抗善意第三人。

（3）抵押权的实现

抵押权人在债务履行期届满前,不得与抵押人约定债务人不履行到期债务时抵押财产归债权人所有。

债务人不履行到期债务或者发生当事人约定的实现抵押权的情形,抵押权人可以与抵押人协议以抵押财产折价或者以拍卖、变卖该抵押财产所得的价款优先受偿。抵押财产折价或者拍卖、变卖后,其价款超过债权数额的部分归抵押人所有,不足部分由债务人清偿。

同一财产向两个以上债权人抵押的,拍卖、变卖抵押财产所得的价款依照下列规定清偿:抵押权已登记的,按照登记的先后顺序清偿;顺序相同的,按照债权比例清偿;抵押权已登记的先于未登记的受偿;抵押权未登记的,按照债权比例清偿。

抵押权人应当在主债权诉讼时效期间行使抵押权;未行使的,人民法院不予保护。

3. 质押

质押包括动产质押和权利质押。

动产质押,指为担保债务的履行,债务人或者第三人将其动产出质给债权人占有的,债务人不履行到期债务或者发生当事人约定的实现质权的情形,债权人有权就该动产优先受偿。债务人或者第三人为出质人,债权人为质权人,交付的动产为质押财产。

权利质押,指债务人或第三人将其所拥有的合法财产权利移交债权人占有,将该财产权利作为债权的担保。在债务履行期限届满或履行期限内,债权人可以通过兑现权利的内容或行使权利实现自己所担保的债权。可以作为质押的权利包括汇票、支票、本票、债券、存款单、仓单、提单;可以转让的基金份额、股权;可以转让的注册商标专用权、专利权、著作权等知识产权中的财产权;应收账款;法律、行政法规规定可以出质的其他财产权利。

设立质权,当事人应当采取书面形式订立质权合同。质权合同一般包括下列条款:被担保债权的种类和数额;债务人履行债务的期限;质押财产的名称、数量、质量、状况;担保的范围;质押财产交付的时间。

质权人在债务履行期届满前,不得与出质人约定债务人不履行到期债务时质押财产归债权人所有。

质权自出质人交付质押财产时设立。

债务人履行债务或者出质人提前清偿所担保的债权的,质权人应当返还质押财产。债务人不履行到期债务或者发生当事人约定的实现质权的情形,质权人可以与出质人协议以质押财产折价,也可以就拍卖、变卖质押财产所得的价款优先受偿。质押财产折价或者拍卖、变卖后,其价款超过债权数额的部分归出质人所有,不足部分由债务人清偿。

4. 留置

留置,指债权人按照合同约定占有债务人的财产;债务人不按照合同约定的期限履行债务的,债权人有权依法留置该财产,以该财产折价或以拍卖、变卖该财产的价款优先受偿。债权人为留置权人,占有的动产为留置财产。

债权人留置的动产,应当与债权属于同一法律关系,但企业之间留置的除外。

留置权人与债务人应当约定留置财产后的债务履行期间;没有约定或者约定不明确的,留置权人应当给债务人两个月以上履行债务的期间,但鲜活易腐等不易保管的动产除外。债务人逾期未履行的,留置权人可以与债务人协议以留置财产折价,也可以就拍卖、变卖留置财产所得的价款优先受偿。

5. 定金

(1) 定金的概念

定金,是指合同当事人一方以保证债务履行为目的,于合同成立时或未履行前,预先给付对方一定数额金钱的担保方式。所以,定金既指一种债的担保方式,也指作为定金担保方式的那笔预先给付的金钱。《民法典》第五百八十六条规定,当事人可以约定一方向对方给付定金作为债权的担保。定金合同自实际交付定金时成立。

本法第五百八十七条规定,债务人履行债务的,定金应当抵作价款或者收回。给付定金的一方不履行债务或者行债务不符合约定,致使不能实现合同目的的,无权请求返还定金;收受定金的一方不履行债务或者履行债务不符合约定,致使不能实现合同目的的,应当双倍返还定金。

(2) 定金的性质

定金具有以下性质:

① 证约性质

定金具有证明合同成立的证明力。定金一般是在合同订立时交付。

② 预先给付的性质

定金只能在合同履行前交付,因而具有预先给付的性质。正因为定金具有预先给付的性质,所以定金的数额应在合同规定的应给付的数额之内,在主债务履行后定金可以抵作价款或返还。

③ 担保性质

定金具有担保效力。因为定金交付后,在当事人不履行债务时会发生丧失定金或者加倍返还定金的后果,因而它起到督促当事人履行合同,确保债权人利益的担保作用。

（3）定金与违约金、预付款的区别

1）定金与违约金的区别及适用规则

定金和违约金都是一方应给付给对方的一定款项，都有督促当事人履行合同的作用，但二者也有不同，其区别主要表现以下几方面：

① 定金须于合同履行前交付，而违约金只能发生违约行为以后交付；

② 定金有证约和预先给付的作用，而违约金没有；

③ 定金主要起担保作用，而违约金主要是违反合同的民事责任形式；

④ 定金一般是约定的，而违约金可以是约定的，也可以是法定的。

2）定金与预付款的区别

定金与预付款都是在合同履行前一方当事人预先给付对方的一定数额的金钱，都具有预先给付的性质，在合同履行后，都可以抵作价款。但二者有着根本的区别，这表现在以下方面：

① 定金是合同的担保方式，主要作用是担保合同履行；而预付款的主要作用是为对方履行合同提供资金上的帮助，属于履行的一部分。

② 交付定金的协议是从合同，而交付预付款的协议一般为合同内容的一部分。

③ 定金只有在交付后才能成立，而交付预付款的协议只要双方意思表示一致即可成立。

④ 定金合同当事人不履行主合同时，适用定金罚则。而预付款交付后当事人不履行合同的，不发生丧失预付款或双倍返还预付款的效力。

（4）定金的生效条件

定金合同除具备合同成立的一般条件外，还须具备以下条件才能生效：

① 主合同有效

这是由定金合同的从属性决定的。

② 发生交付定金的行为

定金合同为实践性合同，如果只有双方当事人的意思表示一致，而没有一方向另一方交付定金的交付行为，定金合同不能生效。《民法典》第五百八十六条规定，定金合同自实际交付定金时成立。

③ 定金的比例符合法律规定

定金的数额由当事人约定，但不得超过主合同标的额的 20%。

第五节　合同的变更、撤销、转让与终止

一、合同的变更

1. 合同变更的概念

合同的变更有广义与狭义之分。广义的合同变更，包括合同内容的变更与合同主体的变更。前者是指当事人不变，合同的权利义务予以改变的现象。后者是指合同关系保持同一性，仅改换债权人或债务人，实际上是合同权利义务的转让。这里的合同变更仅讨论合同内容的变更。

合同的变更，是指合同成立后，当事人双方根据客观情况的变化，经协商一致，依照法律规定的条件和程序，对原合同进行修改或者补充。

合同的变更是在合同的主体不改变的前提下,对合同内容或者标的的变更。当事人在变更合同时,应当本着协商一致的原则进行。合同变更后,变更后的内容取代了原合同的内容,当事人应当按照变更后的内容履行合同。当事人对合同变更的内容约定不明确的,推定为未变更。

2. 合同变更的类型

合同变更分为约定变更和法定变更。

(1) 约定变更

当事人经过协商达成一致意见,可以变更合同。

《民法典》第五百四十三条规定:"当事人协商一致,可以变更合同。"

(2) 法定变更

法律也规定了在特定条件下,当事人可以不必经过协商而变更合同。《民法典》第八百二十九条规定:"在承运人将货物交付收货人之前,托运人可以要求承运人中止运输、返还货物、变更到达地或者将货物交给其他收货人,但应当赔偿承运人因此受到的损失。"

3. 合同变更的条件与程序

(1) 合同关系已经存在

合同变更是针对已经存在的合同,无合同关系就无从变更。合同无效、合同被撤销,视为无合同关系,也不存在合同变更的可能。

(2) 合同内容变更

合同内容变更可能涉及合同标的变更、数量、质量、价款或者酬金、期限、地点、计价方式等。合同生效后,当事人不得因其主体名称的变更或者法定代表人、负责人、承办人的变动而主张和请求合同内容变更。

合同变更经合同当事人协商一致,或者法院判决、仲裁庭裁决,或者援引法律直接规定。如果法律、行政法规对合同变更方式有要求,则应遵守这种要求。

4. 合同工变更的效力

合同的变更效力仅及于发生变更的部分,已经发生变更的部分以变更后的为准;已经履行的部分不因合同变更而失去法律依据;未变更部分继续原有的效力。同时,合同变更不影响当事人要求赔偿损失的权利,例如,合同因欺诈而被法院或者仲裁庭变更,在被欺诈人遭受损失的情况下,合同变更后继续履行,但不影响被欺诈人要求欺诈人赔偿的权利。

二、合同的可撤销

1. 可撤销合同的概念及特征

又叫可撤销、可变更合同,是指因意思表示有瑕疵,有撤销权的当事人可以对其予以撤销或变更的合同。

可撤销合同不同于无效合同。它具有以下特征:

(1) 在合同成立后、被撤销前是有效的,只有在撤销权人行使撤销权后,才因被撤销而溯及成立时起无效;

(2) 只有有撤销权的当事人有权主张无效或变更,其他任何人不能主张合同无效,法院或仲裁机构也不能依职权主动确认合同无效;

(3) 可依撤销权予以撤销也可予以变更。

2. 可撤销合同的类型及其原因

(1) 重大误解

所谓重大误解,是指合同当事人因自己过错(如误认或者不知情等)对合同的内容发生错误认识而订立了合同并造成了重大损失的情形。重大误解的构成条件有:

① 表意人因为误解作出了意思表示

表意人对合同的相关内容产生了错误,并且基于这种错误认识进行了意思表示行为。即表意人的意思表示与其错误认识之间具有因果关系。

② 表意人的误解是重大的

一般的误解并不足以造成合同可撤销。对因误解导致合同可撤销是对误解者的保护,但是,该误解却是误解者自己过错造成的。因此,若不对误解的程度加以限定,将对相对人相当不公平。鉴于此,只有因"重大"误解订立的合同才是可撤销的。当行为人因为对行为的性质、对方当事人、标的物的品种、质量、规格和数量等的错误认识,使行为的后果与自己的意思相悖,并造成较大损失的,可以认定为重大误解。

③ 误解是由表意人自己的过失造成的

通常情况下,误解是由表意人自己过失造成,如不注意、不谨慎,而不是受他人欺诈或者其他不正当影响。

④ 误解不应是表意人故意发生的

法律不允许当事人在故意发生错误的情况下,借重大误解为由,规避对其不利的后果。如果表意人在缔约时故意发生错误(如保留其真实意思),则表明其追求其意思表示产生的效果,不存在意思表示不真实的情况,不应按重大误解处理。

(2) 显失公平

显失公平,是指一方当事人利用优势或利用对方没有经验,致使双方的权利、义务明显不对等,使对方遭受重大不利,而自己获得不平衡的重大利益。其构成要件为:

① 合同在订立时就显失公平

可撤销的显失公平合同要求这种明显失衡的利益安排在合同订立时就已形成,而不是在合同订立以后形成。如果在合同订立之后因为非当事人原因导致合同对一方当事人很不公平,不应当按照显失公平合同来处理。

② 合同的内容在客观上利益严重失衡

某当事人一方获得的利益超过法律允许的限度,而其他方获得的利益与其义务不相称。在我国法律实践中,就显失公平的判断,绝大多数情况下,并未规定具体的数量标准,而留待法院裁量。

③ 受有过高利益的当事人在主观上具有利用对方的故意

一般认为,在显失公平合同下,遭受不利后果的一方当事人存在轻率、无经验等不利因素,而受益一方故意利用了对方的这种轻率、无经验,或者利用了自身交易优势。

(3) 因欺诈、胁迫而订立的合同

前文已经述及,根据我国《民法典》,因欺诈、胁迫而订立的合同应区分为两类:一类是以欺诈、胁迫的手段订立合同而损害国家利益的,应作为无效合同对待;另一类是以欺诈、胁迫的手段订立合同但未损害国家利益的,应作为可撤销合同处理,即被欺诈人、被胁迫人有权将合同撤销。

《民法典》未将欺诈、胁迫订立的合同一律作无效处理,充分体现了民法的意思自治原则,充分尊重被欺诈人、被胁迫人的意愿,并对维护交易安全具有重要意义。

（4）乘人之危而订立的合同未损害国家利益

乘人之危,是指一方当事人乘对方处于危难之机,为牟取不正当利益,迫使对方作出不真实的意思表示,从而严重损害对方利益的行为。其构成要件为:

① 不法行为人乘对方危难或者急迫之际逼迫对方

这里的危难是指受害人出现了财产、生命、健康、名誉等方面的危机状况。这里的急迫,是指受害人出现生活、身体或者经济等方面的紧急需要。同时,行为人为订立不公平的合同而故意利用受害人的这种危难或者急迫。

② 受害人因为自身危难或者急迫而订立合同

受害人明知该合同将使自身利益受到重大损害,但因陷于危难或者急迫而订立该合同。

③ 不法行为人所获得的利益超出了法律允许的程度

不法行为人通过利用对方危难或者急迫,获取了在正常情况下不可能获得的重大利益,明显违背了合同公平原则。

3. 可撤销合同的法律后果

（1）被撤销的合同自始没有法律约束力。

（2）被撤销或者终止的,不影响合同中独立存在的有关解决争议方法的条款效力。

（3）被撤销后,因该合同取得的财产,应当予以返还;不能返还或者没有必要返还的,应当折价补偿。有过错的一方应当赔偿对方因此所受的损失,双方都有过错的,应当各自承担相应的责任。当事人恶意串通,损害国家、集体或者第三人利益的,应将取得的财产收归国家所有或者返还集体、第三人。

三、合同的转让

1. 合同转让的概念

合同转让是指合同当事人一方依法将合同权利、义务全部或者部分转让给他人。

2. 合同转让的类型

（1）合同权利转让（债权转让）

债权转让,是指在不改变合同权利义务内容基础上,享有合同权利的当事人将其权利转让给第三人享有。债权转让必须具备以下条件:

1）须存在有效的债权,无效合同或者已经被终止的合同不产生有效的债权,不产生债权转让。

2）被转让的债权应具有可转让性。

下列三种债权不得转让:

① 根据合同性质不得转让;

② 按照当事人约定不得转让;

③ 依照法律规定不得转让的合同权利不具有可转让性。

有效的合同转让将使转让人（原债权人）脱离原合同,受让人取代其法律地位而成为新的债权人。但是,在债权部分转让时,只发生部分取代,而由转让人和受让人共同享有合同债权。

主合同中的权利和义务称为主权利、主义务,从合同中的权利和义务称为从权利、从义务。《民法典》第五百四十七条规定:"债权人转让债权的,受让人取得与债权有关的从权利,但该从权利专属于债权人自身的除外。"

（2）抗辩权随之转移

由于债权已经转让，原合同的债权人已经由第三人代替，所以，债务人的抗辩权就不能再向原合同的债权人行使了，而要向接受债权的第三人行使。

《民法典》第五百四十八条规定，债务人接到债权转让通知后，债务人对让与人抗辩，可以向受让人主张。

（3）抵销权的转移

如果原合同当事人存在可以依法抵销的债务，则在债权转让后，债务人的抵销权可以向受让人主张。

《民法典》第五百四十九条规定，有下列情形之一的，债务人可以向受让人主张抵销：（一）债务人接到债权转让通知时，债务人对让与人享有债权，且债务人的债权在于转让的债权到期或者同时到期；（二）债务人的债权与转让的债权是基于同一合同产生。

2. 合同义务的转移（债务转移）

（1）债务转移概述

债务转移，是指在不改变合同权利义务内容基础上，承担合同义务的当事人将其义务转由第三人承担。

（2）债务转移的条件

① 被转移的债务有效存在。

本来不存在的债务、无效的债务或者已经终止的债务，不能成为债务承担的对象。

② 被转移的债务应具有可转移性。

如下合同不具有可转移性：

其一，某些合同债务与债务人的人身有密切联系，如以特别人身信任为基础的合同（例如委托监理合同）；

其二，当事人特别约定合同债务不得转移；

其三，法律强制性规范规定不得转让债务，如建设工程施工合同中主体结构不得分包。

③ 须经债权人同意。

《民法典》第五百五十一条规定，债务人将债务的全部或者部分转移给第三人的，应当经债权人同意。债权人同意是债务转移的重要生效条件。合同关系通常是建立在债权人对债务人信任（最主要是对其履行能力的信任）的基础上，如果债务未经债权人同意转移给第三人，则很可能损害债权人利益。

（3）债务转移的效力

① 承担人成为合同新债务人

就合同义务全部转移而言，承担人取代债务人成为新的合同债务人，若承担人不履行债务，将由承担人直接向债权人承担违约责任，原债务人脱离合同关系。

② 抗辩权随之转移

由于债务已经转移，原合同的债务人已经由第三人代替，所以，债务人的抗辩权就只能由接受债务的第三人行使了。

《民法典》第五百五十三条规定："债务人转移债务的，新债务人可以主张原债务人对债权人的抗辩。"

③ 从债务随之转移

债务人转移义务的,新债务人应当承担与主债务有关的从债务,但该从债务专属于原债务人自身的除外。

3. 合同权利义务的概括转移

(1) 合同权利义务概括转移的概念

合同权利义务概括转移是指合同当事人一方将其合同权利义务一并转让给第三方,由该第三方继受这些权利义务。

合同权利义务概括转移包括了全部转移和部分转移。全部转移指合同当事人原来一方将其权利义务全部转移给第三人。部分转移指合同当事人原来一方将其权利义务的一部分转移给第三人。

(2) 债权债务的概括转移的条件

① 转让人与承受人达成合同转让协议

这是债权债务的概括转移的关键。如果承受人不接受该债权债务,则无法发生债权债务的转移。

② 原合同必须有效

原合同无效不能产生法律效力,更不能转让。

③ 原合同为双务合同

只有双务合同才可能将债权债务一并转移,否则只能为债权转让或者是债务转移。

④ 符合法定的程序

《民法典》第五百五十五条规定,当事人一方经对方同意,可以将自己在合同中的权利和义务一并转让给第三人。可见,经对方同意是概括转移的一个必要条件。因为概括转移包含了债务转移,而债务转移要征得债权人的同意。

(3) 企业的合并与分立涉及权利义务概括转移

企业合并指两个或者两个以上企业合并为一个企业。企业分立则指一个企业分立为两个及两个以上企业。

《民法典》第六十七条规定,法人合并的,其权利和义务由合并后的法人享有和承担。法人分立的,其权利和义务由分立后的法人享有连带债权,承担连带债务,但债权人和债务人另有约定的除外。企业合并或者分立,原企业的合同权利义务将全部转移给新企业,这属于法定的权利义务概括转移,因此,不需要取得合同相对人的同意。

4. 合同转让的特征

(1) 合同转让只是合同主体(合同当事人)发生变化,不涉及合同权利义务内容变化。

(2) 合同转让的核心在于处理好原合同当事人之间,以及原合同当事人中的转让人与原合同当事人之外的受让人之间,因合同转让而产生的权利义务关系。

5. 导致合同权利义务转让的事由

(1) 依法律规定而产生权利转让,诸如《民法典》第一千一百五十九条规定,分割遗产,应当清偿被继承人依法应当缴纳的税款和债务。

(2) 依法律行为而发生转让,很普遍的情况是合同原债权人、债务人与第三人(受让人)就合同权利转让或者义务承担达成一致。

四、合同权利义务终止

1. 合同权利义务终止的概念

合同的权利义务终止,是指依法生效的合同,因具备法定情形和当事人约定的情形,合同债权、债务归于消灭,债权人不再享有合同权利,债务人也不必再履行合同义务。

2. 合同权利义务因解除而终止

(1) 合同解除的概念

合同解除,是指当具备解除条件时,因合同当事人一方或双方意思表示,使有效成立的合同效力消灭的行为。

(2) 合同解除的分类

合同解除分为协议解除与单方解除。协议解除,是当事人双方就消灭有效合同达成意思表示一致。单方解除又分为约定解除和法定解除。单方解除是当事人双方根据法律规定和合同事项约定,当出现特定情形时,以单方意思解除合同。单方约定解除是指当合同约定的解除情形出现时,享有解除权的一方以单方意思表示使合同解除。单方法定解除是以法律的直接规定行使解除权。

(3) 协议解除的条件与程序

协议解除又称双方解除、合意解除,只要当事人双方协商一致即可。

以成立合同的方式解除原有合同的,即通过要约、承诺的方式产生新的合同,以新的合同来解除原合同的,依照合同订立程序进行。法律、行政法规规定解除合同应当办理批准、登记等手续的,依照其规定。

(4) 单方解除的条件与程序

1) 条件

单方解除的条件是当事人在订立合同时可以预先设定,解除合同的条件成就时,解除权人可以通知对方解除合同。

法定解除的条件,依据《民法典》第五百六十三条规定,有下列情形:

① 因不可抗力致使不能实现合同目的;

② 在履行期限届满之前,当事人一方明确表示或者以自己的行为表明不履行主要债务,这种行为称为预期违约;

③ 当事人一方迟延履行主要债务,经催告后在合理期限内仍未履行;

④ 当事人一方迟延履行债务或者有其他违约行为致使不能实现合同目的。

2) 程序

法律规定或者当事人约定解除权行使期限,期限届满当事人不行使的,该权利消灭。法律没有规定或者当事人没有约定解除权行使期限,经对方催告后在合理期限内不行使的,该权利消灭。

当事人一方依照规定主张解除合同的,应当通知对方。合同自通知到达对方时解除。对方有异议的,可以请求人民法院或者仲裁机构确认解除合同的效力。解除人和相对人均有权请求法院或者仲裁机构确认解除合同的效力。法律、行政法规规定解除合同应当办理批准、登记等手续的,依照其规定。

（5）合同解除的法律后果

① 尚未履行的债务，终止履行。

合同解除后，发生合同效力消灭的效果，因此，尚未履行的义务也随合同效力消灭而丧失履行的基础。

② 已经履行的，根据履行情况和合同性质，当事人可以要求恢复原状、采取其他补救措施，并有权要求赔偿损失。

3. 合同权利义务终止的具体情形

根据《民法典》第五百五十七条规定，下列情形之一的，合同的权利义务终止：

（1）债务已经按照约定履行

债务已经按照约定履行，是指债务人按照约定的标的、质量、数量、价款或者报酬、履行期限、地点和方式全面履行。

以下情况也属于按合同内容约定履行：当事人约定的第三人按照合同履行；债权人同意以他种给付代替合同原定给付；当事人之外的第三人接受履行。

（2）合同解除

合同解除，是指合同有效成立后，当具备法律规定的合同解除条件时，因当事人一方或者双方意思表示而使合同关系归于消灭的行为。

合同解除，有约定解除和法定解除两种情况。

1）约定解除

当事人协商一致，可以解除合同。

当事人可以约定一方解除合同的条件。解除合同的条件成立时，解除权人可以解除合同。

2）法定解除

有下列情形之一的，当事人可以解除合同：

① 因不可抗力致使不能实现合同目的；

② 在履行期限届满之前，当事人一方明确表示或者以自己的行为表明不履行主要债务；

③ 当事人一方迟延履行主要债务，经催告后在合理期限内仍未履行；

④ 当事人一方迟延履行债务或者有其他违约行为致使不能实现合同目的；

⑤ 法律规定的其他情形。

当事人一方主张解除合同的，应当通知对方。合同自通知到达对方时解除。对方有异议的，可以请求人民法院或者仲裁机构确认解除合同的效力。

法律、行政法规规定解除合同应当办理批准、登记等手续的，依照其规定。

合同解除后，尚未履行的，终止履行；已经履行的，根据履行情况和合同性质，当事人可以要求恢复原状、采取其他补救措施，并有权要求赔偿损失。

合同的权利义务终止，不影响合同中结算和清理条款的效力。

（3）债务相互抵销

当事人互负到期债务，该债务的标的物种类、品质相同的，任何一方可以将自己的债务与对方的债务抵销，但依照法律规定或者按照合同性质不得抵销的除外。

当事人主张抵销的，应当通知对方。通知自到达对方时生效。抵销不得附条件或者附期限。

当事人互负债务，标的物种类、品质不相同的，经双方协商一致，也可以抵销。

（4）债务人依法将标的物提存

提存,是指由于债权人的原因,债务人无法向其交付合同标的物而将该标的物交给提存机关,从而消灭合同的制度。

有下列情形之一,难以履行债务的,债务人可以将标的物提存:债权人无正当理由拒绝受领;债权人下落不明;债权人死亡未确定继承人或者丧失民事行为能力未确定监护人;法律规定的其他情形。

标的物不适于提存或者提存费用过高的,债务人依法可以拍卖或者变卖标的物,提存所得的价款。

（5）债权人免除债务

债权人免除债务人部分或者全部债务的,合同的权利义务部分或者全部终止。

（6）债权债务同归于一人

债权和债务同归于一人的,合同的权利义务终止,但涉及第三人利益的除外。

（7）法律规定或者当事人约定终止的其他情形。

第六节　建设工程合同的违约责任

违约责任的承担方式主要有三种,即继续履行、采取补救措施和赔偿损失。但是,在承担违约责任的过程中也会存在各种特殊的情形,例如,当事人既约定了违约金又约定了定金的情形,当事人的违约是由于第三人的原因引起的情形等。对于这些特殊的情形,《民法典》都有专门的规定。

违约责任在一定条件下可以被免除。这些条件可以是约定的,也可以是法定的。

一、违约责任与违约行为

1. 违约责任

违约责任是指合同当事人不履行合同或者履行合同不符合约定而应承担的民事责任。违约责任的构成要件包括主观要件和客观要件。

（1）主观要件

主观要件是指作为合同当事人,在履行合同中不论其主观上是否有过错,即主观上有无故意或过失,只要造成违约的事实,均应承担违约法律责任。

（2）客观要件

客观要件是指合同依法成立、生效后,合同当事人一方或者双方未按照法定或约定全面地履行应尽的义务,也即出现了客观的违约事实,即应承担违约的法律责任。违约责任实行严格责任原则。严格责任原则是指有违约行为即构成违约责任,只有存在免责事由的时候才可以免除违约责任。

2. 违约行为

违约责任源于违约行为。违约行为,是指合同当事人不履行合同义务或者履行合同义务不符合约定条件的行为。根据不同标准,可将违约行为作以下分类:

（1）单方违约与双方违约;

（2）预期违约与实际违约。

违约责任是财产责任。这种财产责任表现为支付违约金、定金、赔偿损失、继续履行、采取补救措施等。尽管违约责任含有制裁性，但是违约责任的本质不完全在于对违约方的制裁，而在于对被违约方的补偿，即表现为补偿性。

二、承担违约责任的基本形式

《民法典》第五百七十七条规定："当事人一方不履行合同义务或者履行合同义务不符合约定的，应当承担继续履行、采取补救措施或者赔偿损失等违约责任。"

1. 继续履行

实际履行，是指在某合同当事人违反合同后，非违约方有权要求其依照合同约定继续履行合同，也称强制实际履行。《民法典》第五百七十九条规定，当事人一方未支付价款、报酬、租金、利息，或者不履行其他金钱债务的，对方可以请求其支付。这就是关于实际履行的法律规定。继续履行必须建立在能够并应该实际履行的基础上。

《民法典》第五百八十条规定，当事人一方不履行非金钱债务或者履行非金钱债务不符合约定的，对方可以要求履行，但有下列情形之一的除外：

（1）法律上或者事实上不能履行；

（2）债务的标的不适于强制履行或者履行费用过高；

（3）债权人在合理期限内未要求履行。

2. 采取补救措施

违约方采取补救措施可以减少非违约方所受的损失。《民法典》第五百八十二条规定，履行不符合约定的，应当按照当事人的约定承担违约责任。对违约责任没有约定或者约定不明确，依据本法第五百一十条的规定仍不能确定的，受损害方根据标的的性质以及损失的大小，可以合理选择请求对方承担修理、重做、更换、退货、减少价款或者报酬等违约责任。

3. 赔偿损失

根据《民法典》第五百八十三条，当事人一方不履行合同义务或者履行合同义务不符合约定的，在履行义务或者采取补救措施后，对方还有其他损失的，应当赔偿损失。

当事人一方不履行合同义务或者履行合同义务不符合约定，给对方造成损失的，损失赔偿额应当相当于因违约造成的损失，包括合同履行后可以获得的利益，但不得超过违反合同一方订立合同时预见到或者应当预见到的因违反合同可能造成的损失。

三、违约金与定金

1. 违约金

违约金，是指当事人在合同中或合同订立后约定因一方违约而应向另一方支付一定数额的金钱。违约金可分为约定违约金和法定违约金。

当事人可以约定一方违约时应当根据违约情况向对方支付一定数额的违约金，也可以约定因违约产生的损失赔偿额的计算方法。

约定的违约金低于造成的损失的，当事人可以请求人民法院或者仲裁机构予以增加。约定的违约金高于造成的损失的，当事人可以请求人民法院或者仲裁机构予以适当减少。

当事人就迟延履行约定违约金的，违约方支付违约金后，还应当履行债务。

2．定金

定金，是合同当事人一方预先支付给对方的款项，其目的在于担保合同债权的实现。定金是债权担保的一种形式，定金之债是从债务。因此，合同当事人对定金的约定是一种从属于被担保债权所依附的合同的从合同。

当事人可以依照《民法典》第五百八十六条规定约定一方向对方给付定金作为债权的担保。债务人履行债务后，定金应当抵作价款或者收回。给付定金的一方不履行约定的债务的，无权要求返还定金。收受定金的一方不履行约定的债务的，应当双倍返还定金。

违约金存在于主合同之中，定金存在于从合同之中。它们可能单独存在，也可能同时存在。当事人既约定违约金，又约定定金的，一方违约时，对方可以选择适用违约金或者定金条款。

四、违约的免责事由

1．不可抗力

不可抗力，是指不能预见、不能避免并不能克服的客观情况。不可抗力包括如下情况：

（1）自然事件，如地震、洪水、火山爆发、海啸等；

（2）社会事件，如战争、暴乱、骚乱、特定的政府行为等。

根据《民法典》，当事人一方因不可抗力不能履行合同的，应当及时通知对方，以减轻可能给对方造成的损失，并应当在合理期限内提供证明。

当事人一方违约后，对方应当采取适当措施防止损失的扩大；没有采取适当措施致使损失扩大的，不得就扩大的损失要求赔偿。

当事人因防止损失扩大而支出的合理费用，由违约方承担。

2．违约责任的免除

所谓违约责任免责，是指在履行合同的过程中，因出现法定的免责条件或者合同约定的免责事由导致合同不履行的，合同债务人将被免除合同履行义务。

（1）约定的免责

合同中可以约定在一方违约的情况下免除其责任的条件，这个条款称为免责条款。免责条款并非全部有效，《民法典》第五百零六条规定："合同中的下列免责条款无效：

① 造成对方人身伤害的；

② 因故意或者重大过失造成对方财产损失的。"

造成对方人身伤害侵犯了对方的人身权，造成对方财产损失侵犯了对方的财产权，均属于违法行为，因而这样的免责条款是无效的。

（2）法定的免责

法定的免责是指出现了法律规定的特定情形，即使当事人违约也可以免除违约责任。《民法典》第五百九十条规定："因不可抗力不能履行合同的，根据不可抗力的影响，部分或者全部免除责任，但法律另有规定的除外。当事人迟延履行后发生不可抗力的，不能免除责任。"

五、承担违约责任的特殊情形

1．先期违约

先期违约，也叫预期违约，是指当事人一方在合同约定的期限届满之前，明示或默示其将来不能履行合同。

《民法典》规定："当事人一方明确表示或者以自己的行为表明不履行合同义务的,对方可以在履行期限届满之前要求其承担违约责任。"

先期违约的构成要件有:

(1) 违约的时间必须在合同有效成立后至合同履行期限截止前;

(2) 违约必须是对根本性合同义务的违反,即导致合同目的落空。

2. 当事人双方都违约的情形

《民法典》第五百九十二条规定："当事人双方都违反合同的,应当各自承担相应的责任。"

当事人双方违约,是指当事人双方分别违反了自身的义务。依照法律规定,双方违约责任承担的方式是由违约方分别各自承担相应的违约责任,即由违约方向非违约方各自独立地承担自己的违约责任。

3. 因第三人原因违约的情形

当事人一方因第三人的原因造成违约的,应当向对方承担违约责任。当事人一方和第三人之间的纠纷,依照法律规定或者按照约定解决。

4. 违约与侵权竞合的情形

因当事人一方的违约行为,侵害对方人身、财产权益的,受损害方有权选择依照本法要求其承担违约责任或者依照其他法律要求其承担侵权责任。

第七节　建设工程纠纷处理方式

建设工程合同履行过程中会产生大量的纠纷,有一些纠纷并不容易直接适用现有的法律条款予以解决,针对这些特殊的纠纷,可以通过相关司法解释来进行处理。2002 年 6 月 11 日,最高人民法院审判委员会第 1225 次会议通过了《最高人民法院关于建设工程价款优先受偿权问题的批复》,2020 年 12 月 25 日由最高人民法院审判委员会第 1825 次会议通过了《最高人民法院关于审理建设工程施工合同纠纷案件适用法律问题的解释(一)》(下文简称《解释》)自 2021 年 1 月 1 日起施行。此批复和司法解释为我们解决一些特殊的建设工程合同纠纷提供了可供遵循的原则性规定。

一、解除建设工程施工合同的条件问题

在合同履行过程中,一些条件的出现会导致合同当事人解除合同。

1. 发包人请求解除合同的条件

承包人具有下列情形之一,发包人请求解除建设工程施工合同的,应予支持:

(1) 明确表示或者以行为表明不履行合同主要义务的;

(2) 合同约定的期限内没有完工,且在发包人催告的合理期限内仍未完工的;

(3) 已经完成的建设工程质量不合格,并拒绝修复的;

(4) 将承包的建设工程非法转包、违法分包的。

2. 承包人请求解除合同的条件

发包人具有下列情形之一,致使承包人无法施工,且在催告的合理期限内仍未履行相应义

务,承包人请求解除建设工程施工合同的,应予支持:

(1) 未按约定支付工程价款的;

(2) 提供的主要建筑材料、建筑构配件和设备不符合强制性标准的;

(3) 不履行合同约定的协助义务的。

上述三种情形均属于发包人违约。因此,合同解除后,发包人还要承担违约责任。

3. 合同解除后的法律规定

(1)《民法典》关于合同解除的相关法律规定

《民法典》第五百六十六条规定:"合同解除后,尚未履行的,终止履行;已经履行的,根据履行情况和合同性质,当事人可以要求恢复原状、采取其他补救措施,并有权要求赔偿损失。"

《民法典》第五百六十七条规定:"合同的权利义务终止,不影响合同中结算和清理条款的效力。"

根据《民法典》第八百零六条规定,合同解除后,已经完成的建设工程质量合格的,发包人应当按照约定支付相应的工程价款;已经完成的建设工程质量不合格的,对照本法第七百九十三条规定处理。

《民法典》第七百九十三条规定,建设工程施工合同无效,但是建设工程经验收合格的,可以参照合同关于工程价款的约定折价补偿承包人。

建设工程施工合同无效,且建设工程经验收不合格的,按照以下情形处理:

(一) 修复后的建设工程经验收合格的,发包人可以请求承包人承担修理费用;

(二) 修复后的建设工程经验收不合格的,承包人无权请求参照合同关于工程价款的约定折补偿。发包人对因建设工程不合格造成的损失有过错的,应当承担相应的责任。

二、建设工程质量不符合约定情况下责任承担问题

导致工程质量不合格的原因很多,其中有发包人的原因,也有承包商的原因。其责任的承担应该根据具体的情况分别作出处理。

1. 因承包商过错导致质量不符合约定的处理

《民法典》第八百零一条规定:"因施工人的原因致使建设工程质量不符合约定的,发包人有权要求施工人在合理期限内无偿修理或者返工、改建。经过修理或者返工、改建后,造成逾期交付的,施工人应当承担违约责任。"

《解释》第十二条规定,因承包人的原因造成建设工程质量不符合约定,承包人拒绝修理、返工或者改建,发包人请求减少支付工程价款的,人民法院应予支持。

有的时候,承包商造成工程质量不合格的原因可能会触犯法律,例如偷工减料、擅自修改图纸等。如果其行为触犯了相关的法律,还将接受法律的制裁。

《建筑法》第七十四条:"建筑施工企业在施工中偷工减料的,使用不合格的建筑材料、建筑构配件和设备的,或者有其他不按照工程设计图纸或者施工技术标准施工的行为的,责令改正,处以罚款;情节严重的,责令停业整顿,降低资质等级或者吊销资质证书;造成建筑工程质量不符合规定的质量标准的,负责返工、修理,并赔偿因此造成的损失;构成犯罪的,依法追究刑事责任。"

2. 因发包人过错导致质量不符合约定的处理

《建设工程质量管理条例》第九条规定:"建设单位必须向有关的勘察、设计、施工、工程监

理等单位提供与建设工程有关的原始资料。原始资料必须真实、准确、齐全。"《建设工程质量管理条例》第十四条规定:"按照合同约定,由建设单位采购建筑材料、建筑构配件和设备的,建设单位应当保证建筑材料、建筑构配件和设备符合设计文件和合同要求。

建设单位不得明示或者暗示施工单位使用不合格的建筑材料、建筑构配件和设备。"但是在实际工作中,却经常出现建设单位违反上述规定的情形。这些情形的出现,有的是源于过失,有的则是建设单位出于为自身谋取利益。

《解释》第十三条规定:"发包人具有下列情形之一,造成建设工程质量缺陷,应当承担过错责任:

(1) 提供的设计有缺陷;

(2) 提供或者指定购买的建筑材料、建筑构配件、设备不符合强制性标准;

(3) 直接指定分包人分包专业工程。

承包人有过错的,也应当承担相应的过错责任。"

《建设工程质量管理条例》第五十六条规定:"违反本条例规定,建设单位有下列行为之一的,责令改正,处 20 万元以上 50 万元以下的罚款:

① 迫使承包方以低于成本的价格竞标的;

② 任意压缩合理工期的;

③ 明示或者暗示设计单位或者施工单位违反工程建设强制性标准,降低工程质量的;

④ 施工图设计文件未经审查或者审查不合格,擅自施工的;

⑤ 建设项目必须实行工程监理而未实行工程监理的;

⑥ 未按照国家规定办理工程质量监督手续的;

⑦ 明示或者暗示施工单位使用不合格的建筑材料、建筑构配件和设备的;

⑧ 未按照国家规定将竣工验收报告、有关认可文件或者准许使用文件报送备案的。

3. 发包人擅自使用后出现质量问题的处理

《建设工程质量管理条例》第十六条规定:"建设单位收到建设工程竣工报告后,应当组织设计施工、工程监理等有关单位进行竣工验收。"

建设工程竣工验收应当具备下列条件:

(1) 完成建设工程设计和合同约定的各项内容;

(2) 有完整的技术档案和施工管理资料;

(3) 有工程使用的主要建筑材料、建筑构配件和设备的进场试验报告;

(4) 有勘察、设计、施工、工程监理等单位分别签署的质量合格文件;

(5) 有施工单位签署的工程保修书。

"建设工程经验收合格的,方可交付使用。"

但是,有的时候建设单位为了能够提前投入生产,在没有经过竣工验收的前提下就擅自使用了工程。由于工程质量问题都需要经过一段时间才能显现出来,所以,这种未经竣工验收就使用工程的行为往往就导致了其后的工程质量的纠纷。

《解释》第三十一条也对工程质量产生的争议如何进行鉴定作出了原则性规定:"当事人对部分案件事实有争议的,仅对有争议的事实进行鉴定,但争议事实范围不能确定,或者双方当事人请求对全部事实鉴定的除外。"

《解释》第十四条规定:"建设工程未经竣工验收,发包人擅自使用后,又以使用部分质量不符合约定为由主张权利的,不予支持;但是承包人应当在建设工程的合理使用寿命内对地基基础工程和主体结构质量承担民事责任。"

上述规定体现了对建设单位擅自使用工程行为的惩罚,认定了建设单位使用工程即是对工程质量的认可。但是,上述规定并没有全部免除承包商的责任,要求承包商对地基基础工程和主体结构的质量承担相应的责任。这是基于《建设工程质量管理条例》对地基基础工程和主体结构工程的最低保修期限的规定。《建设工程质量管理条例》第四十条规定了基础设施工程、房屋建筑的地基基础工程和主体结构工程的最低保修期限是设计文件规定的该工程的合理使用年限。这就等于是终身保修,因此并不因建设单位是否提前使用工程而免除保修的责任。

发包人未经验收而提前使用工程不仅在工程质量上要承担更大的责任,同时还将因这样的行为而接受法律的制裁。

《建设工程质量管理条例》第五十八条规定:"违反本条例规定,建设单位有下列行为之一的,责令改正,处工程合同价款2%以上4%以下的罚款,造成损失的,依法承担赔偿责任:

(1) 未组织竣工验收,擅自交付使用的;

(2) 验收不合格,擅自交付使用的;

(3) 对不合格的建设工程按照合格工程验收的。"

三、对竣工日期的争议问题

竣工日期可以分为合同中约定的竣工日期和实际竣工日期。合同中约定的竣工日期是指发包人和承包人在协议书中约定的承包人完成承包范围内工程的绝对或相对的日期。实际竣工日期是指承包人全面、适当履行了施工承包合同时的日期。合同中约定的竣工日期是发包人限定的竣工日期的底线,如果承包人超过了这个日期竣工就将为此承担违约责任。而实际竣工日期则是承包人可以全面主张合同中约定的权利的开始之日,如果该期先于合同中约定的竣工日期,承包商可以因此获得奖励。

正是由于确定实际竣工日期涉及发包人和承包人的利益,对于工程竣工日期的争议就时有发生。

我国《建设工程施工合同(示范文本)》第32.4款规定:"工程竣工验收通过,承包人送交竣工验收报告的日期为实际竣工日期。工程按发包人要求修改后通过竣工验收的,实际竣工日期为承包人修改后提请发包人验收的日期。"

但是在实际操作过程中却容易出现一些特殊的情形并最终导致关于竣工日期的争议的产生。这些情形主要表现在:

1. 由于建设单位和施工单位对于工程质量是否符合合同约定产生争议而导致对竣工日期的争议

工程质量是否合格涉及多方面因素,当事人双方很容易就其影响因素产生争议。而一旦产生争议,就需要权威部门来鉴定。鉴定结果如果不合格就不涉及竣工日期的争议了,而如果鉴定结果是合格的,就涉及以哪天作为竣工日期的问题了。承包商认为应该以提交竣工验报告之日作为竣工日期,而建设单位则认为应该以鉴定合格之日为实际竣工日期。

对此,《解释》第十一条规定:"建设工程竣工前,当事人对工程质量发生争议,工程质量经鉴定合格的,鉴定期间为顺延工期期间。"

从这个规定我们看到，应该以提交竣工验收报告之日为实际竣工日期。

2. 由于发包人拖延验收而产生的对实际竣工日期的争议

《建设工程施工合同(示范文本)》规定：工程具备竣工验收条件，承包人按国家工程竣工验收有关规定，向发包人提供完整竣工资料及竣工验收报告。双方约定由承包人提供竣工图的，应当在专用条款内约定提供的日期和份数。发包人收到竣工验收报告后28天内组织有关单位验收，并在验收后14天内给予认可或提出修改意见。承包人按要求修改，并承担由自身原因造成修改的费用。

但是，有的时候由于主观的或者客观的原因，发包人没能按照约定的时间组织竣工验收。最后施工单位和建设单位就实际竣工之日产生了争议。对此，《解释》第九条规定："建设工程经竣工验收合格的，以竣工验收合格之日为竣工日期。承包人已经提交竣工验收报告，发包人拖延验收的，以承包人提交验收报告之日为竣工日期。"

3. 由于发包人擅自使用工程而产生的对于实际竣工验收日期的争议

《建设工程质量管理条例》第十六条规定："建设单位收到建设工程竣工报告后，应当组织设计、施工、工程监理等有关单位进行竣工验收，建设工程经验收合格的，方可交付使用。"

有的时候，建设单位为了能够提前使用工程而取消了竣工验收这道法律规定的程序。而这样的后果之一就是容易对实际竣工日期产生争议，因为没有提交的竣工验收报告和竣工验收资料可供参考。对于这种情形，《解释》第九条同时作出了下面的规定："建设工程未经竣工验收，发包人擅自使用的，以转移占有建设工程之日为竣工日期。"

四、对计价方法的争议问题

在工程建设合同中，当事人双方会约定计价的方法，这是后来建设单位向承包商支付工程款的基础。如果合同双方对于计价方法产生了纠纷且不能得到及时妥善的解决，就必然会影响到当事人的切身利益。

对计价方法的纠纷主要表现在以下几个方面：

1. 因变更引起的纠纷

在工程建设过程中，变更是普遍存在的。尽管变更的表现形式纷繁复杂，但是其对于工程款的支付的影响却仅仅表现在两个方面：

(1) 工程量的变化导致价格的纠纷

从经济学的角度看，成本的组成包括两部分，即固定成本和可变成本。固定成本不因产量的增加而增加，可变成本却是产量的函数，因产量的增加而增加。当产量增加时，单位产量上摊销的固定成本就会减少，而可变成本不发生变化，其总成本将减少。在原有价格不变的前提下，会导致利润率增加。因此，当工程量发生变化后，当事人一方就会提出增加或者减少单价，以维持原有的利润率水平。如果工程量增加了，建设单位就会要求减少单价。相反，如果工程量减少了，施工单位就会要求增加单价。

调整单价时会涉及两个因素，一是工程量增减幅度达到多少就要调整单价，二是将单价调整到多少。如果在承包合同中没有对此进行约定，就会导致纠纷。

(2) 工程质量标准的变化导致价格的纠纷

工程质量标准有很多种分类的方法。如果按照标准的级别来分的话，可以分为国家标准、地方标准、行业标准、企业标准。另外，合同双方当事人也可以在合同中约定标准，如果约定的标准没有违反强制性标准,其效力还将高于国家其他标准。

正是由于工程质量标准的多样性,工程标准发生变化会导致纠纷的产生。例如,对于某混凝土工程,原来在合同中约定的混凝土强度等级为 25 MPa,后来建设单位出于安全和质量的考虑,要求将质量标准提高到 30 MPa,这就意味着施工单位将为此多付出成本,那么到底多付出了多少,双方也有可能就此产生纠纷。

对于上面的由于变更而引起的计价方法的纠纷,《解释》第十九条作出了规定:"当事人对建设工程的计价标准或者计价方法有约定的,按照约定结算工程价款。因设计变更导致建设工程的工程量或者质量标准发生变化,当事人对该部分工程价款不能协商一致的,可以参照签订建设工程施工合同时当地建设行政主管部门发布的计价方法或者计价标准结算工程价款。"

2. 因工程质量验收不合格导致的纠纷

工程合同中的价款针对的是合格工程,而在工程实践中,不合格产品也是普遍存在的,不合格产品如何计价自然也就成为了合同当事人关注的问题。在这个问题中也涉及两方面的问题,一是工程质量与合同约定的不符合程度,二是该工程质量应如何支付工程款。

对此,《解释》第十九条也同时作出了规定:"建设工程施工合同有效,但建设工程经竣工验收不合格的,工程价款结算参照本解释第三条规定处理。"即:

(1) 修复后的建设工程经竣工验收合格,发包人请求承包人承担修复费用的,应予支持。

(2) 修复后的建设工程经竣工验收不合格,承包人请求支付工程价款的,不予支持。因建设工程不合格造成的损失,发包人有过错的,也应承担相应的民事责任。

3. 因利息产生的纠纷

《民法典》第五百八十四条规定:"当事人一方不履行合同义务或者履行合同义务不符合约定,给对方造成损失的,损失赔偿额应当相当于因违约造成的损失,包括合同履行后可以获得的利益,但不得超过违反合同一方订立合同时预见到或者应当预见到的因违反合同可能造成的损失。"

从上面的条款我们可以看到,如果建设单位不及时向承包商支付工程款,承包商在要求建设单位继续履行的前提下,可以要求承包商为此支付利息。因为利息是建设单位如果按期支付工程款后承包商的预期利益。

在实践中,对于利息的支付容易在两个方面产生纠纷,一是利息的计付标准,二是何时开始计付利息。

《解释》第二十六条对于计付标准作出了规定:"当事人对欠付工程价款利息计付标准有约定的,按照约定处理;没有约定的,按照中国人民银行发布的同期同类贷款利率计息。"同时,《解释》第二十七条也对何时开始计付利息作出了规定:"利息从应付工程价款之日计付。当事人对付款时间没有约定或者约定不明的,下列时间视为应付款时间:

(1) 建设工程已实际交付的,为交付之日;

(2) 建设工程没有交付的,为提交竣工结算文件之日;

(3) 建设工程未交付,工程价款也未结算的,为当事人起诉之日。"

4. 因合同计价方式产生的纠纷

《建筑工程施工发包与承包计价管理办法》第十二条规定:"合同价可以采用以下方式:

(1) 固定价。合同总价或者单价在合同约定的风险范围内不可调整。

(2) 可调价。合同总价或者单价在合同实施期内,根据合同约定的办法调整。

（3）成本加酬金。合同总价由成本和建设单位支付给施工单位的酬金两部分构成。"

由于工程建设的外部环境处于不断的变化之中,这些外部条件的变化就可能使得施工单位的成本增加。例如,某种建筑材料大幅度涨价,或者发生了一定程度的设计变更使得工程量有所增加,都会让承包商承担更大的成本。在这种情况下,承包商就可能提出索赔的要求,要求建设单位支付增加部分的成本。对于上面的三种计价方式,如果采用的是可调价合同或者成本加酬金合同,建设单位就应该在合同约定的范围内支付这笔款项。但是,如果采用的是固定价合同,则建设单位就不必为此支付。

《解释》第二十八条规定:"当事人约定按照固定价结算工程价款,一方当事人请求对建设工程造价进行鉴定的,不予支持。"

五、对工程量的争议问题

在工程款支付的过程中,确认完成的工程量是一个重要的环节。只有确认了完成的工程量,才能进行下一步的结算。

1. 工程结算的程序

《建筑工程施工发包与承包计价管理办法》第十六条规定了工程结算的程序,工程竣工验收合格,应当按照下列规定进行竣工结算:

（1）承包方应当在工程竣工验收合格后的约定期限内提交竣工结算文件。

（2）发包方应当在收到竣工结算文件后的约定期限内予以答复。逾期未答复的,竣工结算文件视为已被认可。

（3）发包方对竣工结算文件有异议的,应当在答复期内向承包方提出,并可以在提出之日起的约定期限内与承包方协商。

（4）发包方在协商期内未与承包方协商或者经协商未能与承包方达成协议的,应当委托工程造价咨询单位进行竣工结算审核。

（5）发包方应当在协商期满后的约定期限内向承包方提出工程造价咨询单位出具的竣工结算审核意见。

发承包双方在合同中对上述事项的期限没有明确约定的,可认为其约定期限均为 28 日。

发承包双方对工程造价咨询单位出具的竣工结算审核意见仍有异议的,在接到该审核意见后一个月内可以向县级以上地方人民政府建设行政主管部门申请调解,调解不成的,可以依法申请仲裁或者向人民法院提起诉讼。

工程竣工结算文件经发包方与承包方确认即应作为工程决算的依据。

2. 关于确认工程量引起的纠纷

（1）对未经签证但事实上已经完成的工程量的确认

工程量的确认应以工程师的确认为依据,只有经过工程师确认的工程量才能进行工程款的结算,否则即使施工单位完成了相应的工程量,也由于属于单方面变更合同内容而不能得到相应的工程款。

工程师的确认以签证为依据,也就是说只要工程师对已完工程进行了签证,建设单位就要支付这部分工程量的工程款。但是,有的时候却存在另一种情形,工程师口头同意进行某项工程的修建,但是由于主观的或者客观的原因而没能及时提供签证,这部分工程量的确认就很容易引起纠纷。

我国《民法典》第四百九十条规定,法律、行政法规规定或者当事人约定合同应当采用书面形式订立,当事人未采用书面形式但是一方已经履行主要义务,对方接受时,该合同成立。依据这个条款,《解释》第二十条规定:"当事人对工程量有争议的,按照施工过程中形成的签证等书面文件确认。承包人能够证明发包人同意其施工,但未能提供签证文件证明工程量发生的,可以按照当事人提供的其他证据确认实际发生的工程量。"

（2）对于确认工程量的时间的纠纷

如果建设单位迟迟不确认施工单位完成的工程量,就会导致施工单位不能及时得到工程款,这样就损害了施工单位的利益。为了保护合同当事人的合法权益,《解释》第二十一条规定:"当事人约定,发包人收到竣工结算文件后,在约定期限内不予答复,视为认可竣工结算文件的,按照约定处理。承包人请求按照竣工结算文件结算工程价款的,应予支持。"这与《建筑工程施工发包与承包计价管理办法》第十六条的规定也是一致的。

六、建设工程价款优先受偿权问题

1.《民法典》在工程款优先受偿权问题上的冲突

在工程建设中,建设单位为了筹措资金,经常会向银行贷款。作为条件,银行会要求建设单位提供相应的担保。有的时候,建设单位可以以拟建的建设工程（主要是商品房）作为抵押来为贷款作担保。于是,在建设单位和银行之间就会签订一个抵押合同。根据《民法典》第四百一十条规定,债务人不履行到期债务或者发生当事人约定的实现抵押权的情形,抵押权人可以与抵押人协议以抵押财产折价或者拍卖、变卖该抵押财产所得的价款优先受偿。抵押权人与抵押人未就抵权实现方式达成协议的,抵押权人可以请求人民法院拍卖、变卖抵押财产。根据本法第四百一十三条规定,抵押财产折价或者拍卖、变卖后,其价款超过债权数额的部分归抵押人所有,不足部分由债务人清偿。这就是说,如果建设单位在应该偿还贷款的期限届满没有清偿贷款的话,银行就可以将建成的工程项目（主要是指商品房）折价、拍卖或者变卖,然后将所得的收入占有。

但是,根据《民法典》第八百零七条的规定:"发包人未按照约定支付价款的,承包人可以催告发包人在合理期限内支付价款。发包人逾期不支付的,除按照建设工程的性质不宜折价、拍卖的以外,承包人可以与发包人协议将该工程折价,也可以申请人民法院将该工程依法拍卖。建设工程的价款就该工程折价或者拍卖的价款优先受偿。"这就意味着,如果建设单位不及时支付工程款,则施工单位可以将建成的建设项目折价、拍卖并将所得占有。

2. 建设工程价款优先受偿权问题的司法解释

这样一来就出现了一个问题,在上面两个条件都存在的情况下,银行和施工单位都可以将建成的工程项目拍卖并将所得款项占有。那么到底优先将这笔款项支付给谁呢?针对这个问题,根据《最高人民法院关于建设工程价款优先受偿权问题的批复》和《最高人民法院关于审理建设工程施工合同纠纷案件适用法律问题的解释（一）》,解释如下:

（1）根据《民法典》第八百零七条和《最高人民法院关于审理建设工程施工合同纠纷案件适用法律问题的解释（一）》第三十六条规定,承包人享有的建设工程价款优先受偿权优于抵押权和其他债权。

（2）消费者交付购买商品房的全部或者大部分款项后,承包人就该商品房享有的工程价款优先受偿权不得对抗买受人。

（3）建筑工程价款包括承包人为建设工程应当支付的工作人员报酬、材料款等实际支出的费用，不包括承包人因发包人违约所造成的损失。

（4）建设工程承包人行使优先权的期限为 6 个月，自建设工程竣工之日或者建设工程合同约定的竣工之日起计算。

第八节　合同法规案例

案例一

一、案情简介

某厂新建一车间，分别与市设计院和市建某公司签订设计合同和施工合同。工程竣工后厂房北侧墙壁发生裂缝。为此某厂向法院起诉市建某公司。经勘察，裂缝是由地基不均匀沉降引起，结论是结构设计图纸所依据的地质资料不准。于是某厂又诉讼市设计院。市设计院答辩，设计院是根据某厂提供的地质资料设计的，不应承担事故责任。经法院查证，某厂提供的地质资料不是新建车间的地质资料，事故前设计院也不知道该情况。

二、案例点评

1. 该案例中设计合同的主体是某厂和市设计院，施工合同的主体是某厂和市建某公司。根据案情，设计图纸所依据的资料不准确，使地基不均匀沉降，最终导致墙壁裂缝事故。所以，事故所涉及的是设计合同中的责权关系，而与施工合同无关，所以市建某公司没有责任。在设计合同中，提供准确的资料是委托方的义务之一，而且要对"资料的可靠性负责"，所以委托方提供假地质资料是事故的根源，委托方是事故的责任者之一；市设计院按对方提供的资料设计，似乎没有过错，但是直到事故发生前设计院仍不知道资料虚假。说明在整个设计过程中，设计院并未对地质资料进行认真的审查，使假资料滥竽充数，导致事故发生，所以设计院也是责任者之一。故在此事件中，某厂作为委托方应是事故直接责任人，应负主要责任；设计院作为承接方，应负间接责任，是次要责任人。

2. 该案件中发生的诉讼费，主要应由某厂负担，市设计院也应承担一小部分。

案例二

一、案情简介

原告：某建筑工程承包公司（简称承包公司）

被告：某房地产开发有限公司（简称房地产公司）

2000 年 7 月原告与被告就某项目签订了一份前期工程协议书，双方约定：承包公司负责该项目的前期工程，包括动迁和七通一平，房地产公司按完成面积分四期支付工程款。

在合同履行过程中，承包公司由于疏忽，对在项目基地红线边缘的两所约定应拆除的民房未予以拆除。房地产公司虽然知道这种情况，但一直不予提醒，而且不加以说明地拒付大部分工程款，为此工程延误一段工期，这种状况一直延续到工程完工。

结算过程中，承包公司根据协议要求房地产公司支付尚未支付的 2 000 万元的工程款，但遭到房地产公司的拒绝。理由是承包公司没有按协议完成任务，两所民房仍未拆除且拖延工期。2001年4月,承包公司以欠款为由将房地产公司告上法庭。

承包公司承认由于疏忽两所约定应拆除的民房未予以拆除,但是这两所民房未拆除并未影响项目的施工。现在工程已全部完工,房地产公司可以扣除这两所房子的拆迁费用,但不应拒付大部分工程款。对此房地产公司不予认可而且提出反诉,要求承包公司支付延误工期的违约金1 000万元。

2001年5月法院经审理作出判决:承包公司应拆除剩余两所民房,房地产公司应按协议约定支付全部工程款,至于延误工期的违约金是由于房地产公司拒付工程款造成的,是房地产公司的人为原因使损失扩大,依法予以驳回。

思 考 题

1. 何谓建设工程合同? 包括哪几种类型?
2. 简述各种建设工程合同的关系。
3. 建设工程施工合同及其管理有什么特点?
4. 建设工程施工合同缔约履行原则包括哪些?
5. 简述《建设工程施工合同(示范文本)》的内容结构。
6. 示范文本的通用合同条款与专用合同条款的关系是什么?
7. 示范文本中规定的建设单位的合同义务主要包括哪些?
8. 示范文本中规定的施工单位的合同义务主要包括哪些?
9. 施工合同履行过程中引发合同变更的情形条件主要包括哪些?
10. 施工合同争议纠纷法定处理方式包括哪些?
11. 简述最高人民法院颁布审理施工合同纠纷案件有关司法解释的意义。

第七章　工程建设执业资格法规

第一节　工程建设从业单位资质管理制度

工程建设从业单位资格许可包括从业单位的条件和从业单位的资质。为了建立和维护建筑市场的正常秩序,确立进入建筑市场从事建筑活动的准入规则,《建筑法》第十二条和第十三条规定了从事建筑活动的建筑施工企业、勘察单位、设计单位、工程监理单位进入建筑市场应当具备的条件和资质审查制度。建设部第84号令、第149号令规定了城市规划编制单位和工程造价咨询企业进入建筑市场应当具备的条件和资质审查制度。

一、从业单位的条件

根据建筑法的规定,从事建筑活动的建筑施工企业、勘察单位、设计单位和工程监理单位,应当具备下列条件:

1. 有符合国家规定的注册资本

注册资本体现企业法人承担责任的能力,是判断企业经济实力的重要依据之一。从事经营活动的企业组织,都必须具备相应的责任能力,能够承担与其经营活动相适应的经济责任。建筑法要求从事建筑施工、勘察、设计和工程监理的企业的注册资本必须满足从事相应建筑活动的需要,不得低于规定的最低限额。注册资本的限额由国务院或国务院建设行政主管部门具体规定。

2. 有与其从事的建筑活动相适应的专业技术人员

由于建筑活动是一种专业性、技术性很强的活动,所以从事建筑活动的建筑施工企业、勘察单位、设计单位和工程监理单位必须有足够的专业技术人员。如设计单位不仅要有建筑师,还需要有结构、水、暖、电等方面的工程师。建筑活动是一种涉及公民生命和财产安全的一种特殊活动,因而从事建筑活动必须具有一定数量的取得法定执业资格的从业人员,执业人员必须依法通过考试并经注册后才能从事相应的执业活动。建筑工程的规模和复杂程度各不相同,因此建筑活动所要求的专业技术人员的级别和数量也不同,建筑施工企业、勘察单位、设计单位和工程监理单位必须有与其从事的建筑活动相适应的专业技术人员。

3. 有从事相关建筑活动所应有的技术装备

建筑活动具有专业性强、技术性强的特点,没有相应的技术装备无法进行。如从事建筑施工活动,必须有相应的施工机械设备与质量检验测试手段;从事勘察设计活动的建筑施工企业、勘察单位、设计单位和工程监理单位必须有从事相关建筑活动所应有的技术装备。不具有相应技术装备的单位,不得从事建筑活动。

4. 法律、行政法规的其他条件

建筑施工企业、勘察单位、设计单位和工程监理单位，除了应具备以上三项条件外，还必须具备从事经营活动所应具备的其他条件，如《民法典》第五十八条规定，法人应当有自己的名称、组织机构和场所。《公司法》规定设立从事建筑活动的有限责任公司和股份有限公司，股东或发起人必须符合法定人数；股东或发起人共同制定公司章程；有公司名称，建立符合要求的组织机构；有固定的生产经营场所和必要的生产条件等。

二、从业单位的资质管理

国务院建设行政主管部门负责全国建筑业企业资质，建设工程勘察、设计资质，工程监理企业资质的归口管理工作，国务院铁道、交通、水利、信息产业、民航等有关部门配合国务院建设行政主管部门实施相关资质类别和相应行业企业资质的管理工作。

新设立的企业，应到工商行政主管部门登记注册手续并取得企业法人营业执照后，为可到建设行政主管部门办理资质申请手续。任何单位和个人不得涂改、伪造、出借、转让企业资质证书，不得非法扣押、没收资质证书。

三、建筑施工企业从业资质管理制度

建筑工程种类很多，不同的建筑工程，其建设规模和技术要求的复杂程度有很大的差别，而从事建筑活动的施工企业、勘察单位、设计单位和工程监理单位的也各有不同，有的资本雄厚，专业技术人员较多，技术装备齐全，有较强的经济和技术实力，而有的经济和技术实力则比较薄弱。为此，世界许多国家都通过资质管理对建筑活动进行监督管理，将从事建筑活动的单位按其具有的人员、资金和技术设备条件，划分为不同的资质等级，并明确规定不同等级资质允许从事的建筑活动范围。实践证明，这是建立和维护建筑市场的正常秩序，保证建筑工程质量的一项有效措施。我国《建筑法》第十三条对从事建筑活动的各类单位也作出了必须进行资质审查的明确规定："从事建筑活动的建筑施工企业、勘察单位、设计单位和工程监理单位，按照其拥有的注册资本、专业技术人员、技术装备和已完成的建筑工程业绩等资质条件，划分不同的资质等级，经资质审查合格，取得相应等级资质证书后，方可在其资质等级许可证的范围内从事建筑活动。"以法律的形式确定了从业资格许可制度。

1. 资质序列、资质类别、资质等级

《建筑业企业资质管理规定》规定："建筑企业应当按照其拥有的注册资本、专业技术人员、技术装备和已完成的建筑工程业绩等条件申请资质，经审查合格，取得建筑业企业资质证书后，方可在资质许可的范围内从事建筑施工活动。"

建筑业企业资质分为施工总承包、专业承包和劳务分包三个序列。

取得施工总承包资质的企业，可以承接施工总承包工程。施工总承包企业可以对所承接的施工总承包工程内各专业工程全部自行施工，也可以将专业工程或劳务作业依法分包给具有相应资质的专业承包企业或劳务分包企业。

取得专业承包资质的企业，可以承接施工总承包企业分包的专业工程和建设单位依法发包的专业工程。专业承包企业可以对承接的专业工程全部自行施工，也可以将劳务作业依法分包给具有相应资质的劳务分包企业。

取得劳务分包资质的企业，可以承接施工总承包企业或专业承包企业分包的劳务作业。

施工总承包企业资质划分为 12 个资质类别,专业承包企业划分为 60 个资质类别,劳务分包企业划分为 13 个资质类别。

各资质类别按照各自规定的条件划分为若干资质等级:

(1) 施工总承包企业资质分为特级、一级、二级、三级;

(2) 专业承包企业资质分为一、二、三级或无级别。例如,地基与基础工程专业承包企业资质分为一级、二级、三级;预应力工程专业承包企业资质分为二级、三级;城市轨道交通工程专业承包企业资质不分等级。

(3) 劳务分包企业资质分为一、二级或无级别。例如,木工作业分包企业资质分为一级、二级;抹灰作业分包企业资质不分等级。

2. 资质许可

下列建筑业企业资质的许可,由国务院建设主管部门实施:

(1) 施工总承包序列特级资质、一级资质;

(2) 国务院国有资产管理部门直接监管的企业及其下属一层级的企业的施工总承包二级资质、三级资质;

(3) 水利、交通、信息产业方面的专业承包序列一级资质;

(4) 铁路、民航方面的专业承包序列一级、二级资质;

(5) 公路交通工程专业承包不分等级资质、城市轨道交通专业承包不分等级资质。

申请前款所列资质的,应当向企业工商注册所在地的省、自治区、直辖市人民政府建设主管部门提出申请。其中,国务院国有资产管理部门直接监管的企业及其下属一层级的企业,应当由国务院国有资产管理部门直接监管的企业向国务院建设主管部门提出申请。

省、自治区、直辖市人民政府建设主管部门应当自受理申请之日起 20 日内初审完毕并将初审意见和申请材料报国务院建设主管部门。

国务院建设主管部门应当自省、自治区、直辖市人民政府建设主管部门受理申请材料之日起 60 日内完成审查,公示审查意见,公示时间为 10 日。其中,涉及铁路、交通、水利、信息产业、民航等方面的建筑业企业资质,由国务院建设主管部门送国务院有关部门审核,国务院有关部门在 20 日内审核完毕,并将审核意见送国务院建设主管部门。

下列建筑业企业资质许可,由企业工商注册所在地省、自治区、直辖市人民政府建设主管部门实施:

(1) 总承包序列二级资质(不含国务院国有资产管理部门直接监管的企业及其下属一层级的企业的施工总承包序列二级资质);

(2) 承包序列一级资质(不含铁路、交通、水利、信息产业、民航方面的专业承包序列一级资质);

(3) 承包序列二级资质(不含民航、铁路方面的专业承包序列二级资质);

(4) 承包序列不分等级资质(不含公路交通工程专业承包序列和城市轨道交通专业承包序列的不分等级资质)。

建筑业企业资质许可的实施程序由省、自治区、直辖市人民政府建设主管部门依法确定。

省、自治区、直辖市人民政府建设主管部门应当自作出决定之日起 30 日内,将准予资质许可的决定报国务院建设主管部门备案。

下列建筑业企业资质许可,由企业工商注册所在地设区的市人民政府建设主管部门实施:

（1）总承包序列三级资质（不含国务院国有资产管理部门直接监管的企业及其下属一层级的企业的施工总承包三级资质）；

（2）承包序列三级资质；

（3）分包序列资质；

（4）燃烧器具安装、维修企业资质。

建筑业企业资质许可的实施程序由省、自治区、直辖市人民政府建设主管部门依法确定。

企业工商注册所在地设区的市人民政府建设主管部门应当自作出决定之日起 30 日内，将准予资质许可的决定通过省、自治区、直辖市人民政府建设主管部门，报国务院建设主管部门备案。

3. 资质的监督管理

建设主管部门、其他有关部门履行监督检查职责时，有权采取下列措施：

（1）被检查单位提供建筑业企业资质证书、注册执业人员的注册执业证书，有关施工业务的文档，有关质量管理、安全生产管理、档案管理、财务管理等企业内部管理制度的文件；

（2）被检查单位进行检查，查阅相关资料；

（3）违反有关法律、法规和本规定及有关规范和标准的行为。

建设主管部门、其他有关部门依法对企业从事行政许可事项的活动进行监督检查时，应当将监督检查情况和处理结果予以记录，由监督检查人员签字后归档。

建设主管部门、其他有关部门在实施监督检查时，应当有两名以上监督检查人员参加，并出示执法证件，不得妨碍企业正常的生产经营活动，不得索取或者收受企业的财物，不得谋取其他利益。有关单位和个人对依法进行的监督检查应当协助与配合，不得拒绝或者阻挠。监督检查机关应当将监督检查的处理结果向社会公布。

建筑业企业违法从事建筑活动的，违法行为发生地的县级以上地方人民政府建设主管部门或者其他有关部门应当依法查处，并将违法事实、处理结果或处理建议及时告知该建筑业企业的资质许可机关。

企业取得建筑业企业资质后不再符合相应资质条件的，建设主管部门、其他有关部门根据利害关系人的请求或者依据职权，可以责令其限期改正；逾期不改的，资质许可机关可以撤回其资质。被撤回建筑业企业资质的企业，可以申请资质许可机关按照其实际达到的资质标准，重新核定资质。

有下列情形之一的，资质许可机关或者其上级机关，根据利害关系人的请求或者依据职权，可以撤销建筑业企业资质：

（1）许可机关工作人员滥用职权、玩忽职守作出准予建筑业企业资质许可的；

（2）超越法定职权作出准予建筑业企业资质许可的；

（3）违反法定程序作出准予建筑业企业资质许可的；

（4）对不符合许可条件的申请人作出准予建筑业企业资质许可的；

（5）可以撤销资质证书的其他情形。

以欺骗、贿赂等不正当手段取得建筑业企业资质证书的，应当予以撤销。

有下列情形之一的，资质许可机关应当依法注销建筑业企业资质，并公告其资质证书作废，建筑业企业应当及时将资质证书交回资质许可机关：

（1）资质证书有效期届满，未依法申请延续的；

（2）建筑业企业依法终止的；

（3）建筑业企业资质依法被撤销、撤回或吊销的；

（4）法律、法规规定的应当注销资质的其他情形。

四、勘察设计单位从业资质管理制度

1. 工程勘察资质的分类、分级

《建设工程勘察设计企业资质管理规定》规定，建设工程勘察企业应当按照其拥有的注册资本、专业技术人员、技术装备和勘察设计业绩等条件申请资质，经审查合格，取得建设工程勘察资质证书后，方可在资质等级许可的范围内从事建设工程勘察活动。

工程勘察资质分为工程勘察综合资质、工程勘察专业资质、工程勘察劳务资质。

工程勘察综合资质只设甲级；工程勘察专业资质设甲级、乙级，根据工程性质和技术特点，部分专业可以设丙级；工程勘察劳务资质不分等级。取得工程勘察综合资质的企业，可以承接各专业（海洋工程勘察除外）、各等级工程勘察业务；取得工程勘察专业资质的企业，可以承接相应等级相应专业的工程勘察业务；取得工程勘察劳务资质的企业，可以承接岩土工程治理、工程钻探、凿井等工程勘察劳务业务。

工程设计资质分为工程设计综合资质、工程设计行业资质、工程设计专业资质和工程设计专项资质。工程设计综合资质只设甲级；工程设计行业资质、工程设计专业资质、工程设计专项资质设甲级、乙级。根据工程性质和技术特点，个别行业、专业、专项资质可以设丙级，建筑工程专业资质可以设丁级。取得工程设计综合资质的企业，可以承接各行业、各等级的建设工程设计业务；取得工程设计行业资质的企业，可以承接相应行业相应等级的工程设计业务及本行业范围内同级别的相应专业、专项（设计施工一体化资质除外）工程设计业务；取得工程设计专业资质的企业，可以承接本专业相应等级的专业工程设计业务及同级别的相应专项工程设计业务（设计施工一体化资质除外）；取得工程设计专项资质的企业，可以承接本专项相应等级的专项工程设计业务。

2. 资质申请和审批

从事建设工程勘察、工程设计活动的企业，应当按照其拥有的注册资本、专业技术人员、技术装备和勘察设计业绩等条件申请资质，经审查合格，取得建设工程勘察、工程设计资质证书后，方可在资质许可的范围内从事建设工程勘察、工程设计活动。

（1）申请工程勘察甲级资质、工程设计甲级资质，以及涉及铁路、交通、水利、信息产业、民航等方面的工程设计乙级资质的，应当向企业工商注册所在地的省、自治区、直辖市人民政府建设主管部门提出申请。其中，国务院国资委管理的企业应当向国务院建设主管部门提出申请；国务院国资委管理的企业下属一层级的企业申请资质，应当由国务院国资委管理的企业向国务院建设主管部门提出申请。

省、自治区、直辖市人民政府建设主管部门应当自受理申请之日起 20 日内初审完毕，并将初审意见和申请材料报国务院建设主管部门。国务院建设主管部门应当自省、自治区、直辖市人民政府建设主管部门受理申请材料之日起 60 日内完成审查，公示审查意见，公示时间为 10 日。其中，涉及铁路、交通、水利、信息产业、民航等方面的工程设计资质，由国务院建设主管部门送国务院有关部门审核，国务院有关部门在 20 日内审核完毕，并将审核意见送国务院建设主管部门。

（2）申请工程勘察乙级及以下资质、劳务资质、工程设计乙级（涉及铁路、交通、水利、信息产业、民航等方面的工程设计乙级资质除外）及以下资质许可由省、自治区、直辖市人民政府建设主管部门实施。具体实施程序由省、自治区、直辖市人民政府建设主管部门依法确定。省、自治区、直辖市人民政府建设主管部门应当自作出决定之日起 30 日内，将准予资质许可的决定报国务院建设主管部门备案。

（3）企业首次申请工程勘察、工程设计资质，应当提供以下材料：

① 工程勘察、工程设计资质申请表；

② 企业法人、合伙企业营业执照副本复印件；

③ 企业章程或合伙人协议；

④ 企业法定代表人、合伙人的身份证明；

⑤ 企业负责人、技术负责人的身份证明、任职文件、毕业证书、职称证书及相关资质标准要求提供的材料；

⑥ 工程勘察、工程设计资质申请表中所列注册执业人员的身份证明、注册执业证书；

⑦ 工程勘察、工程设计资质标准要求的非注册专业技术人员的职称证书、毕业证书、身份证明及个人业绩材料；

⑧ 工程勘察、工程设计资质标准要求的注册执业人员、其他专业技术人员与原聘用单位解除聘用劳动合同的证明及新单位的聘用劳动合同；

⑨ 资质标准要求的其他有关材料。

（4）企业首次申请、增项申请工程勘察、工程设计资质，其申请资质等级最高不超过乙级，且不考核企业工程勘察、工程设计业绩。已具备施工资质的企业首次申请同类别或相近类别的工程勘察、工程设计资质的，可以将相应规模的工程总承包业绩作为工程业绩予以申报。其申请资质等级最高不超过其现有施工资质等级。

3. 资质的监督与管理

国务院建设主管部门对全国的建设工程勘察、设计资质实施统一的监督管理，国务院铁路、交通、水利、信息产业、民航等有关部门配合国务院建设主管部门对相应的行业资质进行监督管理。县级以上地方人民政府建设主管部门负责对本行政区域内的建设工程勘察、设计资质实施监督管理，县级以上人民政府交通、水利、信息产业等有关部门配合同级建设主管部门对相应的行业资质进行监督管理。上级建设主管部门应当加强对下级建设主管部门资质管理工作的监督检查，及时纠正资质管理中的违法行为。

建设主管部门、有关部门履行监督检查职责时，有权采取下列措施：

（1）要求被检查单位提供工程勘察、设计资质证书、注册执业人员的注册执业证书，有关工程勘察、设计业务的文档，有关质量管理、安全生产管理、档案管理、财务管理等企业内部管理制度的文件；

（2）进入被检查单位进行检查，查阅相关资料；

（3）纠正违反有关法律、法规和本规定及有关规范和标准的行为。

建设主管部门、有关部门依法对企业从事行政许可事项的活动进行监督检查时，应当将监督检查情况和处理结果予以记录，由监督检查人员签字后归档。

有下列情形之一的，资质许可机关或者其上级机关，根据利害关系人的请求或者依据职权，可以撤销工程勘察、工程设计资质：

（1）资质许可机关工作人员滥用职权、玩忽职守作出准予工程勘察、工程设计资质许可的；

（2）超越法定职权作出准予工程勘察、工程设计资质许可；

（3）违反资质审批程序作出准予工程勘察、工程设计资质许可的；

（4）对不符合许可条件的申请人作出工程勘察、工程设计资质许可的；

（5）依法可以撤销资质证书的其他情形。

以欺骗、贿赂等不正当手段取得工程勘察、工程设计资质证书的，应当予以撤销。

有下列情形之一的，企业应当及时向资质许可机关提出注销资质的申请，交回资质证书，资质许可机关应当办理注销手续，公告其资质证书作废：

（1）资质证书有效期届满未依法申请延续的；

（2）企业依法终止的；

（3）资质证书依法被撤销、撤回，或者吊销的；

（4）法律、法规规定的应当注销资质的其他情形。

企业应当按照有关规定，向资质许可机关提供真实、准确、完整的企业信用档案信息，企业的信用档案应当包括企业基本情况、业绩、工程质量和安全、合同违约等情况。被投诉举报的处理、行政处罚等情况应当作为不良行为记入其信用档案，企业的信用档案信息按照有关规定向社会公示。

4. 违反资质管理的法律责任

（1）企业隐瞒有关情况或者提供虚假材料申请资质的，资质许可机关不予受理或者不予行政许可，并给予警告，该企业在1年内不得再次申请该资质。

（2）企业以欺骗、贿赂等不正当手段取得资质证书的，由县级以上地方人民政府建设主管部门或者有关部门给予警告，并依法处以罚款；该企业在3年内不得再次申请该资质。

（3）企业不及时办理资质证书变更手续的，由资质许可机关责令限期办理；逾期不办理的，可处以1 000元以上1万元以下的罚款。

（4）企业未按照规定提供信用档案信息的，由县级以上地方人民政府建设主管部门给予警告，责令限期改正；逾期未改正的，可处以1 000元以上1万元以下的罚款。

（5）涂改、倒卖、出租、出借或者以其他形式非法转让资质证书的，由县级以上地方人民政府建设主管部门或者有关部门给予警告，责令改正，并处以1万元以上3万元以下的罚款；造成损失的，依法承担赔偿责任；构成犯罪的，依法追究刑事责任。

（6）县级以上地方人民政府建设主管部门依法给予工程勘察、设计企业行政处罚的，应当将行政处罚决定以及给予行政处罚的事实、理由和依据，报国务院建设主管部门备案。

（7）建设主管部门及其工作人员，违反本规定，有下列情形之一的，由其上级行政机关或者监察机关责令改正；情节严重的，对直接负责的主管人员和其他直接责任人员，依法给予行政处分：

① 对不符合条件的申请人准予工程勘察、设计资质许可的；

② 对符合条件的申请人不予工程勘察、设计资质许可或者未在法定期限内作出许可决定的；

③ 对符合条件的申请不予受理或者未在法定期限内初审完毕的；

④ 利用职务上的便利，收受他人财物或者其他好处的；

⑤ 不依法履行监督职责或者监督不力，造成严重后果的。

五、工程监理企业资质管理制度

1. **工程监理资质的分类、分级**

工程监理企业资质分为综合资质、专业资质和事务所资质。其中，专业资质按照工程性质和技术特点划分为若干工程类别。

综合资质、事务所资质不分级别。专业资质分为甲级、乙级；其中，房屋建筑、水利水电、公路和市政公用专业资质可设立丙级。

工程监理企业资质相应许可的业务范围如下：

(1) 综合资质

可以承担所有专业工程类别建设工程项目的工程监理业务。

(2) 专业资质

① 专业甲级资质

可承担相应专业工程类别建设工程项目的工程监理业务。

② 专业乙级资质

可承担相应专业工程类别二级以下(含二级)建设工程项目的工程监理业务。

③ 专业丙级资质

可承担相应专业工程类别三级建设工程项目的工程监理业务。

(3) 事务所资质

可承担三级建设工程项目的工程监理业务，但是，国家规定必须实行强制监理的工程除外。

工程监理企业可以开展相应类别建设工程的项目管理、技术咨询等业务。

2. **资质许可**

(1) 申请综合资质、专业甲级资质的，应当向企业工商注册所在地的省、自治区、直辖市人民政府建设主管部门提出申请。省、自治区、直辖市人民政府建设主管部门应当自受理申请之日起20日内初审完毕，并将初审意见和申请材料报国务院建设主管部门。国务院建设主管部门应当自省、自治区、直辖市人民政府建设主管部门受理申请材料之日起60日内完成审查，公示审查意见，公示时间为10日。其中，涉及铁路、交通、水利、通信、民航等专业工程监理资质的，由国务院建设主管部门送国务院有关部门审核。国务院有关部门应当在20日内审核完毕，并将审核意见报国务院建设主管部门，国务院建设主管部门根据初审意见审批。

(2) 申请专业乙级、丙级资质和事务所资质由企业所在地省、自治区、直辖市人民政府建设主管部门审批。专业乙级、丙级资质和事务所资质许可，延续的实施程序由省、自治区、直辖市人民政府建设主管部门依法确定。省、自治区、直辖市人民政府建设主管部门应当自作出决定之日起10日内，将准予资质许可的决定报国务院建设主管部门备案。

(3) 申请工程监理企业资质，应当提交以下材料：

① 工程监理企业资质申请表(一式三份)及相应电子文档；

② 企业法人、合伙企业营业执照；

③ 企业章程或合伙人协议；

④ 企业法定代表人、企业负责人和技术负责人的身份证明、工作简历及任命(聘用)文件；

⑤ 工程监理企业资质申请表中所列注册监理工程师及其他注册执业人员的注册执业证书；

⑥ 有关企业质量管理体系、技术和档案等管理制度的证明材料；

⑦ 有关工程试验检测设备的证明材料。

取得专业资质的企业申请晋升专业资质等级或者取得专业甲级资质的企业申请综合资质的，除前款规定的材料外，还应当提交企业原工程监理企业资质证书正、副本复印件，企业《监理业务手册》及近两年已完成代表工程的监理合同、监理规划、工程竣工验收报告及监理工作总结。

（4）申请资质证书变更，应当提交以下材料：

① 资质证书变更的申请报告；

② 企业法人营业执照副本原件；

③ 工程监理企业资质证书正、副本原件。

工程监理企业改制的，除前款规定材料外，还应当提交企业职工代表大会或股东大会关于企业改制或股权变更的决议、企业上级主管部门关于企业申请改制的批复文件。

3. 监督管理

建设主管部门履行监督检查职责时，有权采取下列措施：

（1）要求被检查单位提供工程监理企业资质证书、注册监理工程师注册执业证书，有关工程监理业务的文档，有关质量管理、安全生产管理、档案管理等企业内部管理制度的文件；

（2）进入被检查单位进行检查，查阅相关资料；

（3）纠正违反有关法律、法规和本规定及有关规范和标准的行为。

有下列情形之一的，资质许可机关或者其上级机关，根据利害关系人的请求或者依据职权，可以撤销工程监理企业资质：

（1）资质许可机关工作人员滥用职权、玩忽职守作出准予工程监理企业资质许可的；

（2）超越法定职权作出准予工程监理企业资质许可的；

（3）违反资质审批程序作出准予工程监理企业资质许可的；

（4）对不符合许可条件的申请人作出准予工程监理企业资质许可的；

（5）依法可以撤销资质证书的其他情形。

以欺骗、贿赂等不正当手段取得工程监理企业资质证书的，应当予以撤销。

有下列情形之一的，工程监理企业应当及时向资质许可机关提出注销资质的申请，交回资质证书，国务院建设主管部门应当办理注销手续，公告其资质证书作废：

（1）资质证书有效期届满，未依法申请延续的；

（2）工程监理企业依法终止的；

（3）工程监理企业资质依法被撤销、撤回或吊销的；

（4）法律、法规规定的应当注销资质的其他情形。

第二节　工程建设专业技术人员资格管理制度

一、注册建筑师

1. 注册建筑师的概念

注册建筑师是指依法取得注册建筑师证书并从事房屋建筑设计及相关业务的人员。我国注册建筑师分为两级,即一级注册建筑师和二级注册建筑师。

2. 注册建筑师考试

注册建筑师考试分为一级注册建筑师考试和二级注册建筑师考试。注册建筑师考试实行全国统一考试,每年进行一次。注册建筑师考试由全国注册建筑师管理委员会统一部署,省、自治区、直辖市注册建筑师管理委员会组织实施。

一级注册建筑师考试内容包括建筑设计前期工作、场地设计、建筑设计与表达、建筑结构、环境控制、建筑设备、建筑材料与构造、建筑经济、施工与设计业务管理、建筑法规等。二级注册建筑师考试内容包括场地设计、建筑设计与表达、建筑结构与设备、建筑法规、建筑经济与施工等。

具备相应专业教育和职业实践条件者,均可申请参加相应级别的注册建筑师执业资格考试。

3. 注册建筑师注册

(1) 注册的条件

经注册建筑师考试合格,取得注册建筑师资格,除《注册建筑师条例》第十三条规定的不予注册的情形外,均可注册。不予注册的情况有:不具有完全民事行为能力;因受刑事处罚,自刑罚执行完毕之日起至申请注册之日止不满5年的;因在建筑设计或者相关业务中犯有错误受行政处罚或者撤职以上行政处分,自处罚处分决定之日起至申请注册之日止不满2年的;受吊销注册建筑师证书的行政处罚,自处罚决定之日起至申请注册之日止不满5年的;由国务院规定不予注册的其他情形的。

(2) 注册的申请程序与机构

注册建筑师的申请注册采取个人注册与单位统一办理手续相结合的程序。即申请注册建筑师注册,由申请注册者向注册建筑师管理委员会提出申请,由聘用的设计单位统一办理注册手续。经注册建筑师管理委员会审查合格后,予以注册,并发给相应等级的注册建筑师注册证明。

一级注册建筑师的注册机构是全国注册建筑师管理委员会。二级注册建筑师的注册机构是省、自治区、直辖市注册建筑师管理委员会。

4. 注册建筑师的执业范围及执业管理

注册建筑师的执业范围包括建筑设计、建筑设计技术咨询、建筑物调查与鉴定,对本人主持设计的项目进行施工指导和监督,国务院建设行政主管部门规定的其他业务。

一级注册建筑师的业务范围与二级注册建筑师的业务范围有所不同。一级注册建筑师业务范围不受建筑规模和工程复杂程度的限制,二级注册建筑师的业务范围限定在国家规定的建筑规模和工程复杂程度范围内。注册建筑师执行业务应由设计单位统一接受委托并指派,注册建筑师不得私自承接业务。

注册建筑师执行业务,应当由设计单位统一收费,个人不得私自收费。

5. 注册建筑师的权利和义务

(1) 注册建筑师的权利

专有名称权:注册建筑师有权以注册建筑师的名义执行业务,非注册建筑师不得以注册建筑师的名义执行注册业务,二级注册建筑师不得以一级注册建筑师的名义执行注册业务。

设计文件签字权:注册建筑师有权在设计文件上以注册建筑师名义签字,并对其负责;非注册建筑师不得在设计文件上以注册建筑师名义签字。

独立设计权：国家规定一定跨度、跨径和高度以上的房屋建筑,应当由注册建筑师设计。

（2）注册建筑师的义务

遵守法律、法规和职业道德,维护社会公共利益;保证建筑设计的质量,并在其负责的设计图纸上签字;保守在职业中知悉的单位和个人的秘密;不得同时受聘于两个以上建筑设计单位执行业务;不能准许他人以本人名义执行业务等义务。

6. 注册建筑师的责任

因设计质量造成的经济损失,首先由设计单位承担赔偿责任,承担赔偿责任的设计单位有权对签字的注册建筑师根据其责任大小进行追偿。

二、注册结构工程师

1. 注册结构工程师的概念

注册结构工程是指取得中华人民共和国注册结构工程师执行资格证书和注册证书,从事房屋结构、桥梁结构及塔架结构等工程设计及相关业务的专业技术人员。注册结构工程师分为一级注册结构工程师和二级注册结构工程师。

2. 注册结构工程师考试

注册结构工程师考试原则上每年举行一次。一级注册结构工程师资格考试又分基础考试和专业考试两部分。通过基础考试的人员,从事结构工程设计或相关业务满规定年限,方可申请参加专业考试。注册结构工程师资格考试合格者,颁发注册结构工程师执业资格证书。

3. 注册结构工程师的注册

取得注册结构师执业资格者从事结构工程设计业务,必须申请注册,各级注册结构师管理委员会负责注册结构师的注册工作。

对准予注册的申请人,分别由全国注册结构工程师管理委员会和省、自治区、直辖市注册结构工程师管理委员会注册结构工程师核发建设部统一制作的注册结构师注册证书。

有下列情形之一的,不予注册：不具备完全民事行为能力的;因受刑事处罚,自处罚完毕之日起至申请注册之日止不满 5 年的;因在结构工程设计或相关业务中犯有错误受到行政处罚或者撤职以上行政处分,自处罚、处分决定之日起至申请注册之日止不满 2 年的;受吊销注册结构工程师注册证书处罚,自处罚决定之日起至申请注册之日止不满 5 年的;建设部和国务院有关部门规定不予注册的其他情形的。

4. 注册结构工程师的执业范围及业务承担和收费

注册结构工程师的执业范围包括结构工程设计;结构工程设计技术咨询;建筑物、构筑物、工程设施等调查和鉴定;对本人主持设计的项目进行施工指导和监督;建设部和国务院有关部门规定的其他业务。

一级注册结构工程师的执业范围不受工程规模及工程复杂程度的限制;二级注册结构工程师执业范围另行规定。

注册结构工程师执行业务,应当加入一个勘察设计单位,由勘察设计单位统一接受业务并统一收费。

5. 注册结构工程师的权利和义务

（1）注册结构工程师的权利

专有名称权：注册结构工程师有权以注册结构工程师的名义执行业务，非注册结构工程师不得以注册结构工程师的名义执行注册业务；国家规定的一定跨度、高度等以上的结构工程设计，应当由注册结构工程师主持设计；任何单位和个人修改注册结构工程师的设计图纸，应当征得该注册结构工程师同意，但是特殊情况不能征得该注册结构工程师同意的除外。

（2）注册结构工程师的义务

遵守法律、法规和职业道德，维护社会公众利益；保证工程设计的质量，并在其负责的设计图纸上签字盖章；保守在职业中知悉的单位和个人的秘密；不得同时受聘于两个以上的勘察设计单位执行业务；不得准许他人以本人名义执行业务；按规定接受必要的继续教育，定期进行业务和法规培训。

6. 注册结构工程师的责任

因结构设计质量造成的经济损失，由勘察设计单位承担赔偿责任；勘察设计单位有权向签字的注册结构工程师追偿。

三、注册造价工程师

1. 造价工程师的概念

造价工程师是指经全国统一考试合格，取得造价工程师执业资格证书，并经注册从事建设工程造价业务活动的专业技术人员。造价工程师考试原则上每年举行一次。

凡从事工程建设活动的建设、设计、施工、工程造价咨询、工程造价管理等单位和部门，必须在计价、评估、审查（核）、控制及管理等岗位配备有造价工程师执业资格的专业技术人员。

2. 造价工程师的注册

建设部及各省、自治区、直辖市建设行政主管部门和国务院有关部门为造价工程师的注册管理机构。申请注册的人员必须同时具备遵纪守法，恪守造价工程师职业道德；取得造价工程师执业资格证书；身体健康，能坚持在造价工程师岗位工作；所在单位考核同意等条件。

考试合格人员在取得证书3个月内到当地省级或部级造价工程师注册管理机构办理注册登记手续。注册机关经审查符合注册条件的，批准注册，由其单位所在省、自治区、直辖市或国务院有关部门造价工程师注册管理机构核发建设部印制的造价工程师注册证，并在执业资格证书的注册登记栏内加盖注册专用印章。各注册管理机构应将注册汇总名单报建设部备案。

造价工程师注册有效期为3年，有效期满前3个月，应当到原注册机构办理延续注册手续。

3. 造价工程师的权利与义务

（1）造价工程师的权利

有独立依法执行造价工程师岗位业务并参与工程项目经济管理的权利；有在所经办的工程造价成果文件上签字的权利；经造价工程师签字的工程造价文件需修改时应经原签字造价工程师签字同意；有使用造价工程师名称的权利；有依法申请开办工程造价咨询单位的权利；造价工程师对违反国家有关法律、法规的意见和决定有权提出劝告，并有权拒绝执行、向上级或有关部门报告的权利。

（2）造价工程师的义务

必须熟悉并严格执行国家有关工程造价的法律、法规和规定；恪守职业道德和行为规范，遵纪守法，秉公办事；对经办的工程造价文件质量负有经济和法律的责任；及时掌握国内外新技术、新材料、新工艺的发展和应用,为工程造价管理部门制定、修订工程定额提供依据;自觉接受继续教育,更新知识,积极参加职业培训,不断提高业务技术水平;不得参与与经办工程有关的其他单位相关的经营活动;严格保守职业中得知的技术和经济秘密。

四、注册建造师

1. 注册建造师的概念

注册建造师,是指通过考核认定或考试合格取得《中华人民共和国建造师资格证书》(以下简称《资格证书》),并按照规定注册,取得《中华人民共和国建造师注册证书》(以下简称《注册证书》)和执业印章,担任施工单位项目负责人及从事相关活动的专业技术人员。

未取得《注册证书》和执业印章的,不得担任大中型建设工程项目的施工单位项目负责人,不得以注册建造师的名义从事相关活动。

国务院建设主管部门对全国注册建造师的注册、执业活动实施统一监督管理;国务院铁路、交通、水利、信息产业、民航等有关部门按照国务院规定的职责分工,对全国有关专业工程注册建造师的执业活动实施监督管理。

县级以上地方人民政府建设主管部门对本行政区域内的注册建造师的注册、执业活动实施监督管理;县级以上地方人民政府交通、水利、通信等有关部门在各自职责范围内,对本行政区域内有关专业工程注册建造师的执业活动实施监督管理。

2. 注册建造师的注册

注册建造师实行注册执业管理制度,注册建造师分为一级注册建造师和二级注册建造师。取得《资格证书》的人员,经过注册方能以注册建造师的名义执业。

申请初始注册时应当具备以下条件:

(1) 经考核认定或考试合格取得资格证书;

(2) 受聘于一个相关单位;

(3) 达到继续教育要求;

(4) 没有以下所列情形:

① 不具有完全民事行为能力的;

② 申请在两个或者两个以上单位注册的;

③ 未达到注册建造师继续教育要求的;

④ 受到刑事处罚,刑事处罚尚未执行完毕的;

⑤ 因执业活动受到刑事处罚,自刑事处罚执行完毕之日起至申请注册之日止不满 5 年;

⑥ 因前项规定以外的原因受到刑事处罚,自处罚决定之日起至申请注册之日止不满 3 年;

⑦ 被吊销注册证书,自处罚决定之日起至申请注册之日止不满 2 年的;

⑧ 在申请注册之日前 3 年内担任项目经理期间,所负责项目发生过重大质量和安全事故;

⑨ 申请人的聘用单位不符合注册单位要求的;

⑩ 年龄超过 65 周岁的;

⑪ 法律、法规规定不予注册的其他情形。

取得一级建造师资格证书并受聘于一个建设工程勘察、设计、施工、监理、招标代理、造价咨询等单位的人员,应当通过聘用单位向单位工商注册所在地的省、自治区、直辖市人民政府建设主管部门提出注册申请。

省、自治区、直辖市人民政府建设主管部门受理后提出初审意见,并将初审意见和全部申报材料报国务院建设主管部门审批;涉及铁路、公路、港口与航道、水利水电、通信与广电、民航专业的,国务院建设主管部门应当将全部申报材料送同级有关部门审核。符合条件的,由国务院建设主管部门核发《中华人民共和国一级建造师注册证书》,并核定执业印章编号。

对申请初始注册的,省、自治区、直辖市人民政府建设主管部门应当自受理申请之日起,20日内审查完毕,并将申请材料和初审意见报国务院建设主管部门。国务院建设主管部门应当自收到省、自治区、直辖行人民政府建设主管部门上报材料之日起,20日内审批完毕并作出书面决定。有关部门应当在收到国务院建设主管部门移送的申请材料之日起,10日内审核完毕,并将审核意见送国务院建设主管部门。

对申请变更注册、延续注册的,省、自治区、直辖市人民政府建设主管部门应当自受理申请之日起5日内审查完毕。国务院建设主管部门应当自收到省、自治区、直辖市人民政府建设主管部门上报材料之日起,10日内审批完毕并作出书面决定。有关部门在收到国务院建设主管部门移送的申请材料后,应当在5日内审核完毕,将审核意见送国务院建设主管部。

取得二级建造师资格证书的人员申请注册,由省、自治区、直辖市人民政府建设主管部门负责受理和审批,具体审批程序由省、自治区、直辖市人民政府建设主管部门依法确定。对批准注册的,核发由国务院建设主管部门统一样式的《中华人民共和国二级建造师注册证书》和执业印章,并在核发证书后30日内送国务院建设主管部门备案。

《注册证书》和《执业印章》是注册建造师的执业凭证,由注册建造师本人保管、使用。

《注册证书》与《执业印章》有效期为3年。一级注册建造师的注册证书由国务院建设主管部门统一印制,执业印章由国务院建设主管部门统一样式,省、自治区、直辖市人民政府建设主管部门组织制作。

注册建造师因遗失、污损《注册证书》或《执业印章》,需要补办的,应当持在公众媒体上刊登的遗失声明的证明,向原注册机关申请补办。原注册机关应当在5日内办理完毕。

3. 注册建造师的执业

取得《资格证书》的人员应当受聘于一个具有建设工程勘察、设计、施工、监理、招标代理、造价咨询等一项或者多项资质的单位,经注册后方可从事相应的执业活动。担任施工单位项目负责人的,应当受聘并注册于一个具有施工资质的企业。

注册建造师的具体执业范围按照《注册建造师执业工程规模标准》执行。注册建造师不得同时在两个及两个以上的建设工程项目上担任施工单位项目负责人。注册建造师可以从事建设工程项目总承包管理或施工管理、建设工程项目管理服务、建设工程技术经济咨询,以及法律、行政法规和国务院建设主管部门规定的其他业务。

建设工程施工活动中形成的有关工程施工管理文件,应当由注册建造师签字并加盖执业印章。施工单位签署质量合格的文件上,必须有注册建造师的签字盖章。

注册建造师在每一个注册有效期内应当达到国务院建设主管部门规定的继续教育要求。继续教育分为必修课和选修课,在每一注册有效期内各为60学时。经继续教育达到合格标准的,颁发继续教育合格证书。继续教育的具体要求由国务院建设主管部门会同国务院有关部门另行规定。

4. 注册建造师的权利

使用注册建造师名称;在规定范围内从事执业活动;在本人执业活动中形成的文件上签字

并加盖《执业印章》;保管和使用本人《注册证书》《执业印章》;对本人执业活动进行解释和辩护;获得相应的劳动报酬;对侵犯本人权利的行为进行申诉、控告。

5. 注册建造师的义务

遵守法律、法规和有关管理规定,恪守职业道德;执行技术标准、规范和规程;保证执业成果的质量,并承担相应责任;接受继续教育,努力提高执业水准;保守在执业中知悉的国家秘密和他人的商业、技术等秘密;与当事人有利害关系的,应当主动回避;协助注册管理机关完成相关工作。

第三节　案例分析

案例一

一、案情简介

2004年5月6日,兰太实业有限责任公司(以下简称兰太公司)与鑫蓝建筑公司(以下简称鑫蓝公司)签订了建设工程施工合同。由鑫蓝公司承建兰太公司名下的多功能酒店式公寓。为确保工程质量优良,兰太公司与天意监理公司(以下简称天意公司)签订了建设工程监理合同。合同签订后,鑫蓝公司如期开工。但开工仅几天,天意公司监理工程师就发现施工现场管理混乱,遂当即要求鑫蓝公司改正。一个多月后,天意公司监理工程师和兰太公司派驻工地代表又发现工程质量存在严重问题。天意公司监理工程师当即要求鑫蓝公司停工。令兰太公司不解的是,鑫蓝公司明明是当地最具实力的建筑企业,承建的工程多数质量优良,却为何在这项施工中出现上述问题?经过认真、细致地调查,兰太公司和天意公司终于弄清了事实真相。原来,兰太公司虽然是与鑫蓝公司签订的建设工程合同,但实际施工人是当地的一支没有资质的农民施工队(以下简称施工队)。施工队为了承揽建筑工程,挂靠有资质的鑫蓝公司。为了规避相关法律、法规关于禁止挂靠的规定,该施工队与鑫蓝公司签订了所谓的联营协议。协议约定,施工队可以借用鑫蓝公司的营业执照和公章,以鑫蓝公司的名义对外签订建设工程合同。合同签订后,由施工队负责施工,鑫蓝公司对工程不进行任何管理,不承担任何责任,只提取工程价款5%的管理费。兰太公司签施工合同时,见对方(实际是施工队的负责人)持有鑫蓝公司的营业执照和公章,便深信不疑,因而导致了上述结果。兰太公司认为鑫蓝公司的行为严重违反了诚实信用原则和相关法律规定,双方签订的建设工程合同应为无效,要求终止履行合同。但鑫蓝公司则认为虽然是施工队实际施工,但合同是兰太公司与鑫蓝公司签订的,是双方真实意思的表示,合法有效,双方均应继续履行合同;而且继续由施工队施工,本公司加强对施工队的管理。对此,兰太公司坚持认为鑫蓝公司的行为已导致合同无效,而且本公司已失去了对其的信任,所以坚决要求终止合同的履行。双方未能达成一致意见,兰太公司遂诉至法院。

法院经审理查明后认为,被告鑫蓝公司与没有资质的某农民施工队假联营真挂靠,并出借营业执照、公章给施工队与原告签订合同的行为违反了我国《建筑法》《民法典》等相关法律规定,原告兰太公司与被告鑫蓝公司签订的建设工程合同应当认定无效。

二、案例评析

上述案例认定建设工程施工合同无效的基本依据是《民法典》第一百五十三条的规定,即

"违反法律、行政法规的强制性规定"的合同无效。

"行为人具有相应的民事行为能力；意思表示真实；不违反法律和社会公共利益"是合同生效的一般要件，同样也是衡量建设工程施工合同是否生效的基本标准。基于建设工程施工合同的复杂性以及对社会的重要性，依照法律、行政法规，建设工程施工合同的生效对合同主体要求有具体规定，其中建设工程施工合同的承包人应具有承包工程的施工资质。

《建筑法》第二十六条第二款规定："禁止建筑施工企业超越本企业资质等级许可的业务范围或者以任何形式用其他建筑施工企业的名义承揽工程。禁止建筑施工企业以任何形式允许其他单位或者个人使用本企业的资质证书、营业执照，以本企业的名义承揽工程。"

《最高人民法院关于审理建设工程施工合同纠纷案件适用法律问题的解释（一）》第一条第（一）、（二）项规定："承包人未取得建筑施工企业资质或者超越资质等级的；没有资质的实际施工人借用有资质的建筑施工企业名义的，建设工程施工合同无效。"

建筑企业应当按其资质能力从事承建的经营活动，超越本企业资质或没有资质借用有资质建筑企业名义的合同无效。很明显，上述案件中的建筑施工合同当然无效。

案例二

一、案情简介

某建设集团在 2011 年二级建造师注册过程中连续发生 4 人次违规行为：一是该公司李某和徐某在申请二级建造师注册时，隐瞒其已在另一个单位注册的事实，提供虚假材料；二是该公司张某在申请二级建造师注册时，未能完成建造师继续教育内容；三是该公司王某在申请二级建造师注册时，提供虚假材料，其实际年龄已 67 周岁。本案中四名当事人的行为应当作何处理？

二、案例评析

（1）《注册建造师管理规定》第三十三条规定："隐瞒有关情况或者提供虚假材料申请注册的，建设主管部门不受理或者不予注册，并给予警告，申请人 1 年内不得再次申请注册。"本案中李某、徐某或王某等人隐瞒事实，提供虚假材料申请二级建造师注册的行为，均为违法行为，应当不予注册，给予警告，并在一年内不得再次申请。

（2）《注册建造师继续教育管理暂行办法》第二十六条规定："注册建造师应该按规定参加继续教育，接受培训测试。不参加继续教育或继续教育不合格的不予注册。"本案中的张某未能完成继续教育内容，按规定不能予以注册。

思 考 题

1. 简述工程建设从业单位应具备的条件。
2. 简述建筑业企业资质序列、类别、等级。
3. 简述注册建筑师、结构工程师、造价工程师、建造师的权利和义务。

第八章 城市房地产管理法律制度

第一节 房地产管理法概述

一、房地产管理法的概念

广义的房地产管理法,是指调整在房地产开发、经营和各种服务活动中形成的一定社会关系的法律规范的总称。狭义的房地产管理法,是指2007年8月30日第十届全国人民代表大会常务委员会第二十九次会议通过的《中华人民共和国城市房地产管理法》(简称《城市房地产管理法》)。《城市房地产管理法》共七章,七十三条。第一章为总则,论述了立法目的、适用范围、立法基本原则及房地产管理体制等;第二章为房地产开发用地,论述了土地使用权的出让制度和土地使用权的划拨制度;第三章为房地产开发,论述了房地产开发的基本原则、开发土地的期限、房地产开发项目的设计、施工及竣工、房地产开发企业的设立等;第四章为房地产交易,论述了房地产交易的一般规定、房地产转让、房地产抵押、房屋租赁和中介服务机构等;第五章为房地产权属登记制管理;第六章为法律责任;第七章为附则。《城市房地产管理法》于2007年8月30日起施行。

二、房地产管理法的立法目的

1. 加强对房地产的管理

房地产业,是指从事房地产开发、经营、管理和服务活动的产业,它不仅是经济发展的基础性、先导性产业,而且是国家财富的重要组成部分。现代西方国家将之与汽车、钢铁相并而称,共同构成国民经济的三大支柱产业。房地产业的发展,不仅为城市经济发展提供了基本物质基础和前提,改善了城市居民的生活条件,而且为国家提供了一项重要财源。由于房地产业在国民经济和社会发展中的重要地位和作用,客观上要求用法律对其加以规范、引导、推动和保障。因此,制定《城市房地产管理法》的首要目的就是要加强对房地产的管理。

2. 维护房地产市场秩序

房地产市场秩序,是指人们在从事房地产市场活动中应当遵循的准则。近几年来,随着房地产业的迅猛发展,出现了一些亟待解决的问题。如建设用地供应总量失控、国家土地资源流失、房地产开发投资结构不合理及房地产市场行为不规范等。要解决这些问题,国家可以通过行政手段、经济手段、法律手段来加强管理和维护房地产市场秩序。法律手段较之于行政手段、经济手段,更具有严肃性、稳定性和权威性;而且国家采用行政手段和经济手段维护房地产市场秩序,都必须依法行政、依法管理。所以,只有加强房地产立法,才能更为有效地维护房地产市场秩序。

3. 保障房地产权利人的合法利益

房地产权利人，是指在房地产法律关系中，依法享受权利并承担相应义务的自然人、法人及其他社会组织和国家。一般情况下，国家作为一个政治实体，不能成为房地产权利人，只有在特定情况下才能成为房地产权利人，如国家以国有土地所有者的身份，将国有土地使用权出让给土地使用者时，才能成为房地产权利人。保障房地产权利人的合法权益，就是国家确认房地产权利人的一切合法房地产权益，不允许任何组织和个人加以侵犯，凡不合法的房地产权益不受国家法律的保护。房地产权利人对他人侵犯房地产权益的行为，可要求得到国家法律的保护，追究侵权行为人的法律责任，对他们实行法律制裁。

4. 促进房地产业的健康发展

促进房地产业的健康发展，是房地产立法的根本目的，也是国家加强对房地产的管理，维护房地产市场秩序，保障房地产权利人的合法权益的必然结果。促进房地产业的健康发展，就是要在国家宏观调控管理之下，使我国房地产业持续、快速、稳定、有序地向前发展，使其真正成为我国经济发展的基础性、先导性产业。

三、房地产管理法的调整对象和适用范围

1. 调整对象

房地产管理法的调整对象，是指人们在房地产开发、经营、管理和服务活动中形成的一定的社会关系。房地产管理法作为一个综合法律部门，按其所调整的社会关系来划分，房地产管理法的调整对象可分为房地产民事关系、房地产行政管理关系、房地产经济关系。房地产民事关系是指平等主体之间依法形成的权利义务关系，如土地使用权出让法律关系、房地产租赁法律关系、房地产转让法律关系、房地产抵押法律关系等。房地产行政管理关系是指政府及其职能部门之间与房地产开发公司等房地产主体之间，因行政管理依法形成的权利义务关系，如土地征用法律关系、房地产开发项目的审批法律关系等。房地产经济关系是指国家行政机关与从事房地产活动的法人、社会组织和公民之间因宏观调控依法形成的权利义务关系，如房地产开发的规划和计划法律关系、房地产价格管理法律关系等。

2. 适用范围

房地产管理法适用范围，是指房地产管理法所调整的空间范围。在中华人民共和国城市规划区国有土地范围内取得房地产开发用地的土地使用权，从事房屋开发、房地产交易及实施房地产管理，应当遵守房地产管理法的规定，因此其适用范围限定在我国城市规划区。按照《城市规划法》第三条的规定："本法所称城市规划区，是指城市市区、近郊区以及城市行政区域内因城市建设和发展需要实行规划控制的区域。城市规划区的具体范围，由城市人民政府在编制的城市总体规划中依法划定。"房地产管理法是调整城市规划区国有土地范围内取得房地产开发用地的土地使用权，从事房地产开发、房地产交易及实施房地产管理。

房地产开发，是指在依法取得国有土地使用权的土地上进行基础设施、房屋建设的行为。房地产开发具体包括新城区的房地产开发和旧城区的拆迁改造两种形式。新城区的房地产开发，是为城市的新建、扩展和改造提供新的建设地段，为城市各项建设事业顺利开展提供基础条件。新城区的房地产开发一般需要经过征用土地和基础设施建设来实现。征用土地，就是将城市近郊区的农村集体所有的土地通过依法征用转变为国家所有的城市土地。基础设施建设，是城市各项建设的前期工程，主要内容包括道路、上下水、煤气、电力和通信等设施的建设。

基础设施建设的特点是挖填土方量大,施工层次分明,地下隐蔽工程多,配套性强。城市旧城区由于人口集中,交通、住房拥挤,房屋陈旧,设施落后等原因,严重阻碍着城市整体功能的正常发挥。因此,需要通过房地产开发予以改造,以适应城市现代化生产和生活的需要。旧城区房地产开发的重要环节是拆迁和改造。旧城区的土地属于国家所有,不需要通过征用土地这个环节,但需要服从城市的总体规划,进行必要的拆迁工作。对旧城区房地产开发时的拆迁对象,应按照国家有关规定,在待开发地区房屋竣工交付使用后,予以原地或异地安置或货币补偿。

房地产交易包括房地产转让、房地产抵押和房屋租赁。房地产转让,是指房地产权利人通过买卖、赠与或者其他合法方式(包括交换、继承等)将其房地产转移给他人的行为。房地产抵押,是指抵押人将其合法的房地产以不转移占有的方式向抵押权人提供债务担保的行为,债务人不履行债务时,抵押权人有权依法以抵押的房地产拍卖所得的价款优先受偿。房地产抵押是抵押担保中的一种最普遍、最重要的形式,设定房地产抵押的目的是保证债权人债权的实现,维护交易安全,稳定经济秩序,促进资金的融通。房地产抵押的抵押权人为债权人,抵押人可以为债务人,也可以为第三人。房屋租赁,是指房屋所有权人作为出租人将其房屋出租给承租人使用,由承租人向出租人支付租金的行为。房屋租赁的目的是不断地满足社会生产和居民生活的需要。

四、房地产管理法的基本原则

房地产管理法的基本原则是房地产管理法的主要宗旨和基本准则,它是制定和实施该法的出发点。其基本原则包括节约用地、保护耕地原则;国有土地有偿、有限期使用原则;扶持发展居民住宅建设,逐步改善居民居住条件原则;保护房地产权利人合法权益和房地产权利人必须守法原则;依法纳税原则。

1. 节约用地、保护耕地原则

土地是人类最珍贵的自然资源,是人们赖以生产、生活、繁衍生息、发展开拓的根基,是国家最宝贵的物质财富,是一切财富的源泉之一。土地由于面积的有限性、不可再生性等属性,要使人类永续生存,必须节约、合理用地。我国《宪法》规定:"一切使用土地的组织和个人必须合理利用土地。"我国是人均耕地数量少、耕地总体质量差、耕地退化严重、耕地资源贫乏的国家,耕地是关系到近 14 亿人民生计的根本问题。因此,合理利用土地,切实保护耕地是我国的一项基本国策,也是房地产开发的一项基本原则。

2. 国有土地有偿、有限期使用原则

我国《宪法》和《土地管理法》均规定土地的社会主义公有制和土地有偿使用制度。中华人民共和国实行土地的社会主义公有制,即全民所有制和劳动群众集体所有制。国家依法实行国有土地有偿使用制度,但是国家在法律规定的范围内划拨国有土地使用权的除外。

国有土地有偿原则是指土地使用者在取得土地使用权时必须交付一定的代价;土地使用权再转让时,也必须按照有偿的原则依法进行。具体表现在房地产开发用地时,必须交付土地出让金;出让土地再次转让时,必须交付土地转让金;征用集体土地或旧城改造时,必须缴纳土地补偿费用和安置费用;"三资企业"依法缴纳土地使用费或场地使用费;划拨土地除免缴情形外,依法缴纳土地使用税;划拨土地再转让时,依法补交出让金或上缴土地收益;企业内国有土地作价入股;村民宅基地、村镇企业有偿使用集体土地等行为。

3. 扶持发展居民住宅建设,逐步改善居民居住条件原则

住宅是城市居民的基本生活资料。发展居民的住宅建设,逐步改善居民的居住条件,对于促进城市经济发展,维护社会安定,具有重要意义。国家采取税收优惠措施、贷款优惠措施、住宅建设用地优惠措施及房改政策等扶持发展居民住宅建设,逐步改善居民的居住条件。在税收上,《土地增值税暂行条例》第八条规定,对于建设普通标准住宅,增值额未超过扣除项目金额的 20% 的,免征土地增值税。在用地方式上,对于居民居住的福利用地、危旧房改造用地、安居工程用地、经济适用房用地可以按照有关规定采取划拨方式取得土地;在贷款方式上,国家允许房地产开发企业以依法取得的土地使用权抵押贷款,对购房者实行按揭贷款,以解决房地产开发过程中的资金问题。

4. 保护房地产权利人合法权益和房地产权利人必须守法原则

房地产权利人合法权益的法律保护,是指国家通过司法和行政程序保障房地产权利人依法对其房地产行使占有、使用、收益和处分的权利的制度。我国对房地产权利的保护主要有以下几种方式:请求确认房地产权利;请求排除妨碍;请求恢复原状;请求返还原房地产;请求赔偿损失。房地产权利人守法,是指在房地产开发、房地产经营、房地产交易及房地产权属的登记过程中必须遵守法律和行政法规的规定。

5. 依法纳税的原则

房地产权利人应交纳的税包括土地使用税、城市维护建设税、房产税、土地增值税、国有资产投资方向调节税、耕地占用税、营业税、企业所得税、契税。

五、房地产管理体制

1. 国务院主管部门

《城市房地产管理法》第七条规定:"国务院建设行政主管部门、土地管理部门依照国务院规定的职权划分,各司其职,密切配合,管理全国房地产工作。"

按照国务院批准的建设部"三定"方案,房地产业的行业管理由建设部负责。

2. 地方人民政府主管部门

《城市房地产管理法》第七条还规定:"县级以上地方人民政府房产管理、土地管理部门的机构设置及其职权由省、自治区、直辖市人民政府确定。"从我国目前情况来看,大多数地方人民政府实行房、地分管体制,设立建设委员会、建设厅(或房地产管理局、处)和土地管理局,但改革先行一步的广州、北京、上海、汕头等城市已经建立由一个部门统一管理的房地合一的管理体制。

《城市房地产管理法》六十三条规定:"经省、自治区、直辖市人民政府确定,县级以上地方人民政府由一个部门统一负责房产管理和土地管理工作的,可以制作、颁发统一的房地产权证书"。这个规定,既充分肯定了改革先行一步城市的经验,又为改革指明了方向。

第二节　房地产开发用地

房地产开发用地,是指以进行房地产开发为目的而取得使用权的土地。依据《土地管理法》和《城市房地产管理法》,城市国有土地的使用权可通过出让及划拨方式取得。

一、土地使用权出让

1. 土地使用权出让的概念

土地使用权出让,是指国家将国有土地使用权(以下简称土地使用权)在一定年限内出让给土地使用者,由土地使用者向国家支付土地使用权出让金的行为。土地使用权出让具有以下几个特征:

(1) 土地使用权出让是国家将国有土地使用权出让的行为

土地使用权出让,是一种国家垄断行为。因为国家是国有土地的所有者,只有国家能以土地所有者的身份出让土地。城市规划区内集体所有的土地,经依法征用转为国有土地后,方可出让该幅土地的使用权,这是为维护国家对土地管理的权威性,有效地控制出让土地的范围和数量。

(2) 土地使用权出让是有期限的

我国是实行土地公有制的社会主义国家,这就决定了土地使用权只能在一定年限内出让给土地使用者。土地使用权出让的最高年限,是由国家法律按照土地的不同用途规定的,它是指一次出让签约的最高年限。土地使用权出让年限届满时,土地使用者可以申请延期。

(3) 土地使用权出让是有偿的

土地使用者取得一定年限内的国有土地使用权,须向国家支付土地使用权出让金。土地使用权出让金是土地使用权有偿出让的货币表现形式,其本质是国家凭借土地所有权取得的土地经济效益。土地使用权出让金主要包括一定年限内的地租,此外还包括土地使用权出让前国家对土地的开发成本及有关的征地拆迁补偿安置等费用。

(4) 土地使用者享有权利的范围不含地下之物

土地使用者对地下的资源、埋藏物和市政公用设施等,不因其享有土地的使用权而对其享有权利。

2. 土地使用权出让的法律限制

我国对土地使用权出让采取国家垄断经营的方式,即由国家垄断土地的一级市场,其目的在于加强政府对土地使用权出让的管理,保证土地使用权出让有计划、有步骤地进行。

(1) 土地使用权出让的批准权限

《土地管理法》规定,土地使用权出让的批准权限为"凡征用基本农田的或基本农田以外的耕地 35 公顷以上的,或其他土地 70 公顷以上再行出让的,由国务院批准。其他的由省、自治区、直辖市人民政府批准"。

需要指出的是,政府对出让土地使用权的批准,不仅仅是对土地使用权出让面积的批准,实际上是对整个出让方案的批准。因为在审批过程中,政府必须对出让方案涉及的出让地块的用途、年限和其他条件等一并进行审查。所以,出让方案应当由市、县人民政府土地管理部门会同城市规划、建设、房产管理部门共同拟订。

(2) 土地使用权出让的宏观调控

《城市房地产管理法》规定,县级以上地方人民政府出让土地使用权用于房地产开发的,须根据省级以上人民政府下达的控制指标拟订年度出让土地使用权总面积方案,按照国务院规定,报国务院或省级人民政府批准。这是国家对土地使用权出让实行总量控制和宏观调控的重要的法律规定。根据这一规定,各级政府必须将出让土地使用权的总面积严格控制在下达的指标之内。

3. 土地使用权出让的方式

《城市房地产管理法》规定，我国的国有土地使用权出让，有拍卖、招标、协议三种基本方式。

（1）拍卖出让

拍卖出让，是指土地管理部门在指定的时间、地点，利用公开场合，就所出让土地使用权的地块公开叫价竞投，按"价高者得"的原则，确定土地使用权受让者的一种方式。

拍卖出让方式，充分引进了竞争机制，排除了任何主观因素，有利于公平竞争，可以使国家最大限度地获得土地收益，增加财政收入。这种方式主要适用于投资环境好、赢利大、竞争性很强的房地产业、金融业、旅游业、商业和娱乐用地。

（2）招标出让

招标出让，是指在规定的期限以内，由符合规定条件的单位和个人，以书面投标形式，竞投某一块土地的使用权，由招标方择优确定土地使用者的出让方式。

招标出让，分为公开招标和定向招标两种形式。公开招标，是通过广播、电视、报刊等新闻媒介发布招标广告，有意获取土地使用权的受让方均可申请投标，这种招标方式也称为无限制竞争性招标。定向招标，则由招标方选择符合条件的单位和个人，并向其发出招标通知书和招标文件，邀请其参加投标，这种招标方式也称为限制竞争性招标。

招标出让时，中标者不一定是投标标价的最高者。因为在评标时，不仅要考虑投标价，而且要对投标规划设计方案和投标者的资信情况等进行综合评价。也就是说，中标者是经过全面、客观的综合评估而择优确定的。例如，深圳第一次以投标形式出让土地使用权时，最高标价为每平方米403元，而中标价每平方米只有368元。实践证明，招标出让方式的效果比较好。它不仅有利于土地规划利用的优化，确保国家获得土地收益，而且有利于公平竞争，给出让方留有一定的选择余地。招标出让方式，适用于开发性用地或有较高技术性要求的建设用地。

（3）协议出让

协议出让，是指土地所有者即出让方与土地使用者即有意受让方在没有第三者参与竞争的情况下，通过谈判、协商，达成出让土地使用权一致意见的一种方式。

以协议方式出让土地使用权是双方协商的结果，没有引入竞争机制，这种形式人为因素较多，主观随意性较大，容易产生土地出让中的不正之风，导致国有土地收益流失。但是，目前特别是在我国社会主义市场经济发展的初期，协议出让方式还是一种重要的出让方式，它主要用于工业仓储、市政公益事业项目、非营利项目及政府为调整经济结构，实施产业政策而需要给予优惠、扶持的建设项目等。

为防止国有土地流失，确保土地使用权出让的正常秩序，《城市房地产管理法》规定，商业、旅游、娱乐和豪华住宅用地，有条件的，必须采取拍卖、招标方式；没有条件，不能采取拍卖、招标方式的，可以采取双方协议的方式。但"采取双方协议方式出让土地使用权的出让金不得低于按国家规定确定的最低价"。

4. 土地使用权出让的最高年限

所谓土地使用权出让的最高年限，是指法律规定的土地使用者可以使用国有土地的最高年限。国务院颁布的《中华人民共和国城镇国有土地使用权出让和转让暂行条例》规定，土地使用权出让最高年限按用途分别为居住用地 70 年；工业用地 50 年；教育科技、文化、卫生、体育 50 年；商业、旅游娱乐用地 40 年；综合或其他用地 50 年。

将土地使用权出让最高年限按不同用途分别定为 50 年、70 年，主要是考虑土地收益；其次是考虑地上房屋的折旧期一般都在 50 年左右，即土地使用期届满时，房屋残值已所剩无几。

规定土地使用权出让最高年限，具有非常重要的意义。

第一，它说明了土地使用权出让不是土地买卖。土地买卖是土地所有权的买断，而出让的是一定年限的土地使用权。土地使用权实际上是一种他物权。如果不在法律、法规中明确规定土地使用权出让的最高年限，土地使用权出让就会演变成为土地买卖。

第二，它明示了我国实行的是土地有偿、有限期的使用制度。过去几十年来，我国一直长期实行土地无偿、无限期的使用制度，国有土地一旦划拨，就变成了实际上的单位所有，使国有土地的所有权无从体现。法律、法规规定土地使用权出让的最高年限，是我国土地使用制度改革的重要成果。

第三，它说明了国家作为土地所有者对土地使用权有最终处置权。土地使用权出让年限届满，土地使用者或申请续期使用土地或由国家收回。这对合理配置和利用土地资源，提高土地资产效益，建立完善的房地产市场，都有不可估量的作用。

5. 土地使用权出让合同

（1）土地使用权出让合同的概念

《城市房地产管理法》第十五条规定："土地使用权出让，应当签订书面出让合同。""土地使用权出让合同由市、县人民政府土地管理部门与土地使用者签订。"因为只有签订合同，出让行为才能成立，出让双方的权利义务才能明确，才能受法律保护。土地使用权出让合同，是指市、县人民政府土地管理部门与土地使用者之间就出让城市国有土地使用权所达成的、明确相互之间权利义务关系的协议。

土地使用权出让合同可分为三种类型。

① 宗地出让合同

指市、县人民政府土地管理部门根据有关规定，出让某一宗地的国有土地使用权，与土地使用者签订的合同。

② 成片开发土地出让合同

指市、县人民政府土地管理部门根据有关规定，将国有土地使用权出让给外商，与外商签订的投资从事开发经营成片土地的合同。

③ 划拨土地使用权补办出让合同

指将已经由国家通过行政划拨方式分配给土地使用者使用的土地，纳入有偿、有限期、可流通轨道，市、县人民政府土地管理部门根据有关规定，与土地使用者补签的土地使用权出让合同。

（2）土地使用权出让合同的主要内容

土地使用权出让合同的内容，是指合同当事人用以确定关于土地使用权出让中双方权利和义务的各项条款。一般包括下列内容：

① 标的

指出让土地的位置、四邻界至、用途、面积。

② 使用年限

土地使用权出让年限，是关系到土地所有者与使用者利益分配的重要条款，应包括出让年限期以什么时候开始计算,一共多少年,什么时候到期。

③ 开发期限

指土地使用人在取得土地使用权后开发利用土地的时限。明确这项内容,是保证有效开发利用土地的依据,防止不按期开发、闲置土地等现象。

④ 出让金数额及支付方式

公平、合理地确定土地使用权出让金数额,是订立出让合同的关键,是合同不可缺少的内容。除此之外,合同还应明确土地使用权出让金的支付期限和支付方式。

⑤ 开发进度与分期投资额度

出让土地的开发工程量往往很大,一般是分期、分批进行的。因此,合同必须确定开发进度及根据进度分期投入的资金额。

⑥ 土地使用规则

土地使用权出让方应在符合城市总体规划的前提下,编制出所出让土地使用的总平面布置图、建筑密度和高度控制指标、工程管线规划、工程深度限制、环境保护、园林绿化、消防等要求,这是土地使用权出让合同的重要内容。

⑦ 违约责任

是指合同当事人双方违反合同规定应当承担的民事法律责任。《城镇国有土地使用权出让和转让条例》规定,土地使用者应当在签订土地使用权出让合同后 60 日内,支付全部土地使用权出让金;逾期未全部支付的,出让方有权解除合同,并可请求违约赔偿。该《条例》规定,出让方应当按照合同规定,提供出让的土地使用权;未按合同规定提供土地使用权的,土地使用者有权解除合同,并可请求违约赔偿。

⑧ 双方认为应约定的其他条款

(3) 土地使用权出让合同的变更和解除

一般地说,土地使用权出让合同一经订立,就具有法律约束力,任何部门、单位和个人不得擅自变更和解除。由于土地出让合同的期限很长,一般都为几十年,在合同履行过程中,因为种种原因,或者需要修正部分条款的内容,或者原订的出让合同继续履行已不必要或不可能。所以,法律允许当事人在特定情况下可以依法变更和解除出让合同。

在土地使用权出让合同变更中,比较多见的是土地使用者提出改变土地用途。为此,《城市房地产管理法》规定了变更土地用途的批准程序和处理方法。

在土地使用权出让合同解除中,比较多见的是当事人双方违约,或土地使用者不按法律规定开发、利用、经营土地而导致土地管理部门将土地使用权收回。

6. 土地使用权终止和续期

(1) 土地使用权的终止

所谓土地使用权终止,根据《城市房地产管理法》和《城镇国有土地使用权出让和转让暂行条例》规定,是指因土地的灭失而导致使用者不再享有土地使用权;土地使用权出让年限届满即土地使用权出让合同期满而由国家收回土地使用权;或者土地使用权出让期满前国家因社会公共利益的需要而提前收回土地使用权。

需要说明的是,提前终止土地使用权,地上建筑物和其他附着物也一并收归国有,除土地使用权出让合同规定必须拆除的技术设备等外,土地使用者不得损坏一切地上建筑物及其他附着物。但是,国家必须根据土地使用者使用土地的实际年限和开发土地的实际情况及地上建筑物和其他附着物的现存价值等情况,给土地使用者以相应补偿,从而保护土地使用者的合法权益。

（2）土地使用权的续期

土地使用权出让合同约定的使用年限届满时,如果土地使用者需要继续使用该土地,就必须申请续期,经批准后,重新签订土地使用权出让合同,支付土地使用权出让金,并办理登记,方能继续享有土地使用权。《城市房地产管理法》规定,土地使用者"应当提前一年申请续期"。土地使用权出让合同约定的使用年限届满后,如土地使用者未申请续期或虽申请续期但未获批准的,土地使用权由国家无偿收回。

《城市房地产管理法》还规定,土地使用者申请续期并重新办理出让手续,补交出让金的,地上建筑物、其他附着物的产权仍归土地使用者所有;土地使用权出让合同约定的使用年限届满,土地使用者未申请续期或者虽申请续期但按国家有关规定未获批准的,土地使用权由国家无偿收回。

二、土地使用权划拨

1. 土地使用权划拨的概念

《城市房地产管理法》规定,土地使用权划拨,是指县级以上人民政府依法批准,在土地使用者交纳补偿、安置等费用后将该幅土地交付其使用,或者将国有土地使用权无偿交付给土地使用者使用的行为。以划拨方式取得土地使用权的,除法律、行政法规另有规定外,没有使用期限的限制。

土地使用权的划拨有两种形式。第一种形式,在土地使用者缴纳补偿、安置等费用后,将该幅土地交付其使用,这主要是国家划拨的土地,是征用城市规划区内集体所有的土地或收回其他单位的使用权的土地,将发生补偿、安置问题,其费用应由经划拨而取得土地使用权的单位支付。第二种形式,是将国有土地使用权无偿交付给土地使用者使用。也就是说,土地使用者完全无偿地取得国有土地使用权,征地、拆迁中需要的补偿和安置等费用全部由国家承担。这种形式在实践中主要有以下三种情况:

① 县级以上人民政府依据《土地管理法》规定,对国家建设使用国有荒山、荒地按照国家建设征用土地的程序和审批权限批准后,将其国有荒山、荒地无偿划拨给土地使用者使用。

② 县级以上人民政府依据1958年1月6日国务院公布施行的《国家建设征用土地办法》规定,对"市区内没有收益的空地,可以无偿征用"。国家征用后将其无偿划拨给土地使用者使用。

③ 县级以上人民政府依据1982年5月4日国务院颁布施行的《国家建设征用土地条例》规定,对国家建设使用国有荒山、荒地、滩涂及其他单位使用的国有土地,按规定的程序和审批权限批准后,国家将其国有土地无偿划拨给土地使用者使用。

2. 土地使用权划拨的范围

《城市房地产管理法》规定,下列建设用地的土地使用权,确属必要的,可以由县级以上人民政府依法批准划拨:

（1）国家机关用地和军事用地

国家机关用地,是指行使国家职能的各种机关用地的总称,它包括国家权力机关、国家行政机关、国家审判机关、国家检察机关、国家军事机关的用地。

军事用地是指军事设施用地。根据《中华人民共和国军事设施保护法》规定,包括下列建筑、场地和设施用地:

① 指挥机关、地面和地下的指挥工程,作战工程;

② 军用机场、港口、码头;

③ 营区、训练场、试验场;

④ 军事油库、仓库;

⑤ 军用通信、侦察、导航、观测台站和测量、导航标志;

⑥ 军用公路、铁路专用线,军用通信、输电线路,军用输油、输水管道;

⑦ 国务院和中央军事委员会规定的其他军事设施。

(2)城市基础设施用地和公益事业用地

城市基础设施用地,是指城市给水、排水、污水处理、供电、通信、煤气、热力、道路、桥梁、市内公共交通、园林绿化、环境卫生及消防、路标、路灯等设施用地。

城市公益事业用地,是指城市内的学校、医院、体育场馆、图书馆、文化馆、博物馆、纪念馆、福利院、敬老院、防疫站等不以经营为目的的文体、卫生、教育、福利事业用地。

(3)国家重点扶持的能源、交通、水利等项目用地

这类用地是指由中央投资或中央与地方共同投资或共同引进外资及其他投资者投资,国家采取各种优惠政策重点扶持的煤炭、石油、天然气、电力等能源项目用地;铁路、港口码头等交通项目用地;水库、防洪、防渍、防碱、农田灌溉、水力发电、江河治理、城市供水和排水等水利工程项目用地。

(4)法律、行政法规规定的其他用地。

第三节　房地产开发

一、房地产开发的概念

房地产开发是指在依法取得国有土地使用权的土地上进行基础设施、房屋建设的行为。其实质是以土地开发和房屋建设为投资对象所进行的生产经营活动。

房地产开发包括土地开发和房屋开发。土地开发,主要是指房屋建设的前期准备,即实现"三通一平",把自然状态的土地变为可供建造房屋和各类设施的建设用地。土地开发有两种情形,一是新区土地开发,即把农业用地或者其他非城市用地改造为适合工商业、居民住宅、商品房及其他城市用途的城市用地;二是旧城区改造,也叫土地再开发或二次开发,即通过投入新的资金、劳动等,对城市原有土地进行改造,拆除原来的建筑物,调整城市规划,改变土地用途,完善城市基础设施,提高土地的利用效益。

房屋开发包括四个方面:

(1)住宅开发;

(2)生产与经营性建筑物开发,如工厂厂房各类商店、各种仓库、办公用房等;

(3)生产、生活服务性建筑物及构筑物的开发,如交通运输设施、公用事业和服务事业设施、娱乐设施;

（4）城市其他基础设施的开发。

房地产开发是一种经营性的行为，由专业化的房地产开发企业进行。它从事的是房地产的投资和经营，即从有偿取得土地使用权，到勘察设计和建筑施工，直到最终将开发产品（房屋、基础设施及其相应的土地使用权）作为商品在房地产市场转让，寻求利润回报。房地产开发，对于落实城市规划，改善投资环境和居住条件，提高城市的综合功能和总体效益，促进房地产业及城市社会、经济的协调发展，都有重要作用。

二、房地产开发的原则

《城市房地产管理法》规定，房地产开发应当遵循以下原则：

（1）必须严格执行城市规划

城市规划，是指为确定城市的规模和发展方向，实现城市的发展目标而制定的一定时期内城市社会、经济发展的计划。它是城市建设的纲领，也是房地产开发必须遵循的依据。

（2）必须坚持经济、文化和环境效益的统一

在市场经济条件下，房地产开发企业本身就是以营利为目的的经济实体，追求经济效益，是房地产开发企业赖以生存和发展的必要条件，也是投资者投资房地产开发的直接目的。但是，追求经济效益，不应该是房地产开发的唯一目的。房地产开发的宗旨，总体说来是改造、完善城市基础设施和公共服务设施，改善城市居民的居住条件和居住环境，提高城市综合服务功能，完善城市形象，造福人民，造福后代。所有这些，既是社会效益也是环境效益。只有取得这些效益，房地产开发才能得到社会各方面的支持，才有蓬勃发展的可能。当然，社会效益和环境效益的实现，在很大程度上取决于房地产开发的经济效益。房地产开发的经济效益、社会效益和环境效益是一个辩证统一的整体，三者相互依存，相互促进，缺一不可。因此，房地产开发必须坚持"经济效益、社会效益、环境效益相统一的原则"。

（3）必须实行全面规划、合理布局、综合开发、配套建设

这是 20 世纪 80 年代以来我国城市建设工作遵循的指导方针。房地产开发时，应当坚持旧区改建和新区建设相结合，注重开发基础设计薄弱、交通拥挤、环境污染严重及危旧房屋集中的区域；保护和改善城市生态环境，保护历史文化遗产；统筹安排配套基础设施，坚持先地下、后地上的原则。

三、房地产开发的要求

1. 按合同约定开发

《城市房地产管理法》规定，以出让方式取得土地使用权进行房地产开发的，必须按照土地使用权出让合同约定的土地用途、动工开发期限开发土地。超过出让合同约定的动工开发日期满一年未动工开发的，可以征收相当于土地使用权出让金 20％以下的土地闲置费；满两年未动工开发的，可以无偿收回土地使用权。但是，因不可抗力或者政府、政府有关部门的行为或者动工开发必需的前期工作造成动工开发迟延的除外。

土地是不可替代的稀缺资源，这一特点决定了必须节约和合理开发利用土地。但是，由于管理制度不完善等原因，土地供给总量失控，批租土地缺乏必要的调控手段，因此出现了圈而不用、早圈晚用、多圈少用等现象，给极为宝贵的土地资源造成了极大的浪费。同时，获取土地使用权的单位或个人，有些根本不进行任何开发建设，转手倒卖"地皮"，从中牟取暴利，致使国

家收益流失,房地产价格扭曲等。因此,这些现象必须采取法律手段予以制止。为此,《城市房地产管理法》规定了两种行政处罚措施:

(1) 闲置土地满一年未开发的,征收土地闲置费。由造成土地闲置、荒废的用地单位或个人向当地财政缴纳。各类土地闲置费的标准是不同的。

(2) 满两年未开发的,无偿收回土地使用权。这种收回土地使用权是对土地使用者不按期限开发利用土地的惩罚措施,因而与期满收回土地使用权和因国家利益及社会公共利益需要等而引起的提前收回土地使用权不同,它引起的法律后果是国家无偿取得土地使用权,其地上建筑物和其他附着物也由国家无偿取得,因而不具有对等性及补偿性。

但是,房地产开发逾期是因不可抗力或者政府、政府有关部门的行为或者动工开发必需的前期工作造成的除外。这样规定体现了法律的严密性,避免出现漏洞。

2. 房地产开发项目的设计与施工必须符合法定标准

《城市房地产管理法》规定,房地产开发项目的设计、施工,必须符合国家的有关标准和规范。因为房地产项目同其他建设项目一样,具有投资量大、使用期限长等特点,所以必须按标准和规范进行设计、施工。否则,一旦出现质量问题不仅直接影响项目的寿命,造成巨大的经济损失,甚至会发生房毁人亡的悲剧,实践中这方面的教训已屡见不鲜。

3. 严格竣工验收

竣工验收是全面考核开发成果、检验设计和工程质量的重要环节,也是开发成果转入流通和使用阶段的标志。为了防止不符合质量要求的房屋、基础设施投入使用,保护使用者、消费者的合法权益,《城市房地产管理法》规定,房地产开发项目竣工,经国家验收合格后方可交付使用。

房地产开发项目的竣工验收工作,一般由开发公司组织设计单位、施工单位、质量监督部门、建设银行以及城市规划、环境保护、抗震、消防等部门,共同成立专门机构即验收委员会或验收小组来进行。城市新建住宅小区的竣工综合验收,由城市人民政府建设主管部门负责组织实施。

城市新建住宅小区的竣工综合验收,按建设部颁发的《城市住宅小区竣工验收管理办法》进行。综合验收的条件是:

(1) 所有建设项目按批准的小区规划和设计要求全部建成,并能满足使用;

(2) 住宅及公共配套设施、市政公用基础设施等单项工程全部验收合格,验收资料齐全;

(3) 各类建筑物的平面位置、立面造型、装修色调等符合批准的规划设计要求;

(4) 施工机具、暂设工程、建筑残土、剩余构件全部拆除,清运完毕,达到场清地平;

(5) 拆迁居民已合理安置。

所有工程全部验收后,验收小组应向城市建设行政主管部门提交住宅小区竣工综合验收报告,报告经审查批准后,开发建设单位方可将房屋和有关设施办理交付使用手续。

四、外商投资开发经营成片土地制度

依照我国法律规定,外国公司、企业、其他经济组织和个人,除法律另有规定者外,均可依法取得土地使用权。为了吸收外商投资开发经营成片土地(以下简称成片开发),以加强公用设施建设,改善投资环境,引进外商投资先进企业和产品出口企业,发展外向型经济,国务院于1990年5月19日发布了《外商投资开发经营成片土地暂行管理办法》。

1. 成片开发的概念

成片开发,是指开发者在取得国有土地使用权后,依照规划对土地进行综合性的开发建设,包括平整土地、建设供排水、供电、供热、道路交通、通信等公用设施建设,形成工业用地和其他建设用地条件,然后转让土地使用权,经营公用事业,或者进行建设通用工业厂房以及相配套的生产和生活服务设施等地面建筑物,并对这些地面建筑物进行转让或出租的经营活动。成片开发是对大面积土地进行整体商业性的综合开发,是土地开发的一种特殊重要形式。

2. 成片开发的审批

外商成片开发的项目,应由市、县人民政府组织编制成片开发项目建议书或初步可行性研究报告。

开发区域所在的市、县人民政府向外商投资开发企业出让国有土地使用权,应依照法律规定,合理确定地块范围、用途、年限、出让金和其他条件,签订土地使用权出让合同。并按出让土地使用权的审批权限报经审批。

3. 外商成片开发的企业形式

外商投资成片开发,应当依法成立相应的开发企业,其企业形式有以下三种:依照《中华人民共和国中外合资经营企业法》成立中外合资经营企业;依照《中华人民共和国中外合作经营企业法》成立中外合作经营企业;依照《中华人民共和国外资企业法》成立外资企业,即外商独资企业。以上三种外商投资开发企业依法自主经营管理,但其在开发区没有行政管理权。开发企业与其他企业是商务关系。国家鼓励国有企业以国有土地使用权作为投资或合作条件,与外商组成开发企业。

4. 外商投资开发企业土地使用权的转让

外商投资开发企业在取得土地使用权后,必须实施成片开发规划,并达到土地使用权出让合同规定的条件后,方可转让土地使用权,并必须依法办理,不得自行其是。外商投资开发企业必须服从开发区域的行政管理、司法管理、口岸管理和海关管理等,不得从事国家法律、法规禁止的经营活动和社会活动。

五、房地产开发企业

1. 房地产开发企业的设立条件

房地产开发企业是以营利为目的、从事房地产开发和经营的企业。房地产开发企业分为专营企业、兼营企业和项目公司。专营企业是指以房地产开发经营为主业的企业;兼营企业是指以其他经营项目为主,兼营房地产开发经营业务的企业;项目公司是指以开发项目为对象从事单项房地产开发经营的公司。

根据《城市房地产管理法》规定,设立房地产开发企业必须具备下列条件:

(1) 有自己的名称和组织机构

作为独立的法人,房地产开发企业只准使用一个名称。此外,房地产有限责任公司、房地产股份有限公司的名称中必须分别含有"有限责任"和"股份有限"的字样。企业名称须在企业设立登记时由工商行政主管部门核准。

所谓"组织机构",就是要有完整的、系统的经营决策层,有职能明确、分工合理的生产经营组织及相应的分支机构和下属机构。

（2）有固定的经营场所

所谓"有固定的经营场所"，是指开发企业主要办事机构所在的固定住所。一个企业登记的住所只能有一个。

（3）有符合国务院规定的注册资本

注册资本反映的是企业法人的财产权，也是判断企业经济实力的依据之一。房地产开发企业是资本密集型企业，其开发经营具有投资量大、资金占用期长的特点，因而对注册资金的要求比一般流通企业要高。如一级房地产开发企业注册资本不得低于5 000万元，四级房地产开发企业的注册资本也不得低于100万元。

（4）满足房地产开发资质等级要求的条件

根据2000年3月建设部颁发的《房地产开发企业资质管理规定》，房地产开发企业必须向法定的建设行政主管部门提出资质申请，经核准并颁发资质等级证书后，才能从事许可经营范围内的房地产开发经营业务。

（5）法律、行政法规定的其他条件

例如，按照《公司法》的规定，设立房地产有限责任公司或股份有限公司的，股东或发起人必须符合法定人数。又如根据《外资企业法》的规定，设立外商投资的房地产开发企业，须经外贸部门批准并执行有关法律的规定。

2．房地产开发企业的设立程序

（1）房地产开发企业的设立登记

《城市房地产管理法》第三十条第二款规定："设立房地产开发企业，应当向工商行政管理部门申请设立登记，工商行政管理部门对符合本法规定条件的，应当予以登记，发给营业执照。"根据《房地产开发企业资质管理规定》，在设立登记前，还应经建设行政主管部门的审查，获取相应房地产开发企业的资质等级证书。

（2）房地产开发企业的备案

房地产开发企业在办理工商登记的一个月内应当到县级以上人民政府规定的部门备案。这一程序性规定，目的是将设立登记后的房地产开发企业纳入房地产业的行业管理，以促进房地产开发企业的健康发展，实现企业市场行为的规范化。

另外，设立房地产开发有限责任公司和房地产开发股份有限公司的还须满足《中华人民共和国公司法》的有关规定。

第四节　房地产交易

一、房地产交易的一般规定

1．房地产交易概述

（1）房地产交易的含义

房地产交易含义有广义和狭义之分。狭义的含义仅仅是指当事人之间进行的房地产转让、房地产抵押和房屋租赁的活动；广义的房地产交易是指当事人之间在进行房地产转让、抵押、租赁等交易行为之外，还包括与房地产交易行为有着密切关系的房地产价格及体系、房地产交易的中介服务。

(2)房地产交易时权属不可分离的原则

房地产转让、抵押时,房屋的所有权和该房屋占用范围内的土地使用权同时转让、抵押。房地产属于一种不可移动的特殊商品,房屋一经建造完毕,就立于该房屋占用范围内的土地上。所以要使用房屋,就必须要使用该房屋占用范围内的土地,而要使用房屋占用范围内的土地,也必须要使用该房屋。为此,房屋所有权与该房屋占用范围内的土地使用权的享有者应当为同一主体,只有这样才能发挥房地产的应有效用。所以,《城市房地产管理法》规定,房地产转让时,房屋的所有权和该房屋占用范围内的土地使用权同时转让;房地产抵押时,房屋的所有权和该房屋占用范围内的土地使用权同时抵押。房地产转让、抵押时,当事人应当依法办理房地产权属登记。

2. 房地产交易的价格管理

关于房地产价格管理,《城市房地产管理法》规定了两种制度,即房地产价格评估制度和房地产成交价格申报制度。

(1)房地产价格评估制度

① 房地产价格评估概念

房地产价格的评估是指房地产专业估价人员根据估价目的,遵循估价原则,按照估价程序,采用科学的估价方法,并结合估价经验与影响房地产价格因素的分析,对房地产最可能实现的合理价格所作出的推测与判断。无论是房地产转让、抵押还是房屋租赁,都需要对房地产进行估价,这是房地产交易过程中的一项必不可少的基础性工作。

② 房地产价格评估原则

房地产价格评估应当遵循公正、公平、公开的原则,这是社会主义市场经济条件下应当遵循的基本原则。所谓公正原则,是指地产价格评估机构在进行房地产价格评估的过程中,应当公正地对待各个要求对房地产价格评估的人,不得有所偏向;所谓公平原则,是指房地产价格评估中各方享有的权利和承担义务必须公平;所谓公开的原则,是指房地产价格评估的程序、标准等应当向社会公开,以便于社会公众监督,从而保证房地产价格评估的公正。

③ 房地产价格评估的方法

在进行房地产价格评估时,应当按照国家规定的技术标准,以基准地阶、标定地价和各类房屋的重置价格为基础,参照当地的市场价格进行评估。

基准地价,是指按不同的土地级别、区域分别评估和测算的商业、工业、住宅等各类用地的平均价格。标定地价,是指在基准地价基础上,按土地使用年期、地块大小、形状、容积率、微观区位、市场行情条件,修订评估出的具体地块在某一时期的价格。房屋的重置价格,是指按照当前的建筑技术和工艺水平、建筑材料价格、人工和运输费用条件下,重新建造同类结构、式样、质量标准房屋标准价。法律规定基准地价、标定地价和房屋的重置价格只能由国务院定期确定并公布。

(2)房地产成交价格申报制度

房地产成交价格申报制度,是指房地产权利人转让房地产时,应当将转让房地产的实际成交价格向县级以上地方人民政府规定的部门申报,不得对成交价格隐瞒不报,或者作不实的、虚假的申报。

实行房地产成交价格申报制度,能够加强税收征收管理,保障国家税收收入;能够对房地产转让的行情进行准确的统计,保证国家进行科学的宏观调控。因此,任何一个房地产权利人,在依法将其房地产转移给他人以后,都应当向县级以上地方人民政府规定的部门如实申报成交价。

3. 房地产估价师注册制度

《城市房地产管理法》规定,国家实行房地产价格评估人员资格认证制度,房地产价格评估人员是指经房地产估价师资格考试合格,由注册管理部门审定注册,取得资格证书后专门从事房地产经济价值评估并将其结果用价格来表示的专业技术人员。

我们实行房地产估价师注册制度,是借鉴世界先进国家的方法,并表明我国房地产市场将逐步完善。房地产估价师负责承担各种综合性房地产的估价业务,对所在单位的估价业务进行指导、检查并签署房地产估价报告书。

二、房地产的转让

所谓房地产转让,是指房地产权利人通过买卖、赠与或其他合法方式将其房地产转移给他人的法律行为。

1. 地产转让的条件

《城市房地产管理法》规定,转让房地产的,应当满足一些条件。

(1) 房地产转让的一般条件

① 按照出让合同约定已经支付全部土地使用权出让金,并取得土地使用权证书;

② 按照出让合同约定进行投资开发,属于房屋建设工程的,完成开发投资总额的25%以上,属于成片开发土地的,形成工业用地或者其他建设用地条件;

③ 转让房地产时房屋已经建成的,还应当持有房屋所有权证书。

(2) 以划拨方式取得土地使用权的转让房地产的额外条件

以划拨方式取得土地使用权的,转让房地产时,还必须符合下列要求:

① 应当按照国务院的有关规定,报经有批准权的人民政府审查批准;

② 有批准权的人民政府批准后由受让方办理土地使用权出让手续,即办理使用权证书;

③ 由受让方缴纳土地使用权出让金;

④ 以划拨方式取得土地使用权的,转让房地产报批时,有批准权的人民政府按照国务院规定的决定可以不办理土地使用权出让手续的,转让方应当按照国务院规定将转让房地产所获收益中的土地收益上缴国家或者作其他处理。

(3) 不得转让的房地产

《城市房地产管理法》规定,下述房地产不得转让。

① 司法机关和行政机关依法裁定、决定查封或者以其他形式限制房地产权利的,不能转让。这里的"司法机关"是指行使国家审判权、检察权和侦察权的人民法院、检察院、公安机关。这些机关按照有关法律规定有权查封或者以其他方式限制房地产权利人的权利。这里的"行政机关"是指法律规定的国家的执法机关,如房产管理部门、土地管理部门、税务机关等。这些机关也有权对房地产权利人的权利以法律规定的形式进行限制。

② 依法收回土地使用权的,不得转让。土地使用权的行使是以土地使用权的存在而存在的。土地使用权被收回了,土地使用权人也就无权转让土地使用权。

③ 共有的房地产,未经过其他共有人书面同意的,不得转让。共有的房地产是属于共有

人共同享有的权利,共有人中的任何人,在行使这项权利时,均必须经过另一方的同意;未经过同意,不得转让。为减少纠纷,共有人同意转让共有的房地产时,必须以书面的形式进行。

④ 权属有争议的,不得转让。房地产的使用权或者所有权存在争议时,将其进行转让,则会引起新的纠纷,不利于争议的解决。所以,权属有争议的不得转让。

⑤ 未依法登记领取权属证书的,不得转让。依法取得的土地使用权和房屋的所有权,必须办理登记手续,领取使用权证书或者所有权证书。未领取者,法律不予承认其所享有的权利,因此,不得进行转让。

⑥ 法律、行政法规规定的其他禁止转让的情形。这项规定是一个比较灵活的规定,以防止难以预料情形发生。

2. 房地产转让的程序与合同

(1) 房地产转让程序

房地产转让双方必须同时到登记部门办理产权转移手续。转让双方应向房地产登记部门提交办理产权转移所需的合法证件及双方签订的房地产转让书面合同,核验无误后,办理房地产转让过户登记,并向有关机关交纳税费。

(2) 房地产转让合同

房地产转让合同是指房地产转让当事人就转让房地产的有关问题达成一致的书面协议。房地产转让合同在向有关机关交纳相应的税费、办理产权过户登记手续后才生效。房地产转让合同,应当载明土地使用权取得的方式。这是法律对房地产转让合同的特殊要求。因为房地产转让必然涉及土地使用权的转让,由于土地使用权既可通过出让也可以通过划拨取得,这两种取得的方式不同,必然影响到房地产转让的程序、条件及效果,因而法律要求当事人在签订该合同时,必须载明土地使用权取得的方式。房地产转让合同成立,土地使用权出让合同载明的权利、义务也随之转移。房地产转让就是房屋所有权与土地使用权同时转让。原土地出让合同的效力对国家和新的土地使用权人即受让方仍然有效。以出让方式取得土地使用权的使用年限,为原出让合同约定使用年限减去原土地使用者已使用年限后的剩余年限。受让人改变土地使用权出让合同约定土地用途的,必须履行法定手续。即改变土地用途必须经过原出让方同意并签订土地使用权出让合同变更协议或重新签订土地使用权出让合同,相应调整土地使用权出让金。改变土地用途还须经市、县人民政府规划行政主管部门同意。

三、商品房预售

1. 商品房预售的概念

商品房预售是指房地产开发经营企业将正在建设中的房屋预先出售给承购人,由承购人支付订金或房价款的行为。

2. 商品房预售条件

为防止炒地皮,保证正常的房地产开发活动,《城市房地产管理法》对预售商品房的条件作了明确规定。

(1) 已交付全部土地使用权出让金,取得土地使用权证书。商品房的出售,必然涉及房屋所有权及土地使用权同时转让的问题。所以预售商品房时预售人应当是已经取得土地使用权的人,即已经足额支付土地使用权出让金并领取土地使用权证书的人。

(2) 持有建设工程规划许可证和施工许可证。预售的商品房必须是合法建筑,即只有经过城市规划及建设行政管理部门批准,发给建设工程规划许可证及施工许可证的工程建筑才可出售。

(3) 按提供预售的商品房计算,投入开发建设的资金达到工程建设总投资的25％以上,并已确定施工进度和竣工交付日期。这是以出让方式取得土地使用权的房地产转让的必备条件。

(4) 向县级以上人民政府房产管理部门办理预售登记,取得商品房预售许可证明。这是预售商品房的必经手续,是不动产交易的特有条件。

3. 商品房预售合同的备案

商品房预售时除必须同时符合上述四个条件外,商品房预售人应当同认购人签订预售房屋的合同,合同订立后应当按照国家有关规定将预售合同报县级以上人民政府房产管理部门和土地管理部门备案,以便于对商品房预售活动的监督与管理。

4. 商品房预售款的使用

《城市房地产管理法》规定,商品房所得款项,必须用于有关的工程建设,即主要指其运用于正在开发建设的工程,不得挪作他用。

5. 商品房预售后再行转让

关于这一问题,《城市房地产管理法》只作了一个原则性的规定,即"商品房预售的,商品房预购人将购买的未竣工的预售商品房再行转让的问题,由国务院规定"。

四、房地产抵押

1. 房地产抵押概述

(1) 房地产抵押的含义

房地产抵押,是指抵押人以其合法的房地产以不转移占有的方式向抵押权人提供债务履行担保的行为。债务人不履行债务时,抵押权人有权依法以抵押的房地产拍卖所得的价款优先受偿。

(2) 房地产抵押的法律特征

① 房地产抵押具有从属性。其抵押权从属于债权,只有在债务人不履行已到期的债务时债权人才可行使抵押权来处分该房地产。抵押权随着债权的成立而成立,随着债权的转移而转移。

② 房地产抵押是以不动产即房地产为标的作抵押的。抵押权人不以对抵押的房地产的实际占有为条件。由于抵押的房地产只是提供债务履行的担保,而不是提供给抵押权人实际支配,所以抵押人在用其合法的房地产进行抵押时,抵押人对该房地产的实际占有权并不转移。

③ 房地产抵押权人享有从抵押房地产的价款中优先受偿的权利。房地产抵押后,如果债务人到期不履行债务或债务人在抵押期间解散、被宣布破产,那么,就可以依法将抵押的房地产拍卖,对拍卖抵押房地产所得价款,抵押权人有比其他债权人优先得到清偿债务的权利。

④ 房地产抵押具有物上追及力。在抵押人将房地产抵押后,如果抵押人将抵押的房地产擅自转让他人,那么,抵押权人可以追及抵押的房地产行使权利。对于因抵押权人追及抵押的房地产行使权利而使受让人遭受损失的,非法转让抵押的房地产的抵押人应当承担相应的责任。抵押权的物上追及力还表现在抵押人将抵押的房屋租赁给他人时,抵押权不受影响;抵押

人非经债权人同意,将已抵押房地产就同一担保价值作重复抵押的,重复抵押无效;抵押人在已抵押房地产上再设定其他抵押时,只能在先设抵押担保价值之外的余额的范围内设定抵押。

2. 房地产抵押的设定

(1) 房地产抵押设定的含义

所谓房地产抵押的设定,是指抵押人和抵押权人根据我国有关法律、法规的规定,就抵押的房地产及其担保的债务等有关事项协商一致达成协议,签订抵押合同,并到县级以上人民政府规定部门办理抵押登记的过程。

(2) 房地产抵押设定的要求

① 依法取得的房屋所有权连同该房屋占用范围内的土地使用权,可设定抵押权;以出让方式取得的土地使用权,可以设定抵押权。

② 房地产抵押,应当凭土地使用权证书、房屋所有权证书办理。

③ 设定房地产抵押权的土地使用权是以划拨方式取得的,依法拍卖该房地产后,应当从拍卖所得的价款中缴纳相当于应缴纳的土地使用权出让金的款额后,抵押权人方可优先受偿。

④ 房地产抵押签订书面合同后,土地上新增的房屋不属于抵押财产,需要拍卖该抵押的房地产时,可依法将土地上新增的房屋与抵押财产一同拍卖,但对拍卖新增房屋所得,抵押权人无权优先受偿。

⑤ 依法生效的商品房预售合同,经双方约定,其商品房可作抵押物,只是在房屋设定抵押时,应连同该房屋所占用的土地使用权同时作抵押,若以同一房屋的部分设定抵押时,须将其相应所占土地份额的土地使用权同时抵押。

⑥ 抵押人以共同共有的房屋设定抵押的,应事先征得其他共有人的书面同意,所有共有人均为抵押人;以按份共有的房屋设定抵押时,抵押人应当书面通知其他共有人,并以其本人所占有的份额为限。

⑦ 以已出租的房屋设定抵押,原租赁合同继续有效,抵押人应将抵押情况书面告知承租人。抵押人以已抵押的房屋再作抵押时,必须征得在先的抵押权人的书面同意;否则,后设立的抵押无效。以房屋中设置抵押的部分设定抵押时,抵押人应事先将已作抵押的状况告知拟接受抵押的当事人。

⑧ 外商投资企业、股份制企业以其房屋设定抵押时,须经企业董事会或联合管理机构书面批准,所设定的抵押期不应超过企业的营业期限和土地使用期限。外商投资企业未经中国注册会计师验资证实各方投资份额已缴足的,不得以企业的房屋设定抵押权。

⑨ 国有企业以其房地产设定抵押时,必须经国有资产管理部门批准和对拟抵押房地产估价清单的书面确认。

⑩ 在设定房地产抵押时,下列房地产不得抵押:有产权争议的房地产;用于教育、医疗等公共福利性质的房地产;文物古建筑所属的房地产;被依法查封、扣押或采取其他保全措施的房地产;其他法律规定不得设定抵押的房地产。

五、房屋租赁

1. 房屋租赁概述

(1) 房屋租赁的含义

房屋租赁是指房屋所有权人作为出租人将其房屋出租给承租人使用,由承租人向出租人支付租金的行为。

（2）房屋租赁的特征

① 出租房屋的人必须是房屋的所有权人

在我国,房屋的所有权人既包括国家、集体,也包括个人。国家、集体所有的房屋通称为公房,个人所有的房屋通称为私房。一般说来,国家所有的公房由房地产管理行政机关所属的房管单位和机关、团体、事业单位及国有企业代表国家行使所有权,这些代表国家行使对公房的所有权的人,被视为所有权人。集体所有公房的所有权人是该集体。

② 房屋租赁不转移出租房屋的所有权

出租人将房屋出租给承租人后,出租人只是将房屋的使用权有期限地移转给承租人,而不发生所有权的变化。在房屋租赁合同的有效期间内,出租人失去的是出租房屋的使用权,承租人取得的是承租房屋的使用权,出租人对该房屋依然享有所有权。

③ 承租人向出租人支付租金

房屋的所有人可以在保持其所有权不变的前提下,根据房屋的使用年限将房屋出租以实现其收益。出租人将房屋出租给承租人以后,承租人要向出租人支付规定数量或者双方约定数量的租金。

④ 房屋租赁有效期届满,承租人必须把该房屋返还给出租人

出租人将房屋出租给承租人以后,承租人只能在房屋租赁合同的有效期间内,使用该房屋。房屋租赁有效期限届满,承租人必须把出租的房屋返还给出租人,不得再行使用,也不得返还其他的房屋而留下该房屋。

2. 房屋租赁合同

由于房屋租赁关系复杂,所以为了明确双方当事人各自的权利和义务,也为了房地产管理部门便于管理,《城市房地产管理法》要求房屋租赁当事人之间应当签订书面租赁合同,并向房屋所在地房产管理部门登记备案。房屋租赁合同应当载明下列主要条款:租赁房屋的处所、名称、状况、建筑面积、四至等,租赁期限,租赁用途,租赁价格,修缮责任,出租人与承租人的其他权利和义务,违约责任等。

六、房地产中介服务机构

1. 房地产中介服务机构的概念

所谓房地产中介服务,是指在房地产市场上从事咨询、经济和评估等业务的活动。房地产中介服务机构,就是指在房地产市场上为从事房地产投资、开发和交易等活动的主体提供咨询、经济和评估等业务服务的机构。由于这些机构一般专门从事房地产业的活动,了解市场信息,熟悉房地产开发、利用和交易,故人们在从事房地产活动时往往要求助于这些中介服务机构。

2. 房地产中介服务机构设立条件

《城市房地产管理法》规定,房地产中介服务机构成立须同时具备如下条件:

（1）有自己的名称和组织机构;

（2）有固定的服务场所;

（3）有必要的财产和经费;

（4）有足够数量的专业人员;

（5）法律、行政法规规定的其他条件。

3. 房地产中介服务机构的种类

房地产中介服务机构主要有以下几种。

（1）房地产咨询机构

这是从事有关房地产业的投资、开发、经营决策和交易活动等咨询服务的机构。一般地，这种机构较了解房地产市场动态，故能够提出较有权威性的见解，以帮助从事房地产的人较好地经营决策。

（2）房地产价格评估机构

这是从事有关房地产的估价活动的机构。主要根据社会、经济、政治、地理和个人因素等，利用科学的评估方法，权衡土地价格、房屋价格，并参照市场价格，从而对房地产价格作出科学的评定。该机构对房地产交易及其他法律活动都有十分重要的影响。

（3）房地产经济机构

这是从事地产代理活动的机构。即根据其他人委托，代理其他人从事房地产交易、开发等法律行为的机构。

第五节　城市房屋拆迁

一、城市房屋拆迁概述

1. 城市房屋拆迁的概念

房屋拆迁是指根据城市规划和国家专项工程的迁建计划及当地政府的用地文件，拆除和迁移建设用地范围内的房屋及其附属物，并由拆迁人对原房屋及其附属物的所有人或使用人进行补偿和安置的行为。

根据《城市房屋拆迁管理条例》规定，房屋拆迁的地域范围，主要指城市规划区内的国有土地。城市规划区内集体所有的土地，在被征用为国有土地时，已按《土地管理法》的规定予以补偿，所以不存在拆迁问题。拆迁房屋包括公有房屋、私有房屋、住宅房屋和非住宅房屋。附属物主要是指房屋的附属建筑物和构筑物。

2. 房屋拆迁形式

房屋拆迁主要有两种：自行拆迁和委托拆迁。

自行拆迁是指拆迁人自己对被拆迁人进行拆迁安置和补偿。实践中，不少房屋开发公司都有自己的拆迁机构和专业拆迁队伍，他们基本上都采用自行拆迁的形式。此外，有些建设单位，也实行自行拆迁的形式。

委托拆迁是指拆迁人在取得拆迁许可证后，与取得房屋拆迁资格证书的被委托人订立委托拆迁合同，由被委托人组织拆除房屋及其附属物，并负责对被拆迁人进行安置和补偿。被委托人不得转让拆迁业务。房屋拆迁管理部门不得作为拆迁人，也不得接受拆迁委托。

3. 房屋拆迁协议

（1）房屋拆迁协议含义

房屋拆迁协议是拆迁人与被拆迁人因房屋拆迁而达成的明确双方相互权利、义务的书面协议。当所拆迁的房屋为非租赁房屋时,由拆迁人与被拆迁人订立补偿安置协议,当所拆迁的房屋为租赁房屋时,拆迁人则应与被拆迁人及房屋承租人共同签订补偿安置协议。

（2）房屋拆迁协议的主要条款

房屋拆迁协议的主要条款有:被拆除房屋的坐落地点、面积和用途;补偿形式,是作价补偿还是产权调换,是一次安置还是先行临时过渡;补偿金额;安置用房面积;安置地点;搬迁过渡方式,是自行过渡还是提供周转房过渡;过渡期限即回迁期限;违约责任。拆迁协议还必须写明双方当事人的姓名、住址;协议生效的日期;协议的份数;补助费、搬家费的金额;协议是否需要公证等。

拆迁补偿安置协议签订后,是否进行公证,一般由当事人自由选择。但是,若拆除代管房屋代管人是房屋拆迁主管部门的,即指拆除房地产管理局直管公房的,拆迁补偿安置协议必须到房屋所在地的公证机关进行公证,并办理拆迁补偿、安置的证据保全,拆迁协议才能正式生效。

二、房屋拆迁补偿

1. 拆迁补偿的概念

所谓拆迁补偿是指拆迁人因拆除、迁建被拆迁人的房屋及其附属物,使被拆迁人受到一定的经济损失,而根据国家法律、法规的有关规定给予被拆迁人的一定补偿。

拆迁补偿的范围是被拆除的房屋及其附属物。但拆除违章建筑、超过期限的临时建筑不予补偿。拆除未超过批准期限的临时建筑,按临时建筑在使用期限内的残存价值并参考剩余期限,给予适当补偿。

2. 拆迁补偿形式

拆迁补偿的形式有两种:货币补偿、产权调换。采用何种补偿方式,一般情况下,可由被拆迁人自行选择。

（1）货币补偿

所谓货币补偿,是指拆迁人对拆除的房屋,按其价值,以付给货币的方式对被拆迁人的经济损失进行补偿。货币补偿的金额,按等价有偿的基本原则,根据被拆迁房屋的区位、用途、建筑面积等因素,以房地产市场评估价格确定。

被拆迁房屋的区位,是指房屋的地理位置,主要包括在城市或区域中的地位,与市中心、机场、港口、车站、政府机关、同业等重要场所的距离、往来交通的便捷性及其房屋周围环境、景观等。

被拆迁房屋的用途是指其所有权证书上标明的用途,所有权证书上未标明用途的,以产权档案中记录的用途为准。产权档案中也未记录用途的,以实际用途为准,但其实际用途必须是已依法征得规划部门同意,并取得合法手续的方为有效。

在确定补偿金额时,除房屋的区位、用途和建筑面积外,还应考虑被拆迁房屋的成新程度、权益状况、建筑结构形式、使用率、楼层、朝向等因素。

（2）产权调换

所谓产权调换,就是拆迁人以其他的或在建的房屋与被拆迁人的被拆迁房屋相交换,使被拆迁人对拆迁人提供的房屋拥有所有权。

产权调换时,拆迁人与被拆迁人应按规定计算出被拆迁房屋的补偿金额和所调换房屋的价格,然后结清产权调换的差价。

所调换房屋的价格,如是通过购买方式取得的,原则上不得高于购买价格,但购买时间较早、现已升值的除外；如是原地回迁，其价格由拆迁人与被拆迁人根据市场情况协商议定，协商不成的，则另行选择调换房屋。

拆迁非公益事业房屋的室外厕所、门斗、烟囱、化粪池等附属物，不作产权调换，只给予货币补偿。

3. 拆迁补偿的具体规定

（1）对公益事业房屋及其附属物的拆迁补偿

《城市房屋拆迁管理条例》对拆除用于公益事业的房屋及其附属物规定了两种补偿方式：依法重建、货币补偿。

在采用重建方式予以补偿时，必须满足有关法律、法规的规定和城市规划的要求；采用货币补偿时，补偿金额按前述方法，以房地产市场评估价格确定。

（2）对租赁房屋的拆迁补偿

对租赁房屋的拆迁补偿，《城市房屋拆迁管理条例》对两种不同情况分别作出了规定。

① 被拆迁人与房屋承租人已解除了租赁关系，或被拆迁人对房屋承租人已进行了安置，由拆迁人对被拆迁人进行补偿。采用货币补偿还是产权调换，由被拆迁人选择。

② 被拆迁人与房屋租赁人达不成解除租赁关系的协议，为保护承租人的利益，规定被拆迁人只能进行产权调换，调换得来的房屋仍由原承租人承租，被拆迁人与承租人应重新订立房屋租赁合同。

（3）对产权不明确房屋的拆迁补偿安置

《城市房屋拆迁管理条例》规定："拆迁产权不明确的房屋，拆迁人应当提出补偿安置方案，报房屋拆迁管理部门审核同意后实施拆迁。拆迁前，拆迁人应当就被拆迁房屋的有关事项向公证机关办理证据保全。"

房屋产权不明确包括无产权关系证明、产权人下落不明、暂时无法考证产权的合法所有人或因产权关系在诉讼等情况，此时接受补偿安置的主体是不明确的，但决不能因此而不予补偿或降低补偿标准。为保护实际产权人的合法权益，条例特规定了拆迁人的法定义务：一是事先提出补偿安置方案，并报房屋拆迁管理部门审查批准；二是要就被拆迁房屋的有关事项向公证机关办理证据保全，以保证证据资料的法律效力，拆迁人还必须立案归档以备查用。

（4）对设有抵押权房屋的拆迁补偿

由于被拆迁房屋已先行抵押，因此，房屋的拆迁还会涉及抵押权人的利益，所以必须考虑因抵押而产生的担保法律关系。《城市房屋拆迁管理条例》规定，此种情况下"依照国家有关担保的法律执行"。依据《民法典》等有关法律条文规定，在拆除设有抵押权的房屋时，拆迁人在认定房屋抵押的有效性后，要将有关拆迁事宜及时通知抵押权人。抵押人与抵押权人经协商解除抵押合同的，在抵押权人认可后，拆迁人可将拆迁补偿款付给被拆迁人；如不能解除抵押关系，则按法定清偿顺序进行清偿，不足清偿的，由抵押权人依法向抵押人追偿。

三、房屋拆迁安置与补助

1. 房屋拆迁安置

拆迁安置是拆迁人因拆除被拆迁人的房屋而对被拆除房屋使用人所做的用房安排处置。拆迁安置可分为长期安置和临时安置。长期安置是拆迁人一次性解决房屋使用人的安置问题，它包括货币补偿和现房产权调换。临时安置是指一次性安置有困难时，由拆迁人为被拆迁房屋使用人提供临时周转用房或由被拆除房屋使用人自行寻找房屋过渡而由拆迁人付给临时安置补助费的一种安置方式。拆迁人必须提供符合国家质量安全标准的房屋,用于拆迁安置;而周转房的使用人也应按时腾、退周转房,不得在取得安置用房之后拒不迁走,也不得强占周转房。

2. 房屋拆迁补助

房屋拆迁补助是指拆迁人对被拆迁人或房屋承租人因房屋拆迁而产生的一些费用的必要补助,它包括搬迁补助费、临时安置补助费和停产、停业补偿费。

(1) 搬迁补助费

由于房屋被拆迁,该房屋的使用人必须搬迁至其他地方,而这必然会发生一定的费用,拆迁人对此理应承担一定的责任。所以《城市房屋拆迁管理条例》规定,拆迁人应支付给拆迁房屋使用人搬迁补助费:当房屋是由被拆迁人自己使用的,付给被拆迁人;当房屋是由承租人使用的,则支付给承租人。搬迁补助费标准由各省、自治区、直辖市人民政府规定。

(2) 临时安置补助费

临时安置补助费,是指拆迁人对被拆迁人或者房屋承租人在过渡期内自行安排住处可能发生费用的补助,通常又称为过渡费。临时安置补助费的付费期限为整个过渡期,即拆迁协议中约定的将被拆迁房屋交由拆迁人拆除之日起至被拆迁人搬迁至拆迁人提供的新安置用房之日止的时间。临时安置补助费标准由各省、自治区、直辖市人民政府规定。对于被拆迁人或房屋承租人使用由拆迁人提供的周转房的,拆迁人将不付给临时安置补助费。

如因拆迁人的责任延长过渡期限的,不管是自行安排住处的,还是使用拆迁人提供的周转房的,无论是被拆迁人或房屋承租人,拆迁人都应自逾期之日起向其付给临时安置补助费。

(3) 停产、停业补偿费

这是指在拆迁生产、经营用房时,拆迁人给予被拆迁人因拆迁而造成的停产、停业损失的适当补偿。它只在采用产权调换这种方式时才会发生。如采用货币补偿方式,在评估作价时,对停产、停业的损失已作充分考虑,所以不再另行付给停产、停业补偿费。

补偿标准由各地具体规定,实际操作中可委托评估机构进行评估。

第六节　住宅建设与物业管理

一、住宅建设

住宅是人民基本的生活资料,住宅问题是重大的社会问题。保障人民的住宅权利,改善居民的居住条件,对于促进经济发展,维护社会安定,具有重要的作用。为此,我国先后颁行了一些住宅建设的法规,并正在进行城镇住房制度的改革,为住宅建设的发展提供了法律依据。

1. 城镇个人建造住宅的法律规定

为了加强对个人建造住宅的管理,鼓励城镇个人建造住宅,1983年5月25日经国务院批准,原城乡建设环境保护部发布了《城镇个人建造住宅管理办法》(以下简称《管理办法》)。该办法规定如下:

（1）使用范围和调整对象

适用范围是市、镇和未设镇建制的县城、工矿区；调整对象是在城镇有正式户口、住房确有困难的居民或职工，对于夫妻有一方在农村的，一般不得申请在城镇建造住宅。

（2）个人建造住宅的形式

《管理办法》规定了以下几种形式：

① 自筹自建，即完全由居民或职工自己投资，在材料和施工方面不享受任何补贴的建设方式。采用这种方式建造的住宅，其所有权属于建造者个人所有。

② 民建公助，即以居民或个人投资为主，人民政府或职工所在单位在土地的征用、资金材料、运输、施工等方面给予适当帮助的建设方式，但补贴金额不得超过住宅总造价的 20％。补贴应当从本单位自有资金中解决，不得列入生产成本或挤占行政、事业费。采用这种方式建造成的住宅，其建造人只享有部分所有权，具体规定由房屋所在地城市人民政府或补贴单位与建造人协商议定。

③ 互助互建，即居民或职工互相帮助、共同投资，新建或扩建住宅。用这种方式建造成的住宅，其所有权属于共有，建造者个人按照出资比例享有相应的所有权。

（3）建造住宅的程序

个人建造住宅应当按照下列程序进行：

① 住宅建造人应当持所在单位或所在地居民委员会开具的证明，向房屋所在地的房地产行政主管部门提出申请，经审核批准后，发给准予建造住宅的批准文件。

② 住宅建造人向城市规划行政主管部门申请建设用地规划许可证。

③ 向土地管理部门申请办理建设用地手续。

④ 向城市规划行政主管部门申请办理建设工程规划许可证。

⑤ 向建设行政主管部门申请办理开工手续。

⑥ 工程施工。

⑦ 竣工验收。

⑧ 办理房屋所有权登记手续。建造人必须在工程竣工后一个月内，持建设工程规划许可证和建筑图纸向房屋所在地房地产行政主管部门申请验查，经审查合格后，发给房屋所有权证。

2. 城镇住房制度改革的有关规定

长期以来，我国城镇居民住房实行的都是福利分房制，由国家建房，无偿分配给职工居住。由于体制不顺，居民住房短缺及住房分配不公的问题越来越严重，使之成为影响社会稳定和经济发展的重大隐患。自 20 世纪 90 年代初以来，国家积极推行城镇住宅制度改革，稳步推进住房的商品化、社会化，逐步停止实物分房，实行住房分配货币化，以建立起适应社会主义市场经济体制和我国国情的城镇住房新制度。为此，国务院及有关部门先后下发了一系列有关城镇住房制度改革的文件。其中，最主要的有国务院下发的《关于进一步深化城镇住房制度改革加快住房建设的通知》(1998 年第 23 号文件)，国务院住房制度改革领导小组下发的《关于加强住房公积金管理的意见》(1996 年 7 月 3 日)，国务院《关于深化城镇住房制度改革的决定》(1994 年 7 月 18 日)，国务院住房制度改革领导小组、建设部、国家税务局联合发布的《城镇住宅合作化管理暂行办法》(1992 年 2 月 14 日)等。新实行的制度主要有住房公积金制度、住宅合作化制度、安居工程建设制度等。

（1）住房公积金制度

1）住房公积金的概念

住房公积金是指国家机关、国有企业、城镇集体企业、外商投资企业、城镇私营企业及其他城镇企业、事业单位、民办非企业单位、社会团体等单位及其在职职工缴存的长期住房储金。

职工个人缴存的住房公积金和职工所在单位为职工缴存的住房公积金，属于职工个人所有。

职工有下列情形之一的，可以提取职工住房公积金账户内的存储金额：

① 购买、建造、翻建、大修自住房的；

② 离休、退休的；

③ 完全丧失劳动能力，并与单位终止劳动关系的；

④ 出境定居的；

⑤ 偿还购房贷款本息的；

⑥ 房租超出家庭工资收入的规定比例的。

职工死亡或者被宣布死亡的，职工的继承人、受遗赠人可以提取职工住房公积金账户内的存储余额；无继承人也无受遗赠人的，职工住房公积金账户内的存储余额纳入住房公积金的增值收益。

缴存住房公积金的职工，在购买、建造、翻建、大修自住房时，可以向住房公积金管理中心申请住房公积金贷款。

2）住房公积金的管理机构

住房公积金管理机构为住房公积金管理委员会及住房公积金管理中心。其中，住房公积金管理委员会为决策机构，而住房公积金管理中心则负责住房公积金的管理运作。住房公积金管理委员会的成员中，人民政府负责人和建设、财政、人民银行等有关部门负责人及有关专家占1/3，工会代表和职工代表占1/3，单位代表占1/3。

住房公积金管理委员会主任应当由具有社会公信力的人士担任。

住房公积金管理委员会的职责为：

① 依据有关法律、法规和政策，制定和调整住房公积金的具体管理措施，并监督实施；

② 依据法律规定，拟订住房公积金的具体缴存比例；

③ 确定住房公积金的最高贷款额度；

④ 审批住房公积金归集、使用计划；

⑤ 审批住房公积金增值收益分配方案。

住房公积金管理中心是直属城市人民政府的不以赢利为目的的独立的事业单位。它履行下列职责：

① 编制、执行住房公积金的归集、使用计划；

② 负责记载职工住房公积金的缴存、提取、使用等情况；

③ 负责住房公积金的核算；

④ 审批住房公积金的提取、使用；

⑤ 负责住房公积金的保值和归还；

⑥ 编制住房公积金的归集、使用计划执行情况的报告；

⑦ 承办住房公积金管理委员会决定的其他事项。

3）住房公积金的管理办法

住房公积金的管理实行住房公积金管理委员会决策、住房公积金管理中心运作、银行专户存储、财政监督的原则。

住房公积金的存、贷利率由中国人民银行提出，经征求国务院建设行政主管部门的意见后，报国务院批准。

单位应当到住房公积金的管理中心办理住房公积金缴存登记，经住房公积金管理中心审核后，到受委托银行为本单位职工办理住房公积金账户设立手续。每个职工只能有一个住房公积金账户。

住房公积金管理中心应建立职工住房公积金明细账，记载职工个人住房公积金的缴存、提取等情况。住房公积金管理中心编制的住房公积金年度预算、决算，应当经财政部门审核后，提交住房公积金管理委员会审议。

住房公积金管理中心应当每年定期向财政部门和住房公积金管理委员会报送财务报告。并将财务报告向社会公布。住房公积金管理中心应当依法接受审计部门的审计监督。

住房公积金财务管理和会计核算的办法，由国务院财政部门同国务院建设行政主管部门协商制定。

（2）城镇住宅合作社制度

为了鼓励城镇职工、居民投资合作建造住宅，解决城镇居民住房困难，改善居住条件，加强对城镇住宅合作社的组织与管理，1992年2月国务院住房制度改革领导小组、建设部、国家税务局发布了《城镇住宅合作社管理暂行办法》（以下简称《暂行办法》）。其主要内容包括以下几个方面：

1）住宅合作社的定义及其任务

《暂行办法》规定："本办法所称住宅合作社，是指经市（县）人民政府房地产行政主管部门批准由城市居民、职工为改善自身住房条件而自愿参加，不以盈利为目的的公益性合作经济组织，具有法人资格。"住宅合作社的主要任务是"发展社员，组织本社社员合作建造住宅；负责社内房屋的管理、维修和服务；培育社员互助合作意识；向当地人民政府有关部门反映社员的意见和要求；兴办为社员居住生活服务的其他事宜"。

2）住宅合作社的主管部门和内部管理机构

《暂行办法》规定："国务院建设行政主管部门主管全国城镇住宅合作社的管理工作；省、自治区人民政府建设行政主管部门负责本行政区域内城镇住宅合作社的管理工作；县级以上城市人民政府房地产行政主管部门负责本行政区域内住宅合作社的管理工作。"住宅合作社内部通过社员大会或社员代表大会制定合作社章程，选举产生住宅合作社管理委员会。管理委员会为常设机构，主持本社合作住宅的建设、分配、维修、管理等日常工作。

3）住宅合作社的形式

住宅合作社在当地房地产行政主管部门指导下，可以建立以下三种类型：

① 由当地人民政府的有关机构，组织本行政区域内城镇居民参加的社会型住宅合作社，如由街道办事处、区政府牵头组织的由本街道居民或本区居民参加的住宅合作社。

② 由本系统或本单位组织所属职工参加的系统或单位的职工住宅合作社，如银行组织的金融系统的住宅合作社等。

③ 当地人民政府房地产行政主管部门批准的其他类型的住宅合作社。

4）住宅合作社的设立、变更和终止

组建住宅合作社需经组建单位的上级主管部门同意，成立筹建机构，由筹建机构向县级以上（含县级）人民政府房地产行政主管部门提出书面申请。经审查批准后，方可设立住宅合作社。住宅合作社的合并、分立或终止，需经社员大会或社员代表大会讨论决定，并经住宅合作社原组建单位同意后，报县级以上人民政府房地产行政主管部门批准。住宅合作社合并、分立或终止时，必须保持社内财产，依法清理房屋产权产籍、债权债务，向社员大会或社员代表大会提交房屋产权清理和财务结算报告并获通过后，方可办理变更和注销手续。

5）合作住宅的建设

合作住宅的建设计划由县级以上城市人民政府房地产行政主管部门根据合作社集资情况和当地人民政府、社员所在单位给予的优惠和资助情况制定。由于合作建房主要是以自筹资金为主，所以合作建房可不受固定资产投资规模的限制，但其所需的建设指标和建筑材料要列入年度计划。

合作住宅的建设资金主要靠住宅合作社筹集，其主要渠道有社员交纳的资金、银行贷款、政府和社员所在单位资助的资金、其他合法收入的资金。住宅合作社筹集的住房资金必须全部用于社内合作住宅的建设、维修和管理。住房资金应当存入指定银行，并可根据存款情况，向银行申请低息贷款。

合作住宅的建设可以由住宅合作社自行组织建设，也可以委托其他单位建设。建设合作住宅，原则上应当纳入住宅小区的统一规划，实行综合开发，配套建设。合作住宅建成后，由住宅合作社自行验收或由当地人民政府房地产行政主管部门组织验收。

6）合作住宅的管理与维修

住宅合作社管理委员会应当根据国家和地方有关房地产管理的政策法规，制定社内合作住宅的管理和维修办法，并负责组织实施。

合作住宅应当以社员自住为目的。社员家庭每户合作建房的面积控制标准，由省、自治区、直辖市人民政府建设行政主管部门或房地产行政主管部门依照国家有关规定制定。合作住宅由于享受了国家、单位补贴，并且在税收、市政设施配套等方面享受了补贴，所以规定合作住宅不得向社会出租、出售。社员全部解决了住房问题，该合作社要么接纳新社员，要么只负责合作住宅的维修养护和管理工作。分配到合作住宅的社员如不需要住宅时，需将所住住宅退给本合作社。住宅合作社以重置价结合成新计算房价，按原建房时个人出资和合作社出资比例，向社员个人退款。

合作住宅的维修养护可以由合作社与社员签订协议，也可以由合作社承担维修养护责任，由社员承担费用。住宅合作社可以自建修缮队伍，也可以委托代修。

7）合作住宅的产权形式

合作住宅，由于其建设时出资方式不同，合作住宅所有权形式不同。一般可划分为产权合作社所有、社员个人所有、住宅合作社与社员个人共同所有三种形式。

① 合作社所有的合作住宅是指全部由住宅合作社出资（这里包括政府和社员所在单位给予的优惠和资助）建设的合作住宅。这种合作住宅产权完全归合作社所有，可采取出租给社员或以优惠价出售给社员。

② 社员个人所有的合作住宅是指完全由社员个人出资，合作社帮助社员办理征地、建设等手续。虽然这种住宅产权完全属个人所有，但由于是合作住宅，享受了国家在政策上、资金

上的优惠,仍不能向社会出租、出售。

③ 住宅合作社与社员个人共同所有的合作住宅是指由住宅合作社和个人共同出资建设的合作住宅。这种共有住宅随着双方的出资比例不同而不同,应由住宅合作社与社员个人在合作建房协议书上注明社员个人出资占住宅全部建设资金的比例份额。

由于合作住宅产权多元化,所以合作住宅建成后,一般应由管理委员会统一向当地房地产行政主管部门办理产权登记手续,领取房屋所有权证和土地使用权证。

(3) 住房供应体系

① 住房供应体系的概念

为使城镇住房制度改革顺利进行,国家非常重视住房供应体系的建立,对不同收入家庭实行不同的住房供应政策。最低收入家庭租赁由政府或单位提供的廉租住房;中低收入家庭购买经济适用住房;其他收入高的家庭购买、租赁市场价的商品住房。针对我国现有国情,要重点发展经济适用住房。购买经济适用住房和承担廉租住房实行申请、审批制度,具体办法由市(县)人民政府制定。

② 各类住房的价格

廉租住房的租金实行政府定价,具体标准由市(县)人民政府制定。新建的经济适用住房出售价格实行政府指导价,按保本微利原则确定。其中经济适用住房的成本包括征地和拆迁补偿费、勘察设计和前期工程费、建安工程费、住宅小区基础设施建设费(含小区非营业性配套公建费)、管理费、贷款利息和税金 7 项因素,利润控制在 3% 以下。要控制经济适用住房设计和建设标准,大力降低征地拆迁费用,理顺城市建设配套资金来源,控制开发建设利润,取消各种不合理收费,切实降低经济适用住房建设成本,使经济适用住房价格与中低收入家庭的承受能力相适应,促进居民购买住房。

二、物业服务

1. 物业服务概述

(1) 物业服务的概念

物业服务,习惯上称为物业管理。它是指物业服务企业接受业主(即房屋所有权人)的委托,依据合同约定,对房屋及与之相配套的设备、设施和相关场地进行专业化维修、养护,维护相关区域内环境卫生和公共秩序,并提供相关服务活动。物业服务是集管理、经营、服务为一体的,走社会化、专业化、企业化经营之路,最终目的是实现社会效益、经济效益、环境效益的统一。

(2) 物业服务的性质和职能

1) 物业服务的性质

物业服务是一种社会化、专业化经营型的管理服务。

① 物业服务是一种社会化的管理服务模式,它变多个产权单位、多个管理部门的多头、多家管理为一家统一管理,从而提高了对物业的社会化管理程度。

② 物业服务是一种专业化的管理服务,它是由专门的物业服务企业通过法律、法规的规定或合同的约定,按照产权人的意志和要求,利用专门的技术和管理手段,对合同中约定的物业,在其职权范围内提供的专业化管理服务。

③ 物业服务是一种经营型管理服务。物业服务企业通过自己的管理服务活动,使物业的

产权人权利和利益得到保障,作为收益人的物业产权人应按合同的约定,向物业服务企业支付报酬。

2)物业服务的职能。物业服务主要有三种职能。

①服务。服务是物业服务的主要职能。服务的内容主要有公共服务,即为物业的产权人和使用人提供经常性基本服务,如治安、消防、绿化、环卫等;专项服务,如各种设备、设施的维修等;特约服务,即为满足特定的物业产权人的特别需求而提供的服务,如代管房屋、代托小孩、代请医生等。

②管理。管理是物业服务为完成服务职能而必须具有的另一职能,它是依据物业服务企业与物业所有权人签订的合同进行的综合管理,内容主要有制定物业管理服务的各种规章制度,如管理标准、操作规范、服务标准、物业区管理办法等;协调物业所有人相互之间的关系;管理物业档案等。

③经营。根据物业产权人的需要,可以实行多种经营,以其收益补充小区管理服务经费。

2. 新建住宅小区管理

新建住宅小区管理,属于物业管理的重要内容。为了加强新建住宅小区物业管理,1994年建设部颁布了《城市新建住宅小区管理办法》,深圳、上海、北京等地也制定了相应的实施办法。

(1)新建住宅小区管理的基本原则

①服务第一,方便群众

住宅小区管理的目的就是为了尽可能地满足人民群众居住生活的需要,创造一个整洁、文明、安全、生活方便的居住环境。从事这项工作的部门、单位和个人,必须有正确的指导思想和端正的经营作风,树立"为人民服务,对人民负责"的管理思想。

②按合同进行管理

房地产开发企业在出售住宅小区房屋前,应当选物业管理公司承担住宅小区的管理,并与其签订物业管理合同。物业管理合同应当明确管理项目、管理内容、管理费用、双方权利和义务、合同期限、违约责任等。房地产开发企业在办理售房手续时,应在买卖合同中对房地产产权人有承诺遵守小区管理办法的约定。房地产产权人与使用人分离时,应在租赁合同中对使用人有承诺遵守小区管理办法的约定。

③统一管理与综合服务相结合

针对住宅小区的产权多元、管理项目多样化的客观现实,必须按照社会化、专业化的要求组织实施住宅小区的统一管理和综合服务。经过几年的实践探索,将过去按产权分散管理的体制逐步转化为按区域进行综合管理。实行管理与服务相结合,变被动管理为主动管理,变按产权多头管理为成片综合管理,变只管房屋为房屋与环境一起管,从而创造一套全新造福于民的住宅小区管理体系。实践证明,只有按照住宅小区的客观实际,实行统一管理与综合服务,才能实施有效的、可行的管理。

(2)物业管理公司的职责

①根据有关法规,制定小区管理办法;

②依照物业管理合同和小区管理办法对住宅小区实施管理;

③依照物业管理合同和有关规定收取管理费用;

④组织综合性的生活服务项目,开展便民有偿服务;

⑤ 加强社会主义精神文明建设,开展创建文明住宅小区活动;

⑥ 维护居民的正当权益,向所在行政区人民政府及有关部门反映居民的意见和要求。

(3) 新建住宅小区的管理内容

住宅小区的管理可以说是房地产经营管理的一个重要组成部分,这与房屋的维修管理、租赁管理等内容密切相关。因此,这里所讲的主要是与住宅小区特点相关的管理内容。

① 房屋及设备的维护与修缮管理。通过对房屋及设备的维护与修缮管理,可以保证房屋设备及住户的安全和有效使用,延长住宅的使用年限,最大限度地发挥其效益。

② 住宅小区环境的维护管理。住宅小区环境的维护管理主要包括对住宅小区内市政公用设施、环境卫生、绿化、治安和车辆交通等的管理。

③ 开展多种形式的便民有偿服务。住宅小区与人民的生活密切相关,随着家庭劳动的社会化,各地住宅小区开展了许多便民服务项目,向居民提供多层次、多项目的综合性服务。

第七节　房地产权属登记管理

房地产产权登记管理,是指国家有关房地产行政主管部门代表政府对房地产产权及其合法变动情况,予以审查、确认、记载,并颁发相应证书的管理活动。房地产产权登记制度能够确认和保护房地产权利人的合法权益,能够保证房地产权利人取得、变更房地产的法律效力,便于加强国家对房地产工作的管理,并能为有关国家机关处理房地产权属纠纷提供必要的依据。因此,《城市房地产管理法》第六十条明确规定:"国家实行土地使用权和房屋所有权登记发证制度。"

一、地产产权登记

地产产权登记主要包括土地使用权登记、土地所有权登记和土地他项权利登记。地产产权登记的法律凭证有《国有土地使用权证》《集体土地所有权证》和《土地他项权利证明书》。按照《土地登记规则》的规定,地产产权登记分为设定权利登记、变更权利登记和注销土地权利登记。

1. 设定土地权利登记

设定土地权利登记,是指申请人为设定土地使用权、所有权和他项权利,而依法向土地管理部门申请进行登记的活动。设定土地权利登记,分为以下几种情况。

(1) 以划拨方式取得土地使用权的,新开工的大中型建设项目使用划拨国有土地的,建设单位应当在接到县级以上人民政府发给的建设用地批准书之日起 30 日内,持建设单位用地批准书申请土地预登记,建设项目竣工验收以后,建设单位应当在竣工验收之日起 30 日内,持建设项目竣工验收报告和其中有关文件申请国有土地使用权登记;其他项目使用划拨国有土地的,土地使用单位或者个人应当在接到县级以上人民政府批准用地文件 30 日内,持批准用地文件申请国有土地使用权设定登记。

(2) 以出让方式取得土地使用权的,受让方应当在按出让合同约定支付全部土地使用权出让金后 30 日内,持土地使用权出让合同和土地使用权出让金支付凭证申请土地使用权设定登记。

(3) 国家将国有土地使用权作价入股方式让与股份制企业的,该企业应当在签订入股合同之日起 30 日内,持土地使用权入股合同和其他有关证明文件申请土地使用权设定登记。

(4) 依法向政府土地管理部门承租国有土地的,承租人应当在签订租赁合同之日起 30 日内,持土地租赁合同和其他有关证明文件申请土地使用权设定登记。

(5) 依法抵押土地使用的,当事人应当在抵押合同签订后 15 日内,持抵押合同及有关文件申请土地使用权抵押登记。土地管理部门应当在被抵押土地的土地登记卡上登记,并向抵押权人颁发土地他项权利证书。

同一宗地多次抵押时,以收到抵押登记申请先后顺序办理抵押登记和实现抵押权。

(6) 有出租权的土地使用者依法出让土地使用权的,出租人与承租人应当在租赁合同签订后 15 日内,持租赁合同及有关文件申请土地使用权出租登记。土地管理部门应当在出租土地的土地登记卡上进行登记,并向承租人颁发土地他项权利证书。

2. 变更土地使用权登记

变更土地使用权登记,是指申请人为变更土地使用权、所有权和他项权利,而依法向土地管理部门申请登记的活动。申请变更土地使用权登记,申请者应当按规定申报地价;未申报地价的,按宗地标定地价进行登记。变更土地权利登记主要有以下几种情况。

(1) 划拨土地使用权依法办理土地使用权出让手续的,土地使用者应当在缴纳土地使用权出让金后 30 日内,持土地使用权出让合同、出让金缴纳凭证及原《国有土地使用证》申请变更登记。

(2) 企业通过出让或者国家入股等形式取得土地使用权,再以入股方式转让的,转让双方当事人应当在入股合同签订之日起 30 日内,持出让或者国家入股等方式取得土地使用权的合法凭证、入股合同和原企业的《国有土地使用证》申请变更登记。

(3) 集体土地所有者将集体土地使用权作为联营条件兴办三资企业和内联企业的,双方当事人应当在联营合同签订后 30 日内,持县级以上人民政府批准文件和入股合同申请变更登记。

(4) 依法转让土地使用权的,即因买卖、转让地上建筑物、附着物等一并转移土地使用权的,土地使用权转让双方当事人应当在转让合同或者协议签订后 30 日内,涉及房产变更的,在房产变更登记发证后 15 日内,持转让合同或者协议、土地税费缴纳证明文件和原土地证书等申请变更登记。

房屋所有权变更而使土地使用权变更的,在申请变更登记时,应当提交变更后的房屋所有权证书。

(5) 因单位合并、分离、企业兼并等原因引起土地使用权变更的,有关方面应当在合同签订后 30 日内或者在接到上级主管部门的批准文件后 30 日内,持合同或者上级主管部门的批准文件和原土地证书申请变更登记。

(6) 因交换、调整土地而发生土地使用权、所有权变更的,交换、调整土地的各方应当在接到交换、调整协议批准文件后 30 日内,持协议、批准文件和原土地证书共同申请变更登记。

(7) 因处分抵押财产而取得土地使用权的权利人和原抵押人应当在抵押财产处分后 30 日内,持有关证明文件申请变更登记。

(8) 商品房预售。预售人应当在预售合同签订后 30 日内,将预售合同报县级以上人民政府房产管理部门和土地管理部门登记备案,记录预售人和预购人名称、商品房所占土地位置、预售金额、交付使用日期、预售面积等内容。

(9) 出售公有住房。售房单位与购房职工应当在县级以上地方人民政府房产管理部门登记房屋所有权之日起 30 日内,持公房出售批准文件、售房合同、房屋所有权证书和售房单位原土地证书申请变更登记。

(10) 土地使用权抵押期间抵押合同发生变更的,土地使用权出租期间租赁合同发生变更的及变更土地他项权利的,当事人应当在变更之日起 15 日内申请变更登记。

(11) 依法继承土地使用权和土地他项权利的,或涉及其他形式的土地使用权、所有权和土地他项权利变更的,继承人或其他当事人应当在发生变更之日起 30 日内,持有关证明文件申请变更登记。

(12) 土地使用者、所有者和土地他项权利享有者更改名称、地址和依法变更土地用途的,必须依照规定向土地管理部门申请登记。

3. 土地注销登记

集体所有的土地依法被全部征用或者农业集体经济所属成员依法转为城镇居民的;县级以上人民政府依法收回国有土地使用权的;国有土地使用权出让或者租赁期满,未申请续期或者续期申请未获批准的;因自然灾害等造成土地权利灭失的;土地他项权利终止的,土地使用者、所有者和土地他项权利享有者,均应依法办理注销登记。土地使用者、所有者和土地他项权利享有者未按照规定申请注销登记的,土地管理部门可以依照规定直接注销土地登记,注销土地证书。

二、房地产产权登记

凡在城市、县城、建制镇和工矿区范围内的房屋,都必须到房屋所在地的市、县级房地产行政主管部门登记,领取《房屋所有权证》或《房地产权证》,共有的房屋应当领取《房屋共有权证》。全民所有的房屋,《房屋所有权证》或其他权利证书发给国家授权的管理部门;集体所有的房屋和私有房屋,或其他权利证书直接发给房屋所有权人。

新建成的房屋,应当凭土地使用权证书,向县级以上地方人民政府房产管理部门申请登记,由其核实并颁发房屋所有权证书。房产转让或者变更时,应当向县级以上人民政府房地产行政主管部门申请房产变更登记,并凭变更后的房屋所有权证向同级人民政府土地管理部门申请土地使用权变更登记。

三、房地产抵押登记

土地使用权抵押权的设立、变更和消灭应依法办理土地登记手续。土地使用权抵押合同经登记后生效,未经登记的土地使用权无效。

第八节 房地产管理中的法律责任

一、房地产违法与法律责任

1. 房地产违法的概念

房地产违法,是指违反房地产法律规定,依法应承担法律责任的行为。这种行为,包括同房地产法律规范的要求相对立的行为和超越房地产法律规范允许范围的行为。即房地产法律关系的主体对房地产法禁止行为而为之，对房地产法规定应为之行为而不为，从而违反了房地产法律规范。

2. 房地产违法的种类

房地产违法按其性质来划分，可分为房地产行政违法、房地产民事违法和房地产刑事违法三大类。

房地产行政违法，是指违反房地产行政法律规范，依法应当承担行政法律责任的行为。它可分为两种情况。一种是国家机关及其工作人员在履行自己职责时违反房地产法律规范的行为；另一种是公民、法人或其他社会组织违反房地产行政法律规范的行为。

房地产民事违法，是指违反房地产民事法律规范，依法应当承担民事法律责任的行为。这些行为主要包括侵犯国有土地使用权；违反房屋所有权；侵犯房地产买卖、赠与、继承、抵押、典当和房屋租赁等合同的行为。

房地产刑事违法，是指违反房地产刑事法律规范，依法应当承担刑事法律责任的行为。如《城市房地产管理法》第七十一条规定的房产管理部门、土地管理部门工作人员玩忽职守、滥用职权，或利用职务上的便利，索取他人财物，或非法接受他人财物为他人谋取利益，构成犯罪的，依法追究其刑事法律责任。

3. 房地产法律责任

房地产法律责任，是指由房地产违法行为引起的依法应承担的带有强制性的责任。这种责任与道义责任、纪律责任不同，它是国家以其强制力做后盾，对房地产违法行为人造成的危害后果的追究。

房地产法律责任与房地产违法相对应，从性质上来划分，可分为房地产行政法律责任、房地产民事法律责任和房地产刑事法律责任。

二、房地产行政法律责任

房地产行政法律责任，是指由房地产法律规范规定，以国家强制力做后盾，通过行政法程序，追究房地产违法行为人的责任。

根据我国《城市房地产管理法》的规定，房地产行政法律责任的承担方式分为行政处分和行政处罚两类。

1. 行政处分

下列情形给予违法者相应的行政处分：

（1）擅自批准出让或者擅自出让土地使用权用于房地产开发的，由上级机关或者所在单位给予有关责任人员行政处分；

（2）没有法律、法规的依据，向房地产开发企业收费，情节严重的，由上级机关或者所在单位给予直接责任人员行政处分；

（3）房产管理部门、土地管理部门工作人员玩忽职守，滥用职权，不构成犯罪的，给予行政处分；

（4）房产管理部门、土地管理部门工作人员利用职务上的便利，索取他人财物，或者非法收受他人财物为他人谋取利益，不构成犯罪的，给予行政处分。

行政处分的形式有警告、记过、记大过、降级、撤职、开除 6 种。

2. 行政处罚

下列情形给予违法者相应的行政处罚：

（1）未取得营业执照擅自从事房地产开发业务的，由县级以上人民政府工商行政管理部门责令停止房地产开发业务活动，没收违法所得，可以并处罚款；

（2）未按照出让合同约定支付全部土地使用权出让金，并取得土地使用权证书，转让土地使用权的，由县级以上人民政府土地管理部门没收违法所得，可以并处罚款；

（3）以划拨方式取得土地使用权，转让房地产时，没按国务院规定报批，或未依照国家有关规定缴纳土地使用权出让金的，由县级以上人民政府土地管理部门责令缴纳土地使用权出让金，没收违法所得，可以并处罚款；

（4）没有交付全部土地使用权出让金，并取得土地使用权证书，预售商品房的，由县级以上人民政府房产管理部门责令停止预售活动，没收违法所得，可以并处罚款；

（5）未取得营业执照擅自从事房地产中介服务的，由县级以上人民政府工商行政管理部门责令停止房地产中介服务业务活动，没收违法所得，可以并处罚款。

三、房地产民事法律责任

房地产民事法律责任是指由房地产民事法律规范规定，以国家强制力做后盾，通过民事法律程序追究房地产违法人的责任。

房地产民事法律责任通过民事法律程序予以追究。原则上应由民事权利被侵害人主张。人民法院无主动追究民事责任的职能。

根据我国《民法典》的有关规定，房地产民事法律责任的承担方式有以下几种。

1. 确认房地产产权

当房屋所有权、土地所有权、土地使用权归属不明，双方当事人为其发生争议时，当事人可以向人民法院或仲裁机构提起诉讼或申请仲裁，确认房地产权归属。

2. 停止侵害

在房地产权属明确的前提下，如果权利人所有或使用的房地产受到他人不法侵害时，权利人可诉请人民法院责令侵害人停止侵害。

3. 排除妨碍

房地产权利人在行使房地产权利时，如果受到他人妨碍，可诉请人民法院排除妨碍。

4. 消除危险

当他人的行为可能对房地产权利人的房地产造成危险时，房地产权利人可诉请人民法院责令行为人消除危险。

5. 返还房地产产权

当房地产权利人的房地产被他人非法占有时，房地产权利人可诉请人民法院责令违法房地产人返还该房地产产权。

6. 恢复原状

当房地产权利人的房地产被他人损坏、拆除或变更物质形态时，房地产权利人可诉请人民法院责令恢复原状。

7. 赔偿损失

当房地产因受他人不法侵害而造成损失，而又无法恢复原状时，房地产权利人可诉请人民法院责令其赔偿损失。

8. 返还不当得利

对他人因侵害房地产权利人的房地产权而得到不具有法律依据的收益时,可诉请人民法院返还不当得利。

上述房地产民事责任的承担方式,可单独适用,也可合并适用。

四、房地产刑事法律责任

房地产刑事法律责任,是指由房地产刑事法律规范规定,以国家强制力做后盾,通过刑事法律程序,追究房地产违法人的责任。

房地产刑事法律责任是违反房地产法最严重的一种法律责任。

根据《城市房地产管理法》第七十一条的规定,房产管理部门、土地管理部门工作人员玩忽职守,滥用职权,构成犯罪的,依法追究刑事责任。房产管理部门、土地管理部门工作人员利用职务上的便利,索取他人的财物,或者非法接受他人财物为他人谋取利益,构成犯罪的,依照惩治贪污罪、贿赂罪的补充规定追究刑事责任。

第九节　案例分析

案例一:

一、基本案情

1988年12月,某国防厂因迁厂留有闲置房251间,某县造纸厂了解情况后,经其业务上级同意,双方达成一项《有偿房地产协议书》(简称协议),1989年1月该县公证处公证生效。协议商定:某国防厂将其闲置的251间房地产转让给造纸厂,房地产四界明确,并附有房地产平面图,造纸厂付给某国防厂房地产价款18万元。协议生效后,造纸厂于1989年6月底付清了房地产价款,并于1989年7月10日起对该房地产行使了管理。1990年1月,该县土地局以丰土发(90)84号文件对上列双方转让地产作出行政处理决定:(1)宣布协议无效;(2)没收某国防厂非法转让土地价款;(3)收回协议中四界之内土地使用权;(4)251间房屋所有权归该县人民政府。某国防厂和造纸厂不服决定,向该县人民法院起诉,因案情重大,政策性强,县人民法院报请地区中级人民法院审理。

二、案件受理

地区中级人民法院审理认为企业有权在法律授权的范围内处分其闲置多余的固定资产,遂作出判决:撤销该县土地局(90)84号处理决定。案件管理费980元由该县土地局承担。该县土地局不服此判决,以程序违法、事实不清和运用法律不当向某省高级人民法院提起上诉,请求撤销原判决。

省高级人民法院依法组成合议庭进行了审理,作出了终审判决:(1)撤销丰南地区中级人民法院原审判决;(2)某国防厂与造纸厂转让土地协议无效,某国防厂收取造纸厂房地产转让款18万元,应予退回;(3)协议中的国有土地交由该县人民政府土地管理部门统一管理,县人民政府土地管理部门负责由新的用地单位给予某国防厂在该土地上的房屋以合理的补偿;(4)分别对某国防厂和造纸厂罚款人民币3 500元,诉讼费也由他们各分担一半。

三、案情评析

省高级人民法院的二审判决是非常正确的,因为买卖、租赁土地是严重地违反宪法的行为。《中华人民共和国宪法》规定:"任何组织或者个人不得侵占、买卖出租或者以其他形式非法转让土地。"《中华人民共和国土地管理法》第二条第三款也作了类似的规定,第六条规定一切土地归国家所有,明确了土地的国有性质。第四十七条还规定:"买卖或者以其他形式非法转让土地的,没收非法所得,限期或者没收在买卖或者以非法转让的土地上新建的建筑物和其他设施,并可以对当事人处以罚款;对主管人员由其所在单位或者上级机关给予行政处分。"这是执法机关在处理这类案件的法律依据。

本案中某国防厂转让的土地,所有权属于国家,某国防厂只有使用权,无权转让,造纸厂需要使用国有土地,应当依照法律程序申请取得。某国防厂与造纸厂通过有偿转让房屋自行转让国有土地使用权,违反《土地管理法》和《城市房地产管理法》的有关规定。对于这种违法行为,丰南县人民政府土地管理部门依法进行管理和处罚,是正确的,法院理应支持。而原审人民法院认定地产属于企业固定资产,可以自行转让,缺乏依据,应当予以撤销。同时,对违法双方给予必要的处罚,承担一定的法律责任,也是正确的。

案例二:

一、基本案情

1994年10月,某外国一家跨国公司来华投资,在某市兴办了一家外商独资企业。1995年1月,在某市一次国有土地使用权拍卖出让会上,获取某市一地块的土地使用权。随后进行房地产开发。于1996年3月在该地块上建起商住楼一座,共八层。其中,最底一层承租给某一国有商场,二至五层卖给七家公司商住,六至八层留作自用。后以此自用的三层作抵押向某银行贷款。但因逾期不能偿还贷款本息,某银行申请人民法院变卖该三层房地产,后该三层由另外四家公司购买。

二、问题思考

该外商独自企业自获该地块使用权,至商住楼六至八层变卖,按照房地产法的有关规定,应办理哪些房地产权属登记手续?

思 考 题

1. 土地使用权出让具有哪些特征?
2. 概述土地使用权出让的方式有哪些。
3. 土地使用权终止的原因是什么?
4. 《城市房地产管理法》如何规定土地使用权划拨的范围?
5. 房地产开发项目立项应遵循的原则是什么?
6. 房地产开发项目竣工验收的主要依据是什么?
7. 简述房地产开发企业设立的条件及程序。
8. 什么是房地产法?它的调整对象是什么?
9. 简述房地产立法的目的与现状。
10. 简述《城市房地产管理法》的基本原则与适用范围。

11. 房屋拆迁的形式有哪几种？房屋拆迁时的补偿、安置、补助是如何确定的？
12. 简述房地产管理机构的职责。
13. 简述个人建造住宅的形式与程序。
14. 简述住宅合作社的形式与程序。
15. 简述合作住宅建设、管理、维修和形式。
16. 简述物业管理的含义、性质和职能。
17. 简述新建住宅小区管理机构的职责及管理内容。
18. 简述房地产权属登记的意义和程序。
19. 简述房地产行政法律责任的承担方式。
20. 简述房地产民事法律责任的承担方式。
21. 简述房地产违法人的刑事法律责任。

第九章　工程建设标准法律制度

第一节　工程建设标准概述

工程建设标准是指建设工程设计、施工方法和安全保护的统一的技术要求及有关工程建设的技术术语、符号、代号、制图方法的一般原则。

工程建设标准涉及工程建设领域的各个方面,标准的数量多、内容综合性强、相互间都有很强的协调和相关关系。科学、合理地对工程建设标准进行分类,对了解和掌握工程建设的内在联系,研究工程建设标准的内在规律,确定工程建设标准间相互的依存和制约关系具有重要的意义。

一、工程建设标准的特点

1. 政策性强

长期以来,工程建设活动的管理是各个国家公认的政府职能之一,相应的标准规范都受到各级政府的重视,特别在我国工程建设标准的管理是各级建设主管部门的综合职能,因此,标准的编制应遵循国家的法律法规,贯彻国家的政策经济性,保障国家和人民的利益不受损失。

2. 综合性强

工程建设的技术内容涉及的面广,制定标准考虑的因素也很多,不仅要考虑技术条件,还要考虑经济条件和管理水平,涉及的各项技术指标要相互协调、相互配套,同时,对于一个建设项目来说,需要采用的标准数量很多,这就要求各个标准相互之间应协调一致,如有关混凝土方面的规范就有一百多项,要协调包括与同级标准、上级标准、产品标准等多方面的事项。这种错综复杂的关系要求标准的内容既要相互独立,又要顾及左邻右舍。

3. 涉及安全、卫生和环境保护

建筑物(或构筑物)是人们生产生活的主要场所,这样的场所必须保证人的健康和人的安全,这是对工程建设的最基本的要求,同时,一项工程建设的完成需要花费大量自然资源和人力,这就涉及环境保护。为了做到安全、卫生和环境保护,在结构规范中就要求达到可靠度指标的要求,在建筑功能上要求控制噪声,保证采光和照明,等等。

4. 受自然环境影响

工程建设的成果是不能移动的商品,它的活动必须"因地制宜",离开对自然环境条件的认识,建立起来的标准范围是难以执行的,同时,我国幅员辽阔,各个地方的气候、地质、生活习惯和生产力水平是不平衡的,因此,在制定标准时这些自然环境条件应区别对待,不可强求一致。

二、工程建设标准的对象

工程建设标准的对象是工程勘察、规划、设计、施工、验收、质量检验等各环节中需要统一

的技术要求,它包括五个方面的内容:

(1) 工程建设勘察、设计、施工及验收等的质量要求和方法;

(2) 与工程建设有关的安全、卫生、环境保护的技术要求;

(3) 工程建设的术语、符号、代号、量与单位、建筑模数和制图方法;

(4) 工程建设的试验、检验和评定方法;

(5) 工程建设的信息技术要求。

按照这五个方面技术要求制定的标准,我们习惯简称为质量标准,安全、卫生、环境保护标准,基础标准,试验、质量评定方法标准和信息技术标准。

在具体制定标准文本时,由于每一项标准都具有其特定的适用范围,所以上述五个方面的技术要求,有的可以单独制定一个标准文本,有的是将几个方面的技术要求,综合考虑制定一个标准文本。一般来说,基础标准、实验方法标准、检验方法标准、质量评定方法标准是单独编制的,如《建筑制图标准》《建筑结构基本术语、符号和计量要求标准》等。而工程建设的许多标准有质量、安全环保等方面的技术指标要求,这些综合性技术标准,在编制时根据需要,可以分别适用于勘察、设计、施工及验收中的某个阶段,也可以适用于所有的实施阶段。例如,屋面工程制定有《屋面工程技术规范》,混凝土结构工程分别制定有《混凝土结构设计规范》和《混凝土结构工程施工质量验收规范》。

三、工程建设标准的分级与效力

按照《中华人民共和国标准化法》的规定,(按级别分)我国的标准分为国家标准、行业标准、地方标准和企业标准。

1. 国家标准

国家标准是指国家标准化主管机构批准发布,对全国经济、技术发展有重大意义,且在全国范围内统一的标准。国家标准是在全国范围内统一的技术要求,由国务院标准化行政主管部门编制计划,协调项目分工,组织制定(含修订),统一审批、编号、发布。法律对国家标准的制定另有规定的,依照法律的规定执行。国家标准的年限一般为 5 年,过了年限后,国家标准要被修订或重新制定。此外,随着社会的发展,国家需要制定新的标准来满足人们的生产、生活的需要。因此,标准是种动态信息。

《工程建设国家标准管理办法》中明确规定,对需要在全国范围内统一的下列技术要求,应当制定国家标准。

(1) 工程建设勘察、规划、设计、施工(包括安装)及验收等通用的综合标准和重要的通用的质量要求;

(2) 工程建设通用的有关安全、卫生和环境保护的标准;

(3) 工程建设通用的术语、符号、代号、量与单位、建筑模数和制图方法标准;

(4) 工程建设通用的试验、检验和评定方法等标准;

(5) 工程建设重要的通用的信息技术要求;

(6) 国家需要控制的其他工程建设通用的技术要求。

国家标准分为强制性标准和推荐性标准,其编号由国家标准代号、发布标准的顺序号和发布标准的年号组成。强制性国家标准的代号为"GB",推荐性国家标准的代号为"GB/T"。例如《建筑工程施工质量验收统一标准》(GB 50300—2001),其中 50300 表示标准发布顺序号,

2001 表示 2001 年批准发布;《工程建设施工企业质量管理规范》(GB/T 50430—2007),其中 50430 表示标准发布顺序号,2007 表示 2007 年批准发布。

2. 行业标准

《中华人民共和国标准化法》规定,对没有国家标准而又需要在全国某个行业范围内统一的技术要求,可以制定行业标准。行业标准不得与国家标准相抵触,有关行业标准之间应保持协调、统一,不得重复。行业标准在相应的国家标准公布后,应当及时废止。

需要在技术行业内统一的下列技术要求,可以制定行业标准:技术术语、符号、代号(含代码)、制图方法等;工程建设勘查、规划、设计、施工及验收的技术要求及方法;交通运输、资源等的技术要求及其管理技术要求等。

工程建设行业标准也分为强制性标准和推荐性标准。行业标准是由国务院该行业行政主管部门组织制定的,并由该部门统一审批、编号、发布,送国务院标准化行政主管部门备案的。

3. 地方标准

又称区域性标准,对没有国家标准和行业标准而又需要在省、自治区、直辖市范围内统一的工业产品的安全、卫生要求,可以制定地方标准,在公布国家标准或者行业标准之后,该项地方标准即行废止。

工程建设地方标准在省、自治区、直辖市范围内由省、自治区、直辖市建设行政主管部门统一计划、统一审批、统一发布、统一管理。

工程建设地方标准不得与国家标准和行业标准相抵触。对与国家标准或行业标准相抵触的工程建设地方标准的规定,应当自行废止。工程建设地方标准应报国务院建设行政主管部门备案。未经备案的工程建设地方标准,不得在建设活动中使用。

4. 企业标准

《标准化法》规定,企业生产的产品没有国家标准和行业标准的,应当制定企业标准,作为组织生产的依据。已有国家标准或者行业标准的,国家鼓励企业制定严于国家标准或者行业标准的企业标准,在企业内部适用。

建设部《关于加强工程建设企业标准化工作的若干意见》指出,工程建设企业标准一般包括企业的技术标准、管理标准和工作标准。

企业管理标准,是指对本企业范围内需要协调和统一的管理要求制定的标准。如企业的组织管理、计划管理、技术管理、质量管理和财务管理等。

四、工程建设标准的作用

现代建筑业是建立在以技术为主体的基础上的社会化大生产,它不仅有复杂的机械设备和配套系统,而且建筑材料及其性能也十分复杂,工程建设作为产品的制造过程从勘察设计到竣工验收都具有高度的科学性和技术性。标准作为贯穿科研、设计、生产、材料流通和使用各个环节的纽带和桥梁,具有以下作用:

1. 建设标准是衡量工程质量的尺度

工程质量的好坏,不仅仅是要在工程交付使用后让时间去检验,而且还要在工程建设全过程中进行控制。从可行性研究到勘察、设计、施工、安装等阶段,都需要一系列的原则要求和技术指标,来判断和控制所建工程的质量和安全。所有应用于实践的标准,是根据人们在生产、建设活动中长期积累的实践经验和科技成果,经过总结、归纳、分析、提高,按照统一、简化、协调、择优的原则编制而成的。整个工程建设过程需要的判断和控制工程质量的原则要求以及技术指标正是由这些标准提供的。因此,执行这些标准的严格程度,在一定程度上反映了工程质量的实际状况。

2. 建设标准是保证工程质量的基础

在工程建设领域,从事工程建设单位的水平差别很大,即使在同一个企业内部,技术人员的水平也存在差异。一个项目的完成水平,往往取决于承担任务的人员水平,但工程建设是不允许在质量和安全上出现大的差别的,否则将影响工程的使用功能,造成投资浪费,甚至发生安全事故。标准作为统一的技术要求,为工程的质量提供了基本的尺度,只要从事工程建设活动的人员认真执行这些标准,工程的质量和安全就能够得到保障。

3. 提高劳动生产率,加快建设速度

标准化的目的是通过制定、发布和实施标准达到统一,以获得最佳秩序和社会效益。采用建设工程标准在提高劳动生产率和加快建设速度方面的作用是十分显著的。

4. 推广先进经验,促进技术进步

任何一项科学技术和研究成果,开始总是在小范围内使用和推广。一旦成熟后纳入标准,就有权威性,能够比较迅速地在全国范围内大面积推广,使科技成果很快地转化为社会生产力,有效地促进社会进步。

第二节　工程建设标准的制定与实施

一、工程建设标准的制定原则

(1) 符合国家相关法律法规的规定,合理利用资源,充分考虑使用和维修的要求,做到安全适用、技术先进、经济合理。

(2) 积极采用国际标准和国外先进标准,与国家经济发展水平相适应,满足可持续发展的需要。

(3) 满足政府投资项目及各类行政许可项目的审批需要,兼顾企业投资项目的决策。

(4) 积极采用新技术、新工艺、新设备、新材料,经有关主管部门或受委托单位鉴定,有完整的技术文件,且经实践检验的新技术、新工艺、新设备、新材料,应纳入标准;积极开展基础研究,充分体现工程实践的先进经验和科研成果。

(5) 应当体现投资体制改革精神,科学规范政府投资行为,满足工程项目建设所需的经济指标和技术条件要求,使工程项目的建设水平达到的最佳秩序,获得最佳效益。

(6) 条文规定应当严谨明确,文句简练,不得模棱两可;其内容深度、术语、符号、计量单位等应当前后一致,不得矛盾;注意与现行相关标准之间的协调工作,要遵守现行工程建设标准,确有更改需要的,必须经过审批;工程建设标准中,不得规定产品标准的内容。

(7) 发扬民主,充分讨论,对有关政策性问题认真研究,统一认识;对有争论的技术性问题,应当在调查研究、试验验证或专题讨论的基础上充分协商,再下结论。

二、工程建设标准的编制程序

1. 立项

工程建设标准立项申请由主编部门负责向国务院建设主管部门提出,主编部门为国家机关、国务院的组成部门或者其他行业管理机构。国务院建设主管部门对制定建设标准的立项申请进行汇总研究,并向国务院投资主管部门提出建设标准投资计划申请,经批准后,由国务院建设主管部门下达年度建设标准制定计划。年度建设标准制定计划明确建设标准的名称、主编单位、完成时间等,其中,主编单位由主编部门负责确定。

2. 前期准备

编制组成员一般由具有工程实践经验或熟悉政策的人员担任;编制组组长一般由主编单位具有所需的组织管理和协调能力的在职人员担任。编制组召开编制工作启动会议,完成编制方案的审定,经主编部门批准后印发各编制单位执行,同时抄送国务院建设主管部门建设标准管理机构。编制方案主要包括编制的指导思想和原则、调研重点、专题研究题目、编写大纲、编制进度、分工。

3. 起草

编制建设标准应在深入调查研究、总结实践经验、进行科学论证的基础上,广泛听取有关单位和专家的意见,做到适用、经济、科学、合理,并应符合建设标准的制定原则。

4. 审查

审查工作一般包括确认送审材料、审查建设标准内容、提出批准建议。

主编单位将建设标准送审稿正文及条文说明、意见汇总处理表、送审报告、专题报告、审查会议方案等报主编部门。主编部门将审核后的建设标准送审材料送标准机构征求意见。标准机构根据建设标准的具体内容,将建设标准送审稿或者建设送审稿涉及的主要问题发送有关政府投资管理、规划、建设机构以及咨询、评审等单位和专家征求意见。标准机构认真研究各方面的意见,与主编部门协商后,形成审查会议文件,由主编部门负责组织召开建设标准审查会议。

5. 批准发布

批准发布应包括修改送审稿、确认报批材料、审核报批稿、签署发布。编制组应对审查会议的意见进行深入的分析研究,形成审查意见处理汇总表。修改送审稿及条文说明,形成报批文件。主编部门对建设标准报批文件进行全面审查,并报国务院建设主管部门。标准机构对报批审核修改后,提请国务院建设主管部门和投资主管部门批准发布。建设标准经批准后,应当及时出版印刷,并视其具体内容确定为公开发行或者内部限制发行。

6. 复审

标准实施后,根据科学技术发展和经济建设的需要,应适时进行复审,标准复审周期一般不超过 5 年。

三、工程建设标准的实施

工程建设标准的实施,不仅关系到建设工程的经济效益、社会效益和环境效益,而且直接关系到工程建设者、工程所有者和使用者的人身安全及国家、集体和公民的财产安全。因此,必须严格执行,认真监督。相关法规作出如下规定:

（1）各级行政主管部门在制定有关工程建设的规定时，不得擅自更改国家及行业的强制性标准；从事工程建设活动的部门、单位和个人，都必须执行强制性标准；对于不符合强制性标准的工程勘察成果报告和规划、设计文件，不得批准使用；不按标准施工，质量达不到合格标准的工程，不得验收。

（2）工程质量监督机构和安全监督机构，应根据现行的强制性标准，对工程建设的质量和安全进行监督，当督察机构与被监督单位对适用的强制性标准发生争议时，由该标准的批准部门进行裁决。

（3）各级行政主管部门应对勘察、设计、规划、施工单位及建设执行强制性标准的情况进行监督检查。国家机关、社会团体、企业、事业单位及全体公民均有检举权，揭发违反强制性标准的行为。

（4）对于工程建设推荐性标准，国家鼓励自愿采用。采用何种推荐性标准，由当事人在工程合同中予以确认。

第三节　工程建设强制性条文

《工程建设强制性条文》是工程建设过程中的强制性技术规定，是参与建设活动各方执行工程建设强制性标准的依据。执行《工程建设强制性条文》既是贯彻落实《建设工程质量管理条例》的重要内容，又是从技术上确保建设工程质量的关键，同时也是推进工程建设的标准体系改革迈出的关键一步。强制性条文的正确实施，对促进房屋建筑活动健康发展，保证工程质量、安全，提高投资效益、社会效益和环境效益都具有重要的意义。

一、强制性条文产生的背景

改革开放以来，我国工程建设发展迅猛，基本建设投资规模加大。建筑业完成的总产值持续增长，城市建设、住宅建设也形势喜人。人民的住房条件、居住环境得到了明显的改善。这些为国家的经济建设和社会作出了巨大贡献。但是，在发展过程中也出现了一些不容忽视的问题。特别是有些地方建设市场秩序比较混乱，有章不循、有法不依的现象突出，严重危及了工程质量和安全生产，给国家财产和人民群众的生命财产安全构成了巨大威胁。2000 年 1 月 30 日，国务院发布第 279 号令《建设工程质量管理条例》。这是国家对如何在市场经济条件下，建立新的建设工程质量管理制度和运行机制作出的重大决定。《建设工程质量管理条例》第一次对执行国家强制性标准作出了比较严格的规定。不执行国家强制性技术标准就是违法，就要受到相应的处罚。该条例的发布实施，为保证工程质量，提供了必要和关键的工作依据和条件。

建设部自 2000 年以来相继批准了《工程建设标准强制性条文》共十五部分，包括城乡规划、城市建设、房屋建筑、工业建筑、水利工程、电力工程、信息工程、水运工程、公路工程、铁道工程、石油和化工建设工程、矿山工程、人防工程、广播电影电视工程和民航机场工程，覆盖了工程建设的各主要领域。与此同时，建设部颁布了建设部令 81 号《实施工程建设强制性标准监督规定》，明确了工程建设强制性标准是指直接涉及工程质量、安全、卫生及环境保护等方面的工程建设标准强制性条文，从而确立了强制性条文的法律地位。

根据《建设工程质量管理条例》和《实施工程建设强制性标准监督规定》，原建设部组织《工程建设标准强制性条文（房屋建筑部分）》（以下简称《强制性条文》）咨询委员会等有关单位，对2002版强制性条文房屋建筑部分进行了修订。2009版《强制性条文》，补充了2002版《强制性条文》实施以后新发布的国家标准和行业标准（含修订项目，截止时间为2008年12月31日）的强制性条文，并经适当调整和修订而成。

二、强制性条文产生的作用

1. 实施《工程建设标准强制性条文》是贯彻《建设工程质量管理条例》的一项重大举措

国务院发布的《建设工程质量管理条例》，是国家在市场经济条件下，为建立新的建设工程质量管理制度和运行机制作出的重要规定。《条例》对执行国家强制性标准作出了比较严格的规定，不执行国家强制性技术标准就是违法，就要受到相应的处罚。《条例》对国家强制性标准实施监督的严格规定，打破了传统的单纯依靠行政管理保证建设工程质量的概念，开始走上了行政管理和技术规范并重的保证建设工程质量的道路。

2. 编制《工程建设标准强制性条文》是推进工程建设标准体制改革迈出的关键性一步

工程建设标准化是国家、行业和地方政府从技术控制的角度，为建设市场提供运行规则的一项基础性工作，对引导和规范建设市场行为具有重要的作用。我国现行的工程建设标准体制是强制性和推荐性相结合的体制，这一体制是《标准化法》所规定的。在建立和完善社会主义市场经济体制和应对加入WTO的形势下，需要进行改革和完善，需要与时俱进。

但就目前而言，我国工程建设技术领域直接形成技术法规，按照技术法规与技术标准体制运作还需要有一个法律的准备过程，还有许多工作要做。为向技术法规过渡而编制的《工程建设标准强制性条文》标志着启动了工程建设标准体制的改革，而且迈出了关键性的一步，对《工程建设标准强制性条文》内容的不断完善和改造，将会逐步形成我国的工程建设技术法规体系。

3. 强制性条文对保证工程质量、安全，规范建筑市场具有重要的作用

工程建设强制性标准是技术法规性文件，是工程质量管理的技术依据。我国从1999年开始的连续四年建设执法大检查，均将是否执行强制性标准作为一项重要内容。从检查组联合检查的情况来看，工程质量问题不容乐观。一些工程建设中发生的质量事故和安全事故，虽然表现形式和呈现的结果是多种多样的，但其中的一个重要原因都是违反标准的规定，特别是违反强制性标准的规定造成的。反过来，如果严格按照标准、规范、规程去执行，在正常设计、正常施工、正常使用的条件下，工程的安全和质量是能够得到保证的，不会出现桥垮屋塌的现象。今后，不论是人为原因造成的，还是在自然灾害中垮塌的建设工程都要审查有关单位贯彻执行强制性标准的情况，对违规者要追究法律责任。只有严格贯彻执行强制性标准，才能保证建筑的使用寿命，才能使建筑经得起自然灾害的检验，才能确保人民的生命财产安全，才能使投资发挥最好的效益。

4. 制定和严格执行强制性标准是应对加入世界贸易组织的重要举措

我国加入世界贸易组织，对我们的各项制度和要求提出了新的要求。世界贸易组织为了消除贸易壁垒而制定的一系列协定，我们一般称为关税协定和非关税协定。技术贸易壁垒协定（WTO/TBT）作为非关税协定的重要组成部分，将技术标准、技术法规和合格评定作为三大技术贸易壁垒。根据我国多次与世界贸易组织谈判的结果，我国指定的强制性标准与技术贸

易壁垒协定规定的技术法规是等同的,我国制定的推荐性标准与贸易技术壁垒协定规定的技术标准的等同的。技术法规是政府颁布的强制性文件,技术法规是一个国家的主权体现,必须执行;技术标准是竞争的手段和自愿采用的,在中国境内从事工程建设活动的各个企业和个人必须严格执行中国的强制性标准。执行强制性标准既能保证工程质量安全、规范建筑市场,又能切实保护我们的民族工业,应对加入 WTO 之后的挑战,维护国家和人民的根本利益。

三、强制性条文的相关规定

(1) 在中华人民共和国境内从事新建、扩建、改建等工程建设活动,必须执行工程建设强制性标准。

(2) 国务院有关行政主管部门按照国务院的职能分工负责实施工程建设强制性标准的监督管理工作;县级以上地方人民政府建设行政主管部门负责本行政区域内实施工程建设强制性标准的监督管理工作。

(3) 工程建设中拟采用的新技术、新工艺、新材料,不符合现行强制性标准规定的,应当由拟采用单位提请建设单位组织专题技术论证,报批准标准的建设行政主管部门或者国务院有关主管部门审定。

(4) 工程建设中采用国际标准或者国外标准的,现行强制性标准未作规定的,建设单位应当向国务院建设行政主管部门或者国务院有关行政主管部门备案。

(5) 施工图设计文件审查单位应当对工程建设勘察、设计阶段执行强制性标准的情况实施监督;建筑安全监督管理机构应当对工程建设施工、监理、验收等阶段执行强制性标准的情况实施监督。

(6) 建设项目规划审查机关、施工图设计文件审查单位、建筑安全监督管理机构、工程质量监督机构的技术人员必须熟悉、掌握工程建设强制性标准。

(7) 工程建设批准部门应当对工程项目规划审查机关、建筑安全监督管理机构、工程质量监督机构实施强制性标准的监督进行检查,对监督不力的单位和个人,给予通报批评,建议有关部门处理。

(8) 工程建设标准批准部门应当对工程项目执行强制性标准情况进行监督检查。监督检查可以采取重点检查、抽查和专项检查的方式。

(9) 强制性标准监督检查的内容包括:① 有关工程技术人员是否熟悉、掌握强制性标准;② 工程项目的规划、勘察、设计、施工、验收等是否符合强制性标准的规定;③ 工程项目采用的材料、设备是否符合强制性标准的规定;④ 工程项目的安全、质量是否符合强制性标准规定;⑤ 工程中采用的导则、指南、手册、计算机软件的内容是否符合强制性标准的规定。

(10) 建设行政主管部门或者有关行政主管部门在处理重大工程事故时,应当有工程建设标准方面的专家参加;工程事故报告应当包括是否符合工程建设强制性标准的意见。

(11) 任何单位和个人对违反工程建设强制性标准的行为有权向建设行政主管部门或者有关部门检举、控告、投诉。

第四节　案例分析

案例一

一、案情简介

山西某地中心小学教学楼工程由甲设计院设计,乙建筑公司施工后投入使用。在使用中校方发现楼房的部分大梁出现不同程度的裂缝,最宽处达 1.5mm 左右。后经省质量安全监督总站组织省设计院、省检测中心专家对事故进行全面分析鉴定,一致认为造成问题的主要原因是施工设计图纸未严格按该地区 6 度抗震设防的规定进行设计,结构体系不合理,整体性差,构造措施不符合要求;施工单位施工的混凝土梁不能满足设计混凝土强度等级的要求,梁的质量不均匀。

事后根据相关规定对该起教学楼质量事故的有关责任单位和责任人处理如下:

(1)对事故负主要责任的甲设计院责令停业整顿,经验收合格后方可承接新设计任务;收回该项目设计负责人张某的注册建筑师资格证书,五年内不得承担设计任务。

(2)对事故负次要责任的乙建筑公司黄牌警告,收回该项目经理王某某的执业资格证书,一年内不得担任施工项目经理。

(3)对既无施工企业资质又无企业法人营业执照的某施工队由县政府依法处理。

(4)对在质量监督过程中把关不严的县质监站予以通报批评。

二、案例评析

本案中设计单位没有严格按照相关的工程建设强制性标准进行设计,施工单位没有按照施工的相关规定进行施工,监理单位把关不严造成了此次事故。因此建设行政管理部门、设计部门和施工单位应严格执行工程建设标准的强制性标准,认真贯彻《建筑工程质量管理条例》,加强建筑市场管理,依法查处工程质量事故。

案例二

一、案情简介

江苏省无锡市太湖娱乐城工程地处无锡闹市区,主体地上 22 层,地下 3 层,建筑面积 47 800 m²,该工程建设单位为无锡太湖娱乐城总公司,工程监理单位为无锡同济建筑工程监理公司。该工程建筑、结构、水、电、暖通设计由无锡市建筑设计研究院承担,建筑、结构土建施工由无锡市第二建筑工程总公司承建,基坑围护结构设计和施工单位为南京勘察工程公司,工程桩基施工也同时由南京勘察工程公司承建。该工程自 1995 年 2 月开始由南京勘察工程公司进场开始围护及桩基施工,于 1995 年 9 月开始从东向西进行挖土、内支撑安装及桩间压密注浆施工,于 1996 年 4 月 13 日基本完成深基坑围护支护工程项目,1996 年 4 月 13 日至 4 月 20 日,继续以人工挖除基坑西南角剩余土方约 2 000 m³,同年 4 月 20 日下午 5 时左右,基坑西南剩余土方基本挖清后,不满 10 小时,即于当夜 4 月 21 日凌晨 2 时 25 分左右,基坑西南角发生倒塌。

经事后调查认为,无锡市太湖娱乐城工程的基坑围护结构由南京勘察工程公司一体负责设计和施工,该公司一并对施工防护、基坑安全以及施工场地周围建筑物、地下管线的保护负责。在该基坑围护支护结构的设计和施工实践中,南京勘察工程公司应认真掌握该基坑围护支护的技术条件,对可能发生的各种情况进行强度和变形计算分析,且须加强管理。但在基坑围护支护结构的设计和施工中,该公司仅进行单一情况的强度计算,特别是对该基坑西边线的大转折凸角结点受力复杂部位考虑疏漏,未进行受力分析和变形计算,形成薄弱突破点,留下严重隐患。在施工中发现有关情况又未采取有效措施,致使该处结点连接焊缝强度严重不足,在土的被动压力减小后首先遭破坏而失效,引起基坑西南角围护支撑系统失去平衡稳定,而发生该基坑局部坍塌。作为该基坑围护支护结构设计和施工一体承建的南京勘察工程公司是该基坑部分坍塌事故的主要责任单位,该单位的工程项目设计负责人和工程项目施工现场负责人应为主要责任人。

该工程深基坑西南角部位于 1996 年 4 月 21 日坍塌前一段时间,已明显出现周边邻近道路沉降和裂缝的非正常迹象,且不断有所发展,甚至临近 4 月 21 日该基坑部分坍塌前更曾明显发生险情迹象,但均未受到现场有关方面的应有重视,而心存侥幸,未采取妥善预防措施,因此,无锡太湖娱乐城总公司作为建设单位,疏忽管理,应部分承担组织管理责任。

处理结果:

(1)南京勘察工程公司为该事故的主要责任单位,承担赔偿事故经济损失的 80%。在事故处理、经济损失赔偿实现前,吊销该单位进入无锡市"进市施工许可证"。在调查中发现有转包现象,由建设行政主管部门另行处理。该单位的事故责任人,由有关部门按规定进行处理。

(2)太湖娱乐城总公司应部分承担组织管理的责任,承担事故经济损失的 20%。

(3)对周围建筑物的维修加固费用,考虑到基坑坍塌事故发生前已有一定影响,故可作为工程预算按实际发生数进入工程总造价中处理。

(4)土方总包单位苏州地质工程勘察院以及分包单位锡山市市政运输公司在基坑土方工程施工中也有缺陷,给予通报批评。

(5)无锡同济建筑工程监理公司监理不力,给予行政批评,并督促其加强管理。

二、案例评析

《建筑法》第三十七条规定:"建筑工程设计应当符合按照国家规定制定的建筑安全规程和技术规范,保证工程的安全性能。"《建设工程质量管理条例》第十九条规定:"勘察、设计单位必须按照工程建设强制性标准进行勘察、设计,并对其勘察、设计的质量负责。"本案中,南京勘察工程公司仅进行单一情况的强度计算,造成重大质量隐患,实际上是违反工程建设强制性标准的行为,依法应当承担法律责任。

思 考 题

1. 简述我国标准的分级管理。
2. 简述工程建设标准的制定原则。
3. 简述工程建设标准实施的相关规定。
4. 简述强制性条文的相关规定。

第十章　建设工程环境保护法律法规

第一节　概　述

一、环境保护概述

1. 环境保护概念及意义

环境,是指影响人类生存和发展的各种天然的和经过人工改造的自然因素的总体,包括大气、水、海洋、土地、矿藏、森林、草原、湿地、野生生物、自然遗迹、人文遗迹、自然保护区、风景名胜区、城市和乡村等。

环境保护,是指人类防治环境污染,减少破坏自然资源,合理节约利用自然资源和保护生态的行为活动。环境保护是国家、政府、各种组织和广大民众共同的责任。

环境保护事关我国经济建设,尤其与农业、渔业、林业、畜牧业以及旅游业关系密切。环境保护与人民群众生活质量安全、生命健康权益的落实息息相关。环境保护是人类可持续性发展的重要基础,是我国建设生态文明的重要抓手。

1983年12月31日,在第二次全国环境保护大会上提出将环境保护作为我国的一项基本国策。2015年1月1日开始施行的《中华人民共和国环境保护法》第四条规定:"保护环境是国家的基本国策",以立法再次强调了环境保护的极端重要性。

党的十八大报告中提出,建设生态文明,是关系人民福祉、关乎民族未来的长远大计。面对资源约束趋紧、环境污染严重、生态系统退化的严峻形势,必须树立尊重自然、顺应自然、保护自然的生态文明理念,把生态文明建设放在突出地位,融入经济建设、政治建设、文化建设、社会建设各方面和全过程,努力建设美丽中国,实现中华民族永续发展。坚持节约资源和保护环境的基本国策,坚持节约优先、保护优先、自然恢复为主的方针,着力推进绿色发展、循环发展、低碳发展,形成节约资源和保护环境的空间格局、产业结构、生产方式、生活方式,从源头上扭转生态环境恶化趋势,为人民创造良好生产生活环境,为全球生态安全作出贡献。

2013年5月24日,习近平总书记在中央政治局第六次集体学习时指出:"生态环境保护是功在当代、利在千秋的事业。要清醒认识保护生态环境、治理环境污染的紧迫性和艰巨性,清醒认识加强生态文明建设的重要性和必要性,以对人民群众、对子孙后代高度负责的态度和责任,为人民创造良好生产生活环境。"

2. 目前我国环境保护存在的主要问题

一是唯GDP的政绩观尚未得到根本扭转,一些地方片面追求经济增长,重经济发展,轻环境保护,甚至不惜以牺牲环境为代价换取经济增长,环境保护仍处于经济社会发展的薄弱环节。

二是经济发展和城镇化建设进程中的环境压力日趋强化。我国粗放工业模式尚未根本改变，产业结构重型化特征明显。我国已成为世界上能源、钢铁、水泥等消耗量最大的国家之一，主要矿产资源对外依存度逐年提高。消费结构快速升级，不可持续的消费行为日益盛行。如果不提高城镇化的质量，势必带来更大的环境压力和生态风险。

三是经济全球化带来的环境压力进一步加大。我国已成为世界第二大经济体，国际社会要求我国承担更多环境责任的压力日益加大。我国对外产品出口承担了巨大的生态环境逆差。

四是环境管理体制不顺、能力支撑不足和法制不健全问题比较突出。一些制约环保事业发展的体制问题依然存在，环保队伍薄弱的状况尚未根本改变，环保监管力量与日益繁重的环保任务尚不完全适应。

二、环境保护立法体系概述

在我国的根本大法《宪法》中，已将环境保护事项纳入其规范之中。

例如，第九条规定："国家保障自然资源的合理利用，保护珍贵的动物和植物。禁止任何组织或者个人用任何手段侵占或者破坏自然资源。"第二十二条第二款规定："国家保护名胜古迹、珍贵文物和其他重要历史文化遗产。"第二十六条规定："国家保护和改善生活环境和生态环境，防治污染和其他公害。"随着我国对环境保护事业的日益重视和强调，作为我国环境保护基本法的《环境保护法》自1979年开始实施以来，已几经废止、修订的变迁。2014年4月24日，第十二届全国人民代表大会常务委员会第八次会议修订通过了新的《环境保护法》，并于2015年1月1日起开始施行。

我国还颁布实施了环境保护方面若干单行法律。例如，《环境噪声污染防治法》（1997年实施）、《大气污染防治法》（2000年修订）、《水法》（2002年修订）、《环境影响评价法》（2003年实施）、《水污染防治法》（2008年修订）、《清洁生产促进法》（2012年修正）、《固体废物污染环境防治法》（2015年修正）等。

除了法律层面的立法外，我国还制定了环境保护方面的一系列的行政法规。例如，《水污染防治法实施细则》《防治海洋工程建设项目污染损害海洋环境管理条例》《建设项目环境保护管理条例》《全国污染源普查条例》《危险废物经营许可证管理办法》《城镇排水与污水处理条例》等。

环境保护部等有关部委也出台了众多的部门规章及部门规范性文件。例如，《环境保护行政处罚办法》《建设项目竣工环境保护验收管理办法》《全国环境监测管理条例》《建设项目环境影响评价文件分级审批规定》《建设项目环境影响评价资质管理办法》《建设项目环境影响评价行为准则与廉政规定》等。在环境保护法律、行政法规、部门规章立法建设之外，各地方有立法权的人大以解决带有本地区特点的环境问题为目标，也制定了大量的地方性法规。

目前，我国的环境保护立法体系已基本形成。

三、《环境保护法》概述

1. 立法沿革

1973年，国务院召开了第一次全国环境保护会议，并制定了中国第一部关于环境保护的法规性文件——《关于保护和改善环境的若干规定》。1979年，根据《中华人民共和国宪法》第十一条关于"国家保护环境和自然资源,防治污染和其他公害"的规定,我国首次制定了综合性的环境保护基本法——《中华人民共和国环境保护法(试行)》。《中华人民共和国环境保护法(试行)》第二条规定:"中华人民共和国环境保护法的任务,是保证在社会主义现代化建设中,合理地利用自然环境,防治环境污染和生态破坏,为人民造成清洁适宜的生活和劳动环境,保护人民健康,促进经济发展。"第四条规定:"环境保护工作的方针是:全面规划,合理布局,综合利用,化害为利,依靠群众,大家动手,保护环境,造福人民。"

1989年12月26日,经第七届全国人民代表大会常务委员会第十一次会议通过后正式出台了《环境保护法》,并同时废止了1979年实施的《环境保护法(试行)》。

随着我国社会经济的快速发展,各方对环境保护的要求越来越高,1989年颁布的《环境保护法》在立法理念、保护制度、责任监督、惩处力度等诸多方面,已暴露出不少与实际需要不相适应的问题。在此背景下,2014年4月24日,第十二届全国人民代表大会常务委员会第八次会议审议通过了修订后的《环境保护法》,新修订的《环境保护法》已于2015年1月1日起实施。

本次修订后的环境保护法更新了环境保护理念,完善了环境保护基本制度,强化了政府和企业的环保责任,明确了公民的环保义务,加强了农村污染防治工作,加大了对企业常见的突出环境违法的处罚力度,规定了公众对环境保护的知情权、参与权、监督权,为公众有序参与环境保护提供了法治渠道。

2. 立法内容

新修订的《环境保护法》分总则、监督管理、保护和改善环境、防治污染和其他公害、信息公开和公众参与、法律责任、附则等七章,共计七十条。

新修订的《环境保护法》提出的立法任务和目的是保护和改善环境,防治污染和其他公害,保障公众健康,推进生态文明建设,促进经济社会可持续发展。强调经济社会发展与环境保护相协调。其中,生态文明概念的提出是这次立法修订在立法理念上的一个突破。本次立法修订在法律上明确了保护环境是国家的基本国策,并确定每年6月5日为"环境日"。

新修订的《环境保护法》明确:国家建立、健全环境监测制度,建立环境资源承载能力监测预警机制;国家采取财政、税收、价格、政府采购等方面的政策和措施,鼓励和支持环境保护技术装备、资源综合利用和环境服务等环境保护产业的发展;国家实行环境保护目标责任制和考核评价制度。

提出国家在重点生态功能区、生态环境敏感区和脆弱区等区域划定生态保护红线,实行严格保护;国家建立、健全生态保护补偿制度;国家加强对大气、水、土壤等的保护,建立和完善相应的调查、监测、评估和修复制度。

强调国家促进清洁生产和资源循环利用;实行重点污染物排放总量控制制度;国家依照法律规定实行排污许可管理制度;县级以上人民政府应当建立环境污染公共监测预警机制,组织制定预警方案;国家鼓励投保环境污染责任保险。

指出公民、法人和其他组织依法享有获取环境信息、参与和监督环境保护的权利。各级人民政府环境保护主管部门和其他负有环境保护监督管理职责的部门,应当依法公开环境信息、完善公众参与程序,为公民、法人和其他组织参与和监督环境保护提供便利;对依法应当编制环境影响报告书的建设项目,建设单位应当在编制时向可能受影响的公众说明情况,充分征求意见。

这次修订还有一个亮点,就是法律的强制力和惩罚力度空前加大。例如,授权县级以上人民政府环境保护主管部门和其他负有环境保护监督管理职责的部门,可以查封、扣押造成污染物排放的设施、设备,明确对污染环境、破坏生态、损害社会公共利益的行为,符合一定条件的社会组织可以向人民法院提起诉讼;特别是,企业事业单位和其他生产经营者违法排放污染物,可处以罚款处罚,责令改正,拒不改正的,依法作出处罚决定的行政机关可以自责令改正之日的次日起,按照原处罚数额按日连续处罚。

第二节　建设项目环境污染的形成及影响作用

一、建设项目环境污染的形成

建设项目的环境保护问题,主要包括两个方面的任务。一是节约资源、降低能耗;二是防治建设项目的环境污染。这两个方面的问题内容有所区别,但又互为关联。

建设项目的环境污染形成可分为三个部分。一是建设项目本身的投资目的和形成功能所附带的环境污染问题。例如,火电厂项目存在着大气污染治理的问题,而化工、造纸、电镀、印染等建设项目一般都存在着水污染治理的任务。这一类环境污染问题一般发生在项目竣工、投入生产使用之后。二是兴建项目需要投入的各种建筑材料、设备等,在进入施工现场前的生产加工阶段形成的破坏环境或污染环境的问题。例如,生产实心黏土砖对土壤生态的破坏影响。三是建设项目施工阶段形成的环境污染问题。例如,土方开挖造成的大气污染。

部分工业型建设项目能耗巨大,在投产后又产生影响环境的重大污染,环境保护的任务十分紧迫。在施工阶段,建设项目形成的各种污染,特别是大气污染等,已引起国家的高度重视,且民众对此反映强烈。故而,《建筑法》第四条规定:"国家扶持建筑业的发展,支持建筑科学技术研究,提高房屋建筑设计水平,鼓励节约能源和保护环境。"第五条规定:"从事建筑活动应当遵守法律、法规,不得损害社会公共利益和他人的合法权益。"第四十一条规定:"建筑施工企业应当遵守有关环境保护和安全生产的法律、法规的规定,采取控制和处理施工现场的各种粉尘、废气、废水、固体废物以及噪声、振动对环境的污染和危害的措施。"《建设工程安全生产管理条例》第三十条进一步规定:"施工单位应当遵守有关环境保护法律、法规的规定,在施工现场采取措施,防止或者减少粉尘、废气、水、固体废物、噪声、振动和施工照明对人和环境的危害和污染;在城市市区内的建设工程,施工单位应当对施工现场实行封闭围挡。"

二、建设项目环境污染的影响作用

目前,在我国建筑施工中,常见的环境污染主要分为以下几类:噪声污染、大气污染、水污染、固体废物污染、光污染。

1. 噪声污染

环境噪声,是指在工业生产、建筑施工、交通运输和社会生活中产生的干扰周围生活环境的声音。环境噪声污染,是指产生的环境噪声超过国家规定的环境噪声排放标准,并干扰他人正常生活、工作和学习的现象。

在建设项目施工中,噪声污染几乎贯穿于施工全过程。例如,桩基础的打桩、钻孔施工,重锤夯击处理基坑地基土等。在主体施工阶段，搭拆模板脚手架、加工钢筋、混凝土浇筑振捣、加工裁割装饰性块材等。因目前建设单位对施工工期一般均有较为急迫的要求，施工单位夜间施工的现象比较普遍。加之进行新建项目的施工，大多处在已有建筑物比较密集的市区，进而增加了噪声污染的负面影响效应。

超出人体正常生理、心理承受能力的噪声会影响睡眠和休息，造成人的听力、神经系统等受损。长时期或短时较强噪声可能威胁人的生命。同时，噪声污染对人的正常学习、生活、生产等都会形成不同程度的负面影响。

2. 大气污染

按照国际标准化组织（ISO）的定义，大气污染是指由于人类活动或自然过程引起某些物质进入大气中，呈现出足够的浓度，达到足够的时间，并因此危害了人体的舒适、健康和福利或环境的现象。

建设项目施工过程中产生的各种粉尘、颗粒物、挥发物等，是城市大气污染的主要来源之一。在地基基础施工阶段，建设项目基本都存在开挖、回填土方的工作内容，有的大型项目的土方开挖量可达几十万方以上。开挖、回填土方时产生的大量扬尘，是施工过程中大气污染的主要原因。此外，钢筋、木模板加工，水泥、沙石料的运输、储存、使用，装饰性、防腐防火性等涂料现场粉刷以及焚烧建筑、生活垃圾等，都会造成大气污染。

大气污染对人体的呼吸系统、眼睛、心脏等会产生严重影响，造成儿童智力发展迟缓，增加人体患癌概率等。大气污染加速了全球增温，促进酸雨形成，破坏地球生态系统。大气污染形成的雾霾，严重影响民众的健康、生活和生产等。大气污染悬浮物中，直径小于或等于 2.5 微米的颗粒物称为细颗粒物（PM2.5），可以穿透肺泡进入血液循环系统，对人体生命健康危害极大。

3. 水污染

水污染，是指水体因某种物质的介入，其化学、物理、生物或者放射性等方面特性改变，从而影响水的有效利用，危害人体健康或者破坏生态环境，造成水质恶化的现象。

在施工过程中，水污染的现象比较普遍。在钻孔灌注桩施工中，会产生大量的泥浆，排放管理不当会造成地下水的污染。现场施工的大量湿法作业，需要耗费水，同时也会形成水污染。例如，水磨石磨平处理过程中产生的大量石粉浆等。

水污染严重威胁人的饮用水质安全，直接关乎人的生命健康。水污染对农、林、牧、渔业等影响严重，同时加剧了生态特别是土壤生态的破坏，损害了人类持续发展的资源基础。

4. 固体废物污染

固体废物，是指在生产、生活和其他活动中产生的丧失原有利用价值或者虽未丧失利用价值但被抛弃或者放弃的固态、半固态和置于容器中的气态的物品、物质以及法律、行政法规规定纳入固体废物管理的物品、物质。

建设项目施工中的固体废物污染，对拆除工程而言，主要来源于拆除建、构筑物形成的建筑垃圾或待回收利用的废弃物。对新建项目而言，主要是施工过程中产生的大量建筑材料废料，以及施工人员生活过程中产出的各种生活垃圾等。

固体废物随意堆放、倾倒，或虽通过填埋、焚烧等方式处理，但方法不当时，会对大气、土壤、水体等造成污染。同时，对人体健康生命安全构成严重威胁。

5. 光污染

在建设项目施工过程中,夜间施工照明的强烈光照,钢筋、钢构件等施工时,电焊作业释放的电弧光等,均形成影响施工人员身体健康的污染源。若此类光照达到一定程度,将会进一步影响施工场地周边的生活、生产环境。

第三节　建设项目水污染防治

一、《水污染防治法》概述

为了防治水污染,保护和改善环境,保障饮用水安全,促进经济社会全面协调可持续发展,1984 年 11 月 1 日起实施了我国第一部《水污染防治法》。1996 年 5 月 15 日,第八届全国人民代表大会常务委员会第十九次会议制定了《关于修改〈中华人民共和国水污染防治法〉的决定》,并进行了第一次修订。2008 年 2 月 28 日,由中华人民共和国第十届全国人民代表大会常务委员会第三十二次会议第二次修订通过,修订后的《水污染防治法》自 2008 年 6 月 1 日起施行。

新修订的《水污染防治法》分八章,包括总则、水污染防治的标准和规划、水污染防治的监督管理、水污染防治措施、饮用水水源和其他特殊水体保护、水污染事故处置、法律责任、附则等,共计九十二条。

二、水污染防治法律制度

根据《水污染防治法》的规定,我国目前实施的水污染防治法律制度主要包括:

1. 环境保护目标责任制和考核评价制度

《水污染防治法》第五条规定:"国家实行水环境保护目标责任制和考核评价制度,将水环境保护目标完成情况作为对地方人民政府及其负责人考核评价的内容。"

2. 水污染物排放标准管理制度

《水污染防治法》第十三条规定:"国务院环境保护主管部门根据国家水环境质量标准和国家经济、技术条件,制定国家水污染物排放标准。"

3. 建设项目环境评价制度

《水污染防治法》第十七条规定:"新建、改建、扩建直接或者间接向水体排放污染物的建设项目和其他水上设施,应当依法进行环境影响评价。"

4. 重点水污染物排放实施总量控制制度

《水污染防治法》第十八条规定:"国家对重点水污染物排放实施总量控制制度。省、自治区、直辖市人民政府应当按照国务院的规定削减和控制本行政区域的重点水污染物排放总量,并将重点水污染物排放总量控制指标分解落实到市、县人民政府。市、县人民政府根据本行政区域重点水污染物排放总量控制指标的要求,将重点水污染物排放总量控制指标分解落实到排污单位。"

5. 排污许可制度

《水污染防治法》第二十条规定:"国家实行排污许可制度。直接或者间接向水体排放工业废水和医疗污水以及其他按照规定应当取得排污许可证方可排放的废水、污水的企业事业单位，应当取得排污许可证；城镇污水集中处理设施的运营单位，也应当取得排污许可证。"

6. 排污费缴纳征收制度

《水污染防治法》第二十四条规定："直接向水体排放污染物的企业事业单位和个体工商户，应当按照排放水污染物的种类、数量和排污费征收标准缴纳排污费。"

除了以上制度，《水污染防治法》还规定了对严重污染水环境的落后工艺和设备实行淘汰制度，建立水环境质量监测和水污染物排放监测制度等。

三、建设项目水污染防治法律规定

《水污染防治法》没有专门设章规范建设项目的水污染防治事项。但若干法条的规定内容，适用于建设项目的水污染防治。其中主要包括：

国家鼓励、支持水污染防治的科学技术研究和先进适用技术的推广应用，加强水环境保护的宣传教育。

排放水污染物，不得超过国家或者地方规定的水污染物排放标准和重点水污染物排放总量控制指标。

新建、改建、扩建直接或者间接向水体排放污染物的建设项目和其他水上设施，应当依法进行环境影响评价。建设单位在江河、湖泊新建、改建、扩建排污口的，应当取得水行政主管部门或者流域管理机构同意；涉及通航、渔业水域的，环境保护主管部门在审批环境影响评价文件时，应当征求交通、渔业主管部门的意见。

建设项目的水污染防治设施，应当与主体工程同时设计，同时施工，同时投入使用。水污染防治设施应当经过环境保护主管部门验收，验收不合格的，该建设项目不得投入生产或者使用。

直接或间接向水体排放污染物的企事业单位和个体工商户，应当按照国务院环境保护主管部门的规定，向县级以上地方人民政府环境保护主管部门申报登记拥有的水污染物排放设施、处理设施和在正常作业条件下排放水污染物的种类、数量和浓度，并提供防治水污染方面的有关技术资料。

禁止向水体排放、倾倒工业废渣、城镇垃圾和其他废弃物。兴建地下工程设施或者进行地下勘探、采矿等活动，应当采取防护性措施，防止地下水污染。向城镇污水集中处理设施排放水污染物，应当符合国家或者地方规定的水污染物排放标准。

禁止在饮用水水源一级保护区内新建、改建、扩建与供水设施和保护水源无关的建设项目；已建成的与供水设施和保护水源无关的建设项目，由县级以上人民政府责令拆除或者关闭。禁止在饮用水水源二级保护区内新建、改建、扩建排放污染物的建设项目；已建成的排放污染物的建设项目，由县级以上人民政府责令拆除或者关闭。

禁止在饮用水水源准保护区内新建、扩建对水体污染严重的建设项目；改建建设项目，不得增加排污量。

可能发生水污染事故的企业事业单位，应当制定有关水污染事故的应急方案，做好应急准备，并定期进行演练。

第四节　建设工程固体废物污染防治

一、《固体废物污染防治法》概述

为了防治固体废物污染环境,保障人体健康,维护生态安全,促进经济社会可持续发展,1995 年 10 月 30 日,第八届全国人大常委会第十六次会议通过了我国第一部《固体废物污染环境防治法》。该法于 2004 年 12 月 29 日,由第十届全国人民代表大会常务委员会第十三次会议修订通过。2013 年 6 月 29 日,由第十二届全国人民代表大会常务委员会第三次会议进行了修正。2015 年 4 月 24 日,通过第十二届全国人民代表大会常务委员会第十四次会议进行了新的修改,并开始实施。

2015 年新修订的《固体废物污染环境防治法》共分六章,包括总则、固体废物污染环境防治的监督管理、固体废物污染环境的防治、危险废物污染环境防治的特别规定、法律责任、附则等,共计九十一条。

二、固体废物污染防治法律制度

根据《固体废物污染防治法》的规定,我国目前实施的固体废物污染防治法律制度主要包括:

1. 固体废物污染环境防治技术标准制度。
2. 固体废物污染环境监测制度。
3. "三同时"制度。第十四条规定:"建设项目的环境影响评价文件确定需要配套建设的固体废物污染环境防治设施,必须与主体工程同时设计、同时施工、同时投入使用。"
4. 工业固体废物申报登记制度。第三十二条规定:"国家实行工业固体废物申报登记制度。产生工业固体废物的单位必须按照国务院环境保护行政主管部门的规定,向所在地县级以上地方人民政府环境保护行政主管部门提供工业固体废物的种类、产生量、流向、贮存、处置等有关资料。"
5. 国家危险废物名录制度。第五十一条规定:"国务院环境保护行政主管部门应当会同国务院有关部门制定国家危险废物名录,规定统一的危险废物鉴别标准、鉴别方法和识别标志。"

三、建设项目固体废物污染防治法律规定

《固体废物污染防治法》没有专门设章规范建设项目的固体废物污染防治事项。但若干法条的规定内容,适用于建设项目的固体废物污染防治。其中主要包括:

国家对固体废物污染环境的防治,实行减少固体废物的产生量和危害性、充分合理利用固体废物和无害化处置固体废物的原则,促进清洁生产和循环经济发展。

国家对固体废物污染环境防治实行污染者依法负责的原则。

国家鼓励单位和个人购买、使用再生产品和可重复利用产品。

建设产生固体废物的项目以及建设贮存、利用、处置固体废物的项目,必须依法进行环境

影响评价,并遵守国家有关建设项目环境保护管理的规定。

产生固体废物的单位和个人,应当采取措施,防止或者减少固体废物对环境的污染。

收集、储存、运输、利用、处置固体废物的单位和个人,必须采取防扬散、防流失、防渗漏或者其他防止污染环境的措施;不得擅自倾倒、堆放、丢弃、遗撒固体废物。

国务院经济综合宏观调控部门应当会同国务院有关部门组织研究、开发和推广减少工业固体废物产生量和危害性的生产工艺和设备,公布限期淘汰产生严重污染环境的工业固体废物的落后生产工艺、落后设备的名录。

产生工业固体废物的单位应当建立、健全污染环境防治责任制度,采取防治工业固体废物污染环境的措施。

企业事业单位应当合理选择和利用原材料、能源和其他资源,采用先进的生产工艺和设备,减少工业固体废物产生量,降低工业固体废物的危害性。

建设生活垃圾处置的设施、场所,必须符合国务院环境保护行政主管部门和国务院建设行政主管部门规定的环境保护和环境卫生标准。

工程施工单位应当及时清运工程施工过程中产生的固体废物,并按照环境卫生行政主管部门的规定进行利用或者处置。

从事城市新区开发、旧区改建和住宅小区开发建设的单位,以及机场、码头、车站、公园、商店等公共设施、场所的经营管理单位,应当按照国家有关环境卫生的规定,配套建设生活垃圾收集设施。

因发生事故或者其他突发性事件,造成危险废物严重污染环境的单位,必须立即采取措施消除或者减轻对环境的污染危害,及时通报可能受到污染危害的单位和居民,并向所在地县级以上地方人民政府环境保护行政主管部门和有关部门报告,接受调查处理。

第五节　建设项目大气污染防治

一、《大气污染防治法》概述

为防治大气污染,保护和改善生活环境和生态环境,保障人体健康,促进经济和社会的可持续发展,1987年9月5日,第六届全国人大常委会第二十二次会议通过了我国第一部《大气污染防治法》。后经1995年修改后,在2000年4月29日由第九届全国人民代表大会常务委员会第十五次会议再次修订通过,并于2000年9月1日起施行。

新修订的《大气污染防治法》共分七章,包括总则,大气污染防治的监督管理,防治燃煤产生的大气污染,防治机动车船排放污染,防治废气、尘和恶臭污染,法律责任,附则等,共计六十六条。

二、大气污染防治法律制度

根据《大气污染防治法》的规定,我国目前实施的大气污染防治法律制度主要包括:

1. 大气环境质量标准制度。
2. 大气污染物排放标准制度。

3. 大气污染环境影响评价制度。第十一条规定："新建、扩建、改建向大气排放污染物的项目,必须遵守国家有关建设项目环境保护管理的规定。建设项目的环境影响报告书,必须对建设项目可能产生的大气污染和对生态环境的影响作出评价,规定防治措施,并按照规定的程序报环境保护行政主管部门审查批准。"

4. 大气排污费缴纳征收制度。

5. 对严重污染大气环境的落后生产工艺和严重污染大气环境的落后设备实行淘汰制度。

6. 大气污染物排放总量控制制度。第十五条规定："有大气污染物总量控制任务的企业事业单位,必须按照核定的主要大气污染物排放总量和许可证规定的排放条件排放污染物。"

7. 紧急突发大气污染事故通报报告制度。第二十条规定："单位因发生事故或者其他突然性事件,排放和泄漏有毒有害气体和放射性物质,造成或者可能造成大气污染事故、危害人体健康的,必须立即采取防治大气污染危害的应急措施,通报可能受到大气污染危害的单位和居民,并报告当地环境保护行政主管部门,接受调查处理。"

三、建设项目大气污染防治法律规定

《大气污染防治法》没有专门设章规范建设项目的大气污染防治事项。但若干法条的规定内容,适用于建设项目的大气污染防治。其中主要包括:

新建、扩建、改建向大气排放污染物的项目,必须遵守国家有关建设项目环境保护管理的规定。

建设项目投入生产或者使用之前,其大气污染防治设施必须经过环境保护行政主管部门验收,达不到国家有关建设项目环境保护管理规定的要求的建设项目,不得投入生产或者使用。

向大气排放污染物的单位,必须按照国务院环境保护行政主管部门的规定向所在地的环境保护行政主管部门申报拥有的污染物排放设施、处理设施和在正常作业条件下排放污染物的种类、数量、浓度,并提供防治大气污染方面的有关技术资料。

在国务院和省、自治区、直辖市人民政府划定的风景名胜区、自然保护区、文物保护单位附近地区和其他需要特别保护的区域内,不得建设污染环境的工业生产设施;建设其他设施,其污染物排放不得超过规定的排放标准。

企业应当优先采用能源利用效率高、污染物排放量少的清洁生产工艺,减少大气污染物的产生。

城市建设应当统筹规划,在燃煤供热地区,统一解决热源,发展集中供热。在集中供热管网覆盖的地区,不得新建燃煤供热锅炉。

新建、扩建排放二氧化硫的火电厂和其他大中型企业,超过规定的污染物排放标准或者总量控制指标的,必须建设配套脱硫、除尘装置或者采取其他控制二氧化硫排放、除尘的措施。

在人口集中地区和其他依法需要特殊保护的区域内,禁止焚烧沥青、油毡、橡胶、皮革、垃圾以及其他产生有毒有害烟尘和恶臭气体的物质。

运输、装卸、储存能够散发有毒有害气体或者粉尘物质的,必须采取密闭措施或者其他防护措施。

在城市市区进行建设施工或者从事其他产生扬尘污染活动的单位,必须按照当地环境保护的规定,采取防止扬尘污染的措施。

第六节　建设项目环境噪声污染防治

一、《环境噪声污染防治法》概述

为防治环境噪声污染,保护和改善生活环境,保障人体健康,促进经济和社会发展,1996年10月29日,由第八届全国人大常委会第二十次会议通过了《环境噪声污染防治法》,并于1997年3月1日起施行。

《环境噪声污染防治法》共分八章,包括总则、环境噪声污染防治的监督管理、工业噪声污染防治、建筑施工噪声污染防治、交通运输噪声污染防治、社会生活噪声污染防治、法律责任、附则等,共计六十四条。

二、环境噪声污染防治法律制度

根据《环境噪声污染防治法》的规定,我国目前实施的环境噪声污染防治法律制度主要包括:

1. 声环境质量标准分区控制制度。第十条规定:"国务院环境保护行政主管部门分别不同的功能区制定国家声环境质量标准。"

2. 噪声污染环境影响评价制度。

3. 环境噪声污染防治设施"三同时"实施制度。

4. 超标噪声排污费缴纳制度。第十六条规定:"产生环境噪声污染的单位,应当采取措施进行治理,并按照国家规定缴纳超标准排污费。"

5. 环境噪声污染严重的落后设备实行淘汰制度。

6. 偶发性强烈噪声生产公安机关审批制度。第十九条规定:"在城市范围内从事生产活动确需排放偶发性强烈噪声的,必须事先向当地公安机关提出申请,经批准后方可进行。当地公安机关应当向社会公告。"

7. 环境噪声监测制度。

三、建设项目环境噪声污染防治法律规定

《环境噪声污染防治法》专门设第四章"建筑施工噪声污染防治",反映出立法者对施工噪声污染影响的高度重视。此外,《环境噪声污染防治法》的其他若干法条的规定内容,也适用于建设项目的环境噪声污染防治。其中主要包括:

建设项目可能产生环境噪声污染的,建设单位必须提出环境影响报告书,规定环境噪声污染的防治措施,并按照国家规定的程序报环境保护行政主管部门批准。环境影响报告书中,应当有该建设项目所在地单位和居民的意见。

建设项目的环境噪声污染防治设施必须与主体工程同时设计、同时施工、同时投产使用。建设项目在投入生产或者使用之前,其环境噪声污染防治设施必须经原审批环境影响报告书的环境保护行政主管部门验收;达不到国家规定要求的,该建设项目不得投入生产或者使用。

产生环境噪声污染的企业事业单位,必须保持防治环境噪声污染的设施的正常使用;拆除

或者闲置环境噪声污染防治设施的,必须事先报经所在地的县级以上地方人民政府环境保护行政主管部门批准。

对于在噪声敏感建筑物集中区域内造成严重环境噪声污染的企业事业单位,限期治理。

在城市市区范围内向周围生活环境排放建筑施工噪声的,应当符合国家规定的建筑施工场界环境噪声排放标准。

在城市市区范围内,建筑施工过程中使用机械设备,可能产生环境噪声污染的,施工单位必须在工程开工15日以前向工程所在地县级以上地方人民政府环境保护行政主管部门申报该工程的项目名称、施工场所和期限、可能产生的环境噪声值以及采取的环境噪声污染防治措施的情况。

在城市市区噪声敏感建筑物集中区域内,禁止夜间进行产生环境噪声污染的建筑施工作业,但抢修、抢险作业和因生产工艺上要求或者特殊需要必须连续作业的除外。因特殊需要必须连续作业的,必须有县级以上人民政府或者其有关主管部门的证明。夜间作业,必须公告附近居民。

在已有的城市交通干线的两侧建设噪声敏感建筑物的,建设单位应当按照国家规定间隔一定距离,并采取减轻、避免交通噪声影响的措施。

第七节　案例分析

案例一:

为应对即将到来的强降雨,某市市政执法人员巡查发现市区某街道雨水主干管内积有大量污泥,严重影响雨水排放。经查,在雨水井上有一非市政部门设置的排水口,沿着该支管方向倒查,发现这根管子由附近一家施工工地引出。经现场调查后,发现雨水井及主干管中的淤泥来自施工单位钻孔灌注桩施工时排放的泥浆沉积。

《水污染防治法》第二十二条规定:"向水体排放污染物的企事业单位和个体工商户,应当按照法律、行政法规和国务院环境保护主管部门的规定设置排污口;在江河、湖泊设置排污口的,还应当遵守国务院行政主管部门的规定。禁止私设暗管或者采取其他规避监管的方式排放水污染物。"本案中的施工单位私自设置排水口排放污染物,没有办理相应的审批手续,显然是一种违法行为。

《水污染防治法》第三十三条中规定:"禁止向水体排放、倾倒工业废渣、城镇垃圾和其他废弃物。"本案中的施工单位向雨水井中排放的施工废水中含有大量的淤泥等废弃物。

依据《水污染防治法》有关规定,市环保局应当责令停止违法行为,限期改正,限期拆除私自设置的排污口,并可对该施工单位处以罚款;逾期不采取治理措施的,环境保护主管部门可以指定有治理能力的单位代为治理,所需费用由违法者承担。

案例二:

某高层住宅工地,采用锤击打桩法进行桩基施工。附近小区居民多次到工地要求施工单位缩短夜间施工时间,但施工单位置若罔闻,后小区居民通过电话向当地环保部门投诉。

环保部门接到投诉后,到施工现场进行了监测取证,发现工地夜间施工噪声已经超出《建筑施工场界噪声限值》,属超标排放。同时,该工程也未事先在环保部门申办有关手续。在施工单位接受询问调查中,其辩称施工工期很紧,建设单位已多次催促,他们进行连续的夜间施工也是迫不得已。

《环境噪声污染防治法》第十三条中规定:"建设项目可能产生环境噪声污染的,建设单位必须提出环境影响报告书,规定环境噪声污染的防治措施,并按照国家规定的程序报环境保护行政主管部门批准。环境影响报告书中,应当有该建设项目所在地单位和居民的意见。"结合本案例,显然建设单位没有按照法律规定履行其法定的申报及告知等责任义务。

《环境噪声污染防治法》第二十九条规定:"在城市市区范围内,建筑施工过程中使用机械设备,可能产生环境噪声污染的,施工单位必须在工程开工十五日以前向工程所在地县级以上地方人民政府环境保护行政主管部门申报该工程的项目名称、施工场所和期限、可能产生的环境噪声值以及采取的环境噪声污染防治措施的情况。"结合本案例,显然施工单位没有按照法律规定履行其法定的申报责任义务。

《环境噪声污染防治法》第三十条规定:"在城市市区噪声敏感建筑物集中区域内,禁止夜间进行产生环境噪声污染的建筑施工作业,但抢修、抢险作业和因生产工艺上要求或者特殊需要必须连续作业的除外。因特殊需要必须连续作业的,必须有县级以上人民政府或者其有关主管部门的证明。前款规定的夜间作业,必须公告附近居民。""噪声敏感建筑物"是指医院、学校、机关、科研单位、住宅等需要保持安静的建筑物。本案例中,施工现场附近居民住宅为主的区域就属于"噪声敏感建筑物集中区域"。锤击施工桩基既不属于抢修、抢险作业,也不是因生产工艺上要求或者特殊需要必须连续作业的情形。因此,施工单位连续进行的夜间桩基施工显然属违法行为。

本案例中,某高层住宅施工单位在开工前未依法向当地环保部门进行申报,在夜间施工时,也未向附近的居民进行公告。甚至在附近居民多次强烈要求其停止违法施工时,仍我行我素,拒不改正。按照《环境噪声污染防治法》的有关规定,必将受到法律的惩处。

思 考 题

1. 《环境保护法》的立法目的是什么?
2. 建设项目环境污染的影响作用有哪些?
3. 重点水污染物排放实施总量控制制度内涵是什么?
4. 简述建设项目固体废物污染防治的法律规定。
5. 建设项目大气污染防治的法律制度主要包括哪些内容?
6. 环境噪声与环境噪声污染有何区别?
7. 什么是环境保护设施"三同时"实施制度?

第十一章　劳动合同法

第一节　劳动合同的订立

一、劳动合同订立的原则

根据《劳动合同法》规定，订立劳动合同，应当遵循合法、公平、平等自愿、协商一致、诚实信用的原则。

1. 合法原则

合法是劳动合同有效的前提条件。所谓合法就是劳动合同的形式和内容必须符合法律、法规的规定。当事人订立、履行合同，应当遵守法律、行政法规，尊重社会公德，不得扰乱社会经济秩序，损害社会公共利益。

首先，劳动合同的形式要合法。劳动合同应当以书面形式订立，非全日制用工除外，这是本法对劳动合同形式的要求。

其次，劳动合同的内容要合法。所订立的劳动合同不得损害劳动者的权益，不得损害社会和国家的利益。如果劳动合同的内容违法，劳动合同不仅不受法律保护，当事人还要承担相应的法律责任。

2. 公平原则

公平原则是指劳动合同的订立、履行、变更、解除或者终止都应该公平合理。用人单位不能利用优势地位，损害劳动者的权利，迫使劳动者订立不公平的劳动合同。用人单位不能利用劳动者现处于困难时期而提出一些不合理的要求，违背法律法规的规定。

3. 平等自愿原则

平等自愿原则包括两层含义，一是平等原则，一是自愿原则。平等就是劳动者和用人单位在订立劳动合同时的法律地位是平等的，没有高低之分，也不存在管理和被管理的关系。如果地位不平等，在签订合同时，一方就不能表达真实的愿望，在合同履行的过程中也容易出现一系列的矛盾。自愿是指订立劳动合同完全是双方的真实意思表示，是双方协商一致的结果，任何一方不得把自己的意志强加给另一方。根据自愿原则，任何单位和个人不得强迫劳动者订立劳动合同。

4. 协商一致原则

协商一致就是双方通过协商对合同的内容和形式达成一致意见。例如对工作地点、工作内容、劳动报酬、福利待遇以及签订合同的期限等都应充分协商，达成一致意见。一方不能利用自己的优势强迫命令对方，更不能因抓住了对方的某些把柄而胁迫对方签订劳动合同。

5. 诚实信用原则

就是在订立劳动合同时双方要讲诚实信用,不得有欺骗欺诈的行为。在签订合同之前,双方有如实告知的义务,特别是影响到合同能否签订的一些重要事实,不得隐瞒。根据本法第八条的规定,用人单位招用劳动者时,应当如实告知劳动者工作内容、工作条件、工作地点、职业危害、安全生产状况、劳动报酬,以及劳动者要求了解的其他情况;用人单位有权了解劳动者与劳动合同直接相关的基本情况,劳动者应当如实说明。用人单位招用劳动者,不得扣押劳动者的居民身份证和其他证件,不得要求劳动者提供担保或者以其他名义向劳动者收取财物。

二、劳动合同订立的形式

1. 劳动合同订立的形式

劳动合同是劳动者与用人单位确立劳动关系、明确双方权利和义务的协议。根据《劳动合同法》第十条,建立劳动关系,应当订立书面劳动合同。

已建立劳动关系,未同时订立书面劳动合同的,应当自用工之日起一个月内订立书面劳动合同。用人单位自用工之日起即与劳动者建立劳动关系。用人单位与劳动者在用工前订立劳动合同的,劳动关系自用工之日起建立。劳动合同由用人单位与劳动者协商一致,并经双方在劳动合同文本上签字或者盖章生效,劳动合同文本由用人单位和劳动者各执一份。用人单位应当建立职工名册备查,职工名册应当包括劳动者姓名、性别、居民身份证号码、住址、联系电话、工作形式、劳动合同期限等内容。

2. 未订立劳动合同的法律责任

(1) 因劳动者的原因未能订立劳动合同的法律后果

自用工之日起一个月内,经用人单位书面通知后,劳动者不与用人单位订立书面劳动合同的,用人单位应当书面通知劳动者终止劳动关系,无需向劳动者支付经济补偿,但是应当依法向劳动者支付其实际工作时间的劳动报酬。

(2) 因用人单位的原因未能订立劳动合同的法律后果

用人单位自用工之日起超过一个月不满一年未与劳动者订立书面劳动合同的,应当向劳动者每月支付两倍的工资,并与劳动者补订书面劳动合同;这里,用人单位向劳动者每月支付两倍工资的起算时间为用工之日起满一个月的次日,截止时间为补订书面劳动合同的前一日。

用人单位自用工之日起满一年未与劳动者订立书面劳动合同的,自用工之日起满一个月的次日至满一年的前一日应当依照劳动合同法的规定向劳动者每月支付两倍的工资,并视为用人单位与劳动者已经订立无固定期限劳动合同,应当与劳动者补订书面劳动合同。

三、劳动合同订立的条款

劳动合同的条款一般分为必备条款和可备条款。必备条款是劳动合同法规定必须具备条款。可备条款一般是用人单位和劳动者在签订合同的时候双方协商约定的。用人单位提供的劳动合同文本未载明本法规定的劳动合同必备条款或者用人单位未将劳动合同文本交付劳动者的,由劳动行政部门责令改正;给劳动者造成损害的,应当承担赔偿责任。

1. 必备条款

(1) 用人单位的名称、住所和法定代表人或者主要负责人;

(2) 劳动者的姓名、住址和居民身份证或者其他有效身份证件号码;

（3）劳动合同期限；

（4）工作内容和工作地点；

（5）工作时间和休息休假；

（6）劳动报酬；

（7）社会保险；

（8）劳动保护、劳动条件和职业危害防护；

（9）法律、法规规定应当纳入劳动合同的其他事项。

2. 可备条款

劳动合同除前款规定的必备条款外，用人单位与劳动者可以约定试用期、培训、保守秘密、补充保险和福利待遇等其他事项。

（1）试用期条款

① 劳动合同期限三个月以上不满一年的，试用期不得超过一个月；劳动合同期限一年以上不满三年的，试用期不得超过二个月；三年以上固定期限和无固定期限的劳动合同，试用期不得超过六个月。

同一用人单位与同一劳动者只能约定一次试用期。

以完成一定工作任务为期限的劳动合同或者劳动合同期限不满三个月的，不得约定试用期。

试用期包含在劳动合同期限内。劳动合同仅约定试用期的，试用期不成立，该期限为劳动合同期限。

② 劳动者在试用期的工资不得低于本单位相同岗位最低档工资或者劳动合同约定工资的百分之八十，并不得低于用人单位所在地的最低工资标准。

③ 在试用期中，劳动者在试用期间除被证明不符合录用条件、不能胜任工作或者不遵守企业规章有违法违纪行为的情形外，用人单位不得解除劳动合同。用人单位在试用期解除劳动合同的，应当向劳动者说明理由。

（2）保密商业秘密和竞业限制条款

所谓商业秘密，是指不为公众所知悉、能为权利人带来经济利益，具有实用性并经权利人采取保密措施的技术信息和经营信息。用人单位与劳动者可以在劳动合同中约定保守用人单位的商业秘密和与知识产权相关的保密事项。

对负有保密义务的劳动者，用人单位可以在劳动合同或者保密协议中与劳动者约定竞业限制条款，即约定在劳动关系存续期间或者解除劳动关系后一定期间内，不得自营或者为他人经营与所任职公司同类的业务。在解除或者终止劳动合同后，在竞业限制期限内用人单位应按月给予劳动者经济补偿。竞业限制的期限不得超过二年。劳动者违反竞业限制约定，给用人单位造成损失的，应当承担赔偿责任。约定竞业限制条款的目的是为了防止不正当竞争。

竞业限制的人员限于用人单位的高级管理人员、高级技术人员和其他负有保密义务的人员。竞业限制的范围、地域、期限由用人单位与劳动者约定，竞业限制的约定不得违反法律、法规的规定。

（3）服务期条款

用人单位为劳动者提供专项培训费用，对其进行专业技术培训的，可以与该劳动者订立协议，约定服务期。《劳动合同法实施条例》对于这里的培训费用进一步作出了规定：包括用人单位为了对劳动者进行专业技术培训而支付的有凭证的培训费用、培训期间的差旅费用以及因培训产生的用于该劳动者的其他直接费用。

为保障劳动者的劳动报酬权,《劳动合同法》明确规定,用人单位与劳动者约定服务期的,不影响按照正常的工资调整机制提高劳动者在服务期期间的劳动报酬。

(4) 违约金条款

违约金是指用人单位和劳动者约定在一方不履行合同时向另一方支付一定数额的货币。《劳动合同法》对违约金条款进行限制,仅限于违反服务期约定和违反保守商业秘密或者竞业限制约定的两种情形,除此以外,用人单位不得与劳动者约定由劳动者承担违约金。

用人单位为劳动者提供专项培训,劳动者违反服务期约定的,应当按照约定向用人单位支付违约金。并且违约金的数额不得超过用人单位提供的培训费用,用人单位要求劳动者支付的违约金不得超过服务期尚未履行部分所应分摊的培训费用。劳动者违反竞业限制约定的,应当按照约定向用人单位支付违约金。

第二节　劳动合同类型

一、劳动者个人与用人单位签订的劳动合同

根据《中华人民共和国劳动合同法》第十二条规定,劳动合同分为固定期限劳动合同、无固定期限劳动合同和以完成一定工作任务为期限的劳动合同。

1. 固定期限劳动合同

固定期限劳动合同,是指用人单位与劳动者约定合同终止时间的劳动合同。用人单位与劳动者协商一致,可以订立固定期限劳动合同。固定期限劳动合同是劳动合同的开始和终止日期都是固定的,具体期限可以根据工作需要和实际情况双方协商确定。固定期限的劳动合同时间期限可以是较短的时间,如半年、一年,也可以是较长的时间,如五年、七年、十年。

2. 无固定期限劳动合同

无固定期限劳动合同,是指用人单位与劳动者约定无确定终止时间的劳动合同。用人单位与劳动者协商一致.可以订立无固定期限劳动合同。有下列情形之一,劳动者提出或者同意续订、订立劳动合同的,除劳动者提出订立固定期限劳动合同外,应当订立无固定期限劳动合同:

(1) 劳动者在该用人单位连续工作满十年的;

(2) 用人单位初次实行劳动合同制度或者国有企业改制重新订立劳动合同时,劳动者在该用人单位连续工作满十年且距法定退休年龄不足十年的;

(3) 连续订立两次固定期限劳动合同,且没有出现法律所规定的用人单位可以解除劳动合同的情形,续订劳动合同的。

(4) 用人单位自用工之日起满一年不与劳动者订立书面劳动合同的,视为用人单位与劳动者已订立无固定期限劳动合同。

若劳动者依据此处的规定提出订立无固定期限劳动合同的,用人单位应当与其订立无固定期限劳动合同。对于"十年"的计算,《中华人民共和国劳动合同法实施条例》作出了详细的

规定:连续工作满十年的起始时间,应当自用人单位用工之日起计算,包括劳动合同法施行前的工作年限。劳动者非因本人原因从原用人单位被安排到新用人单位工作的,劳动者在原用人单位的工作年限合并计算为新用人单位的工作年限。原用人单位已经向劳动者支付经济补偿的,新用人单位在依法解除、终止劳动合同计算支付经济补偿的工作年限时,不再计算劳动者在原用人单位的工作年限。

用人单位自用工之日起超过一个月不满一年未与劳动者订立书面劳动合同的,应当向劳动者每月支付二倍的工资。用人单位违反本法规定不与劳动者订立无固定期限劳动合同的,自应当订立无固定期限劳动合同之日起向劳动者每月支付二倍的工资。

无固定期限的劳动合同在合同中没有确定的终止时间,只是一种相对稳固的劳动关系,但是这并不意味着劳动合同不能解除,一旦法律规定的条件出现,用人单位同样可以解除劳动合同。

3. 以完成一定工作任务为期限的劳动合同

以完成一定工作任务为期限的劳动合同,是指用人单位与劳动者约定以某项工作的完成为合同期限的劳动合同。用人单位与劳动者协商一致,可以订立以完成一定工作任务为期限的劳动合同。

二、集体劳动合同

企业职工一方与用人单位通过平等协商,可以就劳动报酬、工作时间、休息休假、劳动安全卫生、保险福利等事项订立集体合同。集体合同草案应当提交职工代表大会或者全体职工讨论通过。

集体合同由工会代表企业职工一方与用人单位订立;尚未建立工会的用人单位,由上级工会指导劳动者推举的代表与用人单位订立。在县级以下区域内,建筑业、采矿业、餐饮服务业等行业可以由工会与企业方面代表订立行业性集体合同,或者订立区域性集体合同。

集体合同订立后,应当报送劳动行政部门;劳动行政部门自收到集体合同文本之日起十五日内未提出异议的,集体合同即行生效。依法订立的集体合同对用人单位和劳动者具有约束力。行业性、区域性集体合同对当地本行业、本区域的用人单位和劳动者具有约束力。

集体合同中劳动报酬和劳动条件等标准不得低于当地人民政府规定的最低标准;用人单位与劳动者订立的劳动合同中劳动报酬和劳动条件等标准不得低于集体合同规定的标准。

三、劳务派遣

劳务派遣单位与被派遣劳动者订立的劳动合同,除应当载明必备条款外,还应当载明被派遣劳动者的用工单位以及派遣期限、工作岗位等情况。

劳务派遣单位应当与被派遣劳动者订立两年以上的固定期限劳动合同,按月支付劳动报酬;被派遣劳动者在无工作期间,劳务派遣单位应当按照所在地人民政府规定的最低工资标准,向其按月支付报酬。

用工单位应当根据工作岗位的实际需要与劳务派遣单位确定派遣期限,不得将连续用工期限分割订立数个短期劳务派遣协议。并且应当将劳务派遣协议的内容告知被派遣劳动者。劳务派遣单位不得克扣用工单位按照劳务派遣协议支付给被派遣劳动者的劳动报酬,不得向被派遣劳动者收取费用。

劳务派遣单位跨地区派遣劳动者的,被派遣劳动者享有的劳动报酬和劳动条件,按照用工单位所在地的标准执行。用工单位应当履行告知、支付加班费及奖金、提供相应的劳动条件及岗位培训等义务,用工单位不得将被派遣劳动者再派遣到其他用人单位。

四、非全日制用工

非全日制用工,是指以小时计酬为主,劳动者在同一用人单位一般平均每日工作时间不超过四小时,每周工作时间累计不超过二十四小时的用工形式。

非全日制用工双方当事人可以订立口头协议,从事非全日制用工的劳动者可以与一个或者一个以上用人单位订立劳动合同;但是,后订立的劳动合同不得影响先订立的劳动合同的履行。非全日制用工双方当事人不得约定试用期,并且非全日制用工双方当事人任何一方都可以随时通知对方终止用工。终止用工,用人单位不向劳动者支付经济补偿。

非全日制用工小时计酬标准不得低于用人单位所在地人民政府规定的最低小时工资标准,非全日制用工劳动报酬结算支付周期最长不得超过十五日。

第三节 劳动合同的效力

一、劳动合同的生效

劳动合同由用人单位与劳动者协商一致,并经用人单位与劳动者在劳动合同文本上签字或者盖章生效。劳动合同文本由用人单位和劳动者各执一份。生效后的劳动合同即具有法律的约束力,双方都必须遵守。

二、劳动合同的履行

用人单位与劳动者应当按照劳动合同的约定,全面履行各自的义务。劳动合同的全面履行要求劳动合同的双方当事人必须按照合同约定的时间、地点和方式方法等全面承担各自的责任。

1. 用人单位的全面履行

(1)用人单位应当按照劳动合同约定和国家规定,向劳动者及时足额支付劳动报酬。用人单位拖欠或者未足额支付劳动报酬的,劳动者可以依法向当地人民法院申请支付令,人民法院应当依法发出支付令。

(2)用人单位应当严格执行劳动定额标准,不得强迫或者变相强迫劳动者加班。用人单位安排加班的,应当按照国家有关规定向劳动者支付加班费。

(3)用人单位管理人员不得违章指挥,不得强令进行冒险作业。劳动者对危害生命安全和身体健康的劳动条件,有权对用人单位提出批评、检举和控告。

(4)用人单位变更名称、法定代表人、主要负责人或者投资人等事项,不影响劳动合同的履行。

2. 劳动者的全面履行

劳动者对劳动合同的全面履行包括严格遵守单位的规章制度和劳动纪律,履行自己的劳动职责,按照合同的约定认真完成自己的工作任务。

合同履行的过程中,如果双方发生争议,通过协商,可以变更劳动合同的内容。同样,变更劳动合同,也应当采用书面形式。

三、不能正确履行的法律责任

1. 用人单位的法律责任

(1)用人单位有下列情形之一的,由劳动行政部门责令限期支付劳动报酬、加班费或者经济补偿;劳动报酬低于当地最低工资标准的,应当支付其差额部分;逾期不支付的,责令用人单位按应付金额百分之五十以上百分之一百以下的标准向劳动者加付赔偿金:

① 未按照劳动合同的约定或者国家规定及时足额支付劳动者劳动报酬的;

② 低于当地最低工资标准支付劳动者工资的;

③ 安排加班不支付加班费的;

④ 解除或者终止劳动合同,未依照本法规定向劳动者支付经济补偿的。

(2)用人单位有下列情形之一的,依法给予行政处罚;构成犯罪的,依法追究刑事责任;给劳动者造成损害的,应当承担赔偿责任:

① 以暴力、威胁或者非法限制人身自由的手段强迫劳动的;

② 违章指挥或者强令冒险作业危及劳动者人身安全的;

③ 侮辱、体罚、殴打、非法搜查或者拘禁劳动者的;

④ 劳动条件恶劣、环境污染严重,给劳动者身心健康造成严重损害的。

2. 劳动者的法律责任

根据《劳动合同法》规定,劳动者违反本法规定解除劳动合同,或者违反劳动合同中约定的保密义务或者竞业限制,给用人单位造成损失的,应当承担赔偿责任。如果劳动者随意解除劳动合同,势必会影响用人单位正常生产经营活动的进行,给用人单位造成一定的经济损失;对负有保密义务的劳动者,如果把本单位的商业机密泄露出去而削弱了企业的竞争力,或者造成其他更坏的影响,应当按照约定向用人单位支付违约金,同时还应当对用人单位的实际损失承担赔偿责任。

四、劳动合同无效

无效的劳动合同是指由当事人签订成立而国家不予承认其法律效力的劳动合同。无效的劳动合同不具有法律拘束力,也不发生履行效力。劳动合同法第二十六条规定,有下列情形之一的,劳动合同无效或者部分无效:

(1)以欺诈、胁迫的手段或者乘人之危,使对方在违背真实意思的情况下订立或者变更劳动合同的。

欺诈是指当事人一方故意制造假象或隐瞒事实真相,欺骗对方,诱使对方形成错误认识而与之订立劳动合同。如在合同订立时劳动者没有尽到如实告知的义务,故意隐瞒身体上的某种疾病,致使劳动合同签订后,不能正常工作。

(2)用人单位免除自己的法定责任、排除劳动者权利的。

在现实社会中,用人单位作为强势的一方,往往提供给劳动者一个格式合同文本,强化用人单位的权利和劳动者的责任。如"因工作需要要求加班时,员工不得拒绝;女职工进入公司三年内不得生育""发生伤亡事故由劳动者自行负责"等一些霸王条款在企业提供的劳动合同文本中不难找到,在合同签订的过程中就如此得不平等,令劳动者的权益在合同履行的过程中受到更大的侵犯。

(3)违反法律、行政法规强制性规定的。

在劳动者想与用人单位签订合同时,用人单位往往会有一些附加性的条件,如"签5年,但要缴纳1万元的保证金""劳动保护用品由劳动者自备"等条款,这些条款违反劳动合同法的强制性规定。

对劳动合同的无效或者部分无效有争议的,由劳动争议仲裁机构或者人民法院确认。

劳动合同部分无效,不影响其他部分效力的,其他部分仍然有效。劳动合同被确认无效,劳动者已付出劳动的,用人单位应当向劳动者支付劳动报酬。劳动报酬的数额,参照本单位相同或者相近岗位劳动者的劳动报酬确定。

第四节　劳动合同的解除和终止

一、劳动合同的解除

1. 双方协商解除

根据《劳动合同法》第三十六条规定,用人单位与劳动者协商一致,可以解除劳动合同。用人单位向劳动者提出解除劳动合同并与劳动者协商一致解除劳动合同的,用人单位应当向劳动者给予经济补偿。

2. 劳动者单方面解除

劳动者单方面解除劳动合同是法律赋予劳动者的权利。为了保护劳动者的合法权益,在法律规定的条件出现时,劳动者单方面解除劳动合同无需经过用人单位同意。

(1)预告解除

劳动者提前三十日以书面形式通知用人单位,可以解除劳动合同。劳动者在试用期内提前三日通知用人单位,可以解除劳动合同。一方面使劳动者单方解除劳动合同合法化,另一方面也可以避免因为劳动者的解除劳动合同影响到用人单位的生产活动,给用人单位造成经济损失。

(2)《劳动合同法》规定,用人单位有下列情形之一的,劳动者可以解除劳动合同,用人单位应当向劳动者支付经济补偿:

① 未按照劳动合同约定提供劳动保护或者劳动条件的;

② 未及时足额支付劳动报酬的;

③ 未依法为劳动者缴纳社会保险费的;

④ 用人单位的规章制度违反法律、法规的规定,损害劳动者权益的;

⑤ 以欺诈、胁迫的手段或者乘人之危,使劳动者在违背真实意思的情况下订立或者变更劳动合同的;

(3)法律、行政法规规定劳动者可以解除劳动合同的其他情形。

用人单位以暴力、威胁或者非法限制人身自由的手段强迫劳动者劳动的,或者用人单位违章指挥、强令冒险作业危及劳动者人身安全的,劳动者可以立即解除劳动合同,不需事先告知用人单位。

3. 用人单位单方解除劳动合同

用人单位单方解除劳动合同,应当事先将理由通知工会。用人单位违反法律、行政法规规定或者劳动合同约定的,工会有权要求用人单位纠正。用人单位应当研究工会的意见,并将处理结果书面通知工会。

用人单位可以与劳动者解除合同的情形如下:

(1) 随时解除

劳动者有下列情形之一的,用人单位可以解除劳动合同,且用人单位无需支付劳动者经济补偿:

① 在试用期间被证明不符合录用条件的;

② 严重违反用人单位的规章制度的;

③ 严重失职,营私舞弊,给用人单位造成重大损害的;

④ 劳动者同时与其他用人单位建立劳动关系,对完成本单位的工作任务造成严重影响,或者经用人单位提出,拒不改正的;

⑤ 以欺诈、胁迫的手段或者乘人之危,使对方在违背真实意思的情况下订立或者变更劳动合同的;

⑥ 被依法追究刑事责任的。

(2) 预告解除

有下列情形之一的,用人单位提前 30 日以书面形式通知劳动者本人或者额外支付劳动者 1 个月工资后,可以解除劳动合同,用人单位应当向劳动者支付经济补偿:

① 劳动者患病或者非因工负伤,在规定的医疗期满后不能从事原工作,也不能从事由用人单位另行安排的工作的;

② 劳动者不能胜任工作,经过培训或者调整工作岗位,仍不能胜任工作的;

③ 劳动合同订立时所依据的客观情况发生重大变化,致使劳动合同无法履行,经用人单位与劳动者协商,未能就变更劳动合同内容达成协议的。

用人单位依照此规定,选择额外支付劳动者 1 个月工资解除劳动合同的,其额外支付的工资应当按照该劳动者上个月的工资标准确定。

(3) 经济性裁员

有下列情形之一,需要裁减人员二十人以上或者裁减不足二十人但占企业职工总数百分之十以上的,用人单位提前三十日向工会或者全体职工说明情况,听取工会或者职工的意见后,裁减人员方案经向劳动行政部门报告,可以裁减人员,用人单位应当向劳动者支付经济补偿:

① 依照企业破产法规定进行重整的;

② 生产经营发生严重困难的;

③ 企业转产、重大技术革新或者经营方式调整,经变更劳动合同后,仍需裁减人员的;

④ 其他因劳动合同订立时所依据的客观经济情况发生重大变化,致使劳动合同无法履行的。

裁减人员时,应当优先留用下列人员:

① 与本单位订立较长期限的固定期限劳动合同的；

② 与本单位订立无固定期限劳动合同的；

③ 家庭无其他就业人员，有需要抚养的老人或者未成年人的。

用人单位依照本条第 1 款规定裁减人员，在六个月内重新招用人员的，应当通知被裁减的人员，并在同等条件下优先招用被裁减的人员。

4. 用人单位不得解除劳动合同的情形

劳动者有下列情形之一的，用人单位不得解除劳动合同：

(1) 从事接触职业病危害作业的劳动者未进行离岗前职业健康检查，或者疑似职业病病人在诊断或者医学观察期间的；

(2) 在本单位患职业病或者因工负伤并被确认丧失或者部分丧失劳动能力的；

(3) 患病或者非因工负伤，在规定的医疗期内的；

(4) 女职工在孕期、产期、哺乳期的；

(5) 在本单位连续工作满 15 年，且距法定退休年龄不足 5 年的；

(6) 法律、行政法规规定的其他情形。

二、劳动合同终止

1. 劳动合同终止

劳动合同终止是指符合法律规定情形时，双方当事人的权利和义务不复存在，劳动合同的法律效力消灭。

有下列情形之一的，劳动合同终止。用人单位与劳动者不得在《劳动合同法》规定的劳动合同终止情形之外约定其他的劳动合同终止条件：

(1) 劳动者达到法定退休年龄的，劳动合同终止。

(2) 劳动合同期满的。除用人单位维持或者提高劳动合同约定条件续订劳动合同，劳动者不同意续订的情形外，依照本项规定终止固定期限劳动合同的，用人单位应当向劳动者支付经济补偿。

(3) 劳动者开始依法享受基本养老保险待遇的。

(4) 劳动者死亡，或者被人民法院宣告死亡或者宣告失踪的。

(5) 用人单位被依法宣告破产的，依照本项规定终止劳动合同的，用人单位应当向劳动者支付经济补偿。

(6) 用人单位被吊销营业执照、责令关闭、撤销或者用人单位决定提前解散的，依照本项规定终止劳动合同的，用人单位应当向劳动者支付经济补偿。

(7) 法律、行政法规规定的其他情形。

2. 不得终止劳动合同的情形

为了保护劳动者的合法权益，劳动合同期满，有下列情形之一的，用人单位不能解除劳动合同，劳动合同应当续延至相应的情形消失时终止。但是，丧失或者部分丧失劳动能力劳动者的劳动合同的终止，按照国家有关工伤保险的规定执行。

(1) 从事接触职业病危害作业的劳动者未进行离岗前职业健康检查，或者疑似职业病病人在诊断或者医学观察期间的；

(2) 在本单位患职业病或者因工负伤并被确认丧失或者部分丧失劳动能力的；

（3）患病或者非因工负伤，在规定的医疗期内的；

（4）女职工在孕期、产期、哺乳期的；

（5）在本单位连续工作满十五年，且距法定退休年龄不足五年的；

（6）法律、行政法规规定的其他情形。

三、终止合同的经济补偿

1. 以完成一定工作任务为期限的劳动合同终止的补偿

以完成一定工作任务为期限的劳动合同因任务完成而终止的，按照第四十七条规定，经济补偿按劳动者在本单位工作的年限，每满一年支付一个月工资的标准向劳动者支付。六个月以上不满一年的，按一年计算；不满六个月的，向劳动者支付半个月工资的经济补偿。

劳动者月工资高于用人单位所在直辖市、设区的市级人民政府公布的本地区上年度职工月平均工资三倍的，向其支付经济补偿的标准按职工月平均工资三倍的数额支付，向其支付经济补偿的年限最高不超过十二年。

本条所称月工资是指劳动者在劳动合同解除或者终止前 12 个月的平均工资。按照劳动者应得工资计算，包括计时工资或者计件工资以及奖金、津贴和补贴等货币性收入。劳动者在劳动合同解除或者终止前 12 个月的平均工资低于当地最低工资标准的，按照当地最低工资标准计算。劳动者工作不满 12 个月的，按照实际工作的月数计算平均工资。

2. 工伤职工的劳动合同终止的补偿

用人单位依法终止工伤职工的劳动合同的。除依照《劳动合同法》第四十七条的规定支付经济补偿外，还应当依照国家有关工伤保险的规定支付一次性工伤医疗补助金和伤残就业补助金。

3. 违反劳动合同法的规定解除或者终止劳动合同的补偿

用人单位违反《劳动合同法》的规定解除或者终止劳动合同，依照本法第四十七条规定的经济补偿标准的 2 倍向劳动者支付赔偿金的，不再支付经济补偿。赔偿金的计算年限自用工之日起计算。

第五节 案例分析

案例一：

一、案情简介

陈某为某建筑公司项目经理。2010 年 7 月 1 日，该公司人力资源部收到陈某的辞职报告。公司收到辞职报告后极力挽留，但 2010 年 8 月 2 日起，陈某不再到单位上班了，公司也停发了工资，但一直未办理解除劳动合同手续，建筑公司提出，在职期间公司送陈某出去学习的各种培训费 15 万要由陈某支付。按照公司的规定和劳动合同的约定，单方提出辞职必须赔偿所有培训费用，并对公司作出适当补偿。陈某不同意赔偿，遂向劳动仲裁部门提起仲裁。

仲裁委裁决：陈某与公司的劳动合同于 2010 年 8 月 2 日解除；陈某赔偿公司培训费 3 万余元。

某建筑公司不服裁决，即向法院提起诉讼，要求陈某除了赔偿培训费以外，再赔偿公司的相关损失费 20 万元。据法院审理查明,合同约定了服务期限,项目经理在约定服务年限内单方解除劳动合同,公司可向其收取各类赔偿、补偿费用。你认为该建筑公司的请求能不能获得支持?

二、案例评析

根据《劳动合同法》,劳动自由原则是劳动法的一项基本原则,陈某提前 30 天书面通知公司解除劳动合同,其单方解约行为合法有效。然而合法解约不代表不需要承担违约责任。根据双方劳动合同的约定和公司的内部规章制度,单方解约行为已经违反了合同中对服务期限的约定,应当依法作出赔偿。

最终,法院判决,该公司与陈某的劳动合同于 2010 年 8 月 2 日解除;陈某支付建筑公司 20 万元赔偿,其中包含培训费 3 万元;陈某和该建筑公司自判决生效 10 日内办理解除劳动合同手续。

案例二:

一、案情简介

王某于 2010 年 1 月 20 日与甲设计院达成聘用意向书。意向书约定,甲设计院送王某去上海设计院学习某专项设计,但是王某必须与甲设计院签订为期三年的聘用合同,其基本工资及各种补助等每月合计约 1 650 元,年终奖金根据单位的奖励制度确定。同日双方签订培训协议书,并约定,若调离要赔偿各项培训费。

培训结束后,王某与甲设计院正式签订聘用合同。聘用合同载明聘用期为五年,工资支付标准 1 450 元每月,双方同时约定,设计院按国家规定为王某缴纳养老、失业、医疗等社会保险费用,王某没有提出异议,双方在聘用合同书上签了字。

三个月后,王某就不再来单位上班,因该专项设计任务只有王某能完成,给设计院造成了很大损失。

甲设计院向仲裁委员会申请仲裁,要求王某赔偿培训费 6 000 元,擅自离职造成的经济损失 2.3 万元。王某认为双方签订的合同违背了聘用意向书,甲设计院应该每月补发给他 200 元。

双方争议焦点为:

(1) 擅自离职造成的损失该不该赔偿?

(2) 设计院该不该补发工资、缴纳社会保险费?

二、案例评析

(1) 双方签订的聘用合同应当履行。双方签订的聘用合同不违反国家和地方的法律法规。双方审阅了合同内容,均未提出异议并签了字,且该合同后来又得到了实际履行,未违背双方意愿。所以,聘用合同合法有效,劳动者违反劳动合同约定给用人单位造成损失的,应当赔偿。赔偿内容包括培训费、给用人单位造成的直接经济损失等。王某因擅自离职给甲设计院造成的损失应依法赔偿。

(2) 设计院不该补发工资但应补缴社会保险费。双方建立劳动关系前的意向书不同于聘用合同,对双方均没有法律约束力。双方按所签的劳动合同约定的工资标准履行,并没有发生克扣工资现象,所以不存在补发工资问题。但依法参加社会保险、缴纳社会保险费是一种国家强制行为,双方均应遵从。

思 考 题

1. 劳动合同订立的原则有哪些？
2. 劳动合同无效或部分无效的情形有哪些？
3. 哪些情况下用人单位不得解除劳动合同？

第十二章　建设工程安全生产管理法律法规

第一节　建设工程安全生产管理概述

一、建设工程安全生产概念

安全生产是指在生产经营活动中,为了避免造成人员伤害和财产损失的事故而采取相应的事故预防和控制措施,以保证从业人员的人身安全,保证生产经营活动得以顺利进行的相关活动。

建设工程安全生产是指在土木工程、建筑工程、线路管道和设备安装工程及装修工程等建设过程中,为了避免造成人员伤害和财产损失的事故而采取相应的事故预防和控制措施,以保证从业人员的人身安全,保证建设工程活动得以顺利进行的相关活动。

二、建设工程安全生产管理概念

建设工程施工具有人员流动性大,空间交叉及露天高处作业多,手工劳动密集,体力劳动强度大,施工周期较长等特点,这些特点决定了建设工程施工安全事故的多发性和易发性。根据有关部门的统计,2014 年全国仅在房屋和市政工程建设领域就发生生产事故 511 起,死亡人数达到 637 人。一些地方因发生的建设施工群死群伤事故,造成了人员和财产的严重损失。同时,这些重大事故有些还严重威胁到社会稳定,并造成极为恶劣的社会影响。因此,加强建设工程安全生产管理就成为一个受到社会各方高度关注的重大课题。

建设工程安全生产管理是指在新建、改建、扩建和拆除等建设活动中,运用各种有效资源,通过计划、组织、协调和控制等手段,控制物的不安全因素和人的不安全行为,防止和减少安全事故,实现安全生产目标的管理活动。

第二节　建设工程安全生产管理立法

一、立法沿革

我国十分重视安全生产管理的立法工作,特别是改革开放以来,颁布实施了数量众多的有关建设工程安全生产管理的法律、行政法规、部门规章等。现就其中较重要的简介如下:

1989 年实施的《工程建设重大事故报告和调查程序规定》和 1991 年实施的《建筑安全生产监督管理规定》等部门规章,虽然均已失效,但对当时的建设工程安全生产管理提供了依法治理的基础与规范,发挥了应有作用。1998年3月1日起施行的《建筑法》,专设第五章"建筑安全生产管理",在法律层面奠定了建筑安全生产管理法律法规体系的基础和渊源。

2002年6月29日,第九届全国人民代表大会常务委员会第二十八次会议通过了《中华人民共和国安全生产法》,该法自2002年11月1日起施行。《中华人民共和国安全生产法》是我国第一部全面规范安全生产的专门法律,它体现了国家关于加强安全生产监督管理的基本方针、基本原则和基本制度,是建设系统各级主管部门依法行政、加强安全监督管理的重要法律依据,对规范建设系统各单位安全生产行为,提高安全管理水平,保护职工劳动安全权利,处理安全生产违法行为,具有重要意义。其后在2003年,国务院颁布了《建设工程安全生产管理条例》,并于2004年2月1日起正式实施。这一条例的实施,标志着我国建设工程安全生产管理的法制化建设提升到了又一个更高的水平。

为提高建设工程重大质量安全事故应急的快速反应能力,确保科学、及时、有效地应对建设工程重大质量安全事故,最大限度减少人员伤亡和财产损失,维护社会稳定,建设部在2004年4月30日发布了《建设工程重大质量安全事故应急预案》,其后在7月5日发布了《建筑施工企业安全生产许可证管理规定》(2015年1月22日,根据住房和城乡建设部关于修改《市政公用设施抗灾设防管理规定》等部门规章的决定修订后发布)。在2004年12月1日又发布了《危险性较大工程安全专项施工方案编制及专家论证审查办法》。

2007年国务院公布了《生产安全事故报告和调查处理条例》,并于当年6月1日实施。该条例是《中华人民共和国安全生产法》的重要配套行政法规,也使建设工程的生产安全事故报告和调查处理工作更加规范化。同年,建设部印发了《关于进一步规范房屋建筑和市政工程生产安全事故报告和调查处理工作的若干意见》的通知。2008年,住房和城乡建设部发布了《建筑施工企业安全生产许可证动态监管暂行办法》《建筑起重机械安全监督管理规定》和新的《建筑施工企业安全生产管理机构设置及专职安全生产管理人员配备办法》。2009年5月13日,住建部发布了《危险性较大的分部分项工程安全管理办法》,对建设工程安全生产事故的重点进行依法管理,具有较强的针对性。2011年住建部发布了《房屋市政工程生产安全和质量事故查处督办暂行办法》和《房屋市政工程生产安全重大隐患排查治理挂牌督办暂行办法》,强化了对建设工程安全生产的行政监督。2013年1月14日,为进一步规范和改进房屋市政工程生产安全事故报告和查处工作,落实事故责任追究制度,防止和减少事故发生,住建部发布了《房屋市政工程生产安全事故报告和查处工作规程》。

2014年8月31日,第十二届全国人民代表大会常务委员会第十次会议通过了关于修改《中华人民共和国安全生产法》的决定,修改后的《中华人民共和国安全生产法》自2014年12月1日起实施。《中华人民共和国安全生产法》的修订是我国安全生产依法管理成果的集中体现,对推进建设工程安全生产管理的法制化建设意义重大。

二、《安全生产法》简介

1. 立法修订的背景

自2002年11月1日起施行《中华人民共和国安全生产法》以来,我国已经连续十余年实现了事故总量、事故死亡人数的双下降,安全生产形势持续向好。

但是,由于我国目前仍然处在工业化、城镇化快速发展的时期,粗放式发展模式还未得到实质改变,以人为本的发展观还未切实践行,加之诸多因素的制约,例如我国安全生产的基础比较薄弱,安全生产保障能力也比较低等,安全生产的形势,包括建筑业的安全生产形势依然严峻。特别是和国外先进水平相比,安全生产问题更显突出。

另外,在一些行业,例如建筑业中,就吸纳了 4 000 余万农民工,广大农民工已经成为有关行业一线的主要劳动力量。因为农民工文化素质、技能知识普遍较低的现实,加之缺乏农民工培训机制制度的有效跟进实施,就造成在生产经营过程中,违规操作、违章作业、违反劳动纪律的情况时有发生,并进而导致事故的多发。

在国家提出以人为本、科学发展的时代背景下,各方对劳动者人身、健康安全的重视和保护,已成为必然趋势。我们要发展,但决不要血淋淋的发展。生命至上,应摆在经济发展之前的新理念,正在深入人心。

为了适应社会经济发展新的形势和要求,更好地加强安全生产管理的建设,在依法治国的时代背景下,通过法制化的手段进行安全生产管理,就成为必然选择和重要途径,而立法修订正是法制化工作的一大重要任务。

2. 新修订的《安全生产法》概述

2002 年 11 月 1 日起施行的《安全生产法》共分七章,总计九十七条。2014 年 12 月 1 日起施行的修改后的新《安全生产法》,在立法内容的结构上基本未变,仍为七章,但条款数增加为一百一十四条。

较之 2002 年实施的《安全生产法》,新《安全生产法》确立了"安全第一、预防为主、综合治理"的安全生产管理方针。突出了以人为本、生命至上的立法原则及理念;完善了统筹各方力量,系统综合治理的管理思路;加大了对安全生产管理前移及预防控制的立法应对;更加明晰了各方的安全生产管理职责、权利与义务内容,明显加大了对生产经营单位及其主要负责人的行政处罚力度;规范、充实、创新了若干安全生产管理法律制度,增强了法律的规范性和适用性。

在新修订的《安全生产法》中,规定的安全生产管理制度主要有安全生产责任制度,安全生产标准化制度,安全生产教育培训制度,应急救援预案制度,特种作业人员上岗作业资格制度,安全设施三同时制度,现场消防责任制度,生产场所及设施设备的安全警示标志制度,安全生产资金专用制度,劳动保护制度,工伤保险制度,对严重危及生产安全的工艺、设备实行淘汰制度,事故隐患排查治理制度,重大事故隐患治理政府督办制度,安全生产联动执法制度,安全生产事故报告制度,事故调查报告社会公示制度,安全生产违法行为信息收集、共享制度等。

随着《安全生产法》的实施,其在安全生产管理立法体系中的基础核心地位,必然深刻影响到建设工程安全生产管理的立法活动。加强对新修订的《安全生产法》的学习,将有助于对建设工程安全生产管理法律法规的深入理解。

第三节　建设工程安全生产监督管理

一、概述

首先需要说明的是,本书所讲的建设工程安全生产"监督管理",专指行政监督管理。是指行政主体基于行政职权依法对行政相对人,是否遵守法律、行政法规和执行行政决定等情况进行的行政许可审批、行政检查、行政处罚及行政强制措施等行政管理及执法活动。

建设工程安全生产不仅事关人民生命财产根本利益,事关生产经营活动能否高效可靠持续地开展,而且对促进和谐社会建立,维护社会稳定,落实以人为本的治国理念和社会经济可持续发展,具有重大意义。因此,对建设工程安全生产的监督管理,不能仅靠生产经营单位的作用和力量。因为安全生产事务的重要性、社会性、严肃性等特点,必须对其实施行政监督管理,并建立健全相应的法律制度。

行政监督管理必须贯彻合法性原则、合理性原则、正当程序原则、效率原则、诚实守信原则、责任原则等基本原则。当前,就建设工程安全生产而言,对其进行的行政监督管理尤其要注意行政执法的严肃性和依法行政等问题。

二、有关法律法规规定

建设工程安全生产监督管理的法律法规较多,本书介绍其中的一些重点内容。

1. 法律规定

《安全生产法》因其作为安全生产基本法的特点,故而建设工程安全生产的监督管理法律关系也必然受其调整。

《安全生产法》第四章"安全生产的监督管理"中规定:县级以上地方各级人民政府应当根据本行政区域内的安全生产状况,组织有关部门按照职责分工,对本行政区域内容易发生重大生产安全事故的生产经营单位进行严格检查。安全生产监督管理部门应当按照分类分级监督管理的要求,制定安全生产年度监督检查计划,并按照年度监督检查计划进行监督检查,发现事故隐患,应当及时处理;负有安全生产监督管理职责的部门依照有关法律、法规的规定,对涉及安全生产的事项需要审查批准(包括批准、核准、许可、注册、认证、颁发证照等,下同)或者验收的,必须严格依照有关法律、法规和国家标准或者行业标准规定的安全生产条件和程序进行审查。

《安全生产法》第六十二条规定:"安全生产监督管理部门和其他负有安全生产监督管理职责的部门依法开展安全生产行政执法工作,对生产经营单位执行有关安全生产的法律、法规和国家标准或者行业标准的情况进行监督检查,行使以下职权:

(一)进入生产经营单位进行检查,调阅有关资料,向有关单位和人员了解情况;

(二)对检查中发现的安全生产违法行为,当场予以纠正或者要求限期改正,对依法应当给予行政处罚的行为,依照本法和其他有关法律、行政法规的规定作出行政处罚决定;

(三)对检查中发现的事故隐患,应当责令立即排除;重大事故隐患排除前或者排除过程中无法保证安全的,应当责令从危险区域内撤出作业人员,责令暂时停产停业或者停止使用相关设施、设备。重大事故隐患排除后,经审查同意,方可恢复生产经营和使用;

(四)对有根据认为不符合保障安全生产的国家标准或者行业标准的设施、设备、器材以及违法生产、储存、使用、经营、运输的危险物品予以查封或者扣押,对违法生产、储存、使用、经营危险物品的作业场所予以查封,并依法作出处理决定。"

第六十七条规定:"负有安全生产监督管理职责的部门依法对存在重大事故隐患的生产经营单位作出停产停业、停止施工、停止使用相关设施或者设备的决定,生产经营单位应当依法执行,及时消除事故隐患。生产经营单位拒不执行,有发生生产安全事故的现实危险的,在保证安全的前提下,经本部门主要负责人批准,负有安全生产监督管理职责的部门可以采取通知有关单位停止供电、停止供应民用爆炸物品等措施,强制生产经营单位履行决定。通知应当采用书面形式,有关单位应当予以配合。"第七十五条规定:"负有安全生产监督管理职责的部门应当建立安全生产违法行为信息库,如实记录生产经营单位的安全生产违法行为信息;对违法行为情节严重的生产经营单位,应当向社会公告,并通报行业主管部门、投资主管部门、国土资源主管部门、证券监督管理机构以及有关金融机构。"

《建筑法》第六条规定:"国务院建设行政主管部门对全国的建筑活动实施统一监督管理。"第四十三条规定:"建设行政主管部门负责建筑安全生产的管理,并依法接受劳动行政主管部门对建筑安全生产的指导和监督。"

2. 行政法规规定

《建设工程安全生产管理条例》第五章"监督管理"中的第三十九条规定:"国务院负责安全生产监督管理的部门依照《中华人民共和国安全生产法》的规定,对全国建设工程安全生产工作实施综合监督管理。"第四十条规定:"国务院建设行政主管部门对全国的建设工程安全生产实施监督管理。"第四十二条规定:"建设行政主管部门在审核发放施工许可证时,应当对建设工程是否有安全施工措施进行审查,对没有安全施工措施的,不得颁发施工许可证。"第四十三条规定:"县级以上人民政府负有建设工程安全生产监督管理职责的部门在各自的职责范围内履行安全监督检查职责时,有权采取下列措施:(一)要求被检查单位提供有关建设工程安全生产的文件和资料;(二)进入被检查单位施工现场进行检查;(三)纠正施工中违反安全生产要求的行为;(四)对检查中发现的安全事故隐患,责令立即排除,重大安全事故隐患排除前或者排除过程中无法保证安全的,责令从危险区域内撤出作业人员或者暂时停止施工。"

3. 部门规范性文件规定

2002年国家安全生产监督管理局关于《加强重大建设工程项目安全生产监督管理预防重大事故发生》的通知,2006年建设部、国家安全生产监督管理总局关于《严禁未取得安全生产许可证建筑施工企业从事建筑施工活动》的紧急通知,2007年建设部安全生产管理委员会办公室《关于加强既有建筑装修、改扩建质量安全监督管理的通知》,2008年住房和城乡建设部发布的《建筑施工企业安全生产许可证动态监管暂行办法》《建筑起重机械安全监督管理规定》,2009年住房和城乡建设部关于印发《建设工程高大模板支撑系统施工安全监督管理导则》的通知,住房和城乡建设部关于《做好建筑企业跨省承揽业务监督管理工作》的通知,2011年住建部发布的《房屋市政工程生产安全和质量事故查处督办暂行办法》和《房屋市政工程生产安全重大隐患排查治理挂牌督办暂行办法》,2014年人力资源和社会保障部、住房和城乡建设部、国家安全生产监督管理总局、全国总工会关于《进一步做好建筑业工伤保险工作的意见》等部门规范性文件,充实、突出及完善了建设工程安全生产监督管理的内容和行政执法重点。

第四节　建设工程各方主体安全生产责任法律规定

一、建设单位的安全生产责任

1. 应向施工单位提供相关工程资料

《建筑法》第四十条规定:"建设单位应当向施工企业提供与施工现场有关的地下管线资

料,建筑施工企业应当采取措施加以保护。"

《建设工程安全生产管理条例》第六条规定:"建设单位应向施工单位提供施工现场及毗邻区域内供水、排水、供电、供气、供热、通信、广播电视等地下管线资料,气象和水文观测资料,相邻建筑物和构筑物、地下工程的有关资料,并保证资料的真实、准确、完整。"

需要注意的是,如果建设单位将获取相关资料的义务,通过施工合同依法转移给施工单位承担,则建设单位上述责任将取消或缩小。

2. 不得提出降低安全生产水平的要求

《建设工程安全生产管理条例》第七条规定:"建设单位不得对勘察、设计、施工、工程监理等单位提出不符合建设工程安全生产法律、法规和强制性标准规定的要求,不得压缩合同约定的工期。"

第九条规定:"建设单位不得明示或者暗示施工单位购买、租赁、使用不符合安全施工要求的安全防护用具、机械设备、施工机具及配件、消防设施和器材。"

3. 应确保安全生产费用投入

《建设工程安全生产管理条例》第八条规定:"建设单位在编制工程概算时,应当确定建设工程安全作业环境及安全施工措施所需费用。"2015年3月6日住建部发布的《建设单位项目负责人质量安全责任八项规定(试行)》中规定,建设单位项目负责人在组织编制工程概算时,应当将建筑工程安全生产措施费用和工伤保险费用单独列支,作为不可竞争费,不参与竞标。

4. 其他的安全责任

《建设单位项目负责人质量安全责任八项规定(试行)》规定:"建设单位项目负责人应当在项目开工前按照国家有关规定办理工程质量、安全监督手续,申请领取施工许可证。"依据《建筑法》规定,建设单位在可能损坏道路、管线、电力、邮电通信等公共设施,需要进行爆破作业等情况下,应当按照国家有关规定办理申请批准手续。《建设工程安全生产管理条例》第十条规定:"建设单位在申请领取施工许可证时,应当提供建设工程有关安全施工措施的资料。"第十一条规定:"建设单位应当将拆除工程发包给具有相应资质等级的施工单位。"

二、勘察设计单位的安全生产责任

1. 勘察单位的安全责任

在《建设工程安全生产管理条例》《建设工程勘察设计管理条例》中,对勘察单位的安全责任作出了规定。主要内容包括:勘察单位应当按照法律、法规和工程建设强制性标准进行勘察;必须保证勘察文件真实、准确,满足建设工程规划、选址、设计、岩土治理和施工的需要;在勘察作业时,应当严格执行操作规程,采取措施保证各类管线、设施和周边建筑物、构筑物的安全;应当在建设工程施工前,向施工单位和监理单位说明建设工程勘察意图,解释建设工程勘察文件。

2. 设计单位的安全责任

在《建筑法》《建设工程安全生产管理条例》《建设工程勘察设计管理条例》中,对设计单位的安全责任作出了规定。主要内容包括:工程设计应当符合按照国家规定制定的建筑安全规程和技术规范,保证工程的安全性能;应当按照法律、法规和工程建设强制性标准进行设计,防止因设计不合理导致生产安全事故的发生;应当考虑施工安全操作和防护的需要,对涉及施工安全的重点部位和环节在设计文件中注明,并对防范生产安全事故提出指导意见;采用新结构、新材料、新工艺的建设工程和特殊结构的建设工程,设计单位应当在设计中提出保障施工作业人员安全和预防生产安全事故的措施建议;应当在建设工程施工前,向施工单位和监理单位说明建设工程设计意图,解释建设工程设计文件;设计单位和注册建筑师等注册执业人员应当对其设计负责。

三、施工单位的安全生产责任

在《安全生产法》《建筑法》《建设工程安全生产管理条例》及有关部委规章中,对施工单位的安全生产责任作了相应规定。主要包括:

1. 依法在资质等级许可的范围内承揽工程

《建设工程安全生产管理条例》规定,施工单位从事建设工程的新建、扩建、改建和拆除等活动,应当具备国家规定的注册资本、专业技术人员、技术装备和安全生产等条件,依法取得相应等级的资质证书,并在其资质等级许可的范围内承揽工程。

为了规范建筑工程施工承发包活动,保证工程质量和施工安全,有效遏制违法发包、转包、违法分包及挂靠等违法行为,维护建筑市场秩序和建设工程主要参与方的合法权益,住建部在2014年8月4日发布了《建筑工程施工转包违法分包等违法行为认定查处管理办法(试行)》,其中第十一条规定了施工单位违法进行资质挂靠的若干具体形式。主要包括:没有资质的单位或个人借用其他施工单位的资质承揽工程的;有资质的施工单位相互借用资质承揽工程的,包括资质等级低的借用资质等级高的,资质等级高的借用资质等级低的,相同资质等级相互借用的;专业分包的发包单位不是该工程的施工总承包或专业承包单位的,但建设单位依约作为发包单位的除外;劳务分包的发包单位不是该工程的施工总承包、专业承包单位或专业分包单位的;施工单位在施工现场派驻的项目负责人、技术负责人、质量管理负责人、安全管理负责人中一人以上与施工单位没有订立劳动合同,或没有建立劳动工资或社会养老保险关系的;实际施工总承包单位或专业承包单位与建设单位之间没有工程款收付关系,或者工程款支付凭证上载明的单位与施工合同中载明的承包单位不一致,又不能进行合理解释并提供材料证明的;合同约定由施工总承包单位或专业承包单位负责采购或租赁的主要建筑材料、构配件及工程设备或租赁的施工机械设备,由其他单位或个人采购、租赁,或者施工单位不能提供有关采购、租赁合同及发票等证明,又不能进行合理解释并提供材料证明的。

2. 取得安全生产许可证

2004年实施的《建筑施工企业安全生产许可证管理规定》中明确要求:国家对建筑施工企业实行安全生产许可制度。建筑施工企业未取得安全生产许可证的,不得从事建筑施工活动。

《建筑施工企业安全生产许可证管理规定》第四条规定:"建筑施工企业取得安全生产许可证,应当具备下列安全生产条件:

(一)建立、健全安全生产责任制,制定完备的安全生产规章制度和操作规程;

(二)保证本单位安全生产条件所需资金的投入;

(三)设置安全生产管理机构,按照国家有关规定配备专职安全生产管理人员;

(四)主要负责人、项目负责人、专职安全生产管理人员经建设主管部门或者其他有关部门考核合格;

(五)特种作业人员经有关业务主管部门考核合格,取得特种作业操作资格证书;

(六)管理人员和作业人员每年至少进行一次安全生产教育培训并考核合格;

（七）依法参加工伤保险，依法为施工现场从事危险作业的人员办理意外伤害保险，为从业人员交纳保险费；

（八）施工现场的办公、生活区及作业场所和安全防护用具、机械设备、施工机具及配件符合有关安全生产法律、法规、标准和规程的要求；

（九）有职业危害防治措施，并为作业人员配备符合国家标准或者行业标准的安全防护用具和安全防护服装；

（十）有对危险性较大的分部分项工程及施工现场易发生重大事故的部位、环节的预防、监控措施和应急预案；

（十一）有生产安全事故应急救援预案、应急救援组织或者应急救援人员，配备必要的应急救援器材、设备；

（十二）法律、法规规定的其他条件。"

《建筑施工企业安全生产许可证管理规定》第六条规定："建筑施工企业申请安全生产许可证时，应当向建设主管部门提供下列材料：

（一）建筑施工企业安全生产许可证申请表；

（二）企业法人营业执照；

（三）第四条规定的相关文件、材料。

建筑施工企业申请安全生产许可证，应当对申请材料实质内容的真实性负责，不得隐瞒有关情况或者提供虚假材料。"

此外，该管理规定还明确，建筑施工企业取得安全生产许可证后，不得降低安全生产条件，并应当加强日常安全生产管理，接受建设主管部门的监督检查。安全生产许可证颁发管理机关发现企业不再具备安全生产条件的，应当暂扣或者吊销安全生产许可证。建筑施工企业不得转让、冒用安全生产许可证或者使用伪造的安全生产许可证。

3. 相关从业人员应具有相应执业资格及知识能力

《建筑法》中规定，从事建筑活动的专业技术人员，应当依法取得相应的执业资格证书，并在执业资格证书许可的范围内从事建筑活动。就从事建设工程施工管理的专业技术人员而言，所对应的资格类别主要是建造师执业资格。

《建设工程安全生产管理条例》第二十一条规定："施工单位的项目负责人应当由取得相应执业资格的人员担任。"

《建设工程安全生产管理条例》第二十五条规定："垂直运输机械作业人员、安装拆卸工、爆破作业人员、起重信号工、登高架设作业人员等特种作业人员，必须按照国家有关规定经过专门的安全作业培训，并取得特种作业操作资格证书后，方可上岗作业。"

《建筑施工企业安全生产许可证管理规定》中要求，建筑施工企业的主要负责人、项目负责人、专职安全生产管理人员需经建设主管部门或者其他有关部门考核合格。《安全生产法》第二十四条规定，生产经营单位的主要负责人和安全生产管理人员必须具备与本单位所从事的生产经营活动相应的安全生产知识和管理能力。

4. 建立健全施工安全生产管理制度

结合《建筑法》《建设工程安全生产管理条例》《安全生产法》及有关部委规章的相关规定，施工单位应当建立健全安全生产责任制度、安全生产教育培训制度、安全生产标准化制度、安全施工技术交底制度、安全生产检查制度、应急救援预案制度、现场消防责任制度、特种作业人员上岗作业资格制度、生产场所及设施设备的安全警示标志制度、危险性较大的分部分项工程安全管理制度、安全生产资金专用制度、劳动保护制度、工伤保险制度、事故隐患排查治理制度、安全生产事故报告制度等。

在这些制度中,安全生产责任制度是基础和关键。上述制度相互联系,形成了施工安全生产制度化管理的合力,为共同实现安全生产的最终目的,发挥着各自带有侧重的安全生产管理效能。

5. 总承包单位对施工现场的安全生产负总责

《建筑法》第四十五条规定:"施工现场安全由建筑施工企业负责。实行施工总承包的,由总承包单位负责。"《建设工程安全生产管理条例》中规定,总承包单位依法将建设工程分包给其他单位的,分包合同中应当明确各自的安全生产方面的权利、义务。总承包单位和分包单位对分包工程的安全生产承担连带责任。分包单位应当服从总承包单位的安全生产管理,分包单位不服从管理导致生产安全事故的,由分包单位承担主要责任。

6. 编制施工安全技术措施或专项方案

《建设工程安全生产管理条例》第二十六条规定,施工单位应当在施工组织设计中编制安全技术措施和施工现场临时用电方案,对下列达到一定规模的危险性较大的分部分项工程编制专项施工方案,并附具安全验算结果,经施工单位技术负责人、总监理工程师签字后实施,由专职安全生产管理人员进行现场监督:

① 基坑支护与降水工程;

② 土方开挖工程;

③ 模板工程;

④ 起重吊装工程;

⑤ 脚手架工程;

⑥ 拆除、爆破工程;

⑦ 国务院建设行政主管部门或者其他有关部门规定的其他危险性较大的工程。

对前款所列工程中涉及深基坑、地下暗挖工程、高大模板工程的专项施工方案,施工单位还应当组织专家进行论证、审查。

针对在施工过程中存在的可能导致作业人员群死群伤或造成重大不良社会影响的分部分项工程,为进一步规范和加强对危险性较大的分部分项工程安全管理,积极防范和遏制建筑施工生产安全事故的发生,住建部在 2009 年专门出台了《危险性较大的分部分项工程安全管理办法》。《危险性较大的分部分项工程安全管理办法》明确了各类危险性较大的分部分项工程范围。例如,危险性较大的脚手架分部分项工程的具体范围是:

① 搭设高度 24 米及以上的落地式钢管脚手架工程;

② 附着式整体和分片提升脚手架工程;

③ 悬挑式脚手架工程;

④ 吊篮脚手架工程;

⑤ 自制卸料平台、移动操作平台工程;

⑥ 新型及异型脚手架工程等。

办法还规定,建筑工程实行施工总承包的,专项方案应当由施工总承包单位组织编制。其中,起重机械安装拆卸工程、深基坑工程、附着式升降脚手架等专业工程实行分包的,其专项方案可由专业承包单位组织编制。

《危险性较大的分部分项工程安全管理办法》中的"专项施工方案",是指施工单位在编制施工组织(总)设计的基础上,针对危险性较大的分部分项工程单独编制的安全技术措施文件。《危险性较大的分部分项工程安全管理办法》第七条规定:"专项方案编制应当包括以下内容:

（一）工程概况。危险性较大的分部分项工程概况、施工平面布置、施工要求和技术保证条件。

（二）编制依据。相关法律、法规、规范性文件、标准、规范及图纸（国标图集）、施工组织设计等。

（三）施工计划。包括施工进度计划、材料与设备计划。

（四）施工工艺技术。技术参数、工艺流程、施工方法、检查验收等。

（五）施工安全保证措施。组织保障、技术措施、应急预案、监测监控等。

（六）劳动力计划。专职安全生产管理人员、特种作业人员等。

（七）计算书及相关图纸。"

《危险性较大的分部分项工程安全管理办法》还规定,专项方案应当由施工单位技术部门组织本单位施工技术、安全、质量等部门的专业技术人员进行审核。经审核合格的,由施工单位技术负责人签字。实行施工总承包的,专项方案应当由总承包单位技术负责人及相关专业承包单位技术负责人签字。不需专家论证的专项方案,经施工单位审核合格后报监理单位,由项目总监理工程师审核签字。超过一定规模的危险性较大的分部分项工程专项方案应当由施工单位组织召开专家论证会。实行施工总承包的,由施工总承包单位组织召开专家论证会。

专家论证的主要内容包括专项方案内容是否完整、可行;专项方案计算书和验算依据是否符合有关标准规范;安全施工的基本条件是否满足现场实际情况。专项方案经论证后,专家组应当提交论证报告,对论证的内容提出明确的意见,并在论证报告上签字。该报告作为专项方案修改完善的指导意见。施工单位应当根据论证报告修改完善专项方案,并经施工单位技术负责人、项目总监理工程师、建设单位项目负责人签字后,方可组织实施。实行施工总承包的,应当由施工总承包单位、相关专业承包单位技术负责人签字。专项方案经论证后需做重大修改的,施工单位应当按照论证报告修改,并重新组织专家进行论证。

近些年来,在施工安全生产形势向好的整体背景下,一些危险性较大的分部分项工程的施工安全事故却并未得到有效遏制。例如,脚手架模板垮塌,起重机械设备在安装、拆卸过程中的倾覆事故等。如何进一步降低危险性较大的分部分项工程的事故率,正成为施工安全管理的重点和难点。

7. 劳动保护及卫生保障

《安全生产法》规定,生产经营单位不得以任何形式与从业人员订立协议,免除或者减轻其对从业人员因生产安全事故伤亡依法应承担的责任。生产经营单位不得因从业人员对本单位安全生产工作提出批评、检举、控告或者拒绝违章指挥、强令冒险作业而降低其工资、福利等待遇或者解除与其订立的劳动合同。

《建设工程安全生产管理条例》规定,施工单位应当向作业人员提供安全防护用具和安全防护服装,并书面告知危险岗位的操作规程和违章操作的危害。施工单位应当将施工现场的办公、生活区与作业区分开设置,并保持安全距离;办公、生活区的选址应当符合安全性要求。职工的膳食、饮水、休息场所等应当符合卫生标准。施工单位不得在尚未竣工的建筑物内设置员工集体宿舍。

8. 保护外部环境安全

2015年1月1日起实施的《环境保护法》规定,企业应当优先使用清洁能源,采用资源利用率高、污染物排放量少的工艺、设备以及废弃物综合利用技术和污染物无害化处理技术,减少污染物的产生;排放污染物的企业事业单位和其他生产经营者,应当采取措施,防治在生产建设或者其他活动中产生的废气、废水、废渣、医疗废物、粉尘、恶臭气体、放射性物质以及噪声、振动、光辐射、电磁辐射等对环境的污染和危害;排放污染物的企业事业单位,应当建立环境保护责任制度,明确单位负责人和相关人员的责任;排放污染物的企业事业单位和其他生产经营者,应当按照国家有关规定缴纳排污费。

《建设工程安全生产管理条例》第三十条规定,施工单位对因建设工程施工可能造成损害的毗邻建筑物、构筑物和地下管线等,应当采取专项防护措施。施工单位应当遵守有关环境保护法律、法规的规定,在施工现场采取措施,防止或者减少粉尘、废气、废水、固体废物、噪声、振动和施工照明对人和环境的危害和污染。在城市市区内的建设工程,施工单位应当对施工现场实行封闭围挡。

9. 其他有关责任

施工单位应当设立安全生产管理机构,配备专职安全生产管理人员。专职安全生产管理人员负责对安全生产进行现场监督检查。发现安全事故隐患,应当及时向项目负责人和安全生产管理机构报告;对违章指挥、违章操作的,应当立即制止。

施工单位采购、租赁的安全防护用具、机械设备、施工机具及配件,应当具有生产(制造)许可证、产品合格证,并在进入施工现场前进行查验。施工现场的安全防护用具、机械设备、施工机具及配件必须由专人管理,定期进行检查、维修和保养,建立相应的资料档案,并按照国家有关规定及时报废。

施工单位在使用施工起重机械和整体提升脚手架、模板等自升式架设设施前,应当组织有关单位进行验收,也可以委托具有相应资质的检验检测机构进行验收;使用承租的机械设备和施工机具及配件的,由施工总承包单位、分包单位、出租单位和安装单位共同进行验收。验收合格的方可使用。

施工单位应当根据不同施工阶段、周围环境以及季节、气候的变化,对建筑起重机械采取相应的安全防护措施;制定建筑起重机械生产安全事故应急救援预案;在建筑起重机械活动范围内设置明显的安全警示标志,对集中作业区做好安全防护;设置相应的设备管理机构或者配备专职的设备管理人员;指定专职设备管理人员、专职安全生产管理人员进行现场监督检查;建筑起重机械出现故障或者发生异常情况的,立即停止使用,消除故障和事故隐患后,方可重新投入使用。

四、监理单位的安全生产责任

1. 审查安全技术措施或专项施工方案

《建设工程安全生产管理条例》规定,工程监理单位应当审查施工组织设计中的安全技术措施或者专项施工方案是否符合工程建设强制性标准。

《危险性较大的分部分项工程安全管理办法》规定,由施工单位审核合格的不需专家论证的专项方案,施工单位需报监理单位,由项目总监理工程师审核签字。

2. 依法处理报告安全事故隐患

《建设工程安全生产管理条例》第十四条规定,工程监理单位在实施监理过程中,发现存在安全事故隐患的,应当要求施工单位整改;情况严重的,应当要求施工单位暂时停止施工,并及时报告建设单位。施工单位拒不整改或者不停止施工的,工程监理单位应当及时向有关主管部门报告。

3. 对建设工程安全生产承担监理责任

《建设工程安全生产管理条例》第十四条规定,工程监理单位和监理工程师应当按照法律、法规和工程建设强制性标准实施监理,并对建设工程安全生产承担监理责任。

五、其他单位的安全生产责任

1. 提供机械设备和配件单位的安全责任

《建设工程安全生产管理条例》第十五条规定,为建设工程提供机械设备和配件的单位,应当按照安全施工的要求配备齐全有效的保险、限位等安全设施和装置。

2. 出租机械设备和施工机具及配件单位的安全责任

《建设工程安全生产管理条例》第十六条规定,出租的机械设备和施工机具及配件,应当具有生产(制造)许可证、产品合格证。出租单位应当对出租的机械设备和施工机具及配件的安全性能进行检测,在签订租赁协议时,应当出具检测合格证明。禁止出租检测不合格的机械设备和施工机具及配件。

2008年6月1日起施行的《建筑起重机械安全监督管理规定》中明确,出租单位出租的建筑起重机械和使用单位购置、租赁、使用的建筑起重机械应当具有特种设备制造许可证、产品合格证、制造监督检验证明;出租单位在建筑起重机械首次出租前,自购建筑起重机械的使用单位在建筑起重机械首次安装前,应当持建筑起重机械特种设备制造许可证、产品合格证和制造监督检验证明到本单位工商注册所在地县级以上地方人民政府建设主管部门办理备案;出租单位应当在签订的建筑起重机械租赁合同中,明确租赁双方的安全责任,并出具建筑起重机械特种设备制造许可证、产品合格证、制造监督检验证明、备案证明和自检合格证明,提交安装使用说明书。

《建筑起重机械安全监督管理规定》第七条规定:"有下列情形之一的建筑起重机械,不得出租、使用:

(一)属国家明令淘汰或者禁止使用的;

(二)超过安全技术标准或者制造厂家规定的使用年限的;

(三)经检验达不到安全技术标准规定的;

(四)没有完整安全技术档案的;

(五)没有齐全有效的安全保护装置的。"

3. 安装拆卸施工起重机械和模板支撑系统单位的安全责任

《建设工程安全生产管理条例》第十七条规定,在施工现场安装、拆卸施工起重机械和整体提升脚手架、模板等自升式架设设施,必须由具有相应资质的单位承担。安装、拆卸施工起重机械和整体提升脚手架、模板等自升式架设设施,应当编制拆装方案、制定安全施工措施,并由专业技术人员现场监督。施工起重机械和整体提升脚手架、模板等自升式架设设施安装完毕后,安装单位应当自检,出具自检合格证明,并向施工单位进行安全使用说明,办理验收手续并签字。施工起重机械和整体提升脚手架、模板等自升式架设设施的使用达到国家规定的检验检测期限的，必须经具有专业资质的检验检测机构检测。经检测不合格的，不得继续使用。

《建筑起重机械安全监督管理规定》要求："从事建筑起重机械安装、拆卸活动的单位应当依法取得建设主管部门颁发的相应资质和建筑施工企业安全生产许可证，并在其资质许可范围内承揽建筑起重机械安装、拆卸工程；建筑起重机械使用单位和安装单位应当在签订的建筑起重机械安装、拆卸合同中明确双方的安全生产责任。实行施工总承包的，施工总承包单位应当与安装单位签订建筑起重机械安装、拆卸工程安全协议书。"

《建筑起重机械安全监督管理规定》第十二条规定："安装单位应当履行下列安全职责：

（一）按照安全技术标准及建筑起重机械性能要求，编制建筑起重机械安装、拆卸工程专项施工方案，并由本单位技术负责人签字；

（二）按照安全技术标准及安装使用说明书等检查建筑起重机械及现场施工条件；

（三）组织安全施工技术交底并签字确认；

（四）制定建筑起重机械安装、拆卸工程生产安全事故应急救援预案；

（五）将建筑起重机械安装、拆卸工程专项施工方案，安装、拆卸人员名单，安装、拆卸时间等材料报施工总承包单位和监理单位审核后，告知工程所在地县级以上地方人民政府建设主管部门。"

《建筑起重机械安全监督管理规定》第十五条规定："安装单位应当建立建筑起重机械安装、拆卸工程档案。建筑起重机械安装、拆卸工程档案应当包括以下资料：（一）安装、拆卸合同及安全协议书；（二）安装、拆卸工程专项施工方案；（三）安全施工技术交底的有关资料；（四）安装工程验收资料；（五）安装、拆卸工程生产安全事故应急救援预案。"

4. 检验检测机构的安全责任

检验检测机构对检测合格的施工起重机械和整体提升脚手架、模板等自升式架设设施，应当出具安全合格证明文件，并对检测结果负责。

第五节　建设工程安全生产管理法定制度

建设工程安全生产的管理制度较多，其中一部分被法律法规所规范。本书重点介绍安全生产责任制度，教育培训制度，应急救援预案、事故报告及调查处理等几个制度的有关法律规定。

一、安全生产责任制度

安全生产责任制是根据"安全第一，预防为主，综合治理"的安全生产方针和安全生产法律法规，在安全生产管理组织、生产经营单位中建立的对安全生产责任进行层层分解落实的一项安全制度。安全生产责任制是企业岗位责任制的一个组成部分，也是企业安全生产管理制度的核心。

《安全生产法》规定："生产经营单位必须遵守本法和其他有关安全生产的法律、法规，加强安全生产管理，建立、健全安全生产责任制；生产经营单位的主要负责人对本单位的安全生产工作全面负责；生产经营单位的安全生产责任制应当明确各岗位的责任人员、责任范围和考核标准等内容;生产经营单位应当建立相应的机制,加强对安全生产责任制落实情况的监督考核,保证安全生产责任制的落实,建筑施工单位,应当设置安全生产管理机构或者配备专职安全生产管理人员。"《建筑法》规定,建筑施工企业必须依法加强对建筑安全生产的管理,执行安全生产责任制度,采取有效措施,防止伤亡和其他安全生产事故的发生。建筑施工企业的法定代表人对本企业的安全生产负责;施工现场安全由建筑施工企业负责。实行施工总承包的,由总承包单位负责。分包单位向总承包单位负责,服从总承包单位对施工现场的安全生产管理。

　　《建筑施工企业安全生产管理机构设置及专职安全生产管理人员配备办法》通过对安全生产管理机构(建筑施工企业设置的负责安全生产管理工作的独立职能部门)和专职安全生产管理人员(经建设主管部门或者其他有关部门安全生产考核合格取得安全生产考核合格证书,并在建筑施工企业及其项目从事安全生产管理工作的专职人员)的安全管理职责的明确,增强了建筑施工企业安全生产责任制建设的规范性和实效。

　　《建筑施工企业安全生产管理机构设置及专职安全生产管理人员配备办法》规定:建筑施工企业及其所属分公司、区域公司等较大的分支机构必须在建设工程项目中设立安全生产管理机构。安全生产管理机构的职责主要包括:落实国家有关安全生产法律法规和标准,编制并适时更新安全生产管理制度,组织开展全员安全教育培训及安全检查等活动;专职安全生产管理人员包括企业安全生产管理机构的负责人及其工作人员和施工现场专职安全生产管理人员,企业安全生产管理机构负责人依据企业安全生产实际,适时修订企业安全生产规章制度,调配各级安全生产管理人员,监督、指导并评价企业各部门或分支机构的安全生产管理工作,配合有关部门进行事故的调查处理等;企业安全生产管理机构工作人员负责安全生产相关数据统计、安全防护和劳动保护用品配备及检查、施工现场安全督查等;施工现场专职安全生产管理人员负责施工现场安全生产巡视督查,并做好记录;发现现场存在安全隐患时,应及时向企业安全生产管理机构和工程项目经理报告;对违章指挥、违章操作的,应立即制止;建设工程项目应当成立由项目经理负责的安全生产管理小组,小组成员应包括企业派驻到项目的专职安全生产管理人员。

　　建设工程施工安全管理是一个体系,安全生产责任制的重点就是将施工安全管理的目标任务分解到每个组织单元,落实到每一个管理者、劳动者,做到事事有人管,人人有责任。因此,安全生产不只是施工企业主要负责人、项目经理、专职安全生产管理人员的专属责任,每一位施工管理人员和一线施工工人都有各自不同但又相互联系的安全生产责任。例如,《建设工程安全生产管理条例》第二十七条中规定,建设工程施工前,施工单位负责项目管理的技术人员应当对有关安全施工的技术要求向施工作业班组、作业人员作出详细说明,并由双方签字确认。第三十三条规定,作业人员应当遵守安全施工的强制性标准、规章制度和操作规程,正确使用安全防护用具、机械设备等。

二、安全生产教育培训制度

　　安全生产教育培训制度是安全生产管理的一项基本制度。加强安全教育培训,不仅可以强化全员安全生产意识,增强安全事故防范的主动性,还能够提高从业人员进行安全生产所必需的安全生产知识、技能和综合素质。安全生产教育培训制度的实施情况,对提升生产经营单位的安全生产管理整体水平,有效降低安全生产事故的发生,具有广泛而基础性的影响。

　　《安全生产法》规定,生产经营单位的主要负责人负有组织制定本单位安全生产教育和培训计划的职责;生产经营单位的安全生产管理机构以及安全生产管理人员应组织或者参与本单位安全生产教育和培训,如实记录安全生产教育和培训情况。《安全生产法》第二十五条规定:"生产经营单位应当对从业人员进行安全生产教育和培训,保证从业人员具备必要的安全生产知识,熟悉有关的安全生产规章制度和安全操作规程,掌握本岗位的安全操作技能,了解事故应急处理措施,知悉自身在安全生产方面的权利和义务。未经安全生产教育和培训合格的从业人员,不得上岗作业。"第二十七条规定:"生产经营单位的特种作业人员必须按照国家有关规定经专门的安全作业培训,取得相应资格,方可上岗作业。"第五十五条规定:"从业人员应当接受安全生产教育和培训,掌握本职工作所需的安全生产知识,提高安全生产技能,增强事故预防和应急处理能力。"

《建筑法》第四十六条规定:"建筑施工企业应当建立健全劳动安全生产教育培训制度,加强对职工安全生产的教育培训;未经安全生产教育培训的人员,不得上岗作业。"《建设工程安全生产管理条例》第三十六条规定:"施工单位的主要负责人、项目负责人、专职安全生产管理人员应当经建设行政主管部门或者其他有关部门考核合格后方可任职。施工单位应当对管理人员和作业人员每年至少进行一次安全生产教育培训,其教育培训情况记入个人工作档案。安全生产教育培训考核不合格的人员,不得上岗。"第三十七条规定:"作业人员进入新的岗位或者新的施工现场前,应当接受安全生产教育培训。未经教育培训或者教育培训考核不合格的人员,不得上岗作业。施工单位在采用新技术、新工艺、新设备、新材料时,应当对作业人员进行相应的安全生产教育培训。"

我国建筑业的一线施工农民工已经成为建筑产业工人的主体,为经济社会发展做出了巨大贡献。但建筑业农民工安全生产意识较弱、技能水平不足的问题尚未得到根本解决。因此,迫切需要加强和创新建筑业农民工安全生产的教育培训工作。

2006年,国家安全生产监督管理总局、国家煤矿安全监察局、教育部、劳动和社会保障部、建设部、农业部、中华全国总工会联合发布了《关于加强农民工安全生产培训工作的意见》。意见指出,各级建设部门要在建筑施工安全管理、安全质量标准化工地建设、劳动合同规范、建筑工人教育培训等工作中,把农民工安全生产培训作为重要内容,统筹考虑,同步落实,协调推进。意见强调,企业是安全生产培训的责任主体。要加强对职工特别是农民工安全生产培训的组织管理,建立健全安全生产培训制度,把农民工安全生产培训工作纳入企业年度工作计划,积极组织或选送农民工参加有关培训,并保证本企业安全生产培训所需资金。2007年,建设部、中央精神文明建设指导委员会、教育部等联合发布了《关于在建筑工地创建农民工业余学校的通知》。通知要求,建筑面积或工程造价达到一定规模的工程项目,工程开工后要依托施工现场设立农民工业余学校,负责本企业农民工培训工作。通知规定,农民工业余学校由工程项目承包企业负责组建和管理,工程项目部具体负责教育培训的组织实施工作;农民工业余学校主要依托施工现场,一般要有相对固定的培训场地;农民工业余学校的教育培训内容要按照工程进度和农民工的实际需要确定,重点是安全知识、法律法规、操作技能等内容。2008年及2014年,建设部(住建部)办公厅先后两次在《关于开展建筑业"千万农民工同上一堂课"安全培训活动的通知》中,对该专项活动的开展目的、组织形式、培训对象和内容以及工作要求等方面的问题进行了规定。该活动为切实提高建筑业农民工的安全生产、自我防护的意识和能力,落实各项安全生产制度措施,防范和遏制建筑施工安全生产事故发生,保障人民群众生命财产安全,起到了积极作用。

三、安全生产应急救援预案制度

应急救援预案是指针对可能发生的事故,为迅速、有序地开展应急救援行动而预先制定的行动方案。建设工程生产事故应急救援预案制度的建立,是"安全第一、预防为主、综合治理"的安全生产方针的一种具体体现,对提高建设工程质量安全事故应急的快速反应能力,确保科学、及时、有效地应对建设工程重大质量安全事故,最大限度减少人员伤亡、财产损失以及维护社会稳定,具有重大意义。

在《建筑法》和《建设工程安全生产管理条例》中没有明确规范应急救援预案制度。《安全生产法》第五章"生产安全事故的应急救援与调查处理"中规定:国家加强生产安全事故应急能力建设,在重点行业、领域建立应急救援基地和应急救援队伍,鼓励生产经营单位和其他社会力量建立应急救援队伍,配备相应的应急救援装备和物资,提高应急救援的专业化水平;县级以上地方各级人民政府应当组织有关部门制定本行政区域内生产安全事故应急救援预案,建立应急救援体系;生产经营单位应当制定本单位生产安全事故应急救援预案,与所在地县级以上地方人民政府组织制定的生产安全事故应急救援预案相衔接,并定期组织演练。

2004年4月30日,建设部发布了《建设工程重大质量安全事故应急预案》。其中规定:在国务院统一领导下,建设部对各地区建设行政主管部门建立和完善建设工程重大质量安全事故应急体系和应急预案以及实施进行指导、协调和监督;县级以上地方人民政府建设行政主管部门负责建立和拟定本地区建设工程重大质量安全事故应急体系和应急预案,并负责应急预案批准后的组织实施工作;各施工、产权和物业管理等单位根据本地区建设行政主管部门制定的应急预案的原则,制定本单位质量安全事故应急救援预案,建立应急救援组织或者配备应急救援人员,施工单位应根据国家有关法律法规的规定和当地建设行政主管部门制定的应急救援预案,建立本单位生产安全事故应急救援组织,配备应急救援器材、设备,定期组织演练,组织开展事故应急知识培训教育和宣传工作,及时向当地建设行政主管部门报告事故情况;施工单位应当定期检查本单位建设工程质量安全应急预案的落实情况,安全生产事故应急救援组织应定期演练,器材、设备等应设专人进行维护;建筑施工企业工程项目部应根据当地建设行政主管部门制定的应急救援预案和本企业的应急救援预案,结合工程特点制定应急预案,定期组织演练,组织开展事故应急知识培训教育和宣传工作,及时向当地建设行政主管部门报告事故情况。

四、事故报告及调查处理制度

为了落实生产安全事故责任追究制度,总结事故教训,防止和减少生产安全事故的发生,必须建立生产安全事故报告和调查处理制度。

《安全生产法》规定:生产经营单位发生生产安全事故后,事故现场有关人员应当立即报告本单位负责人。单位负责人接到事故报告后,应当迅速采取有效措施,组织抢救,防止事故扩大,减少人员伤亡和财产损失,并按照国家有关规定立即如实报告当地负有安全生产监督管理职责的部门,不得隐瞒不报、谎报或者迟报,不得故意破坏事故现场、毁灭有关证据。负有安全生产监督管理职责的部门接到事故报告后,应当立即按照国家有关规定上报事故情况。负有安全生产监督管理职责的部门和有关地方人民政府对事故情况不得隐瞒不报、谎报或者迟报。《建筑法》第五十一条规定:"施工中发生事故时,建筑施工企业应当采取紧急措施减少人员伤亡和事故损失,并按照国家有关规定及时向有关部门报告。"

《房屋市政工程生产安全事故报告和查处工作规程》规定:"根据造成的人员伤亡或者直接经济损失,房屋市政工程生产安全事故分为以下等级:(一)特别重大事故,是指造成 30 人以上死亡,或者 100 人以上重伤,或者 1 亿元以上直接经济损失的事故;(二)重大事故,是指造成 10 人以上 30 人以下死亡,或者 50 人以上 100 人以下重伤,或者 5 000 万元以上 1 亿元以下直接经济损失的事故;(三)较大事故,是指造成 3 人以上 10 人以下死亡,或者 10 人以上 50 人以下重伤,或者 1 000 万元以上 5 000 万元以下直接经济损失的事故;(四)一般事故,是指造成 3 人以下死亡,或者 10 人以下重伤,或者 100 万元以上 1 000 万元以下直接经济损失的事故。"《房屋市政工程生产安全事故报告和查处工作规程》还规定,事故报告主要应当包括以下内容:(一)事故的发生时间、地点和工程项目名称;(二)事故已经造成或者可能造成的伤亡人数(包括下落不明人数);(三)事故工程项目的建设单位及项目负责人、施工单位及其法定代表人和项目经理、监理单位及其法定代表人和项目总监;(四)事故的简要经过和初步原因;(五)其他应当报告的情况。

《安全生产法》规定,事故调查处理应当按照科学严谨、依法依规、实事求是、注重实效的原则,及时、准确地查清事故原因,查明事故性质和责任,总结事故教训,提出整改措施,并对事故责任者提出处理意见。事故调查报告应当依法及时向社会公布。事故发生单位应当及时全面落实整改措施,负有安全生产监督管理职责的部门应当加强监督检查;任何单位和个人不得阻挠和干涉对事故的依法调查处理。《生产安全事故报告和调查处理条例》规定,特别重大事故由国务院或者国务院授权有关部门组织事故调查组进行调查;重大事故、较大事故、一般事故分别由事故发生地省级人民政府、设区的市级人民政府、县级人民政府负责调查。省级人民政府、设区的市级人民政府、县级人民政府可以直接组织事故调查组进行调查,也可以授权或者委托有关部门组织事故调查组进行调查;未造成人员伤亡的一般事故,县级人民政府也可以委托事故发生单位组织事故调查组进行调查。《生产安全事故报告和调查处理条例》规定,事故调查报告应当包括下列内容:(一)事故发生单位概况;(二)事故发生经过和事故救援情况;(三)事故造成的人员伤亡和直接经济损失;(四)事故发生的原因和事故性质;(五)事故责任的认定以及对事故责任者的处理建议;(六)事故防范和整改措施。

《房屋市政工程生产安全事故报告和查处工作规程》规定,住房城乡建设主管部门应当按照有关人民政府对事故调查报告的批复,依照法律法规,对事故责任企业实施吊销资质证书或者降低资质等级、吊销或者暂扣安全生产许可证、责令停业整顿、罚款等处罚。对事故责任人员实施吊销执业资格注册证书或者责令停止执业、吊销或者暂扣安全生产考核合格证书、罚款等处罚。

第六节　案例分析

案例一:

建设单位违法强令施工单位冒险作业引发的安全生产事故

在某高层住宅楼施工合同包含的设计文件中说明,在基坑开挖前,业主应委托有资质的设计公司进行专门的土钉支护设计,承包商应按此设计进行随挖随支的施工,以防开挖基坑边坡塌方的发生。因土钉支护施工图设计未出，因此在合同中暂未包含该工作的价格。

在承包商准备基础施工前，向业主提出尽快完成土钉支护的专项设计委托，以确保施工的安全。但是，当业主了解到土钉支护施工费用较高，并且对基坑开挖的工期影响较大时，遂决定不进行土钉支护的设计及施工，并要求承包商抓紧基坑开挖施工。迫于业主的压力，承包商在没有支护的情况下开始基坑开挖。其间承包商虽要求临时堆土点远离基坑，并在雨天用塑料膜对开挖的边坡敞露面进行覆盖，但随着开挖深度的不断加深，该基坑在开挖到地下7米时，突然塌方，造成在坑内作业的四名工人被埋致死。

《建筑法》第三十七条规定："建筑工程设计应当符合按照国家规定制定的建筑安全规程和技术规范，保证工程的安全性能。"《建设工程安全生产管理条例》第七条规定："建设单位不得对勘察、设计、施工、工程监理等单位提出不符合建设工程安全生产法律、法规和强制性标准规定的要求，不得压缩合同约定的工期。"第三十二条中规定："作业人员有权对施工现场的作业条件、作业程序和作业方式中存在的安全问题提出批评、检举和控告，有权拒绝违章指挥和强令冒险作业。"

在该案例中，施工合同已经明确规定了建设单位应委托有资质的设计公司进行专门的土钉支护设计的义务，但建设单位未按照合同约定履行其应尽义务。相反的，建设单位向施工单位提出不符合建设工程安全生产法律、法规和强制性标准规定的要求，并且强令其冒险作业，显然这是一种严重的违法行为。而施工单位的作业人员本应依法拒绝这一非法要求，但最后却冒险侥幸施工以至安全生产事故的发生，并酿成惨剧。因此，在这一案例中，建设单位要承担主要的安全生产法律责任，而施工单位也应承担次要的法律责任。

案例二：

对两例本可避免的施工安全事故的分析

某拆除工地，一工人站在钢筋混凝土框架梁上，使用大锤砸震混凝土梁，随着混凝土的碎裂崩落，该工人脚底失稳，发生坠落，幸亏坠落高度不大，造成腿骨骨折。

某工地准备浇筑混凝土，一浇筑工人手扶在混凝土布料机输送管的出料口位置，当他听到供料指令后却未见混凝土从管口输出，就好奇地探头从出料口向管内张望，此时，混凝土突然从管道中喷射而出，造成这名工人脑部受到重伤，最终不治而亡。

结合上述两个施工安全生产事故案例，分析其原因，都表现在施工人员安全事故可能发生的成因没有基本的认识。而这一点，又进一步反映出从业者相关安全生产知识的严重缺乏。

目前，我国施工作业一线主要是农民工，其人数已达4 000万之多，这其中，相当一部分农民工的学历水平偏低，只有初中文化程度。在他们进城打工为国家建设作出巨大贡献的同时，施工生产事故的发生也经常威胁着他们的生命安全。

《安全生产法》在第一条中就明确强调，安全生产其中一个重要目的就是保障人民群众的生命安全。这个目的如何实现，涉及多个方面，但加强对农民工安全生产相关知识、技能的教育培训，实属关键对策之一。

《安全生产法》高度重视教育培训制度的建设和落实，其中第十一条规定："各级人民政府及其有关部门应当采取多种形式，加强对有关安全生产的法律、法规和安全生产知识的宣传，增强全社会的安全生产意识。"第十二条规定："有关协会组织依照法律、行政法规和章程，为生产经营单位提供安全生产方面的信息、培训等服务。"《安全生产法》还对生产经营单位的主要负责人、安全生产管理机构以及安全生产管理人员等规定了相应的组织制定实施本单位安全生产教育和培训计划的法定职责。

《安全生产法》第二十五条规定："生产经营单位应当对从业人员进行安全生产教育和培训,保证从业人员具备必要的安全生产知识,熟悉有关的安全生产规章制度和安全操作规程,掌握本岗位的安全操作技能,了解事故应急处理措施,知悉自身在安全生产方面的权利和义务。未经安全生产教育和培训合格的从业人员,不得上岗作业。"在《建筑法》《建设工程安全生产管理条例》中也有类似内容的规定。

但在实际中,一些施工单位并没有认真履行或落实上述法律法规的有关规定,这种现象的成因是多方面的。为了节省教育培训费用;在经营理念上还未牢固树立以人为本、安全第一的思想;针对农民工的实际特点与需要,还未建立健全富有效率的培训教育体系、组织、教材、教学方法等问题,当属几个比较主要的原因。同时,国家也应进一步加大对生产经营单位开展教育培训的资金、服务等方面的支持。

思 考 题

1. 何谓建设工程安全生产管理?
2. 《安全生产法》规定的安全生产管理制度主要包括哪些?
3. 安全生产行政监督管理的主要职权包括哪些?
4. 建设单位的安全生产责任主要包括哪些内容?
5. 勘察、设计单位的安全生产责任主要包括哪些内容?
6. 施工单位的安全生产责任主要包括哪些内容?
7. 监理单位的安全生产责任主要包括哪些内容?
8. 何谓专项施工方案? 专项施工方案编制应当包括哪些内容?
9. 实施安全生产责任制度的意义有哪些?
10. 简述加强农民工安全生产教育培训的意义、重点和方法。
11. 何谓应急救援预案? 实施该制度的意义有哪些?
12. 房屋市政工程生产安全事故分为几个等级? 其划分标准是什么?
13. 安全生产事故报告应包括哪些主要内容?

参考文献

[1] 鲁刚宁. 建设法规与案例分析[M]. 西安:西安交通大学出版社,2013.

[2] 徐雷. 建设法规与案例分析[M]. 北京:科学出版社,2015.

[3] 葛宁,王秀敏,齐玉磊. 建设法规与案例分析[M]. 广州:华南理工大学出版社,2016.

[4] 金国辉. 建设法规概论与案例[M]. 北京:北京交通大学出版社,清华大学出版社,2014.

[5] 孙玉琢,张霞,徐思东. 建筑法规[M]. 南京:南京大学出版社,2011.

[6] 张爱云,王建华,陈明军. 建设法规[M]. 郑州:黄河水利出版社,2011.

[7] 徐占发. 建设法规与案例分析[M]. 北京:机械工业出版社,2007.

[8] 丁士昭,商丽萍. 建设法规及相关教程[M]. 北京:中国建筑工业出版社,2011.

[9] 全国一级建造师执业资格考试用书编写委员会. 建设工程法规及相关知识[M]. 北京:中国建筑工业出版社,2014.

[10] 吴昊. 建设法规案例与评析[M]. 北京:机械工业出版社,2007.

[11] 王潇洲. 工程招投标与合同管理[M]. 广州:华南理工大学出版社,2009.

[12] 黄安永. 建设法规[M]. 南京:东南大学出版社,2002.